KLAUSBERND VOLLMAR | KONRAD LENZ

Quickfinder Traumdeutung

Der schnellste Weg, Ihre Träume zu entschlüsseln

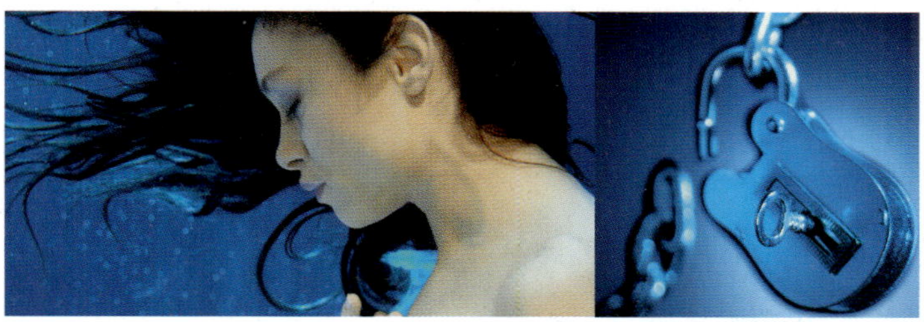

Vorwort

Sie wollten immer schon wissen, was jene oftmals chaotisch wirkenden Träume Ihnen mitteilen möchten? Auf der anderen Seite haben Sie aber nicht genügend Zeit, um sich länger mit Ihren Träumen zu beschäftigen. Nach fünf bis höchstens zehn Minuten sollte Ihr Traum gedeutet sein. Geht es Ihnen so? Dann ist dieser Quickfinder Traumdeutung das ideale Hilfsmittel für Sie: Unkompliziert, übersichtlich und schnell können Sie damit die Hinweise Ihrer Träume verstehen und zu einer positiven Veränderung Ihres Lebens nutzen.

Als Diplompsychologen und Spezialisten für Traumdeutung sind wir täglich damit konfrontiert, dass unsere Klienten nach einem möglichst schnellen Weg suchen, mithilfe von Traumbotschaften Ihre Lebensqualität zu verbessern. Dies führte uns dazu, die Traumdeutung zu systematisieren und damit zu vereinfachen. Dabei wurde uns schnell bewusst, dass Träume keineswegs so chaotisch sind, wie sie auf den ersten Blick scheinen. Sie folgen einer Logik. Und aufgrund dieser Logik ist es möglich, den Sinn eines jeden Traums ohne großen Aufwand zu entschlüsseln. Traumdeutung ist also keine Hexerei, die nur einigen wenigen Eingeweihten vorbehalten ist, sondern kann von jedermann und jeder Frau produktiv betrieben werden.

Wer sich regelmäßig mit seinen Träumen beschäftigt, kann sie dazu nutzen, seine Lebensziele leichter zu erreichen, sich psychisch und physisch gesund zu erhalten und kreativer zu werden. Das liegt daran, dass – wie Sigmund Freud es schon ausdrückte – der Traum den Königsweg zu Ihrem Unbewussten darstellt. Wenn wir auch bisweilen Freud oder C. G. Jung zu Wort kommen lassen, ist dieser Quickfinder Traumdeutung nicht von einer bestimmten psychologischen Schulmeinung geprägt – jeglicher Dogmatismus liegt ihm fern.

Es ist vielmehr unser höchstes Ziel, Ihnen, liebe Leserin und lieber Leser, auf der Grundlage neuester therapeutischer und wissenschaftlicher Erkenntnisse ein unkompliziertes Hilfsmittel zum produktiven Verständnis Ihrer Träume an die Hand zu geben. Blättern Sie in diesem Quickfinder Traumdeutung, und Sie werden sehen, dass Ihre Träume eine Sprache sprechen, die Ihnen ganz und gar nicht fremd ist. Wir wünschen Ihnen viel Freude und Einsichten bei der Deutung Ihrer Träume!

Klausbernd Vollmar   Konrad Lenz

Inhalt

1 Träume – ein kurzer Überblick

Träume interessieren die Menschen von jeher. Schon im Alten Testament finden sich Traumberichte. Man denke nur an die Himmelsleiter in Jakobs Traum oder an die sieben fetten und die sieben mageren Kühe im Traum des Pharao. Während in früheren Zeiten der Traum als Mittel der Zukunftsvorhersage galt, nutzen ihn die Menschen seit der Entwicklung der Psychoanalyse durch Sigmund Freud dazu, in Kontakt mit ihrem Unbewussten zu treten und sich so besser zu verstehen.

HEUTZUTAGE sind Traum und Schlaf Gegenstand zahlloser Studien, in denen die körperlichen und psychischen Vor-gänge beim Träumen unter die Lupe genommen werden. Da-rüber hinaus wird die Traumdeutung auch zu therapeutischen Zwecken genutzt. So bedeutsam das Phänomen Traum für Forschung und Therapie ist, so spannend ist es letztlich aber für alle Menschen, insbesondere wenn sie sich mit sich selbst und ihrer Persönlichkeitsentwicklung auseinandersetzen. Denn die Träume zeigen uns, worauf wir unsere Aufmerksamkeit richten sollen, damit wir zufrieden bleiben oder wieder werden und mit der Welt ins Reine kommen. Jeder Traum gibt uns einen Hinweis auf unsere ungelebten Möglichkeiten – selbst ein Albtraum. Und wer sich mit seinen Träumen beschäftigt, kann deren inspirierende Kraft für sich nutzen. Träume werden so zu freundlichen Begleitern auf unserem Lebensweg und eröffnen uns wesentliche Einsichten über uns selbst und unsere Umwelt.

Dieses Kapitel vermittelt Ihnen auf leicht verständliche Weise Basiswissen zum Thema Traum sowie grundlegende Erkenntnisse der Traumforschung und führt Sie schließlich hin zur Traumdeutung – so wie Sie sie mithilfe dieses Quickfinders einfach betreiben können.

In diesem Kapitel

Grundwissen Traum – Das passiert, wenn Sie träumen

Warum wir träumen

Wenn wir träumen, lernen wir. Und zwar lernen wir im Traum, uns an eine sich ständig verändernde Umwelt anzupassen. Aus diesem Grund müssen Kleinkinder so viel träumen. Bis zu ihrem dritten Lebensjahr verbringen sie im Durchschnitt 45 Prozent der Zeit im Schlaf, der dazu noch traumreicher ist als der von Erwachsenen. Auch Sie haben vielleicht schon festgestellt, dass Sie all das, was Sie vor dem Schlafen lernen, besser behalten, als wenn Sie es morgens lernen. Ob Sie es bemerken oder nicht, Ihre nächtlichen Träume haben das Gelernte verankert, indem sie es mit bereits Gewusstem verknüpft haben. So ist der Ratschlag, mit einem Buch unter dem Kopfkissen zu schlafen, gar nicht so absurd – allerdings nur, wenn man zuvor in das Buch hineingeschaut hat.

Unsere Träume helfen uns außerdem, Probleme des Alltags zu lösen. Alles, was uns belastet, wird von unserem Unbewussten bearbeitet. Das Ergebnis dieser Bearbeitung teilt uns das Unterbewusstsein im Traum mit. Probleme entstehen ja meistens dadurch, dass wir uns selbst und unsere Umwelt mit einer eingeschränkten Perspektive betrachten. Der Traum als optisches Phänomen – man könnte ihn als einen Lehrfilm bezeichnen – erweitert unsere Perspektive. Das geschieht dadurch, dass er das in Szene setzt, was wir am Tag nicht sehen wollen. Außerdem verbindet er alt Gewusstes und neu Gelerntes auf eine Weise, die wir nicht erwarten. Deswegen kommen uns unsere Träume bisweilen schwer verständlich vor. Sie vermitteln uns eine Perspektive auf uns selbst und unsere Umwelt, die wir normalerweise nicht einnehmen. Kurzum, unsere Träume erweitern unseren Horizont. Mit dieser erweiterten Perspektive stellen sich unsere Probleme in neuem Licht dar.

So verwundert es nicht, dass viele erfolgreiche Forscher wie z. B. Albert Einstein (Relativitätstheorie) und August Kekulé von Stradonitz (Entdecker der ringförmigen Molekularstrukturen in der organischen Chemie) großen Wert auf ihre Träume legten. Sie wurden wie auch viele Künstler durch Träume zu einer unkonventionellen Sicht der Welt gebracht.

Wenn Ihnen also Ihr Traum als völlig verrückt und unzugänglich erscheint, sollten Sie ihn besonders eingehend betrachten. Gerade solch ein Traum befreit Sie von Ihren Wahrnehmungs- und Denkfixierungen und gibt Ihnen die Chance, Ihre Probleme aus neuer Perspektive zu sehen, sie so zu verstehen und zu lösen.

Kreativität

Das Träumen macht uns darüber hinaus kreativer. Sehen Sie Ihre Träume als Quelle der Inspiration. Sie können diese Funktion des Traums produktiv nutzen, denn Ihre Träume liefern Material zur künstlerischen Gestaltung. Man kann Träume z. B. für Geschichten und Erzählungen verwenden. Sie können aber Ihre Träume oder eine Traumszene auch malen oder zeichnen. Es gibt ferner vertonte und getanzte Träume. Wenn Sie nicht solchen künstlerischen Aktivitäten zuneigen, können Sie sich dennoch von Ihren Träumen inspirieren lassen. Fragen Sie sich, in welcher Weise Ihr Traum von dem abweicht, was Sie in Ihrer Wirklichkeit erwarten. Machen Sie sich klar, was im Traum so anders ist und vergleichen Sie dies mit Ihrer gewohnten Sicht der Dinge. Das wird Ihr Denken flüssiger machen und Ihre Kreativität steigern. Auf diese Weise nutzen Sie Ihre Träume als Kreativitätstraining.

Selbsterkenntnis

Wir träumen auch, um uns zu erkennen. Unter dem Einfluss der amerikanischen Hirnforschung der siebziger und achtziger Jahre des 20. Jahrhunderts verbreitete sich die Meinung, dass Träume unwesentliche Phänomene seien, die auf mikroelektrische Entladungen im Gehirn zurückgehen. Bis auf das Wort „unwesentlich" ist das nicht falsch. Aber aus diesen Impulsen im Gehirn wird sogleich ein „Film" produziert, und wie wir nun diesen Film gestalten, das ist typisch für uns. Etwas vereinfacht gesagt: Wir reagieren auf Impulse aus unserem Gehirn genauso, wie wir auf Außenimpulse reagieren. Das heißt, unsere Träume weisen die gleichen Reaktionsmuster auf, die wir auch im Alltagsleben zeigen. Das widerspricht nun der vorherigen Aussage, dass der Traum uns zu neuen Perspektiven verhilft. Doch der Clou des Traums ist: Er macht beides. Sie können in jedem Ihrer Träume sich selbst mit Ihren gewohnten Mustern erkennen, bekommen aber auch Verhaltens- und Sichtweisen präsentiert, die Ihnen völlig wesensfremd zu sein scheinen. Wollen Sie sich selbst erkennen, konzentrieren Sie sich auf die Verhaltensmuster der unterschiedlichen Traumpersonen. Vergleichen Sie diese mit Ihren Reaktionsweisen. Oftmals stoßen Sie hierbei auf Empfehlungen, die Ihnen Ihr Unbewusstes gibt, indem es ein Verhalten zeigt, das Ihnen zwar fremd ist, aber nützlich sein kann. Beschäftigen Sie sich am besten mit jenem Verhalten oder solchen Mustern im Traum, die Sie vehement ablehnen. Sie wissen es doch, man lernt immer nur am Widerstand.

Optimierung

Nicht zuletzt hat das Träumen auch eine ganz pragmatische Funktion: Als sich in der Geschichte der Evolution die Säugetiere von den Reptilien abspalteten, musste ein leistungsfähiges Gehirn derart klein erfunden werden, dass es durch den Geburtskanal passt. Sehen wir das Gehirn als Hardware, so ist der Traum die Software, die es ermöglicht, diese Hardware klein zu halten. Mit anderen Worten: Der Traum optimiert unser Gehirn. Sie können sich das vorstellen

wie die Defragmentierung einer Festplatte. Das Ergebnis spricht für sich:
Wer seine Träume ernst nimmt, der steigert statistisch gesehen seinen Intelligenzquotienten, ist kreativer und kann schneller reagieren.

Was während des Traums geschieht

Alle neunzig Minuten wird unser Gehirn während des Schlafs erstaunlich unruhig. Wir wachen in diesen Phasen öfter auf, allerdings für so kurze Zeit, dass wir es nicht wahrnehmen. Das geschieht, während wir träumen. Unser Gehirn arbeitet in ähnlicher Weise wie beim Lösen intellektuell anspruchsvoller Aufgaben.
Was aber beansprucht unser träumendes Gehirn so sehr?

➜ Es geht weitgehend die Gefühle und Ereignisse des Vortags durch.
➜ Es verknüpft Eindrücke.
➜ Es verbildlicht unsere Gefühle.
➜ Es löscht Verbindungen, die sich nicht bewährt haben (z.B. dass Autoritäten aggressives Verhalten hervorrufen).

Insbesondere unsere Gefühle zeigen sich in den Träumen auf ungewohnte Art:
Da diese oftmals ziemlich komplex sind, werden sie häufig durch verschiedene Traumpersonen dargestellt. Jede Person im Traum verkörpert einen Gefühlsanteil von Ihnen.
Auch die Vorgänge im Gehirn sind äußerst komplex. Ein entscheidender Punkt lässt sich jedoch kurz fassen:

➜ Unsere linke Gehirnhemisphäre, die für das bewertende Denken zuständig ist, wird heruntergefahren, sie ist also nicht oder wenig aktiv.
➜ Unsere rechte Gehirnhemisphäre dagegen, die für bildlich Kreatives zuständig ist, wird hochgefahren.

Von daher ist es verständlich, dass wir träumend kreativer sind als im Wachbewusstsein. Von jedem Traum geht jedoch ein kreativer Impuls auf unser Wachbewusstsein aus. Wird der Traum gedeutet, ist dieser Impuls stärker als beim unbeachteten Traum.
Zwei weitere Phänomene des Traums betreffen Augen und Muskeln:

➜ Unsere Augen bewegen sich, als würden sie einen Film verfolgen. (Man nennt diese Schlafphasen REM-Schlaf, wobei REM für Rapid Eye Movements, also schnelle Augenbewegungen, steht.)
➜ Die Muskelspannung ist extrem niedrig. Dadurch werden Bewegungen stark eingeschränkt bis abgeschaltet.

Sie brauchen also keine Angst zu haben, dass Ihr Partner Ihnen im Traum ein blaues Auge schlägt. Diese Bewegungsunfähigkeit schleicht sich bisweilen in unsere Träume, etwa wenn wir panisch fliehen wollen, aber wie angewurzelt sind und nicht vom Fleck kommen. Diese klassische Albtraumsituation kommt dadurch zustande, dass wir plötzlich während des Traums kurz aufwachen und unbewusst wahrnehmen, dass die Traumlähmung unseren Körper beherrscht.
Ansonsten verfolgen wir während des Träumens unseren „Lehrfilm". Wir erleben ihn als Realität und keineswegs als Traum (Ausnahme: der Klartraum oder luzide Traum, siehe unten). Erst die Distanz durch das Aufwachen lässt uns den Traum als solchen erkennen. Wir behalten im Traum unsere Ich-Identität. In jedem Traum gibt es ein Traum-Ich oder einen (nicht körperlich anwesenden) Beobachter, mit dem sich die Träumerin oder der Träumer identifiziert. Dieses Traum-Ich ist das Zentrum – das, was Sie „Ich" nennen – alle anderen Traumpersonen verkörpern Teile dieses Zentrums (sie sind sozusagen die „kleinen Ichs").

Nutzen der Träume – Wie Sie von Ihren Träumen profitieren

Die aktuelle Lebenssituation

Jeder Traum geht auf die aktuelle Lebenssituation der Träumerin oder des Träumers ein. Deswegen ist jeder Traum zunächst in seiner Deutung auf diese Situation zu beziehen. Wir raten unseren Klienten stets, sich vor der Deutung eines Traums zunächst ihre aktuellen Probleme bewusst zu machen. Der Traum wird dann einzig in Bezug auf diese aktuelle Problematik gedeutet. Erst danach mag man sich den anderen Aspekten seines Traums zuwenden. Hat man wenig Zeit zur Deutung seiner Träume sollte man sich nur auf deren Hinweise zur aktuellen Situation beschränken und ihre Hilfe dafür in Anspruch nehmen.

Tagesreste

Bilder aus der aktuellen Lebenssituation sehen wir in vielen Träumen. Sahen wir abends einen Film, treten einige seiner Bilder wieder im Traum auf, lasen wir ein Buch, wird auch ein Teil dieser Informationen vom Traum aufgenommen. Alles, was wir am Tag bewusst oder unbewusst wahrgenommen haben, kann vom Traum wieder zitiert werden. Freud nannte das „den Tagesrest". Aus den Tagesresten setzt der Traum wie bei einer Kollage die Nachricht an den Träumer zusammen. Das bedeutet jedoch nicht, dass der Traum sich allein auf diese Tagesereignisse bezieht. Jeder Traum besitzt viele Ebenen. Er bezieht sich zwar u. a. auf die Situation, welcher der Tagesrest entstammt, aber er geht in seiner Aussage immer darüber hinaus. Hinter jeder aktuellen Bedeutung eines Traums steht noch eine allgemeine, die sich auf die psychische Struktur des Träumers und dessen Entwicklung bezieht.

Alles hat Bedeutung

Ein klassischer Fehler traumdeutender Laien besteht darin, dem Tagesrest keine Bedeutung zuzuschreiben. Die roten doppelstöckigen Londoner Busse aus dem Film gondeln durch Ihren Traum? „Na, das kommt nur aus diesem Film und bedeutet nichts", ist eine häufige Reaktion. Weil er aus dem Film übernommen wurde, meint man, dass dieser aktuelle Bezug belanglos sei. Das ist er keineswegs, denn der Traum nutzt seine

Symbole ökonomisch. Das muss er auch, da ihm nicht viel Spielraum für die Kommunikation zur Verfügung steht: Träume sind nur wenige Minuten lang, da bleibt keine Zeit für Unwesentliches. Jeder Bezug hat im Traum etwas zu bedeuten. Das heißt mit anderen Worten: Alles, was im Traum vorkommt, ist symbolisch und weist somit über sich selbst hinaus.

Therapie

Für die eigene Traumdeutung genügt es, die Bezüge zu seiner aktuellen Lebenssituation in seinen Träumen zu deuten. Bei der therapeutischen Bearbeitung eines Traums, die man übrigens nur mit einem Spezialisten durchführen sollte, geht man nach der Deutung des Aktuellen zur Deutung allgemeiner Strukturen und Verhaltensmuster des Träumers über (die nach der Psychoanalyse immer in der Kindheit gründen).

Die Heilkraft der Träume

Zu Beginn der Geschichte des Heilens stand in unserer westlichen Tradition der Kult des Asklepios. Asklepios war einer der beliebtesten Götter der Antike, der als Heilgott in vielen Tempeln (z.B. Kos und Epidauros in Griechenland) etwa zweitausend Jahre lang verehrt wurde. In seinen Tempeln wurde mit Hilfe von Träumen geheilt. Nach gewissen Reinigungen legte sich der Heilung Suchende auf die Schlafbank und besprach nach dem Aufwachen seinen Traum mit dem Priester (gegen eine Spende natürlich). Stelen in den Ruinen von Epidauros und Kos berichten von vielen erfolgreichen Heilungen.
Sigmund Freud (siehe unten, Traumdeutung) nahm um 1900 diese Tradition wieder auf. Im antiken Kult des Asklepios wie mit der Psychoanalyse Freuds wurden sowohl physische als auch psychische Krankheiten durch Traumdeutung geheilt.
Einen anderen Weg ging der berühmte Arzt Galen aus Pergamon (damals Griechenland, heute Türkei) in der Spätantike. Galen achtete nämlich weniger auf die Träume seiner Patienten als auf seine eigenen, nachdem ihn die Kranken konsultiert hatten. Er träumte sowohl die Kur als auch das Mittel der Wahl für seine Patienten, womit er neben Hippokrates zum berühmtesten Arzt des Altertums wurde.

Streben nach Harmonie

Warum funktioniert das Heilen mit den Träumen? Weil in fast jedem Traum entweder das Heilmittel oder die Kur mehr oder weniger symbolisch gezeigt wird. Unser Unbewusstes als Quelle der Träume ist daran interessiert, dass wir gesund, d.h. in Harmonie bleiben. Mit Freud kann man sagen, es folgt dem Lustprinzip, denn in Harmonie fühlen wir uns am wohlsten. Geraten wir aus diesem feinen Gleichgewicht der inneren oder äußeren Harmonie, versucht das Unbewusste uns durch die Traumbilder zu zeigen, wie wir diese Harmonie wiederherstellen können. Zunächst geschieht das dadurch, dass unsere Träume uns unseren Zustand überspitzt vorführen, sodass wir aufmerksam werden und darauf reagieren können. Ist die Disharmonie jedoch widerständig, geben uns Träume fast immer einen Hinweis zur Heilung. Allerdings haben wir es verlernt, unsere Träume unter diesem Aspekt zu betrachten. Diese Fähigkeit können Sie jedoch wiedergewinnen: Wenn Sie sich unwohl oder gar krank fühlen, dann untersuchen Sie Ihre Träume nur daraufhin, was sie Ihnen über Ihre Krankheit sagen. Wenn Sie genauer hinschauen, werden Sie womöglich noch einen Tipp für das Heilmittel oder eine empfohlene Verhaltensweise bekommen. Offensichtlich ist das bei Träumen, in denen Personen aus den Heilberufen, Heilpflanzen oder andere Arzneien auftreten.

Träumen als Gesundheitsvorsorge

Immer, wenn irgendein Symbol aus dem Bereich Gesundheit oder Krankheit im Traum erscheint, ist das mit dem Hinweis verbunden, sich mehr um seine Harmonie zu kümmern. Im Traum offenbart sich eine Disharmonie oft schon, bevor Sie diese bewusst wahrnehmen. Traumdeutung kann so als Gesundheitsvorsorge genutzt werden.
Wenn Sie Ihr Augenmerk bewusst auf Heilungshinweise richten, werden Sie bald welche finden und auch mehr Routine bekommen, solche Hinweise sogleich zu erkennen. Das verhält sich wie beim Erlernen einer Fremdsprache: Je häufiger Sie eine solche Deutung versuchen, desto besser werden Sie Ihre Heilträume verstehen.
Aber nicht nur Träume mit Symbolen aus dem Bereich Gesundheit/Krankheit wollen zu Ihrer Heilung beitragen, sondern auch all jene Träume, in denen ein Fluss unterbrochen oder behindert wird. So sagt beispielsweise ein gestauter Fluss etwas über Blockaden Ihres inneren Energieflusses aus. Wenn eine Stromleitung reißt, wird Ähnliches ausgedrückt. Dieser indirekte und stärker verschlüsselte Hinweis auf eine Disharmonie tritt oft vor Krankheitsausbruch oder zu Beginn einer Krankheit auf. Ist man schon erkrankt, steigt die Wahrscheinlichkeit, dass direkte Heilsymbole und Hinweise im Traum auftauchen. Häufig kommt es vor, dass der Kranke z. B. eine Heilpflanze im Traum sieht oder dass er von einem Medikament träumt, das ihm z. B. ein Apotheker empfiehlt. Es ist in unserer Praxis deutlich zu beobachten, dass bei chronischen Erkrankungen die Traumbilder der Betroffenen besonders deutlich auf einen Heilungsweg verweisen – den zu beachten es sich lohnt.
Im engeren Sinn ist jeder Traum ein Heiltraum. Ausnahmslos jeder Traum versucht, Sie derart zu beeinflussen, dass Sie harmonischer, d. h. spannungsfreier, leben. Träume bauen Spannungen ab und wirken allein durch diese Eigenschaft heilend. Freud, Jung (siehe unten, Abschnitt Traumdeutung) und die Psychoanalyse zeigten, wie mit der analytischen Deutung eines Traums zumindest psychische und psychosomatische Probleme der Träumer erfolgreich behandelt werden können. Freud war seinerzeit der Ansicht, dass sich die Deutung der Träume hervorragend eignen würde, den Stand der Volksgesundheit zu heben. Unserer Ansicht nach gilt dies auch heute noch.

Individuelle Heilsymbole

Fragen Sie sich bei jedem Ihrer Träume, ob er nicht auch Hinweise enthält, wie Sie gesünder oder ausgeglichener leben könnten. Erwarten Sie jedoch nicht, dass Sie in jedem Ihrer Träume fündig werden. Wahrscheinlich werden Sie solche Hinweise leicht finden, wenn Sie kränkeln, richtig krank sind oder sich einfach nur unausgeglichen fühlen.
Wenn Sie ein halbes Jahr lang Ihre Träume dahingehend betrachten, werden Sie bemerken, dass oft ähnliche Symbole auftauchen, wenn immer es um Ihre Gesundheit geht. Diese Symbole prägen eine weitgehend individuelle Sprache zwischen Traum und Träumer, die Sie durch ständige Deutungsversuche mühelos zu verstehen lernen.

Zwischen Traum und Deutung – So erinnern Sie Träume

Wer seine Träume deuten möchte, muss sie zuvor erinnern. Man erinnert sich aber nicht zu jeder Zeit gleich gut. In Zeiten innerer und äußerer Anspannung kommen uns die Träume leichter in den Sinn als in frohen und harmonischen Zeiten. Das liegt u.a. daran, dass in schwierigen Situationen und Lebenslagen eher gefühlsmäßig eindringliche Träume und Angstträume auftreten. Solche Träume behalten wir besser als harmonische Träume, auch wenn – amerikanischen Forschungen zufolge – positiv und negativ erlebte Träume in gleicher Häufigkeit auftreten.
Sie können durch ein paar einfache Tricks dahin kommen, zumindest jeweils einen Traum der Nacht zu erinnern. Das genügt, um sich in Harmonie zu halten und Probleme kreativ lösen zu können.

Innere Einstellung

Am wichtigsten für eine stabile Erinnerung Ihrer Träume ist Ihre innere Einstellung. Wenn Sie davon überzeugt sind, dass die Wahrnehmung Ihrer Träume und die Beschäftigung damit Ihnen nützen, können Sie Ihre Traumerinnerung verbessern. Dass Sie diese Einstellung bereits haben, zeigt sich schon darin, dass Sie dieses Buch lesen.
Je mehr Sie sich – und sei es nur theoretisch – mit Träumen beschäftigen, desto müheloser erinnern Sie diese. Leser unserer Traumbücher schreiben uns immer wieder, wie verwundert sie sind, dass sie schon während, aber auch nach deren Lektüre ihre Träume plötzlich leicht erinnern. Das ist keine Magie, wie manche vermuten, sondern das Ergebnis der Entscheidung, sich mit seinen Träumen intensiv auseinandersetzen zu wollen. Das quittiert der Traum positiv, indem er sich Ihnen leichter zeigt.

Aufwachen

Von besonderer Bedeutung für die Traumerinnerung ist Ihr Aufwachverhalten. Hier gibt es eine Faustregel: Je mehr Zeit zwischen Aufwachen und Aufstehen vergeht, umso größer ist die Wahrscheinlichkeit, einen Traum zu erinnern. Deswegen können wir im Urlaub und an Wochenenden unsere

Träume leichter erinnern als an Wochentagen. Glücklicherweise muss der Zeitabstand zwischen Aufwachen und Aufstehen nicht lang sein. Zwei Minuten sind völlig ausreichend. In diesen zwei Minuten sollten Sie sich möglichst wenig bewegen und nur der vergangenen Nacht nach-sinnen. So wird Ihnen normalerweise zumindest ein Traum einfallen. Achten Sie auf Ihre Gefühle und Gedanken, aber planen Sie auf keinen Fall in dieser Zeit den kommenden Tag, das würde die Träume verscheuchen.

Für den Fall, dass man während dieser Zeit nach dem Aufwachen wieder einschläft und Gefahr läuft zu verschlafen, sollten Sie zwei Wecker oder mehrere Weckzeiten einstellen, also z. B. 6.55 Uhr und 7.00 Uhr, wenn Sie um sieben Uhr aufstehen müssen.

Eine andere Möglichkeit, vergessene Träume zurückzuholen, besteht darin, sich vorsichtig wieder in die bevorzugte Schlafposition zu drehen, in der man üblicherweise auch träumt. Liegen Sie wieder in Ihrer Traumlage, achten Sie auf Ihre Gefühle und Gedanken, die Sie meistens zu einem Ihrer Träume führen. Das Körpergedächtnis hilft Ihnen bei der Traumerinnerung.

Fantasie

Die verrückteste, aber für viele Menschen wirksamste Möglichkeit, ihre Träume zu erinnern, liegt darin, sich welche auszudenken. Wenn Sie morgens aufwachen und keinen Traum erinnern können, dann fantasieren Sie: Was hätten Sie vergangene Nacht träumen können? Malen Sie sich das so lange aus, bis Ihnen nichts mehr einfällt. Da diese Fantasie wie der Traum aus Ihrem Unbewussten stammt, können Sie sie wie einen Traum deuten. Wichtiger jedoch ist der Effekt dieser Fantasien für die Traumerinnerung: Wenn Sie sich in dieser Weise ein- oder zweimal einen Traum ausdenken, wird in der Folgezeit Ihre Traumerinnerung gestärkt. Wahrscheinlich liegt das daran, dass Sie durch das Fantasieren Ihr Unbewusstes anregen, morgens nach dem Aufwachen auf Fantasieprodukte wie einen Traum zu achten.

Kommunikation

Die Teilnahme an einer regelmäßigen Traumgruppe, die sich entweder persönlich trifft oder im Internet kommuniziert, erhöht die Fähigkeit, sich seiner Träume zu erinnern.

Ebenso wirksam ist es, ein Traumtagebuch zu führen, denn wenn man den Traum nicht „festhält“, entschwindet er sehr leicht auf Nimmerwiedersehen. Am besten notieren Sie Ihren Traum stichpunktartig nach der Aufwachphase. Wenn Sie das regelmäßig machen, hilft auch dieses Ritual, die Traumerinnerung zu verbessern. Und wenn Sie jedem Traum ganz spontan eine Überschrift geben, dann machen Sie auch schon den ersten Schritt in Richtung Deutung. Vorteilhaft ist es, wenn Sie Ihre Träume im Computer archivieren. So können Sie per Suchfunktion Ihre Träume vergleichen und erlangen einen guten Überblick über Ihr gesamtes erinnertes Traumleben.

Mit diesen einfach durchzuführenden Verhaltensweisen sollte Ihnen die Traumerinnerung keine Schwierigkeiten bereiten. Falls doch, dann sind Sie entweder in der glücklichen Lage, dass Sie keine traumhafte Hilfe benötigen, oder Sie wollen die Informationen Ihres Unbewussten nicht wahrnehmen. Warten Sie einfach ab, bis sich Ihre Traumerinnerung wieder einstellt. Lässt sie wieder nach, versuchen Sie es mit den dargestellten Möglichkeiten.

Besondere Träume – Wie Sie mit Alb- und Klarträumen umgehen

Albträume

Bei Erwachsenen stellt der Albtraum den verzweifelten Versuch des Unbewussten dar, das eigene Verhalten zu korrigieren. Solche Korrekturen unserer Verhaltensweisen benötigen wir ab und an. Drei bis sechs Albträume pro Jahr sind deswegen als notwendige Anstöße zu sehen, größere Bewusstheit zu erlangen.
Ein Albtraum sollte unbedingt gedeutet werden, schon alleine deswegen, weil die Deutung das Auftreten weiterer Albträume unwahrscheinlich werden lässt. Grundsätzlich wird ein Albtraum wie jeder andere Traum gedeutet. Es geht dabei nicht darum, jedes Detail zu verstehen. Wichtig ist herauszufinden, was er so nachdrücklich mitteilt.

Was tun bei Albträumen?

Alle Albträume sind ein Ausdruck innerer Spannungen. Neben ihrer Deutung helfen auch Entspannungsübungen vor dem Einschlafen dabei, Albträume zu vermeiden, z. B. Autogenes Training oder Muskelentspannung nach Jakobson (siehe Bücher und Adressen, die weiterhelfen). Oft genügt es aber auch, sich vor dem Einschlafen auf den Rücken zu legen, die Augen zu schließen, regelmäßig zu atmen und alles möglichst ungerührt geschehen zu lassen.
Werden Sie oft von Albträumen heimgesucht, sollten Sie versuchen, jeden zu verstehen. Nehmen Sie sich mindestens eine halbe Stunde dafür am besten gleich nach dem Aufwachen. Wer länger als einen Monat lang einmal oder mehrmals wöchentlich von Albträumen geplagt wird, braucht allerdings professionelle Hilfe. Diese leistet oft schnell Abhilfe. Auch wer aus Angst vor einem Albtraum nicht einschlafen kann, sollte einen Psychotherapeuten oder ärztlichen Traumspezialisten aufsuchen (Hinweise finden Sie unter Bücher und Adressen, die weiterhelfen).
Bei chronischen Albträumen wird heute erfolgreich das luzide Träumen angewandt (siehe unten, Abschnitt Klarträume). Man lernt dabei, während des Traums beängstigende Situationen in positive umzuwandeln oder aus dem Albtraum zu erwachen.
Auf jeden Fall wirkt es entlastend, wenn Sie Ihre Albträume anderen erzählen – einer guten Freundin oder einem Freund.

Symbole und Situationen

Welche inneren Spannungen angesprochen werden, erkennen Sie an den Traumsymbolen und -situationen Ihres Albtraums. Die häufigsten finden Sie im Folgenden erläutert:

➜ **Verfolgung:** Verfolgungsträume sind die Art der Albträume, die mit Abstand am häufigsten auftreten. Das, was Sie verfolgt, verkörpert eine Seite in Ihnen, die Sie nicht anschauen mögen. Um sich diese Seite bewusst zu machen, hilft eine genaue Deutung des Verfolgers.

➜ **Streit und Krieg:** Diese Symbole treten oft in belastenden Entscheidungssituationen auf. Sie stehen für zwei Seiten in Ihnen, die sich bekriegen. Die Aufgabe besteht darin, einen Ausgleich oder Kompromiss zu finden oder zu einer klaren Entscheidung zu kommen.

➜ **Mord:** Dieses Symbol kann in zweierlei Gestalt auftreten: Entweder das Traum-Ich läuft Gefahr, ermordet zu werden, bzw. wird ermordet oder es begeht einen Mord. Wenn das Traum-Ich ermordet wird oder werden soll, ist das meistens ein eindrücklicher Hinweis darauf, dass eine wesentliche Persönlichkeitseigenschaft abgelegt werden sollte. Sie muss sterben, da sie einen behindert. Mordet man selbst, ist das ein deutlicher Ausdruck von Aggressionen, wobei das Opfer des Mordes das symbolisiert, worauf sich Ihre Aggressionen richten.

➜ **Vergewaltigung:** Sie stellt im Albtraum häufig den Ausdruck sexueller Ängste dar, die einen hindern, sich hinzugeben. Durch diese Ängste wird zunehmend eine innere Spannung aufgebaut, die sich in solchen Albträumen entlädt.

➜ **Prüfung:** Prüfungsträume sind Ausdruck einer inneren Spannung, die dadurch entsteht, dass Sie sich selbst zu sehr unter Druck setzen. Besonders häufig treten diese Träume bei Personen auf, die das Leben einseitig unter dem Aspekt „Schule“ sehen. Wer häufig von beängstigenden Prüfungsträumen gestört wird, sollte versuchen, das Leben spielerischer zu betrachten und leichter zu nehmen. Vor realen Prüfungen träumt man oft, diese nicht zu bestehen. Seien Sie beruhigt: Es ist kein Fall bekannt, bei dem ein Versagen im Traum auf das Durchfallen in der Realität verwies.

➜ **Tod und Sterben** (ertrinken, ersticken, verbrennen, sich vergiften und Verstrahlung): Todesträume sind sehr häufig der Anlass, die Hilfe eines Spezialisten in Anspruch zu nehmen, denn diese Albtraumart kann Träumer oder Träumerin über lange Zeit beängstigen. Diese Angst ist allerdings nicht angebracht, da Sie nicht vor Ihrem persönlichen Tod gewarnt werden. Sie werden vielmehr aufgefordert, Einseitigkeiten in Ihrer Lebensweise oder für Ihre Persönlichkeitsentwicklung hinderliche Eigenschaften abzulegen:
Es ertrinkt derjenige im Albtraum, der zu einseitig emotional lebt. Es erstickt der einseitig Intellektuelle, es verbrennt der allzu Leidenschaftliche und es vergiftet sich derjenige, der zu „giftig“ kommuniziert.
Auffallend nimmt das Motiv „Verstrahlung“ im Albtraum zu. Diese Todesart ist besonders beängstigend, da die Strahlen unsichtbar sind. Häufig stellt sie den Hinweis dar, dass Träumer oder Träumerin sich nicht mit der Zeit arrangieren, in der sie leben.

➜ **Fallen:** Fallträume sind stets Zeichen einer Sehnsucht danach, sich fallen zu lassen – was Träumer oder Träumerin im Alltagsleben aber nicht können. Fallträume wirken deshalb so bedrohlich, weil sie einem diese Erfahrung aufzwingen.

Kinderträume

Mit Kinderträumen geht man grundsätzlich anders um als mit Träumen von Erwachsenen: Man deutet sie nicht dem Kind. Eltern können die Träume ihrer Kinder zwar für sich deuten, sollten das Ergebnis den Kindern aber besser nicht mitteilen!
Die Deutung von Kinderträumen ist nicht schwierig. Sie liegt meistens auf der Hand, da Kinderträume weniger verschlüsselt als Erwachsenenträume sind und eine unmittelbare Reaktion auf Angst und Freude am Vortag darstellen. Meistens verarbeiten Kinder Konflikte mit den Eltern, später mit der Schule. Allerdings tendieren sensible Kinder dazu, Konflikte ihrer Eltern in den Traum zu übernehmen und stellvertretend zu bearbeiten.
Kinder können übrigens oft nicht zwischen Traum und Realität unterscheiden. Wenn Ihnen also Ihr Kind von Löwen und Schlangen berichtet, die gestern in sein Zimmer kamen, erzählt es wahrscheinlich einen Traum.

Die Albträume der Kinder

Kinder durchlaufen bis zum sechsten Lebensjahr zwei oder drei Phasen, in denen sie von Angst gepeinigt aufwachen und weinend zum Bett der Mutter rennen. Freud sah den kindlichen Albtraum als Ausdruck eines tiefen Konflikts:
Das Kind hasst seine Eltern und liebt sie zugleich. Da es töricht wäre, einen viel Mächtigeren offen zu hassen, von dem man dazu noch abhängig ist, wird der Hass im Traumbild ausgelebt. Die vielen Ungeheuer, welche die Kinder durch ihre Träume verfolgen, sind demnach nichts anderes als ein Bild des übermächtigen Vaters oder einer strafenden Mutter. So gelangt der böse Drache ebenso in den Kindertraum wie die vielen wilden Tiere. Weitaus am häufigsten kommen jedoch Monster vor – bizarre tierähnliche Gebilde kindlicher Fantasie. Wolf und Schlange, oftmals in der Bedeutung von Vater und Mutter, treten ebenfalls häufig im kindlichen Albtraum auf.
Mehr noch als der Erwachsene wird das Kind durch die Medien beeinflusst. Bilder des Fernsehens prägen nicht selten die Gestalt der kindlichen Traumsymbole, die sonst mehr märchenhaft erscheinen. Bestimmen in der ersten Albtraumphase Tiere und Monster die Traumsymbolik, erschrecken in der letzten Albtraumphase eher böse Menschengestalten wie die Hexe, der schwarze Mann, Mörder und Räuber die kleinen Träumer. Auch Streitsituationen tauchen nun häufiger auf, wobei der Konflikt derselbe ist.
Ein Zeichen der Reifung besteht im Wandel von den Tiersymbolen zu menschlichen Symbolen, auf die nun die Aggression projiziert wird. Die Aggressionen werden damit bewusster und so auch steuerbarer für das Kind.

Die Haltung der Eltern

Nicht gern sehen Eltern sich als Mörder, Räuber und anderes gefährliches Gesindel. Sie deuten deswegen die Träume ihrer Kinder meist falsch. Der größte Fehler besteht darin, dass Eltern befürchten, ihr Kind sei gestört. Dabei sind Albträume wichtige „Entwicklungshelfer“. Nehmen Sie diese Phasen also nicht dramatisch, sie werden ohne Ihr Zutun vergehen. Machen Sie sich bewusst, dass Albträume Ihr Kind lehren, mit seiner Aggression und mit seinen Ängsten umzugehen. Kinder gehen aus Albtraumphasen psychisch gereift hervor. Diese psychische Reife entsteht jedoch durch die emotionale Verarbeitung des Elternkonflikts, nicht durch eine sprachliche!

Träume zusammen mit dem Kind sprachlich zu analysieren, trifft die falsche Ebene, nämlich die intellektuelle, auf der das Kind weniger anspricht. Kinderträume bearbeitet man im Spiel oder beim Malen.

Was tun bei kindlichen Albträumen?

Reagieren Sie zunächst einfach natürlich: Trösten Sie Ihr Kind, nehmen Sie es in den Arm. Es benötigt nach einem Albtraum Körperkontakt, Nähe und Sicherheit. Lassen Sie Ihr Kind dann am nächsten Morgen den bedrängenden Traum mit seinen Farbstiften malen. Sprechen Sie mit ihm darüber, was das Bild darstellt, aber erklären Sie nichts.
Kinder spielen ihre Träume auch gerne nach, z. B. mit Puppen. Die beste Möglichkeit zum Umgang mit kindlichen Albträumen bietet jedoch das aus der Mode gekommene Kasperle-Theater. Mit dessen Figuren können Sie und Ihr Kind hervorragend beängstigende Traumsituationen nachbearbeiten.
Am Abend sollten Sie sich mindestens eine halbe Stunde Zeit nehmen, am Bett des Kindes zu sitzen. Das ist die beste Situation, um Ihr Kind seine Albträume erzählen zu lassen.

Klarträume

Von Klartraum oder luzidem Traum spricht man, wenn man sich während des Träumens bewusst ist, dass man träumt. Eine höhere Stufe des luziden Träumens besteht darin, in seine Träume verändernd einwirken zu können. So können Sie z. B. während eines luziden Traums bewusst andere Traumpersonen ansprechen oder sich bewusst für einen bestimmten Weg entscheiden. Charakteristisch für Klarträume ist, dass Sie

- ➜ diese Träume nicht vergessen,
- ➜ die Deutung bereits im Traum durchführen können, indem Sie Traumpersonen befragen,
- ➜ Verhaltensweisen im Traum ausprobieren können, die Ihnen schwerfallen.

Der Nachteil von luzidem Träumen liegt darin, dass Sie

- ➜ sich nicht einfach Ihrem Traum hingeben und so auch noch im Schlaf arbeiten (zusätzlicher Stress),
- ➜ leicht Schlafstörungen bekommen können, wenn Sie es nicht gut beherrschen,
- ➜ Probleme mit der Wahrnehmung der Realität bekommen können, wenn Sie es zu häufig ausführen oder psychisch labil sind.

Man kann luzides Träumen mithilfe eines Lehrers oder eines Buches erlernen und trainieren. Dazu bedarf es einiger Grundvoraussetzungen: Sie sollten in der Lage sein, jeden Morgen zumindest einen Ihrer nächtlichen Träume zu erinnern (siehe oben, zwischen Traum und Deutung) und Sie benötigen Geduld und Disziplin. Grundsätzlich ist fast jeder in der Lage, das luzide Träumen zu erlernen. Allerdings – je bewusster Sie Ihr Alltagsleben gestalten, umso leichter wird es Ihnen fallen, im Traum Ihre Bewusstheit aufrechtzuerhalten.
Bevor Sie sich entscheiden, das luzide Träumen zu erlernen, sollten Sie sich klar darüber sein, warum Sie das tun möchten. Man sollte mit dem luziden Träumen stets ein konkretes Ziel verbinden, wie z. B. störende Verhaltensweisen zu ändern, Albträume zu verwandeln oder Probleme an seinem Arbeitsplatz zu lösen. Ohne ein konkretes Ziel kann luzides Träumen Ihre psychische Gesundheit massiv gefährden!
Nach unserer Erfahrung gibt es drei Methoden, mit denen man das luzide Träumen ohne Lehrer in zwei bis vier Monaten erlernen kann – allerdings nur, wenn man diszipliniert übt.

Symbolmethode

Diese von Klausbernd Vollmar entwickelte Methode geht von der Beobachtung aus, dass jeder Träumer über längere Zeit von ähnlichen Symbolen träumt. Nehmen wir an, Symbole aus dem Bereich Wasser treten zurzeit in Ihren Träumen gehäuft auf. Fragen Sie sich ab jetzt jedes Mal, wenn Sie im Wachleben an Wasser erinnert werden, sei es durch den Wasserhahn oder eine Pfütze, ob Sie träumen oder wach sind. Wenn Ihnen das gelingt, werden Sie mit der Zeit diese Frage auch im Traum stellen. Sie können nun versuchen, das Traumsymbol im Traum so lange wie möglich zu fixieren. Wenn Ihnen das öfter gelingt, werden Sie auf die Dauer bewusst träumen können, sofern Sie es wollen. Voraussetzung ist die tägliche Übung. Diese Methode ist gut geeignet für eher intellektuell ausgerichtete Menschen (Dauer zwei bis drei Monate).

Bändchenmethode

Diese Methode stammt aus der Tradition des Schamanismus und wurde von dem amerikanischen Ethnologen Carlos Castaneda propagiert. Dabei versucht man, über einen Körperreiz luzides Träumen einzuüben. Dazu knüpfen Sie sich einen Wollfaden um ein Handgelenk, Rechtshänder rechts, Linkshänder links. Sie binden den Faden so, dass Sie ihn gerade spüren. Sie nehmen sich vor, dieses Bändchen immer zu fühlen. Am Tag wird Ihnen das mit der Zeit zunehmend gelingen. Ist dies der Fall, nehmen Sie sich vor, es auch in der Nacht zu spüren, was Ihnen auf die Dauer wahrscheinlich ebenfalls gelingen wird. Ist dies der Fall, können Sie noch versuchen, das Bändchen im Traum vor Ihren geschlossenen Augen im Schlaf zu sehen. Gelingt Ihnen auch dies, sind Sie in der Lage bewusst zu träumen, wann immer Sie es wollen. Die Methode eignet sich für eher körperlich-sinnlich ausgerichtete Menschen (Dauer drei bis vier Monate).

Affirmationsmethode

Die Affirmationsmethode stammt aus der humanistischen Psychologie und wird von dem amerikanischen Traumforscher Stephen LaBerge empfohlen. Eine Affirmation stellt eine Selbsthypnose dar. Man formuliert positiv in einem kurzen Satz, was man erreichen möchte. Für das luzide Träumen empfehlen wir die Affirmationen: „In der kommenden Nacht bin ich mir in meinen Träumen bewusst, dass ich träume“ oder „Ich erlebe meine nächtlichen Träume klar und bewusst“. Einen dieser Sätze (oder einen ähnlichen), sagen Sie sich in tiefer Entspannung dreimal täglich im Stillen, stets mit demselben Wortlaut vor, allerdings nicht unmittelbar vor dem Einschlafen. Diese Methode empfehlen wir emotional ausgerichteten Menschen (Dauer zwei bis drei Monate).

Was fördert das luzide Träumen?

- ➜ Nicht übermüdet ins Bett gehen
- ➜ Möglichst entspannt einschlafen
- ➜ Möglichst keinen Alkohol am Abend trinken
- ➜ Morgens ohne Wecker aufwachen

Wenn Sie beim Aufwachen nicht sicher sind, ob Sie wachen oder träumen, dann folgen Sie der alten Volksweisheit: Kneifen Sie sich, um es herauszufinden. Beherrschen Sie das luzide Träumen, können Sie es ein bis maximal (!) zwei Wochen lang täglich anwenden, dann allerdings für ein bis zwei Monate gar nicht mehr. Denn unserer Erfahrung nach mindert das luzide Träumen die Schlafqualität und würde damit auf Dauer Ihre Gesundheit gefährden.

Traumdeutung – So entschlüsseln Sie Ihre Träume

Die Väter der modernen Traumdeutung

Sicher haben Sie schon von Sigmund Freud (1856–1939) und Carl Gustav Jung (1875–1961) gehört. Sie sind diejenigen, die unsere Art, Träume zu deuten, bis heute geprägt haben.
Der größte Unterschied zwischen Freud und Jung besteht darin, dass Freud das persönliche Unbewusste und die sexuellen Wünsche ins Zentrum seiner Traumdeutung stellte, während Jung vorrangig die Sinnfrage und die spirituelle Dimension der Träume betrachtete. Falls Sie vermuten, dass ein sexuelles oder partnerschaftliches Problem in Ihren Träumen angesprochen wird, hilft Ihnen Freud weiter, falls Sie einen tieferen Sinn in Ihrem Leben suchen, halten Sie sich an Jung.

Sigmund Freud

Freud geht davon aus, dass jedem Traum ein Wunsch zugrunde liegt, den man sich versagt. Dieser Wunsch besitzt meistens einen sexuellen Charakter, heute würde man eher sagen, er hängt mit unserer Beziehungsfähigkeit zusammen. Daraus folgt für die praktische Traumdeutung, dass Sie sich bei jedem Ihrer Träume fragen sollten, ob sich darin vielleicht ein Hinweis auf Beziehungsprobleme findet.
Diese Beziehungsprobleme gründen nach Freud in Ihrer kindlichen Sozialisation. Deswegen sollten Sie sich Ihrer Vergangenheit zuwenden, in der die Grundlagen für dieses Problem gelegt wurden. Freud führte diese Probleme etwas dogmatisch auf das Begehren des Sohnes gegenüber der Mutter zurück (Ödipus-Komplex) oder auf das Begehren der Tochter gegenüber dem Vater (Elektra-Komplex). Allerdings können Beziehungs- und sexuelle Probleme auch in späteren Lebensphasen gründen. Symbole besitzen viele Bedeutungsebenen. Freud regt uns dazu an, die sexuelle oder Beziehungsdimension bei jeder Deutung zu berücksichtigen.

Carl Gustav Jung

Im Gegensatz zu Freud war Jung nicht so sehr an der Vergangenheit des Träumers oder der Träumerin interessiert, sondern an deren Möglichkeiten in der Zukunft.

Jung sieht im Traum ein kreatives Produkt des Unbewussten, das uns zeigt, wo Möglichkeiten der Weiterentwicklung liegen. Ferner kann nach Jung fast jeder Traum auf einer „höheren Ebene“ gedeutet werden, bei der es um eine Art Gotterfahrung geht (das „höhere Selbst“).
Wenn Sie angelehnt an C. G. Jung Ihre Träume deuten, schauen Sie zunächst, welche Möglichkeiten Ihnen Ihre Träume aufzeigen. Diese sehen Sie oft in der Handlungsweise der Traumpersonen, die Ihnen Handlungsalternativen vorstellen, welche Sie bislang nicht gesehen haben.
Ferner prägte Jung den Begriff „archetypischer Traum“. In solch einem Traum treten Symbole auf, die Ihnen aus Märchen und Sagen bekannt vorkommen. Diese Träume betrachten Ihr Leben von einer höheren, spirituellen, aber auch unpersönlichen Warte aus. Sie sagen Ihnen etwas über Ihren Lebenssinn, der oft nicht alleine für Sie, sondern allgemein gültig ist. Fragen Sie sich bei solchen archetypischen Träumen stets, welche Lebensphilosophie Ihnen vorgestellt wird und ob diese Sicht der Welt hilfreich und mit der Ihrigen vereinbar wäre.
Die Deutung eines Traums nach Jung schließt keineswegs eine Deutung nach Freud aus und umgekehrt. Im Grunde ergänzen sich beide Arten der Deutung!

Anwendung des Quickfinders

Dieser Quickfinder stellt eine neue Art eines benutzerfreundlichen Traumsymbollexikons dar. Ihnen geht es ja wahrscheinlich wie vielen, dass Sie nach einem Traum am Morgen möglichst schnell und problemlos herausfinden möchten, was er Ihnen mitteilen wollte. Zunächst überlegen Sie sich kurz, was Ihnen spontan zu diesem Traum einfällt. Danach wenden Sie sich den drei bis fünf zentralen Symbolen zu, die ein Traum für gewöhnlich aufweist. Nun nehmen Sie diesen Quickfinder zur Hand und suchen im Index „Traumsymbole von A – Z“ nach diesen Symbolen.
Die Begriffe im Index führen Sie entweder direkt zu der Tabelle – z. B. Pferd S. 142 – oder indirekt – z. B. Adler ➜ Vögel S. 154.

Eigenschaften und Kurzbedeutungen

Die Bedeutung von Eigenschaften, also ob etwas z. B. groß oder klein, dick oder dünn, laut oder leise ist, kann bei der Symboldeutung eine Rolle spielen kann. Sie finden diese Eigenschaften in der aus Kapitel 2 bekannten tabellarischen Darstellung auf den S. 240–245.
Da auch im umfangreichen Hauptkapitel des Buches nicht alle Traumsymbole abgehandelt werden können, finden Sie über den Index zu weiteren Traumsymbolen in der Tabelle „Kurzbedeutungen“ (S. 246–252). Machen Sie z. B. in Ihrem Traum eine Ferse als wichtiges Symbol aus, führt Sie der Index auf die entsprechende Seite, und Sie erfahren die Kurzbedeutung „wunder Punkt“ sowie den Verweis auf den Oberbegriff „Fuß“ im Hauptkapitel. Oder Sie träumen von der Farbe Orange. Dann schauen Sie im Index nach und werden auf die entsprechende Seite der Tabelle Kurzbedeutungen verwiesen. Dort finden Sie die Kurzbedeutung „Neuanfang, Aufmerksamkeit“ und den Hinweis auf die Oberkategorie „Mischfarben“. Die Bedeutung von Mischfarben finden Sie ausführlich erklärt im Hauptteil des Buches beim Themenbereich „Abstrakte Symbole“. (Zusätzlich könnten Sie auch unter den Farben Rot und Gelb nachlesen, da Orange eine Mischfarbe aus den beiden ausführlich erklärten Grundfarben ist.)

Erläuternde Symbole

Auf den S. 253–259 geben wir Ihnen Hinweise, welche anderen Symbole für die Bedeutung des von Ihnen nachgeschlagenen Symbols zusätzlich wichtig sein könnten. Spielt in Ihrem Traum z. B. die Zahl 8 eine Rolle, verweist Sie die Spalte „Erläuternde Symbole" auf alle Zahlen von 0 bis 10. In dieser Tabelle sind alle Symbole des Hauptteils aufgelistet. Neben den erläuternden Symbolen sehen Sie dort auch, welche Eigenschaften, etwa groß – klein, und welche weiteren Dinge bei einem Symbol zu beachten sind.

Weitere Zugänge

Sollten Sie nun von einem Symbol träumen, das im Index „Traumsymbole von A – Z" nicht aufgeführt ist, suchen Sie selbst nach einem passenden Oberbegriff. Träumen Sie z. B. von einem Panther, dann suchen Sie das Symbol „Raubtier". Überlegen Sie auch, was bei Ihrem Symbol sonst noch wichtig sein könnte – beim Panther etwa die Farbe Schwarz, ob er langsam oder schnell auf Sie zukam etc. So können Sie die Bedeutung Ihres individuellen Traumsymbols „einkreisen". Um Ihnen das Deuten Ihrer Träume zu erleichtern, weist dieser Quickfinder noch einen weiteren Zugang auf:
Jedes Traumsymbol ist einer von acht Kategorien oder Themenkreisen zuzuordnen, in die der Hauptteil dieses Buches gegliedert ist: Gestalten & Körperteile, Gebäude & Räume, Orte & Ortswechsel, Natur & Umwelt, Berufe & Arbeitsleben, Kleidung & Speisen, Zustände & Ereignisse, Abstrakte Symbole. Eine Blume und der Garten im Traum gehören z. B. zur Kategorie Natur & Umwelt, Werkzeug oder Schraubenzieher zu Berufe & Arbeitsleben. Über die Griffmarken an den Seitenrändern des Buches finden Sie schnell zum gesuchten Themenkreis. Der Einführungsabschnitt wird Sie sicher auf Ideen zur Deutung Ihres Traums bringen.

Lange Träume

In manchen Fällen stoßen Sie bei der Traumdeutung mit diesem Quickfinder an Grenzen. Wenn Sie z. B. einen langen Traum geträumt haben, der zehn oder mehr Symbole aufweist, ist dieser zwar auch mithilfe dieses Quickfinders zu deuten, aber es ist sehr aufwendig, alle diese Symbole nachzuschlagen. Allerdings gibt es auch bei einem außergewöhnlich langen Traum Symbole, die zentral sind, und solche, die eher eine untergeordnete Rolle spielen. In der Regel sind jene Traumsymbole zentral, die Ihnen sofort auffallen oder die bei Ihnen starke Gefühle auslösen. Auf diese Weise können Sie die Symbole auf drei bis fünf verringern, die Sie dann – wie oben beschrieben – nachschlagen und deuten. Wenn Ihnen die Bedeutung dieser Zentralsymbole klar ist, dann bietet die Entschlüsselung der weiteren Symbole Ihres Traums in der Regel keine Schwierigkeit mehr.

Vorgehen Schritt für Schritt

Wir schlagen Ihnen vor, nach folgendem Schema bei der Deutung Ihres Traums vorzugehen. So können Sie in fünf bis zehn Minuten Ihren Traum hinreichend verstehen:

- Erste und spontane Ideen zum Traum
- Ermittlung der wesentlichen Symbole
- Nachschlagen dieser Symbole im Index
- Nachlesen auf den verschiedenen Seiten, zu denen Sie der Index führt
- Erweiterung der Deutung durch die Tabellen im Anhang
- Erweiterung der Deutung durch die Texte zu den Kategorien

Deutungsbeispiele

Um die praktische Deutung der Träume mit Hilfe dieses Quickfinders zu veranschaulichen, werden wir nun an zwei Beispielen jeweils eine Art Modelltraumdeutung durchführen. Es handelt sich um einen kürzeren und einen längeren Traum.

Traum 1

„Ich sehe mich im Haus meiner Familie am Fluss. Fenster und Türen sind geöffnet. Draußen schläft meine Mutter in einem Stuhl. Ich liege auf der Erde hinter dem Stuhl. Ein Erdhaufen dient als meine Rückenstütze, auch ich schlafe. Plötzlich werde ich wach, stehe auf. Meine Mutter bewegt sich etwas, aber sie schläft weiter."

In diesem Quickfinder finden Sie folgende Symbole des Traums (hier in der Reihenfolge ihres Auftretens aufgelistet):

- ➜ Haus
- ➜ Fluss
- ➜ Fenster
- ➜ Tür
- ➜ Schlaf
- ➜ Mutter
- ➜ Stuhl – siehe Sitzmöbel
- ➜ Erde
- ➜ Rücken

Wir empfehlen Ihnen, im Folgenden den Traum so zu betrachten, als ob Sie ihn geträumt hätten, und ihn zunächst auf der Subjektstufe zu deuten (dieser Zugang bietet sich immer an, wenn man seine eigenen Träume deutet).
Der Traum ist ganz undramatisch. Alle Symbole werden vom Traum-Ich ohne große Gefühlsregungen, also neutral betrachtet. Zusammengenommen heißt das für Ihre Deutung des Traums mit dem Quickfinder, dass bei jedem Symbol die erste Zeile der Tabelle – Neutral/ Subjektstufe – gültig ist.

Deutung der Symbole

➜ Haus: Im Abschnitt 2 „Gebäude & Räume" finden Sie nicht nur das häufig auftretende Traumsymbol Haus, sondern auch im Vorspann zu diesem Abschnitt Aussagen zum Elternhaus: Es symbolisiert Ihren Ursprung und Ihre Herkunft. Zugleich verweist das Haus auf Sie selbst und Ihren inneren Zustand. Diesen Hinweis finden Sie beim Symbol Haus in der ersten Zeile.

➜ Fluss: Das Haus aus dem Traum liegt am Fluss. Gehen Sie also beim Symbol Fluss entsprechend vor: Aus der Zeile Neutral/Subjektstufe der Tabelle erfahren Sie, dass der Fluss Ihre innere Beweglichkeit und Offenheit für Veränderungen anspricht.

➜ Fenster: Unter dem Stichwort Fenster finden Sie die Frage, wie sehr Ihre Gefühle von Außen- oder Inneneinflüssen abhängig sind. Da die Fenster geöffnet sind, wird hiermit Ihre Offenheit angesprochen.

➜ Tür: Beim Traumsymbol Tür lesen Sie in der ersten Zeile, dass Sie auf Ihre Offenheit achten sollten und zwar speziell auf Ihre Offenheit für neue Erfahrungen.

➜ Schlaf: Lesen Sie nun beim Traumsymbol Schlaf nach, erfahren Sie, dass damit die Unbewusstheit und eine Realitätsflucht angesprochen sind.

➜ Mutter: Sie drückt stets Eigenschaften von Ihnen selbst aus. Sie spricht Ihre eigne Mütterlichkeit an, wie Sie aus der entsprechenden Tabelle erfahren. Da auch die Mutter schläft, scheint Ihnen dieser Traum zu sagen, dass Sie in diesem Bereich zu einer gewissen Realitätsflucht und somit Unbewusstheit neigen.

→ Stuhl: Als nächstes Symbol erscheint der Stuhl. Den Stuhl finden Sie nicht im ausführlichen Symbolkapitel, also suchen Sie das übergeordnete Symbol Sitzmöbel (das finden Sie, wenn Sie im Index „Stuhl“ nachschlagen). Unter diesem Symbol finden Sie den Hinweis auf Ihre Passivität und Ihr Ruhebedürfnis.
Da Ihre Mutter auf dem Sitzmöbel schläft, bedeutet dies, wenn wir die letzten drei Symboldeutungen kombinieren, dass Sie auf Grund eines Ruhebedürfnisses Ihre Realität fliehen oder dass Sie einer passiven Haltung zuneigen, was sich in Ihrer Realitätsflucht zeigt. Außerdem scheint Ihre Eigenschaft, sich selbst zu bemuttern, nicht ausgeprägt zu sein (die Mutter schläft).
→ Erde: Danach wird die Erde im Traumbericht erwähnt. Auch hier finden Sie Ihre innere Einstellung zu den Notwendigkeiten des Alltagslebens angesprochen. Erde, Schlaf und letztendlich auch das Symbol Sitzmöbel sprechen alle Ihre Tendenz zur Realitätsflucht an. Es scheint Ihnen die Erdung zu fehlen.
→ Auch beim Rücken geht es um das Unbewusste, um Verdrängung.
Dass mehrere Symbole in die gleiche Richtung deuten, ist bei vielen Träumen der Fall. Der Traum versucht so, seine Bedeutung so klar wie möglich zu vermitteln.

Zusammenfassung

Nun haben Sie alle Symbole in diesem Quickfinder nachgeschlagen. Es bleibt noch der letzte Schritt, aus allen Einzeldeutungen zu einer Gesamtdeutung dieses Traums zu gelangen. Die letzten fünf Symbole haben Sie bereits im Zusammenhang gedeutet. Auf den Punkt gebracht sagt dieser Teil des Traums: Aus einer Tendenz zur Passivität heraus neigen Sie dazu, Ihre Alltagsrealität zumindest bisweilen zu verdrängen. Ferner sollten Sie darauf achten, sich selbst eine gute Mutter zu sein. Einige Symbole aus dem Anfangsteil dieses Traums ergeben, dass Sie beweglich und offen für Neues sind. So war zumindest Ihre Ausgangssituation.
Sehen wir Anfang und Ende dieses Traums im Zusammenhang, sagt er Ihnen, dass Sie zurzeit eher unbewusst und träge Ihr Alltagsleben zu verdrängen suchen, wohingegen Sie sich früher ganz anders verhielten, nämlich offen auf Neues zugehend. Der Traum empfiehlt Ihnen, sich wieder auf diese Haltung zu besinnen und sie wieder in Ihr Leben zu übernehmen.
Wird der Traum auch auf der Objektstufe gedeutet, ist ein gespanntes Verhältnis der Träumerin zu ihrer Mutter das Thema: Die Mutter ist, da sie schläft, für die Träumerin unerreichbar, nicht wirklich anwesend. Zu dieser Deutung kommen Sie, wenn Sie beim Symbol „Mutter“ in der Zeile Neutral/Objektstufe nachlesen.

Resultat

Die Träumerin war in Folge von Überarbeitung in eine ausgeprägte Passivität gefallen, die ihr jedoch mit der Zeit große Schwierigkeiten bereitete (in Form eines schlechten Gewissens). Nach der Deutung dieses Traums wurde ihr diese Unzufriedenheit mit der eigenen Passivität bewusst, und sie suchte sich ein neues Aufgabenfeld in ihrem Beruf, wurde also wieder aktiver.
Ferner fühlte sich diese Träumerin früh schon von ihrer Mutter verlassen (die Mutter ließ sich scheiden, zog von zu Hause weg), und sie tendierte dazu, sich in Stresssituationen nicht genügend zu pflegen, sich also selbst keine gute Mutter zu sein.

Traum 2

„Ich erinnere mich, dass Schnee gefallen ist. Da sehe ich, wie acht Autos auf einer breiten Straße fahren. Irgendwie beängstigt mich dieser Anblick, ich will gar nicht hinschauen. Das eine dieser Autos ist rot, ein leuchtendes Rot. An die Farbe der anderen erinnere ich mich nicht mehr. Plötzlich fährt das rote Auto auf das vor ihm fahrende Auto auf, und im Nu sind alle diese Autos in einen fürchterlichen Unfall verwickelt. Sogleich erscheinen die Polizei und ein Soldat an der Unfallstelle, und es ist Nacht geworden. Die Polizei und der Soldat interessieren sich geradezu gierig für den Fuß eines Verletzten und vor Schreck wache ich auf."

Nehmen Sie bei der Deutung zunächst wieder die Perspektive der Träumerin ein. Wir empfehlen Ihnen auch hier wieder, die Symbole in der Reihenfolge Ihres Auftretens im Traum aufzulisten und dann auf den entsprechenden Seiten nachzuschlagen.

➜ Schnee
➜ Acht
➜ Auto
➜ Straße
➜ Rot
➜ Unfall
➜ Polizist
➜ Soldat
➜ Fuß

Allerdings können Sie bei der Deutung immer auch mit den Symbolen beginnen, die Sie am meisten emotional erregen, die also Angst, Ekel, Freude oder ähnlich starke Gefühle in Ihnen hervorrufen.
Das wäre in diesem Traum der Unfall, welcher der Träumerin großes Unbehagen bereitet hatte. Die Deutung dieses Symbols im Zusammenhang mit der Farbe Rot genügte der Träumerin seinerzeit, um die Botschaft ihres Traums insgesamt zu verstehen.
Da die Traumsituation der Träumerin Angst bereitet, ist in diesem Fall für die Deutung die Zeile Negativ/Subjektstufe zutreffend. Das ist immer der Fall, wenn Eigenschaftswörter wie „fürchterlich", „ekelhaft" und ähnliche negative Ausdrücke mit den Traumsymbolen verbunden sind und wenn, wie in diesem Fall, der gesamte Traum negativ auf Träumer oder Träumerin wirkt.

Deutung der Symbole

➜ Schnee: Dieser Traum beginnt damit, dass es geschneit hat. Die Traumsituation wird mit dem Symbol Schnee eingeführt. Damit wird eine Gefühlsdistanz angesprochen, die dazu „dient", innerpsychische Konflikte zu vermeiden. Diese Distanz wird auch durch die Beobachterhaltung der Träumerin ausgedrückt.
➜ Acht: Dann treten die acht Autos im Traumbericht auf. Das verweist auf Ihre Aufmerksamkeit, und Sie finden bei diesem Zahlensymbol den Hinweis, dass Sie zielgerichteter, konzentrierter und aufmerksamer werden sollten.
➜ Auto: Zum Traumsymbol Auto finden Sie den Eintrag: „Was tun Sie für Ihre eigene Beweglichkeit bzw. Unabhängigkeit? Bedenken Sie Ihr Sicherheitsbedürfnis." Vielleicht sagt Ihnen Ihr Traum, dass Ihr Sicherheitsbedürfnis durch größere Aufmerksamkeit zu befriedigen wäre.
Wie Sie schon bei der Deutung des ersten Traums gesehen haben, beschleunigt es die Erkenntnis, wenn Sie versuchen, einzelne Symbolbedeutungen nach dem Nachschlagen sogleich zu verbinden. Notwendig ist es jedoch für das Traumverständnis nicht.

Sie können auch erst am Schluss, nachdem Sie alle Symbole nachgeschlagen haben, einen Zusammenhang der Bedeutungen herstellen.

→ Straße: Das Traumsymbol Straße finden Sie in der Kategorie „Orte & Ortswechsel". Die Zeile Negativ/Subjektstufe trifft für Ihre Deutung zu: Dort wird Ihre Individualität angesprochen, die durch zu große Anpassung gefährdet wird. Sie können auch noch beachten, dass die Straße breit ist. Solch eine Eigenschaft wie groß, breit, schwer und Vergleichbares betont die Bedeutung dieses Symbols, d. h., Ihre Individualität ist sehr gefährdet.

→ Rot: Die Farbe Rot ist unter den abstrakten Symbolen aufgeführt. Auch das Rot wird durch die Eigenschaft leuchtend betont. Sie lesen in der entsprechenden Zeile dieses Traumsymbols, dass eine Tendenz besteht, sich zu sehr mit seinen Leidenschaften zu identifizieren.

→ Unfall: Als nächstes Symbol tritt in diesem Traum Unfall auf. Dieses Symbol macht Sie darauf aufmerksam, dass Ihre Entwicklung zurzeit problematisch verläuft. Als ein Grund wäre zu vermuten, dass Sie zu sehr von Ihren Leidenschaften getrieben sind, oder man könnte auch deuten, dass Sie zu gefühlsabhängig sind.

→ Polizist: Nun treten Personen im Traum auf: die Polizei und der Soldat. Die Polizei finden Sie unter dem Stichwort Polizist. Dort werden Ihre verinnerlichten Ansprüche erwähnt, das, was Freud das Über-Ich nannte.

→ Soldat: In der entsprechenden Tabelle und Zeile werden Ihre inneren Kämpfe und Minderwertigkeitsgefühle angesprochen.

→ Fuß: Als Letztes schlagen Sie das Symbol Fuß nach. Dort lesen Sie, dass Ihr Sicherheitsbedürfnis mit Ihrer Beweglichkeit in Einklang gebracht werden sollte. Außerdem wird eine problematische Erdung angesprochen.

Zusammenfassung und Resultat

Damit haben Sie alle Symbolbedeutungen in diesem Quickfinder gefunden, die für diesen Traum wesentlich sind. Jetzt muss aus diesen Bedeutungen wieder ein Sinn, eine Botschaft herausgefiltert werden. Immer wieder scheint bei den einzelnen Deutungen die Herausforderung auf, beweglich zu bleiben, ohne sein Sicherheitsbedürfnis zu vernachlässigen. Achten Sie dabei auf Ihre Ansprüche. Sind diese vielleicht übertrieben oder unpassend? Diese Verbindung von Beweglichkeit und Individualität einerseits mit Sicherheit andererseits scheint nicht ohne innere Kämpfe abzugehen. Diese werden wahrscheinlich durch Ihren Anspruch an Sie selbst ausgelöst. Beachten Sie diese Zusammenhänge bei Ihrer weiteren Entwicklung.

Dass der Schnee als Symbol der Distanz diesen Traum einleitet, sehen wir als Empfehlung, sich selbst im Sinne der persönlichen Entwicklung und im Hinblick auf die eigenen inneren Spannungen distanzierter zu betrachten – weniger emotional, sondern eher objektiv, dann wird Ihr Problem sich lösen.

Auf der Objektstufe weist dieser Traum auf die Angst hin, die mit einem Unfall verbunden ist. Entweder handelt es sich um einen real erlebten Unfall oder man befürchtet einen Unfall. Zu diesem Ergebnis kommen Sie, wenn Sie bei den Symbolen die Zeile Negativ/Objektstufe betrachten. Es schwingen auch Autoritätsprobleme mit, die wohl durch Polizisten und Soldaten ausgelöst werden.

Sie sehen – Traumdeutung mit diesem Quickfinder ist kinderleicht.

2 Traumdeutung schnell gemacht

Alle in diesem Buch behandelten Traumsymbole sind einer von acht Kategorien zugeordnet. Diese Kategorien entsprechen den farbig markierten Abschnitten auf der rechten Seite. Mit Hilfe der Griffmarken haben Sie einen leichten Zugang zu den einzelnen Kategorien. Dort finden Sie zunächst allgemeine Informationen zu den jeweiligen Themenbereichen. Daran schließen sich in übersichtlicher Tabellenform und alphabetisch geordnet die wichtigsten Traumsymbole der jeweiligen Kategorie mit verschiedenen Deutungsmöglichkeiten an.

→ Die Tabelle fragt zunächst nach dem Gefühlseindruck, der das Symbol im Traum begleitete: **Neutral** (Sie waren nicht besonders berührt), **Positiv** (Sie hatten ein positives, angenehmes Gefühl und **Negativ** (Sie lehnten das Symbol emotional ab).

→ In der zweiten Spalte finden Sie die Zeichen ● ● ●. ● steht für Subjektstufe, die Ihnen sagt, was das Symbol für Ihre Persönlichkeit bedeutet. ● steht für Objektstufe, die etwas über Ihr Verhältnis zu dem Symbol aussagt. ● steht für Beziehung, d. h. dafür, was dieses Symbol in Bezug auf Ihre Beziehungen bedeutet. Die meisten Traumsymbole sind bei der Deutung mindestens zwei dieser Bereiche zuzuordnen.

→ Die drei weiteren Spalten: **Problemfeld, Themen, Deutungen/Fragen** bieten Ihnen die eigentliche Deutung Ihres Traumsymbols.

→ Auf Fragen müssen Sie keine eindeutige Antwort finden. Wesentlich ist, dass Sie sich mit der Frage beschäftigen.

→ Aussagen, die Sie – aus welchen Gründen auch immer – ablehnen, sollten Sie besonders wichtig nehmen.

→ Wenn Sie Ihre Deutung vertiefen wollen, lesen Sie auch den Einleitungstext der jeweiligen Kategorie und benutzen Sie die zusätzlichen Tabellen in Kapitel 3.

Gestalten & Körperteile

In diesem Kapitel finden Sie Symbole, die sich auf reale und fantastische Personen beziehen, sowie Symbole, die mit unserem Körper zusammenhängen. Fast alle Träume weisen ein Personen-Symbol auf. Körperteile stehen uns sehr nahe und symbolisieren wesentliche Handlungsmöglichkeiten der Träumer.

Gestalten oder Personen

Bekannte und unbekannte Gestalten bzw. Personen weisen meistens auf Eigenschaften der Träumerin oder des Träumers hin. Das bedeutet, wenn jemand von seiner Mutter träumt, ist zunächst einmal die mütterliche Seite des Träumers angesprochen. Erst wenn dieser Persönlichkeitsaspekt erfasst worden ist, sollte sich der Träumer Gedanken über seine Beziehung zu dieser Traumperson machen.
Je näher uns eine Person im Traum steht, desto wichtiger ist die angesprochene Symbolik für uns. Bruder und Schwester deuten oft auf unsere „andere“ Seite hin (unser Alter Ego), jene Seite, die wir uns nicht trauen auszuleben. Unbekannte oder gesichtslose Personen dagegen verweisen fast immer auf Eigenschaften, die uns weitgehend fremd sind.
Eine deutliche Überzahl an weiblichen oder männlichen Personen im Traum zeigt uns, dass wir entweder zu einseitig unsere weibliche oder männliche Seite leben oder dass wir diesen Seiten zu wenig Beachtung schenken. Babys und Kinder im Traum möchten Sie auf einen Neuanfang oder auf Ihr persönliches Wachstum aufmerksam machen.
Bei historischen Persönlichkeiten, die häufig die Träume beleben, folgen Sie Ihren spontanen Assoziationen zu dieser Person. Wenn Ihnen nichts einfällt, schlagen Sie in einem Lexikon nach, wofür diese Person berühmt oder berüchtigt ist. Dies versuchen Sie dann, auf sich zu beziehen.
Traumpersonal aus dem mythischen Bereich ist nach C. G. Jung archetypisch zu deuten, d. h., mythologische Gestalten weisen eine persönliche und überpersönliche Bedeutung auf und stellen allgemeine menschliche Weisheiten dar. Lesen Sie nach, was der entsprechende Mythos vermitteln möchte oder welche grundlegenden Eigenschaften einer mythischen Figur zugesprochen werden.

Tote symbolisieren Eigenschaften, die in Ihnen abgestorben sind oder die Sie ablegen sollten. Lassen Sie sich vom Tod im Traum – auch Ihrem eigenen – nicht erschrecken, denn es wird auf Tod und Wiedergeburt verweisen, darauf, dass Sie etwas beenden müssen, um für Neues Platz zu machen.
Träume, die keine Personen aufweisen, wollen uns auf eine Vernachlässigung unserer Gefühle aufmerksam machen.
Bietet sich Ihnen spontan kein anderer Zugang zu einem Traum an, beginnen Sie am besten damit, die Traumpersonen zu deuten. Stellen Sie sich die Person vor Ihrem geistigen Auge vor, und besinnen Sie sich auf die drei wesentlichsten Eigenschaften dieser Person. Eine dieser Eigenschaften oder auch alle leben Sie entweder zu einseitig oder gar nicht. Was in Ihrem Fall letztlich zutrifft, wissen nur Sie.

Körper und Körperteile

Körperteile drückten im germanischen Kulturbereich ursprünglich Verwandtschaftsverhältnisse aus, was im Deutschen noch am Ausdruck „Enkel" zu sehen ist, der sich sowohl auf das Fußgelenk als auch auf das Kindeskind bezieht. Im Traum erscheinende Körperteile sind grundsätzlich in zweierlei Hinsicht zu deuten: Sie können ein konkretes Problem mit diesem Körperteil anzeigen. Das kann ganz harmlos sein, etwa wenn dieser Körperteil im Schlaf außerhalb der Decke zu kalt geworden ist. Oder der Traum weist auf ein kurzfristiges gesundheitliches Problem im entsprechenden Körperbereich hin. Auf der anderen Seite sind Körperteile genauso symbolisch zu deuten wie alle anderen Symbole. So kann z. B. der Arm im Traum auf Ihre Fähigkeit zuzupacken hinweisen. Ist der Arm verletzt, macht der Traum auf Probleme im Bereich dieser Fähigkeit aufmerksam.
Sehr schöne Körper oder sehr hässliche, vor denen sich die Träumer meist ekeln, legen selbstverliebte Tendenzen nahe. Träumer oder Träumerin legen zu einseitig den Schwerpunkt auf die eigene Schönheit. Man sollte sein (oft von Medien beeinflusstes) Schönheitsideal überdenken.
Ungewöhnliche Körperhaltungen sind – wie alles Ungewöhnliche im Traum – stets von Bedeutung. Fällt Ihnen spontan nichts dazu ein, versuchen Sie, diese Körperhaltung nachzuahmen. Welche Gedanken und Gefühle löst sie aus? Was können Sie mit dieser Körperhaltung tun und was nicht? Die Antworten helfen bei der Deutung weiter.
Haben Sie keine spontanen Einfälle zur Körpersymbolik, stellen Sie sich vor, welche konkrete Funktion dieser Körperteil besitzt. Die Hand ermöglicht z. B. das Zugreifen, das Geben und Nehmen; die Leber entgiftet; und mit den Augen sehen wir, mit ihrer Hilfe verstehen wir unsere Umwelt. Die im Traum angesprochene Funktion des jeweiligen Körperteils sollten Sie entweder in Ihrem Leben mehr betonen oder der Traum sagt Ihnen, dass Sie diese Funktion überbewerten.

Arm

Gefühl	Problemfeld	Themen	Deutungen/Fragen
NEUTRAL (Der Arm löst keine speziellen Gefühle aus.)	Wie weit Sie Ihren Einfluss ausdehnen können und wollen	Ihre Aktivitäten in der Außenwelt	Haben Sie den Raum und die Wirkung, die Sie brauchen?
	Verspannungen oder Schmerzen des Armes	Unbequeme Schlafposition oder Probleme mit dem Arm	Änderung der Schlafposition oder Behandlung der Armprobleme
	Wie nah lässt man den Partner/die Partnerin an sich herankommen?	Nähe/Distanz, aktiver Einsatz für die Beziehung	Halten Sie andere Menschen von sich fern oder lassen Sie diese nahekommen? Was ist Ihr Anteil an der Gestaltung Ihrer Beziehung?
POSITIV (Der Arm wird stark und positiv erlebt.)	Stärke, Durchsetzungsvermögen	Die aktive Gestaltung des eigenen Innenlebens (Ich-Stärke)	Sind Sie „der Herr" über Ihre Gefühle und Ihr Denken? Können Sie Ihre Gefühle oder Störgedanken beherrschen?
	Aktivität und Stärke	Sich aktiv für seine Ideen und Gefühle einsetzen; Inspiration durch innere Regung	Sie sind stärker, als Sie denken.
	Ihre Position in der Beziehung (privat oder geschäftlich)	Der Mut, andere in ihre Schranken zu verweisen	Setzen Sie sich so durch, wie Sie es könnten oder müssten?
NEGATIV (Probleme mit dem Arm, z. B. verletzter oder schwacher Arm)	Handlungsfähigkeit	Angst vor Eingreifen bei Problemen oder inneren Konflikten	Weichen Sie aktivem Handeln aus oder fühlen Sie sich schwach?
	Das Vertrauen in die Fähigkeit, zupacken zu können	Flucht vor körperlichen Aktivitäten oder reale Schmerzen im Arm	Ängstigen Sie sich vor Umarmungen?
	Die (physische) Nähe zum Partner	Der Umgang mit Distanzlosigkeit und Übergriffen	Ist Ihre Angst vor dem anderen berechtigt?

Auge

Subjektstufe
Objektstufe
Beziehungsstufe

Gefühl	Stufe	Problemfeld	Themen	Deutungen/ Fragen
NEUTRAL (Das Auge löst keine speziellen Gefühle aus.)	Subjektstufe	Aufmerksamkeit und Selbstwahrnehmung	Das Gewahrwerden innerer Impulse	Nehmen Sie sich Zeit, um Ihre Stimmungen und Gefühle möglichst genau wahrzunehmen.
	Objektstufe	Ihre Einstellung zu Augen	Wie genau Sie sehen, wann Sie etwas Wichtiges übersehen, was Sie nicht sehen wollen	Haben Sie Augenprobleme? Vielleicht sollten Sie einen Sehtest machen.
	Beziehungsstufe	Ihre Sensibilität für das Gegenüber	Was Sie am Partner wahrnehmen und was Sie nicht an ihm wahrnehmen	Sollten Sie genauer auf Ihre Partner in der Kommunikation achten (statt auf sich selber konzentriert zu sein)?
POSITIV (Das Auge wird positiv erlebt.)	Subjektstufe	Der Spaß daran, etwas bei sich zu entdecken	Sich selber unter einem neuen Aspekt oder Blickwinkel betrachten	Ihre gute Selbstwahrnehmung hilft Ihnen, Neues an sich zu entdecken und sich weiter zu entwickeln.
	Objektstufe	Ihr positives Verhältnis zu Augen	Ihre Freude, Bilder und Formen genau wahrzunehmen	Sie scheinen ein optischer Mensch zu sein, den Bilder mehr ansprechen als Worte. Sie sollten sich mit Bildern beschäftigen.
	Beziehungsstufe	Die Wahrnehmung des Kommunikationspartners	Die – meist gefühlsmäßige – Öffnung für den anderen	Es macht Ihnen Spaß, den anderen zu entdecken und wahrzunehmen. Machen Sie etwas daraus.
NEGATIV (Probleme mit den Augen)	Subjektstufe	Ihr Umgang mit Unaufmerksamkeit	Etwas öfters zum eigenen Nachteil übersehen oder etwas nicht sehen wollen	Sie sollten aufmerksamer auf Ihre Stimmungs- und Gefühlsänderungen achten.
	Objektstufe	Wahrnehmungsprobleme, Fehlsichtigkeit	Ihre ungenaue Wahrnehmung der Umwelt, die gefährlich oder nachteilig sein kann	Ein genaueres Hinsehen und Wahrnehmen könnte Ihre Lage deutlich verbessern.
	Beziehungsstufe	Die eigene Wahrnehmung, der man nicht traut	Unaufmerksamkeit oder: Man fühlt sich beobachtet und deswegen unfrei.	Was wollen Sie in Ihren Beziehungen nicht sehen oder was übersehen Sie ständig in sozialen Situationen?

Berühmte Person

Gefühl	Problemfeld	Themen	Deutungen/Fragen
NEUTRAL (Die berühmte Person wird neutral wahrgenommen.)	Vater-Mutter-Thema, Selbstwertprobleme	Anerkennung und Vorbilder	Welche herausragenden Eigenschaften kennzeichnen diese Person? Wünschen Sie sich solche Eigenschaften?
	Ihre Einstellung zu dieser berühmten Person	Was verbinden Sie mit dieser berühmten Person?	In welchem Zusammenhang haben Sie von dieser berühmten Person gehört oder gelesen?
	Tendenz zur Selbstüberhöhung in Beziehungen	Autoritäts- und/oder Selbstwertprobleme	Wünschen Sie sich Eigenschaften in Ihren Beziehungen, die diese berühmte Person verkörpert?
POSITIV (Die berühmte Person wird positiv wahrgenommen.)	Die Person drückt ein Ideal oder einen Mangel aus.	Bewusstwerdung von Potenzialen und/oder Defiziten, Selbsterhöhung durch Identifikation	Was sollten Sie in Ihrem Leben verwirklichen? Oder erleben Sie sich durch die Idealisierung negativer als Sie wirklich sind?
	Positive Einstellung zu dieser berühmten Person	Idealisierung oder realistische Sichtweise?	Was bewirkt Ihre positive Einstellung zu dieser Person?
	Potenziale, die in Beziehungen gelebt werden sollten	Idealbild von sich selbst oder dem Partner/der Partnerin	Welche ungelebten Möglichkeiten könnten Sie zusammen mit Ihrem Partner ausleben?
NEGATIV (Die berühmte Person wird negativ wahrgenommen.)	Abgelehnte Eigenschaften der berühmten Person	Negative Eigenschaften der berühmten Person drücken unbewusste Anteile aus.	Welche negativen Eigenschaften ordnen Sie dieser berühmten Person zu, und können Sie diese bei sich erkennen?
	Negative Einstellung zu dieser Person	Zu negative oder realistische Sichtweise?	Was bewirkt Ihre negative Einstellung zu dieser Person?
	Negative Eigenschaften beeinträchtigen Beziehungen	Abgelehnte Persönlichkeitsanteile bei sich und dem Partner	Was stört Sie in Ihren Beziehungen und bei Ihrem Gegenüber?

Bewegungsbehinderung

Subjektstufe
Objektstufe
Beziehungsstufe

Gefühl	Stufe	Problemfeld	Themen	Deutungen/Fragen
NEUTRAL (Die Bewegungsbehinderung löst keine speziellen Gefühle aus.)	Subjektstufe	Innere Erstarrung, kein lebendiger Austausch	Innere Dynamik und damit der kreative Ausdruck	Die Art der Bewegungsbehinderung zeigt, wo Sie diese finden und wie Sie sie beheben können. Es ist Ihre Sichtweise, die Sie behindert und blockiert.
	Objektstufe	Reale Bewegungsbehinderung	Einstellung zu dieser Art der Behinderung	Was verbinden Sie mit dieser Art der Behinderung? Haben Sie Angst, an einer solchen Behinderung zu erkranken?
	Beziehungsstufe	Erstarrung der Beziehung	Wiederholungen und Langeweile mit dem Partner (privat oder geschäftlich)	Wie können Sie Ihre Beziehungen lebendig und aufregend gestalten?
POSITIV (Es wird die positive Seite der Behinderung erlebt.)	Subjektstufe	Innere Spannungen werden abgebaut.	Stress und ständige Beweglichkeit, die einen schädigen	Aufforderung, auch einmal nichts zu tun und auszuruhen
	Objektstufe	Die Art der Behinderung zeigt das Problemfeld an.	Freude an der Bewegung	Haben Sie genug Bewegung oder bewegen Sie sich zu viel?
	Beziehungsstufe	Hingabe	Sehnsucht nach möglichst vollständiger Hingabe	Nehmen Sie sich zu sehr in Ihren Liebesbeziehungen zurück?
NEGATIV (Die Behinderung wird negativ erlebt.)	Subjektstufe	Die eigenen Hemmungen werden nicht akzeptiert.	Seelische Verletzungen werden abgewehrt.	Welche Ihrer inneren Realitäten müssen Sie lernen zu akzeptieren, um nicht immer wieder den gleichen Fehler zu machen?
	Objektstufe	Einstellung zu Behinderungen	Die Erfahrungen, die Sie mit Bewegungsbehinderungen machten	Fühlen Sie sich oft in Ihrer Bewegungsfreiheit behindert?
	Beziehungsstufe	Die Beziehung wird als Käfig erlebt.	Abhängigkeit	Behindern Sie sich selbst oder fühlen Sie sich durch andere behindert? Es sollte Bewegung in Ihren Beziehungsalltag kommen.

Brust

Gefühl	Problemfeld	Themen	Deutungen/Fragen
NEUTRAL (Die Brust wird neutral wahrgenommen.)	Nährendes, Erotisches, Selbstbewusstsein	Aufmerksamkeit auf eigene Anteile (Person, zu der die Brust gehört, symbolisiert die Anteile)	Welche Eigenschaften sollten Sie verstärkt wahrnehmen und leben?
	Ihre Einstellung zur Brust	Ihre Assoziationen zur männlichen Brust und zu weiblichen Brüsten	Die Brust verkörpert Ihr Bedürfnis, gesehen zu werden beziehungsweise sich zu zeigen.
	Männliche Durchsetzung oder nährende Weiblichkeit	Selbstbewusstsein in Beziehungen – befriedigende Erotik	Sollten Sie sich in Ihren Beziehungen deutlicher zeigen? Sehnen Sie sich nach Erotik und Schutz?
POSITIV (Die Brust wird positiv wahrgenommen.)	Nährende Anteile werden einem bewusst.	Person, zu der die Brust gehört, verkörpert bereichernde Anteile.	Mit welchen Eigenschaften, die für Sie vorteilhaft sind, kommen Sie in Kontakt?
	Positive Einstellung zur Brust	Stolz, Selbstbewusstsein, erotische Wirkung oder mütterliche Zuwendung	Sind Sie mit Ihrer Brust zufrieden?
	Freude an männlicher Kraft und weiblicher Erotik	Durchsetzungskraft und weibliche Erotik wirkt sich auf Beziehungen positiv aus.	Nehmen Sie sich in Ihren Beziehungen selbstbewusster wahr. Stehen Sie zu Ihrer weiblichen Erotik.
NEGATIV (Die Brust wird negativ wahrgenommen.)	Anteile werden abgelehnt.	Anteile (Person, zu der die Brust gehört) werden abgewertet.	Sie lehnen Eigenschaften bei sich ab oder diese werden zu Ihrem Nachteil abgelehnt.
	Negative Einstellung zur Brust	Selbstwertprobleme, Zweifel an eigener Männlichkeit bzw. Weiblichkeit	Frauenbrust: Überbewerten Sie Ihre erotische Anziehungskraft oder vernachlässigen Sie diese? Männerbrust: zu wenig/zu viel Stolz
	Entwertung männlicher Kraft oder weiblicher Erotik	Durchsetzungskraft oder weibliche Erotik wird zu wenig oder zu viel gelebt.	Angst vor Veränderung, wenn Sie vermehrt oder weniger selbstbewusst bzw. weiblich erotisch auftreten würden

Dieb

- Subjektstufe
- Objektstufe
- Beziehungsstufe

Gefühl	Stufe	Problemfeld	Themen	Deutungen/ Fragen
NEUTRAL (Der Dieb löst keine speziellen Gefühle aus.)	Subjektstufe	Ihre Gier oder Ihre Angst vor Verlust wird angesprochen.	Man möchte (zwanghaft) halten, was man hat. Man hat Angst, es zu verlieren.	Können Sie Ihre Verlustängste auf Ihre Kindheit zurückführen?
	Objektstufe	Eher unberechtigte Angst vor Dieben	Angst, all das zu verlieren, das man besitzt (hauptsächlich im Materiellen)	Überidentifizierung mit dem, was man besitzt, deswegen große Verlustängste und Überkompensation durch Absicherung
	Beziehungsstufe	Man selbst oder der Partner nimmt mehr, als man bekommt.	Das subjektive Gefühl, benachteiligt zu sein oder zu kurz zu kommen	Problem: Sie rechnen in Partnerschaften auf, zeigen also ein berechnendes Verhalten, das Angst erzeugt, zu kurz zu kommen.
POSITIV (Der Träumer identifiziert sich positiv mit dem Dieb.)	Subjektstufe	Freude am Nehmen	Moralische Einstellung zu Geben und Nehmen	Ein schlechtes Gewissen beim Nehmen gemäß seinen Bedürfnissen ist unangebracht.
	Objektstufe	Romantisierung des Ganoven (der antibürgerliche Held)	Aus Langeweile sympathisiert man mit Dieben, die sich trauen zu nehmen, was sie benötigen.	Sie sollten sich mehr trauen, das zu nehmen, was Sie benötigen; Bedürfnis, sich den Konventionen zu entziehen
	Beziehungsstufe	Äußerung der Bedürfnisse	Sich unbeschwert nehmen, was man braucht	Empfehlung: offen zu seinen Bedürfnissen stehen und sich nehmen, was man benötigt
NEGATIV (Angst vor dem Dieb oder schlechtes Gewissen als Dieb)	Subjektstufe	Angst vor Identitätsverlust	Behinderndes Sicherheitsbedürfnis	Innere Unsicherheit lässt Sie unnahbar und starr werden. Die Außenwelt wird bedrohlich empfunden.
	Objektstufe	Eher unberechtigte Angst vor Dieben	Misstrauen und mangelhaftes Urvertrauen	Warum vertrauen Sie anderen Menschen nicht? Ist das auf Enttäuschungen zurückführbar?
	Beziehungsstufe	Angst, dass der Partner einen ausnutzt, ohne dafür etwas zu geben	Mangelhaftes Vertrauen in der Partnerschaft	Eine berechnende Einstellung zum Partner, die auf ihn projiziert wird

Engel

Gefühl	Problemfeld	Themen	Deutungen/ Fragen
NEUTRAL (Der Engel löst keine speziellen Gefühle aus.)	Der Engel schützt, zeigt den Weg; unfassbares Geistwesen	Das Hören auf die innere Stimme und das Vertrauen auf seine innere Intelligenz	Die Aufforderung, auf geistige Einsichten zu vertrauen, die einem sein Inneres mitteilt; das Vertrauen in das Unfassbare
	Der Engel als Geistwesen	Engel sind virtuell und entsprechen geistigen Konzepten.	Engelbilder vermitteln innere Einstellungen und moralische Konzepte.
	Unrealistische Sicht des Partners oder von sich selbst	Sie sehnen sich nach einem „Engel“, der Sie rettet, oder wollen selbst einer sein.	Idealisieren Sie Ihren Partner oder besitzen Sie ein idealisiertes Selbstbild? Ideal und Realität sind zweierlei.
POSITIV (Schutzengel und alle hilfreichen Engel, weiße Engel)	Sich selber als Engel zu erleben	Einseitig positives Selbstbild	Können Sie auch Ihre teuflische Seite (Ihren Schatten nach C.G. Jung) sehen, ohne diesen zu verdammen?
	Engel sind auf verschiedene Probleme spezialisiert.	Die Themen entsprechen den Spezialgebieten der Engel (Lexika/Internet).	Engel sind geistige Wesen, die wenig mit der Alltagsrealität zu tun haben. Sie vermitteln dem Unsicheren Sicherheit.
	Die Vergeistigung der Partnerschaft	Man will gut und geistig sein; oftmals Sehnsucht nach Körperüberwindung	Sehen Sie Ihren Partner als Ihren persönlichen Engel, der Sie beschützt und leitet – oder sind Sie der Engel Ihres Partners?
NEGATIV (schwarze, gefallene oder verführerische Engel)	Der Druck, gut sein zu müssen oder Verleugnung des Körpers	Ablehnung des Körpers, Überbetonung des Geistes	Schränkt Sie der einseitig geistige Aspekt Ihrer Beziehung oder Körperverleugnung ein?
	Engel leiten das eigene Leben; Naivität und Romantizismus	Ihre Einstellung zu Engeln (und anderen mythologischen Figuren)	Sind Sie auch der „Engel-Mode“ verfallen? Was sagt das über Ihre Sehnsüchte und Ängste aus?
	Die unrealistische Sicht des Partners	Tendenz zur Verteufelung des Partners in Krisensituationen	Die einseitig negative Sicht Ihres Partners wird infrage gestellt.

Ex-Freund/in

Subjektstufe
Objektstufe
Beziehungsstufe

Gefühl	Problemfeld	Themen	Deutungen/Fragen
NEUTRAL (Der Ex-Freund wird neutral wahrgenommen.)	Persönlichkeitsanteile werden nicht gelebt.	Ex-Freund steht für eigene Anteile, mit denen man nicht mehr in Kontakt ist.	Welche Eigenschaften verkörpert Ihr Ex-Freund für Sie? Können Sie diese bei sich entdecken, und leben Sie diese zu wenig?
	An den Ex-Freund gebundene Gefühle	Festhalten – Loslassen	Inwiefern fühlen Sie sich noch an Ihren Ex-Freund gebunden?
	Eigenschaften/Potenziale werden vernachlässigt.	In aktuellen Beziehungen werden Verhaltensweisen aus alten Beziehungen verdrängt.	Leben Sie zu wenig von dem, was Ihnen in früheren Beziehungen wichtig war?
POSITIV (Der Ex-Freund wird positiv wahrgenommen; Zärtlichkeitsaustausch etc.)	Sehnsucht nach gegengeschlechtlichen Anteilen	Kontakt dazu zu finden, was einem in früheren Beziehungen wichtig war	Ihr Ex-Freund steht für eigene wichtige Anteile von Ihnen, die beachtet werden wollen.
	Wunsch nach Eigenschaften des Ex-Partners	(Bewusste/unbewusste) Zufriedenheit in Beziehungen	Sehnen Sie sich nach Eigenschaften Ihres Ex-Partners, die Sie in Ihren aktuellen Beziehungen vermissen?
	Ungelebte Eigenschaften befruchten Beziehungen.	Wichtige ungelebte Anteile werden wieder bewusst und beeinflussen Beziehungen.	Sie sollten in Ihren aktuellen Beziehungen leben, was Ihnen in früheren Partnerschaften wichtig war.
NEGATIV (Der Ex-Freund wird negativ oder zwiespältig wahrgenommen.)	Abwehr von gegengeschlechtlichen Anteilen	Kontakt dazu finden, was man am Ex-Partner ablehnt und bei sich selbst abwehrt	Eigenschaften des Ex-Partners lehnen Sie ab, da Sie diese bei sich selbst verleugnen und verdrängen.
	Abwertung des Ex-Partners	Ex-Partner wird negativ gesehen, wegen (unbewusster) Probleme in aktueller Beziehung	Müssen Sie Ihren Ex-Partner abwerten, um Probleme in Ihrer aktuellen Beziehung nicht erkennen zu müssen?
	Entwertung von Eigenschaften schützt die Beziehung.	Abgewehrte unbewusste Eigenschaften des Ex-Partners beeinflussen Beziehungen negativ.	Wehren Sie Eigenschaften des Ex-Partners ab, die Sie (unbewusst) in aktuellen sozialen Beziehungen leben?

Frau

Gefühl	Problemfeld	Themen	Deutungen/ Fragen
NEUTRAL (Die Frau wird ohne deutliche Gefühle wahrgenommen.)	Weibliche Anteile deutlicher wahrnehmen und umsetzen	Vernachlässigte weibliche Persönlichkeitsbereiche, vermehrtes weibliches Bewusstsein	Welchen weiblichen Anteilen sollte ich mich bewusster zuwenden? Welche sollte ich aktiver ins Leben integrieren?
	Bekannte oder unbekannte Frau?	Kennen Sie die Frau? An wen erinnert Sie die Frau? Unbekannte Frau: „das Ewigweibliche“	Haben Sie mit der Frau aktiv Kontakt? Parallelen zu der Situation, als Sie mit dieser oder einer ähnlichen Frau Kontakt hatten?
	Sexuelles Bedürfnis (Mann); Hingabe (Frau)	Sehnsuchtsbild im Männertraum, Ausdruck von Weiblichkeit in Beziehungen im Frauentraum	Als Mann mehr Gefühl in Beziehungen zeigen, als Frau zu Ihrer eigenen Weiblichkeit stehen
POSITIV (Die Frau erscheint positiv, man empfindet das Zusammensein als angenehm, bereichernd.)	Bisher unbekannte weibliche Eigenschaften integrieren	Unbekannte Anteile im Gefühlsbereich entdecken und im Leben umsetzen	Welche für Sie bisher unbekannten weiblichen Anteile werden Ihnen bewusst? Sie sollten sie in Ihrem Leben umsetzen.
	Positive Begegnung mit einer Frau	Positive Erinnerungen an Begegnung mit einer Frau, die der Traumfrau ähnelt oder gleicht	Gibt es aktuelle Parallelen zu der Situation, in der Ihnen diese oder eine ähnliche positive Frau begegnete?
	Einfühlungsvermögen (Mann), Frausein (Frau)	Weibliche Anteile (Mann) und Betonung weiblicher Anteile (Frau) verbessern die Beziehung.	Mann: weibliche Anteile bewusst machen und mitteilen. Frau: ungewohnte weibliche Seiten entdecken und leben.
NEGATIV (Der Frau wird negativ empfunden, das Zusammensein ist unangenehm, bedrohlich.)	Anpassung verhindert Bewusstwerdung weiblicher Anteile.	Angst vor unbewussten weiblichen Anteilen, die Sie zu bedrohen scheinen	Sie sollten die deutlicher werdenden und bisher verdrängten unbewussten weiblichen Anteile trotz Ihrer Ängste wahrnehmen.
	Negative Begegnung mit einer Frau?	Negative Erfahrungen mit einer solchen Frau; negative Mutter?	Wie haben Sie Ihre eigene Mutter erlebt? Inwiefern gleicht diese Frau Ihrer Mutter?
	Angst vor weiblichen Anteilen	Befürchtung, weibliche Anteile könnten Beziehung gefährden	Was befürchten Sie, wenn Ihre weiblichen Anteile in Beziehungen mehr Gewicht hätten?

Freund/Freundin

- Subjektstufe
- Objektstufe
- Beziehungsstufe

Gefühl	Stufe	Problemfeld	Themen	Deutungen/Fragen
NEUTRAL (Der/die Freund/in wird neutral wahrgenommen.)	Subjektstufe	Eigenschaften des Freunds symbolisieren eigene Anteile	Freund/in steht für eigene Persönlichkeitsanteile, die einem bewusst werden sollten.	Welche Eigenschaften verkörpert Ihr/e Freund/in für Sie? Können Sie diese bei sich entdecken, und leben Sie diese zu wenig?
	Objektstufe	Gefühle, die an den/die Freund/in gebunden sind	Eigenschaften, die Sie an Ihrem Freund/Ihrer Freundin schätzen	Was konkret schätzen Sie an Ihrem Freund oder Ihrer Freundin?
	Beziehungsstufe	Eigenschaften/Potenziale sollten gelebt werden.	Eigenschaften des Freundes machen auf Anteile aufmerksam, die Beziehungen beeinflussen.	Wie können Sie Eigenschaften Ihres Freundes, die auch Ihnen entsprechen, in Ihren Beziehungen Raum geben?
POSITIV (Der/die Freund/in wird positiv wahrgenommen; Zärtlichkeitsaustausch etc.)	Subjektstufe	Hilfreiche Eigenschaften des Freunds	Kontakt dazu finden, was einem in der Beziehung wichtig ist	Ihr/e Freund/in steht für eigene wichtige Anteile, die beachtet werden wollen.
	Objektstufe	Wunsch nach Eigenschaften der/des Freundes/in	(Bewusste/unbewusste) Zufriedenheit in Beziehungen	Sehnen Sie sich nach Eigenschaften Ihres/Ihrer Freundes/in, die Sie in Ihren anderen Beziehungen vermissen?
	Beziehungsstufe	Ungelebte Eigenschaften befruchten Beziehungen.	Wichtige ungelebte Anteile werden wieder bewusst und beeinflussen Beziehungen.	Sie sollten in Ihren aktuellen Beziehungen leben, was Ihnen in dieser Beziehung zu Ihrem/Ihrer Freund/in wichtig ist.
NEGATIV (Der/die Freund/in wird negativ oder zwiespältig wahrgenommen.)	Subjektstufe	Abwehr von Anteilen des/der Freundes/in	Kontakt dazu finden, was man am/an der Freund/in ablehnt und bei sich selbst abwehrt	Eigenschaften des/der Freundes/in lehnen Sie ab, da Sie diese bei sich selbst verleugnen und verdrängen.
	Objektstufe	Ablehnung des/der Freundes/in	Beziehungsprobleme mit dem/der Freund/in	Weist die Ablehnung Ihres Freundes/Ihrer Freundin auf Beziehungsprobleme mit dieser Person hin?
	Beziehungsstufe	Ablehnung eigener Anteile in Beziehungen	Abgewehrte Eigenschaften, die Beziehungen negativ beeinflussen	Wehren Sie Persönlichkeitsanteile des/der Freundes/in ab, die Sie (unbewusst) in aktuellen sozialen Beziehungen leben?

Fuß (Körperteil)

Gefühl	Problemfeld	Themen	Deutungen/Fragen
NEUTRAL (Der Fuß löst keine speziellen Gefühle aus.)	Bewegung, Erdung	Der innere Standpunkt	Mit den Füßen ist oft Ihr Standpunkt angesprochen oder Ihre Position in der Gesellschaft. Füße zeigen, wo Ihre innere Basis ist und ob Sie auf Ihren eigenen Füßen stehen können.
	Die eigenen Füße oder die anderer	Fußpflege	Erinnerung an die Pflege und Gesundhaltung der Füße
	Der gemeinsame Standpunkt	Erdung des Standpunktes beider Partner in der Beziehung	Gibt es eine gemeinsame Basis in Ihrer Beziehung, auf der jeder seinen eigenen Standpunkt wahren kann?
POSITIV (Schöne Füße und eine positive Einstellung zu den Füßen)	Der eigene Standpunkt	Ein fester Standpunkt in der Welt, der Beweglichkeit beinhaltet	Haben Sie eine innere Stärke, die Ihnen die Sicherheit gibt, in die Welt hinauszugehen?
	Die eigenen Füße oder die anderer	Die erotische Wirkung der Füße; gut zu Fuß sein	Sehnsucht nach schönen und gesunden Füßen
	Ihr Standpunkt im Vergleich zu dem Ihrer Partner	Übereinstimmung der eigenen Standpunkte mit denen von Partnern	Sehnsucht nach dem Ideal, dass Ihr Standpunkt und der Ihres Partners übereinstimmen
NEGATIV (Hässliche, ungepflegte Füße, Fußgeruch)	Probleme mit Erdung und Beweglichkeit	Einen sicheren Standpunkt mit Beweglichkeit verbinden	Sicherheit und Beweglichkeit schließen sich keineswegs aus, sondern bedingen einander.
	Schmerzen im Fuß, vernachlässigte Füße	Alle Probleme, die mit den Füßen auftreten können	Ihre Füße benötigen dringend mehr Zuwendung, Aufmerksamkeit und Pflege.
	Ablehnung des Standpunkts des Partners; zu sich selbst stehen können	Beweglichkeit/Freiheit in der Beziehung	Wollen Sie Ihren Partner verlassen (weglaufen) oder ihm auf die Füße treten (beleidigen)? Stehen Sie in der Beziehung auf eigenen Füßen?

Gegner

- Subjektstufe
- Objektstufe
- Beziehungsstufe

Gefühl		Problemfeld	Themen	Deutungen/ Fragen
NEUTRAL (Der Gegner löst keine speziellen Gefühle aus.)	Subjektstufe	Abgelehnte Anteile, der Umgang mit Widerständen	Der Gegner im eigenen Inneren (meistens der unerkannte und deswegen der gefährlichste Gegner)	Wenn Sie in Ihrem Leben häufig auf Widerstände treffen, haben Sie diese meistens selbst erzeugt – durch innere Einstellungen und unbewusste Reaktionen.
	Objektstufe	Der geschickte Umgang mit Gegnern	Klug bzw. überlegt kämpfen	Die Aufgabe lautet, sich statt von seinen Gefühlen von taktischen Überlegungen leiten zu lassen.
	Beziehungsstufe	Partner werden als Gegenspieler betrachtet.	Neurotische Durchsetzungssucht aufgrund eines geringen Selbstbewusstseins	Ausdruck einer undifferenzierten Sicht, die andere Menschen nur als Freund und Feind betrachtet
POSITIV (Der „gute“ Gegner, von dem man lernt)	Subjektstufe	Widerstände ertragen können, Annäherung an abgelehnte Anteile	Gegensätze in sich erkennen und als produktive Spannung ansehen	Leben ist Spannung und aus ihr stammt unser Antrieb zum kreativen Handeln und zur Entwicklung.
	Objektstufe	Anerkennung des Gegners	Fair kämpfen	Die Empfehlung, von Gegnern zu lernen
	Beziehungsstufe	Umgang mit der Andersartigkeit des Partners	Die kluge Nutzung ungewohnter Ansichten	Wie wäre es, die Andersartigkeit Ihres Partners als Chance zu nutzen, um Ihre Weltsicht zu erweitern?
NEGATIV (Der gefährliche Gegner, der einen besiegt)	Subjektstufe	Abgelehnte Anteile werden abgewehrt und abgespalten.	Meist unbewusste innere Widerstände, sich so zu akzeptieren, wie man ist	Je stärker die Auseinandersetzung mit dem Gegner ist, umso schwerer ist Ihr innerer Konflikt mit dem abgelehnten Anteil.
	Objektstufe	Der Umgang mit Konkurrenten	Angst vor Auseinandersetzungen	Lernen Sie, in Kämpfen einen klaren Kopf zu behalten und sich nicht einschüchtern zu lassen.
	Beziehungsstufe	Verteufelung des Partners	Meist handelt es sich um eine Projektion eigener Aggressionen	Sicht, dass stets der andere der Böse ist, einem selber jedoch keine Schuld zukommt

Gesicht

Gefühl	Problemfeld	Themen	Deutungen/Fragen
NEUTRAL (Das Gesicht wird neutral wahrgenommen.)	Eigene Identität und die der anderen	Selbstachtung (eigenes Gesicht) – unbekannte Seiten (fremdes Gesicht)	Setzen Sie sich jetzt vermehrt mit Ihrer eigenen Person auseinander. Können Sie neue Seiten an sich entdecken (fremdes Gesicht)?
	Ansprechen auf Gesichter	Gesichter mögen oder ablehnen	Wie bewerten Sie Gesichter? Was finden Sie ansprechend oder eher nachteilig?
	Zur Identität stehen und/oder fremde Seiten leben	Selbstakzeptanz in Beziehungen oder neue/fremde Eigenschaften zeigen	Können Sie sich in Ihren Beziehungen so zeigen, wie Sie sind? Versuchen Sie, unbekannte Anteile auszudrücken.
POSITIV (Das Gesicht wird positiv wahrgenommen, man mag sein eigenes oder das Gesicht anderer.)	Annehmen der eigenen Identität und derjenigen anderer	Annehmen des Selbst erleichtert Akzeptanz von bisher unbekannten Seiten.	Sie sehen sich in positivem Licht (möglicherweise unbewusst), was Ihnen dazu verhilft, neue Anteile in sich zu entdecken.
	Positive Einstellung zu solchen Gesichtern	Positive Assoziationen und Erfahrungen mit solchen Gesichtern	Sie akzeptieren Ihr Gesicht. Was mögen Sie an solchen Gesichtern (wie im Traum)?
	Identität wird gelebt, unbekannte Anteile werden gezeigt.	Das Gefühl, attraktiv zu sein, hilft, Unbekanntes an sich und anderen anzunehmen.	Sie sehen sich in Beziehungen in positivem Licht, was Ihnen dazu verhilft, auch neue Seiten zu entdecken und zu zeigen.
NEGATIV (Das Gesicht wird negativ, unattraktiv, ablehnenswert wahrgenommen.)	Selbstwertprobleme; Ablehnung fremder Anteile	Geringe Selbstakzeptanz führt zu Abwertung und geringer Toleranz gegenüber Fremden.	Verhindern Sie mit Ihrer negativen Sichtweise von sich selbst, die Auseinandersetzung mit sich und Ihrer Identität?
	Negative Einstellung zu solchen Gesichtern	Negative Assoziationen und Erfahrungen mit solchen Gesichtern	Was lehnen Sie an Ihrem Gesicht ab? Wie müsste ein Gesicht beschaffen sein, damit Sie es attraktiv finden?
	Identität wird abgelehnt, fremde Anteile werden entwertet.	Unattraktivität führt zu Beziehungskonflikten und Intoleranz gegenüber Fremden.	Aus welchen Gründen fühlen Sie sich für andere unattraktiv? Lehnen Sie deshalb Fremdes und Ihnen Unbekanntes ab?

Gespenst

Subjektstufe
Objektstufe
Beziehungsstufe

Gefühl		Problemfeld	Themen	Deutungen/Fragen
NEUTRAL (Das Gespenst löst keine speziellen Gefühle aus.)	Subjektstufe	Alte und überholte Denk- und Gefühlsmuster	Erfahrenes Unrecht und/oder Schuldgefühle behindern die Persönlichkeitsentwicklung.	Gespenster werden als negativ besetzte innere Anfechtungen (etwa zwanghafte Gedanken oder Gefühle) betrachtet, die Sie bedrohen und die Sie sich bewusst machen sollten.
	Objektstufe	Die Unterscheidung zwischen Realität und Einbildung	Wo leben Gespenster – im Inneren oder im Außen?	Gespenster sollten produktiv als eine Personifizierung eigener unbewusster Gefühle und Gedanken betrachtet werden.
	Beziehungsstufe	Die realistische Sicht auf Partner	Irreale Einstellung Ihren Beziehungen gegenüber	Betonung der Notwendigkeit, den Partner möglichst analytisch bzw. objektiv zu sehen
POSITIV (Das Gespenst als hilfreicher, angenehmer Geist)	Subjektstufe	Unselbstständigkeit	Ablehnung, sein eigenes Inneres bewusst zu betrachten	Sie fantasieren eine Hilfe von außen, wenn Sie sich selbst helfen sollten.
	Objektstufe	Hilfreiche Geister	Die Hoffnung auf Hilfe von außen (z.B. Heinzelmännchen)	Hilfe von außen als Hinweis darauf, wie Sie sich selbst helfen können
	Beziehungsstufe	Übernommene Muster werden in Beziehungen als hilfreich erlebt.	Parallelen zwischen eigenen Beziehungen und dem Umgang der Eltern oder anderer wichtiger Bezugspersonen	Helfen Ihnen übernommene und eigentlich veraltete Verhaltensmuster, Beziehungen kreativ zu gestalten?
NEGATIV (Angst vor dem Gespenst, angreifendes Gespenst)	Subjektstufe	Zwanghafte Gedanken und Vorstellungen	Alte Gefühle, Einstellungen und Gedanken bedrohen die Persönlichkeitsentwicklung.	Bei starker Angst im Traum im Zusammenhang mit Gespenstern sollte therapeutische Hilfe in Anspruch genommen werden.
	Objektstufe	Gespenster sind unerlöste Seelen	Angst vor Gespenstern	Sind Ihnen in Ihrer Kindheit beängstigende Gespenstergeschichten erzählt worden oder schauen Sie zu viele Horrorfilme an?
	Beziehungsstufe	Überholte Sichtweisen und Gefühle	Aus früheren Erfahrungen stammende Gefühle und Verhaltensweisen führen zu Aggressionen.	Auf den Partner projizierte Aggressionen verstellen die Sicht auf die eigenen.

Haar

Gefühl	Problemfeld	Themen	Deutungen/ Fragen
NEUTRAL (Das Haar löst keine speziellen Gefühle aus.)	Körperlichkeit, Schutz, Selbstbild, Vitalität	Blond: meist positiv, schwarz: meist negativ; braun steht häufig für Gefühlsintensität.	Beschäftigen Sie sich zu einseitig mit Ihrem Innenleben oder Ihrer Wirkung auf andere?
	Ihre Einstellung zu Ihren Haaren	Erfahrungen, speziell in der Kindheit mit Haaren und Haareschneiden	Wie viel Energie bringen Sie für Ihre Frisur auf?
	Attraktivität, soziale Normen	Ihre Wirkung in der Außenwelt, Schönheit und Mode, Ihr soziales Auftreten	Haben Sie den Raum und die Wirkung, die Sie brauchen? Wie weit machen Sie sich von Schönheitsidealen abhängig?
POSITIV (Das Haar wird schön und positiv erlebt.)	Vitalität und Lebenskraft, vereinzelt Schutzbedürfnis	Je nach Haarfarbe wird diese Seite des/der Träumenden betont.	Welche Seite in Ihnen (Haarfarbe) ist momentan besonders stark ausgeprägt?
	Erotisierung und Idealisierung des Haars	Positive Erinnerungen an Situationen, in denen Haare wichtig waren	Erinnert Sie das Haar im Traum an jenes Ihrer Eltern, an das von Freunden oder Freundinnen?
	Positive Bewertung der eigenen Attraktivität	Schönheit gibt Sicherheit und ermöglicht ein selbstbewusstes Auftreten.	Welche Rolle spielt Schönheit für Sie – dafür, ob Sie eine Person sympathisch oder unsympathisch finden?
NEGATIV (Probleme mit dem Haar, z. B. Haarausfall oder das „Haar in der Suppe“)	Schwindende oder geringe Vitalität	Je nach Haarfarbe ist diese Seite beeinträchtigt.	Welche Anteile oder Eigenschaften in Ihnen verlieren an Intensität und Kraft?
	Eigene Haare werden abgelehnt, Ekel vor Haaren anderer	Negative Erfahrungen mit Haaren, die häufig auf die Kindheit zurückgehen	Lassen Sie sich von einem schicken Friseur verwöhnen und stylen, auch wenn Sie das ablehnen.
	Zweifel an der eigenen Attraktivität oder Ausstrahlung	Druck, sich gut darzustellen in allen Arten von sozialen Beziehungen	Überschätzen Sie die Rolle der Attraktivität in Beziehungen und bringen sich damit unter Druck?

Hand

- Subjektstufe
- Objektstufe
- Beziehungsstufe

Gefühl	Problemfeld	Themen	Deutungen/Fragen
NEUTRAL (Die Hand löst keine speziellen Gefühle aus.)	Aktivität und Handlungsfähigkeit	Rechte Hand – Aktivität im Bereich Wille und Intellekt, linke Hand – Gefühl	Ihre Handlungsfähigkeit und Tatkraft sind angesprochen oder: wessen Hand sind Sie (für wen tun Sie etwas)?
	Ihre Einstellung zu Ihren Händen	Ihre Erfahrungen mit Ihren Händen (meist in der Kindheit)	Alle äußerlichen Aspekte Ihrer Hände können angesprochen sein (z.B. Pflege, Aussehen), aber auch Stärke, Geschicklichkeit oder Gesundheit.
	Stellvertretendes Handeln, Handlungsfähigkeit in Beziehungen	Handeln Sie für Ihren Partner oder dieser für Sie?	Sind Sie der/die Aktive in Ihren Beziehungen oder begrüßen Sie es, wenn andere für Sie handeln?
POSITIV (Schöne, gepflegte oder starke, geschickte Hände)	Die Freude am Handeln	Handeln ist mit Freiheit und dem Gefühl der Selbstständigkeit verbunden.	Handeln gibt Ihnen das Gefühl, Ihr Leben in der Hand zu haben, was Ihnen positive Gefühle vermittelt.
	Sie haben ein gutes Verhältnis zu Ihren Händen.	Die Kommunikationsgestaltung durch Gestik, Ihr handwerkliches Geschick	Es befriedigt Sie, wenn Sie mit Ihren Händen etwas schaffen. Durch handwerkliche Arbeit können Sie sich erholen.
	Handlungsspielräume	Die Verteilung von Aktivität und Passivität in der Partnerschaft	Sind Sie gerne der Handlanger für andere? Wie viel Platz lassen Sie Partnern für deren Handeln?
NEGATIV (hässliche, verkrüppelte oder verletzte Hände)	Tendenz zur Passivität	Angst, falsch zu handeln, blockiert Handlungsfähigkeit.	Fühlen Sie sich gehemmt, zuzupacken und aktiv handelnd Ihre Situation zu verändern?
	Ihre Hand meldet sich im Schlaf	Schmerzen in Ihrer Hand	Schlief Ihnen Ihre Hand während des Schlafs ein?
	Passivität in Beziehungen	Ihre Hemmung zu handeln führt zu einer Ablehnung, in Beziehungen initiativ zu werden.	Bedroht Sie die Handlungsfähigkeit anderer? Fühlen Sie sich durch die Aktivitäten anderer eingeschränkt?

Haut

Gefühl	Problemfeld	Themen	Deutungen/ Fragen
NEUTRAL (Die Haut wird neutral wahrgenommen.)	Kontakt, geistig-seelischer Zustand	Abgrenzung oder Öffnung gegenüber bestimmten Persönlichkeitsanteilen	In welchen Persönlichkeitsbereichen sollten Sie sensibler mit sich umgehen? Geht Ihnen etwas zu sehr unter die Haut?
	Ihre Einstellung zu Berührungen und (Ihrer) Haut	Attraktivität – Angst vor Alter und Unattraktivität	Achten Sie zu sehr auf Ihr Äußeres oder sollten Sie Ihrer Haut mehr Beachtung schenken?
	Abgrenzung oder Öffnung gegenüber anderen Personen	Sich auf der Gefühlsebene von anderen ansprechen lassen oder sich verschließen	Sollten Sie sich anderen Menschen gegenüber mehr öffnen oder lassen Sie sich zu leicht von anderen beeinflussen?
POSITIV (Die Haut wird als gesund, weich und/ oder gepflegt wahrgenommen.)	Gesunder geistig-seelischer Zustand	Ausgeglichener Umgang mit Persönlichkeitsanteilen	Achten Sie darauf, dass ein Gleichgewicht zwischen Öffnung und Abgrenzung besteht.
	Positive Einstellung zu Berührungen und (Ihrer) Haut	Attraktivität, Lust auf Berührungen	Fühlen Sie sich in Ihrer Haut wohl oder sollten Sie sich mehr um Ihre Haut kümmern?
	Ausgewogenheit im Umgang mit anderen Menschen	Offenheit und Abgrenzung gegenüber anderen sind im Gleichgewicht.	Es gelingt Ihnen sowohl sensibel mit sich selbst umzugehen als auch sich in Beziehungen zu öffnen.
NEGATIV (Die Haut wird als krank, rau und/oder unattraktiv wahrgenommen.)	Gestörter Kontakt zu bestimmten Persönlichkeitsanteilen	Zu geringe oder starke Abgrenzung gegenüber bestimmten Persönlichkeitsanteilen	Welche Persönlichkeitsanteile verhindern eine bewusste Hinwendung zu sich selbst? Achten Sie mehr auf Ihre eigenen Bedürfnisse.
	Negative Einstellung zu Berührungen und (Ihrer) Haut	Gefühl von Unattraktivität, Angst vor dem Alter	Sehnen Sie sich nach Berührungen, können diese Bedürfnisse aber nicht zulassen? Sollten Sie einen Hautarzt aufsuchen?
	Unausgeglichener Umgang mit sich und anderen	Offenheit und Abgrenzung sind im Ungleichgewicht.	Haben Sie sich zu sehr in sich zurückgezogen oder lassen Sie sich von Ihren Mitmenschen zu stark beeinflussen?

Held/Heldin

Subjektstufe
Objektstufe
Beziehungsstufe

Gefühl	Stufe	Problemfeld	Themen	Deutungen/Fragen
NEUTRAL (Der Held löst keine speziellen Gefühle aus.)	Subjektstufe	Auseinandersetzung mit eigenen Ängsten	Sich als tapferer Mann oder als tapfere Frau im Alltagsleben bewähren	Ihre Ansprüche an sich selbst sind angesprochen – sie sind zu hoch oder zu niedrig. Wollen Sie etwas Außergewöhnliches sein?
	Objektstufe	Kühnheit und Mut	Das Bestehen von Abenteuern	Helden und Heldinnen werden verehrt, Sehnen Sie sich nach solcher Verehrung (die einen unsterblich macht)?
	Beziehungsstufe	Soziale Anerkennung	Held oder Heldin für den Partner sein wollen oder im Partner suchen	Sie wollen vor anderen als etwas Besonderes dastehen und durch große Taten Bewunderung ernten.
POSITIV (Der glänzende, siegreiche Held)	Subjektstufe	Angst kann überwunden werden; Großes leisten wollen	Mut für anstehende Aufgaben; häufig ist der Narzissmus bzw. die Eitelkeit angesprochen.	Aufgaben angehen die Angst machen; Sie fühlen einen Drang, Großes zu vollbringen, das Ihnen Anerkennung verschafft.
	Objektstufe	Ein unsterblicher Held werden	Ein außergewöhnlicher Mensch sein wollen, der sehr berühmt wird	Meistens komplementär zu deuten als Hinweis auf Minderwertigkeitsgefühle und Versagensängste
	Beziehungsstufe	Anspruch in Beziehungen	Der außergewöhnliche Partner sein zu wollen	Müssen Sie in Ihren Beziehungen unbedingt stets außergewöhnlich gut sein?
NEGATIV (Der grausame oder überhebliche Held)	Subjektstufe	Die eigene Normalität	Sich von gesellschaftlich anerkannten Bildern fernhalten	Geben Sie sich mit Ihrer Normalität zufrieden? Lassen Sie sich nicht von Idealbildern manipulieren?
	Objektstufe	Ablehnung alles Heldischen	Helden und Heldinnen werden als Übermenschen in Frage gestellt.	Heldenverehrung oder gar selbst ein Held zu sein, lehnen Sie ab. Ist es Ihnen zu anstrengend oder zu gefährlich?
	Beziehungsstufe	Die Normalität in der Beziehung	Zu hohe Ansprüche im sozialen Verhalten werden abgelehnt.	Sie sehnen sich nach einer normalen Beziehung, in der keiner den anderen und man sich auch nicht selbst unter Druck setzt.

Herrscher/Herrscherin

Gefühl	Problemfeld	Themen	Deutungen/Fragen
NEUTRAL (Der Herrscher löst keine speziellen Gefühle aus.)	Wer in Ihrem Inneren oder über Ihr Inneres herrscht	Ausbildung eines starken Ich oder eines mächtigen Über-Ich (Freud)	Wer entscheidet bei widerstrebenden inneren Impulsen in Ihnen, wie Sie sich verhalten? Wer hat das letzte Wort in Ihnen bei Entscheidungen?
	Hängt von dem entsprechenden Herrscher ab	Ausübung und Bewahrung von Macht	Wie stehen Sie zur Macht, die ein Herrscher über Sie ausübt? Sind Sie Ihrem Herrscher gegenüber loyal?
	Die Macht in der Beziehung	Machtausübung und Unterwerfung	Was verschafft Ihnen zurzeit mehr Lust in Ihrer Beziehung, das Herrschen oder die Unterwerfung?
POSITIV (Der weise oder schöne Herrscher)	Disziplin	Freude an der Selbstherrschung	Beherrschen Sie sich selbst auf kluge und einfühlsame Weise? Nach Freud sollte das Bewusstsein der positive Herrscher sein.
	Der Herrscher als idealer Mensch	Identifikation mit dem Herrscher	Bewundern Sie Herrscher und suchen Sie ihre Nähe? Sind Herrscher Ihre Vorbilder, denen Sie nachstreben?
	Das positive Herrschen	Machtausübung und Verantwortung	Können Sie für andere eine verantwortungsvolle Autorität sein?
NEGATIV (Der grausame, hässliche oder unfähige Herrscher)	Schlechte Herrschaft über Ihr Inneres	Fehlende oder zu rigide Selbstbeherrschung	Es gibt keine ordnende Instanz in Ihrer Persönlichkeit oder eine Gefahr des inneren Chaos.
	Machtmissbrauch	Meist sind Gewalt, Egoismus und Willkür angesprochen.	Wie gehen Sie mit Machtmissbrauch und Willkür um?
	Der Zwang, andere beherrschen zu wollen	Die eigenen Gefühle, Gedanken und Taten für die einzig richtigen halten	Sind Sie der Überzeugung, dass in sozialen Situationen ohne Sie nichts läuft? Müssen Sie stets den Ton angeben?

Hexe

Subjektstufe
Objektstufe
Beziehungsstufe

Gefühl	Stufe	Problemfeld	Themen	Deutungen/Fragen
NEUTRAL (Die Hexe löst keine speziellen Gefühle aus.)	Subjektstufe	Einstellung zur Weiblichkeit	Die Akzeptanz der unterschiedlichen Aspekte unserer inneren weiblichen Seite	Nach Jung: Symbol der negativen Weiblichkeit; man kann in der Hexe aber auch die kluge, und unabhängige Frau sehen oder die Frau, die Männern Angst macht, aber auch verführt.
	Objektstufe	Der Umgang mit starken Frauen	Die Angst vor weiblicher Stärke	Die Hexe personifiziert das Weibliche, dem man magische Kräfte zuschreibt. Die weibliche Macht beängstigt den Mann.
	Beziehungsstufe	Angst vor dem Weiblichen	Die Partnerin wird bedrohlich erlebt.	Die Partnerin und insgesamt Frauen werden als gefährlich gesehen, was Ausdruck eines männlichen Minderwertigkeitsgefühls ist.
POSITIV (Positive Identifikation mit der Hexe)	Subjektstufe	Idealisierung weiblicher Kräfte	Man erlebt seine Weiblichkeit als stark und mächtig.	Man sehnt sich nach magischen Kräften, meist in Zeiten der Schwäche.
	Objektstufe	Die Macht der Frauen	Der Zauber der Frauen, der gesucht wird	Hexen heilen und sind sexuell attraktiv, was ihren Zauber ausmacht. Heutzutage sind sie fast ausgestorben.
	Beziehungsstufe	Weibliche Raffinesse	Macht und Sex	Frauen sehnen sich nach Macht, und Männer erotisieren die Hexe als wilde Frau.
NEGATIV (Die böse, hässliche Hexe)	Subjektstufe	Die eigene weibliche Seite bedroht einen.	Angst vor der Irrationalität weiblichen Denkens	Sie erleben Ihre weibliche Seite als bedrohlich für Ihre innere Klarheit.
	Objektstufe	Die böse Hexe, die Menschen schadet	Angst vor Verzauberung	Letztlich geht die Ablehnung der Hexen auf ein sexuelles männliches Minderwertigkeitsgefühl zurück.
	Beziehungsstufe	Angst vor der Macht der Partnerin – diese wird abgelehnt.	Ablehnung des undurchschaubar verführerischen Weiblichen	Männer, die von Hexen träumen, fühlen sich Frauen oft (sexuell) unterlegen, Frauen fühlen sich dem Partner gegenüber überlegen.

Jungfrau

Gefühl	Problemfeld	Themen	Deutungen/Fragen
NEUTRAL (Die Jungfrau löst keine speziellen Gefühle aus.)	Weibliche unerlöste Persönlichkeitsanteile	Integration der eigenen weiblichen Anteile wird verunmöglicht durch zu starke Bindung an Vater oder Mutter.	Die innerliche Unreife durch die zu starke Elternbindung wird erkannt, und so ist die Chance gegeben, sie zu beenden. Man muss allerdings für neue Erfahrungen offen sein.
	Sexuelle Unerfahrenheit oder die junge Frau	Die Frau, der ein wesentlicher Erfahrungsbereich fehlt	Die Jungfrau ist unerfahren und wird mit Naivität und teilweise Torheit verbunden – im eigentlichen Sinne ist sie noch keine Frau.
	Prüderie	Unerfahrenheit in der Beziehung	Unangemessenes Beziehungsverhalten, Angst vor einer sich zierenden Frau oder Wunsch nach einem unerfahrenen Partner
POSITIV (Das schöne und unverdorbene Mädchen)	Neue innere Erfahrungen	Die Möglichkeiten, die einen noch erwarten	Trotz der inneren Unerfahrenheit stehen Sie neuen Erlebnissen offen gegenüber. Erfreuen Sie sich eines unbeschwerten Lebens.
	Die Jungfrau als christliches Ideal	Reinheit	Sexuelle Erfahrungen werden ängstlich abgelehnt.
	Das Ideal, jungfräulich in die Beziehung zu gehen	Man möchte die Erste oder der Erste (meist auch die/der Einzige) für den Partner sein.	Man möchte sich für die große Liebe bewahren gemäß christlicher Erziehung.
NEGATIV (Das unerfahrene und naive Mädchen)	Der Makel fehlender Erfahrungen	Jungfräulich zu sein, ist einem peinlich.	Fehlende innere Erfahrungen bedrängen einen.
	Die Jungfrau wird als naiv abgelehnt.	Die „nicht richtige" Frau, die wenig Lustversprechen bietet	Sexuelle Erfahrungen werden positiv bewertet, da sie ein hohes Lustversprechen bieten oder die Jungfrau (als Lolita-Typ) wird als Bedrohung gesehen.
	Sexuelle Erfahrung	Man möchte einen erfahrenen Partner.	Unerfahrenheit beinhaltet ein schlechtes Einschätzungsvermögen bei der Partnerwahl.

Kind

Subjektstufe
Objektstufe
Beziehungsstufe

Gefühl	Stufe	Problemfeld	Themen	Deutungen/ Fragen
NEUTRAL (Das Kind wird neutral wahrgenommen.)	Subjektstufe	Bewahrung der spielerischen Einstellung zum Leben, neue Möglichkeiten	Die Bewahrung der kindlichen Seite als Aufgabe des Erwachsenen; Kinder deuten häufig einen Neuanfang an.	Der Traum von Kindern verweist Sie auf das eigene innere Kind, d.h., die kindliche Seite in Ihnen setzt sich ins Bild, um beachtet zu werden.
	Objektstufe	Verbindung zu Kindern	Durch Kinder jung bleiben und von Kindern lernen	Ihre Beziehung zu Kindern ist angesprochen – die zu Ihren eigenen oder die zu anderen Kindern.
	Beziehungsstufe	Die Rolle von Kindern in den eigenen Beziehungen	Das spielerische Element in Beziehungen; Neues beginnt in Beziehungen.	Kinderwunsch; spielerischer Umgang mit Beziehungen; oder sind Sie das Kind in der Beziehung?
POSITIV (Liebe zu Kindern, lustige, nette Kinder)	Subjektstufe	Kindlichkeit als Lebendigkeit und Chance	Erwachsensein und Kindlichkeit harmonisch verbinden	Die Aufgabe, sich eine spielerische und spontane Einstellung zum Leben zu bewahren
	Objektstufe	Der produktive Kontakt zu Kindern	Das Lernen der Lebendigkeit von Kindern	Die Auseinandersetzung mit Kindern macht Freude, da sie einen bereichert und jung hält.
	Beziehungsstufe	Kinderwunsch	Die Bereicherung der Beziehung durch Kinder	Kinder werden als Aufgabe gesehen, die der Beziehung Lebendigkeit gibt und einen Sinn, der über das Persönliche hinausgeht.
NEGATIV (Böse und aufsässige Kinder)	Subjektstufe	Ablehnung von Kindlichkeit	Angst davor, sich kindisch und unangemessen zu verhalten	Man bewertet einen kindlichen Ausdruck für sich als unwürdig, da man Erwachsensein als ernste Angelegenheit betrachtet.
	Objektstufe	Kinder stören, sind laut und frech	Kinder werden abgelehnt, da man seine Ruhe haben möchte.	Finden Sie, dass Kinder eine Störung des Erwachsenenlebens darstellen?
	Beziehungsstufe	Die Elternrolle	Kinder stellen eine zusätzliche Belastung der Beziehung dar.	Sie lehnen Kinder ab, da Sie meinen, Kinder könnten Ihre Beziehung gefährden.

Kopf

Gefühl	Problemfeld	Themen	Deutungen/ Fragen
NEUTRAL (Der Kopf löst keine speziellen Gefühle aus.)	Das rechte Maß an Selbstreflexion	Mit dem Kopf wird (naheliegenderweise) der Intellekt angesprochen.	Oft einseitige Identifikation mit der eigenen Klugheit; zum anderen stellt sich die Frage, wer Ihr Leben leitet (Gefühl, Intellekt, Körper).
	Die eitle Frage nach der Schönheit des Kopfes	Die Faszination eines Charakterkopfes, der Kopf als Ausdruck der Persönlichkeit	Möglicherweise ein Hinweis auf Schmerzen im Kopf während des Schlafs
	Die Rolle des Intellekts in Beziehungen	In Beziehungen zu starke Betonung des Intellekts oder das Denken in Beziehungen ist zu wenig ausgeprägt.	Hinweis auf die Notwendigkeit, seine Beziehungen analytisch zu betrachten und nicht nur lieb, sondern auch klug zu führen
POSITIV (Der schöne Kopf, Charakterkopf)	Identifikation mit seiner Intellektualität	Neigung zur Überbewertung der eigenen Klugheit	Hinweis auf das Problem, sein Leben einseitig intellektuell meistern zu wollen
	Der Kopf als der edelste Körperteil	Attraktivität „großer Köpfe"/anerkannt kluger Menschen	Bei dieser positiven Bewertung des Kopfes wird leicht der übrige Körper vernachlässigt.
	Der Führungsanspruch in Ihren Beziehungen	Wer bestimmt in Ihren Beziehungen? Können Sie hier ein Muster erkennen?	Sind Sie froh, dass der Partner den Durchblick in Ihrer Beziehung besitzt und deswegen diese maßgeblich gestaltet?
NEGATIV (Der hässliche Kopf, der verletzte Kopf)	Einseitige Ablehnung des Intellekts	Das Gefühl wird auf Kosten des Intellekts einseitig betont.	Sie identifizieren sich einseitig mit Ihren Gefühlen und lehnen deswegen Ihre intellektuelle Seite ab.
	Kopfschmerzen	Der Kopf schmerzt, da er überanstrengt wird.	Es müssen Köpfe rollen, oder man mag seinen Kopf nicht, da man ihn hässlich findet.
	Die Gefühlsseite der Beziehung	Stärkung des warmen Gefühls, Ablehnung des kalten Intellekts in der Beziehung	Eine analytische Sicht auf Ihre Beziehungen beängstigt Sie, da Sie dadurch etwas erfahren könnten, was Ihnen unlieb ist.

Leiche

Subjektstufe
Objektstufe
Beziehungsstufe

Gefühl	Stufe	Problemfeld	Themen	Deutungen/Fragen
NEUTRAL (Die Leiche löst keine speziellen Gefühle aus.)	Subjektstufe	Angst vor innerer Erstarrung, abgespaltene Wesensanteile	Das, was einem Angst macht, und jenes, was man verdrängt (die Leichen im Unbewussten)	Dieses Symbol ist stets eine Warnung, dass etwas Wesentliches in Ihnen stirbt oder nicht wahrgenommen wird – eine Fähigkeit, ein Gefühl oder grundsätzlich die Lebendigkeit.
	Objektstufe	Wer die Leiche ist, bestimmt das Problemfeld	Die angesprochenen Themen sind von der Todesart/den Todesumständen abhängig.	Kennen Sie die Leiche? Bestehen aggressive Impulse dieser Person gegenüber? Unbekannte personifizieren Ihre Todesängste.
	Beziehungsstufe	Man hält eine Beziehung für beendet.	Die Passivität in der Beziehung, die zu deren Ende führt.	Der neutrale Blick auf die gestorbene Beziehung weist auf eine große Distanz zum Partner hin.
POSITIV (Der Tod als Erlöser, der die Situation erleichtert)	Subjektstufe	Die Leiche verkörpert Entspannung und inneren Rückzug.	Seine jetzige Lebensweise beenden	Ausdruck einer Todessehnsucht (Freud) oder des Wunsches, alles in seinem bisherigen Leben hinter sich zu lassen
	Objektstufe	Der Tod als Erlösung	Was verbindet Sie mit dem Toten?	Gibt es einen Todesfall in Ihrer Umgebung, den Sie mit der Leiche verbinden?
	Beziehungsstufe	Der Wunsch, eine Beziehung zu beenden	Die Trennung vom Partner	Die Leiche spricht die Auflösung von unseligen Verwicklungen an.
NEGATIV (Der Verlust und die Trauer stehen im Vordergrund.)	Subjektstufe	Verlust der eigenen Lebendigkeit	Handlungsunfähigkeit, lähmende Passivität	Haben Sie Angst davor, die Kontrolle über Ihr Leben zu verlieren?
	Objektstufe	Angst vor dem Tod von Bekannten oder Verwandten	Das Leiden beim Verlust von Menschen, die einem nahestehen	Dieses Symbol drückt die Tendenz zum Festhalten von sozialen Bindungen aus. Man will den anderen nicht loslassen.
	Beziehungsstufe	Angst vor dem möglichen Verlust des Partners	Weitgehende Abhängigkeit vom Partner, die als Sicherheit betrachtet wird	Dass der Partner Sie verlassen könnte, setzt Sie (unnötigerweise) unter Druck.

Mann

Gefühl	Problemfeld	Themen	Deutungen/Fragen
NEUTRAL (Der Mann wird ohne deutliche Gefühle wahrgenommen.)	Männliche Anteile deutlicher wahrnehmen und umsetzen	Vernachlässigte männliche Persönlichkeitsbereiche, vermehrtes Bewusstsein, aktives Gestalten	Welche männlichen Anteile sollte ich bewusster wahrnehmen und versuchen aktiver ins Leben zu integrieren?
	Bekannter oder unbekannter Mann?	Kennen Sie den Mann? An wen erinnert Sie der Mann?	Haben Sie mit dem Mann aktiv Kontakt? Parallelen zu einer konkreten Situation?
	Mann: Selbstbehauptung, Frau: sexuelles Bedürfnis	Welche männlichen Anteile (Männer)/sexuellen Bedürfnisse (Frau) werden bewusst?	Mann: Drücken Sie Ihre aktiv-männliche Seiten vermehrt aus. Frau: Sollten Sie Ihre sexuellen Bedürfnisse mehr leben?
POSITIV (Der Mann erscheint positiv, man empfindet das Zusammensein als angenehm, bereichernd.)	Bisher unbekannte männliche Eigenschaften integrieren	Unbekannte Anteile im geistig-handelnden Bereich entdecken und ins Leben umsetzen	Welche für Sie bisher unbekannten männlichen Anteile werden Ihnen bewusst, und sollten Sie versuchen, sie in Ihr Leben zu integrieren?
	Positive Begegnung mit einem Mann?	Positive Erinnerungen an Begegnung mit einem Mann, der dem Traummann ähnelt oder gleicht	Parallelen zu der Situation, in der dieser oder ein ähnlicher positiver Mann Ihnen begegnete?
	Männliche Anteile (Mann)/sexuelle Bedürfnisse (Frau)	Unbekannte männliche Anteile (Mann)/sexuelle Bedürfnisse (Frau) verbessern die Beziehung.	Mann: Unbekannte männliche Anteile bewusst machen und mitteilen, Frau: sexuelle Bedürfnisse bewusst machen und leben
NEGATIV (Der Mann wird negativ empfunden, das Zusammensein ist unangenehm bis bedrohlich.)	Männliche Anteile bleiben unbewusst durch Anpassung.	Angst vor unbewussten männlichen Anteilen, die Sie zu bedrohen scheinen	Sie sollten die bisher verdrängten unbewussten männlichen Anteile trotz Ihrer Ängste wahrnehmen.
	Negative Begegnung mit einem Mann?	Parallelen zu negativen Erfahrungen mit dem Mann (Vater)?	Wie haben Sie Ihren eigenen Vater erlebt? Inwiefern gleicht dieser Mann Ihrem Vater?
	Angst, männliche Anteile (Mann)/sexuelle Bedürfnisse (Frau) zu leben	Befürchtung, männliche Anteile (Mann)/sexuelle Bedürfnisse (Frau) könnten Beziehung gefährden	Was befürchten Sie, wenn Sie männliche Anteile (Mann)/sexuelle Bedürfnisse (Frau) in Ihren Beziehungen mehr leben würden?

Monster

- Subjektstufe
- Objektstufe
- Beziehungsstufe

Gefühl		Problemfeld	Themen	Deutungen/Fragen
NEUTRAL (Sie nehmen das Monster aus der Distanz und/oder neutral wahr.)	Subjektstufe	Strenge innere Zensur oder beängstigende Triebe	Zu genaue und wenig zutreffende Vorstellungen, wie Sie glauben sein zu müssen	Versuchen Sie mehr Ihren inneren Impulsen zu folgen. Machen Sie sich Ihre innere Zensur und deren Auswirkungen bewusst.
	Objektstufe	Subjekt- und Beziehungsebene stehen im Vordergrund!	Insbesondere bei Kindern und Jugendlichen zu häufiger TV-Konsum	Filmkonsum von Horrorfilmen einschränken
	Beziehungsstufe	Angst vor triebhaften Impulsen in Ihren Beziehungen	Angst vor Kontrollverlust in Beziehungen, besonders im Bereich Aggression und Sexualität	Werden Sie sich Ihrer inneren Impulse bewusster. Versuchen Sie, Ihren Empfindungen zu folgen.
POSITIV (Sie oder eine andere Person machen positive Erfahrungen mit Monstern.)	Subjektstufe	Triebhafte Impulse als Bereicherung	Zensur ist zwar vorhanden, wird aber nicht als bedrohlich und damit einschränkend erlebt.	Empfehlung: Vertrauen Sie Ihrer inneren Entwicklung und dem, was an neuen Lebensenergien jetzt deutlich wird.
	Objektstufe	Subjekt-/Beziehungsebene	s.o.	s.o.
	Beziehungsstufe	Aggression und Sexualität wirken sich in Beziehungen positiv aus.	Triebhafte Impulse können trotz der eigenen inneren Zensur in Beziehungen positiv genutzt werden.	Welche, abgewehrten Impulse – Aggression/Sex – tauchen in Ihren Beziehungen auf und sollten wahrgenommen und mehr gelebt werden?
NEGATIV (Angst und Bedrohungs-Gefühle treten bei dem Traumbild auf.)	Subjektstufe	Triebhafte Impulse werden beängstigend erlebt; Kindheit?	Zensur (Eltern) überwiegt und lässt wenig Spielraum für Ihre triebhaften Impulse.	Empfehlung: Wenden Sie sich Ihren Aggressionen und Ihren sexuellen Wünschen zu. Nehmen Sie damit auch Ihre Ängste wahr.
	Objektstufe	Subjekt-/Beziehungsebene	Angst vor Ihren Fantasien	Wurde Ihnen in der Kindheit mit Monstern Angst gemacht?
	Beziehungsstufe	Triebhafte Impulse werden als Bedrohung erlebt.	Kontrolle überlagert das Wahrnehmen und den Ausdruck von spontanen Impulsen.	Sollten Sie in Ihren Beziehungen mehr Ihren ursprünglichen Impulsen folgen, weniger Ihren Vorstellungen?

Mörder

Gefühl	Problemfeld	Themen	Deutungen/ Fragen
NEUTRAL (Sie empfinden als Mörder oder bedrohte Person keine Angst oder Aggression.)	Aggressiver Akt, der sich gegen den Träumer richtet	Verdrängung wichtiger Anteile (belastende Erinnerungen und/oder Gefühle, Potenziale)	Welche Gefühle werden von Ihnen als bedrohlich erlebt und deshalb verdrängt? Entsprechen diese nicht Ihrem Selbstbild?
	Subjekt- und Beziehungsebene stehen im Vordergrund!	Bei Kindern und Jugendlichen auch bei Erwachsenen zu häufiger TV-Konsum	Filmkonsum von Angst machenden Filmen einschränken
	Unangenehme Gefühle in Beziehungen werden verdrängt.	Negative Gefühle werden in Beziehungen verdrängt, würden sonst zu Schuldgefühlen führen.	Welche Anteile von Ihnen werden in Ihren Beziehungen verdrängt, weil Sie glauben bestimmten Bildern entsprechen zu müssen?
POSITIV (Sie empfinden Lust am Mörder-Sein oder begegnen diesem ohne jegliche Angst.)	Ausleben aggressiver Impulse wird als Befreiung erlebt.	Aggressiver Akt als Befreiung von den gewohnten und überholten Selbst- und Fremdbildern	Welche radikalen Gefühls- und oder Einstellungsveränderungen würden Ihnen helfen, aus den eigenen überholten Vorstellungen auszubrechen?
	Subjekt-/Beziehungsebene	Faszination an Mord und Mördersein	Auch in der heutigen Literatur wird der Mord teilweise als Kunstwerk dargestellt.
	Verdrängte aggressive Impulse bereichern Beziehungen.	Aggressive Impulse können in Beziehungen als befreiend erlebt werden.	Nehmen Sie Ihre aggressiven Impulse deutlicher wahr, und wagen Sie es, diese auch vermehrt in Ihren Beziehungen zu zeigen.
NEGATIV (Angst und Bedrohungsgefühle oder Schuldgefühle als Mörder)	Wichtige Anteile/ Potenziale werden verdrängt.	Potenziale/Gefühle werden verdrängt aus Angst vor notwendiger innerer Veränderung.	Welche wichtigen Anteile von Ihnen wollen Sie nicht mehr leben, aus Angst vor den damit zusammenhängenden Konflikten?
	Subjekt-/Beziehungsebene	Angst vor Ihren aggressiven Fantasien	Hatten Sie in Ihrer Kindheit schon Angst vor Mördern?
	Aggressive Impulse werden als Bedrohung erlebt.	Aggressive Impulse werden in Beziehungen verdrängt – Angst vor Veränderung.	Vor welchen einschneidenden Veränderungen in Ihren Beziehungen haben Sie so große Angst, dass Sie diese verdrängen müssen?

Mutter

- Subjektstufe
- Objektstufe
- Beziehungsstufe

Gefühl	Stufe	Problemfeld	Themen	Deutungen/Fragen
NEUTRAL (Die Mutter wird ohne deutlichen Gefühle wahrgenommen.)	Subjektstufe	Kindlich-bedürftige Seite; Selbsterziehung	Sehnsucht nach menschlich-mitfühlender Unterstützung; das Mütterliche in sich entwickeln	Versteifen Sie sich nicht auf die Hoffnung nach mitfühlender Unterstützung, lernen Sie, sich selbst eine gute Mutter zu sein.
	Objektstufe	Beziehung zur realen Mutter	Mütterliche Zuwendung und Erfahrungen mit dieser	Wie erlebten Sie Ihre Mutter in der Kindheit? Welche Beziehung haben Sie heute zu Ihr?
	Beziehungsstufe	Hoffnung auf mütterliche Zuwendung in Beziehungen	Persönlichkeitsanteile, die in der Kindheit durch die Mutter geprägt wurden	Lernen Sie das Nährende und Fruchtbare in sich zu entwickeln und dies in Ihre Beziehungen einzubringen.
POSITIV (Die Mutter erscheint positiv, man erhält von ihr Zuwendung.)	Subjektstufe	Akzeptanz der kindlich-bedürftigen Seite	Sich selbst gegenüber fürsorglich werden – Unabhängigkeit vom Umfeld	Nehmen Sie Ihre kindlich-bedürftigen Seiten wahr, nehmen Sie diese an, und gehen Sie betont liebevoll und fürsorglich mit sich um.
	Objektstufe	Beziehung zur realen Mutter wird jetzt positiv erfahren.	Positive Erfahrungen oder Erinnerungen an Begegnungen mit Ihrer Mutter	Parallelen zu Situationen, in denen Ihre Mutter Ihnen positiv begegnete?
	Beziehungsstufe	Akzeptanz der eigenen bedürftigen Seite wirkt positiv.	Entdeckung der eigenen fürsorglichen und nährenden Seite zeigt Früchte in Beziehungen.	Befriedigung der eigenen kindlich-bedürftigen Anteile durch sich selbst führt zur Verbesserung Ihrer Beziehungsfähigkeit.
NEGATIV (Die Mutter wird als ablehnend, wenig nährend und enttäuschend erlebt.)	Subjektstufe	Fixierung auf die eigenen kindlich-bedürftigen Anteile	Kindlich-bedürftige Anteile dominieren, zumeist unbewusst, die eigene Person.	Welche negativen Erfahrungen machten Sie mit Ihrer kindlichen Bedürftigkeit? Wagen Sie trotzdem, diese mehr bei sich wahrzunehmen.
	Objektstufe	Beziehung zur realen Mutter wird jetzt negativ erfahren.	Negative Erfahrungen oder Erinnerungen an Begegnungen mit Ihrer Mutter	Inwiefern gleichen einzelne Situationen Ihrer jetzigen Lebensphase enttäuschenden Situationen mit Ihrer Mutter in der Kindheit?
	Beziehungsstufe	Fixierung auf kindliche Bedürfnisse wirkt negativ.	Bedürftige Seite wird zu wenig wahrgenommen und unbewusst in Beziehungen ausgelebt.	Versuchen Sie Ihre kindlich-bedürftige Seite bewusster wahrzunehmen und diese trotz Ängsten in nahen Beziehungen auszudrücken.

Ohr

Gefühl	Problemfeld	Themen	Deutungen/Fragen
NEUTRAL (Das Ohr wird ohne deutliche Gefühle wahrgenommen.)	Offenheit – Abgrenzung	Zuhören können, verständnisvoll sein oder sich vor dem verschließen, was uns gesagt wird	Hören Sie gut genug in sich hinein oder verschließen Sie sich vor Ihrer inneren Stimme?
	Ohrenschmerzen	Schlafposition: Man liegt auf der Seite und spürt das Ohr deutlich.	Versuchen Sie, auf dem Rücken oder auf dem Bauch zu schlafen.
	Offenheit und Abgrenzung in Beziehungen	Offen sein in Beziehungen, sich öffnen gegenüber Sinnlichem in der Partnerschaft	Wenden Sie sich dem Wesentlichen in Ihren Beziehungen und Ihrer Partnerschaft zu. Nehmen Sie das Erotisch-sinnliche wahr.
POSITIV (Das Ohr erscheint in positivem Kontext, man hört Schönes, Ohr wird liebkost etc.)	Offenheit ist gefragt und wird belohnt.	Sich seiner inneren Stimme zu öffnen wird belohnt; die Weisheiten des Lebens vernehmen.	Hören Sie vermehrt in sich hinein, und Sie werden mit Ihren positiven Kräften in Kontakt kommen.
	Die Ohren öffnen, gut zuhören	Bewusst hinhören, was einem gesagt wird	„Spitzen“ Sie im realen Leben die Ohren, möglicherweise erfahren Sie etwas Wichtiges.
	Sich anderen Menschen (Partner/in) gegenüber zu öffnen, wird belohnt.	Sich anderen Menschen gegenüber zu öffnen, zeigt positive Auswirkungen, Sinnliches kann so wahrgenommen werden.	Seien Sie in Ihren Beziehungen besonders aufmerksam, auch was Ihre eigenen sexuell-erotischen Bedürfnisse angeht. Öffnen Sie sich diesen gegenüber, und es wird belohnt.
NEGATIV (Das Ohr erscheint in negativem Kontext, ist verstopft, man hört nichts, es wird verletzt.)	Abgrenzung sich selbst und anderen gegenüber	Man hört nicht auf die innere Stimme, ist verschlossen, verhindert notwendige Entwicklungen.	Sie haben sich auf Ihre alten Muster zurückgezogen und erkennen nicht, was Ihnen das Leben mitteilt. Hören Sie in sich hinein.
	Mögliche körperliche Probleme mit den Ohren	Aktuelle Probleme mit den Ohren oder negative Erinnerung an Situationen mit Ohrproblemen	Nehmen Sie Ihre Probleme mit den Ohren ernst. Parallelen zu Situationen, in denen Ohrprobleme auftraten?
	Abgrenzung in Partnerschaft und Beziehungen	Man hört anderen Menschen zu wenig oder ungenau zu; Angst, Neues erkennen zu müssen	Ist Ihnen alles zu viel, und verschließen Sie sich deshalb? Können Sie es wagen, in kleinen Schritten Ihr Ohr wieder zu öffnen?

Penis

- Subjektstufe
- Objektstufe
- Beziehungsstufe

Gefühl		Problemfeld	Themen	Deutungen/Fragen
NEUTRAL (Der Penis wird ohne deutliche Gefühle wahrgenommen.)	Subjektstufe	Männliche Schaffenskraft/Lethargie (auch bei Frauen)	Die männliche Kraft; Aktivität und Zielgerichtetheit zum Ausdruck bringen	Wie kann ich meine männlich-aktiven Anteile unterstützen, damit es mir gelingt, diese mehr zu leben?
	Objektstufe	Nächtliche Erektion, Schmerzen am Penis	Ungünstige Schlafposition, sexuelle Erregung	Versuchen Sie eine für Sie bequemere Schlafposition zu finden. Sexuelle Defizite?
	Beziehungsstufe	Männlichkeit und Aktivität in Beziehungen	Männliche Aktivität und Kreativität in Beziehungen zum Ausdruck bringen	Bringen Sie Ihre männlichen Anteile, insbesondere Ihre aktiven und kreativen Anteile, vermehrt in Ihre Beziehungen ein.
POSITIV (Der Penis wird positiv wahrgenommen, man empfindet ihn als schön und kraftvoll.)	Subjektstufe	Männliche Schaffenskraft sollte genutzt werden.	Männliche aktive Anteile nutzen, um sich aus passiver Lebenshaltung zu befreien	Nehmen Sie Kontakt zu Ihrer männlich-aktiven Seite auf, insbesondere zu Führungsstärke und Zielgerichtetheit.
	Objektstufe	Verbindung zu den eigenen männlich-sexuellen Anteilen	Positive Erinnerungen an Phasen, in denen männlich-sexuelle Anteile gelebt wurden	Nehmen Sie Ihre männlich-sexuelle Kraft wahr. Können Sie diese in Ihrem Leben umsetzen?
	Beziehungsstufe	Männlich-aktive Anteile und Kreativität in Beziehungen	Männlich aktive und kreative Anteile können genutzt werden, um Beziehungen zu gestalten.	Sie sollten jetzt versuchen mit Hilfe Ihrer männlich-aktiven und kreativen Anteile, Beziehungen bewusst neu zu gestalten.
NEGATIV (Der Penis wird negativ empfunden, unerigiert, kraftlos und klein oder bedrohlich groß.)	Subjektstufe	Lethargie behindert männliche Schaffenskraft	Zu geringer oder zu stark betonter Ausdruck männlich-aktiver Anteile	Betonen Sie zu sehr Ihre männlich-aktiven Anteile oder sollten Sie diese mehr wahrnehmen und in Ihr Leben integrieren?
	Objektstufe	Wenig Kontakt zu eigenen männlich-sexuellen Anteilen	Parallelen zu früheren Zeiten, in denen Sie negative Erfahrungen mit dem Penis machten?	Männer: Sind Sie zu sehr auf den Penis fixiert oder haben Sie zu wenig Kontakt zu Bedürfnissen, diesen zu spüren?
	Beziehungsstufe	Zu geringe oder starke Betonung männlicher Aktivität	Männliche Aktivität und Zielgerichtetheit wird zu wenig oder zu viel in Beziehungen gelebt.	Leben Sie in Beziehungen zu sehr Ihre aktiven, zielorientierten männlichen Anteile oder sollten Sie aktiver, zielorientierter werden?

Rücken

Gefühl	Problemfeld	Themen	Deutungen/Fragen
NEUTRAL (Der Rücken wird neutral wahrgenommen.)	Schattenseite – Angst vor Vergangenem	Unbewusstes wird nicht erkannt, verdrängte Inhalte drohen bewusst zu werden.	Welche Themen aus Ihrer Vergangenheit werden Ihnen bewusster? Was beängstigt Sie an deren Inhalten?
	Ihre Einstellung zu Ihrem Rücken	Schlafposition? Rücken ist nicht genügend zugedeckt?	Evtl. Schlafposition ändern; in welchen Beziehungen sollten Sie Ihre Distanz- und Oppositionsgefühle deutlicher ausdrücken?
	Distanz oder Opposition	Sie gehen auf Distanz/Opposition zu einer Person oder die Person wendet sich von Ihnen ab.	Gehen Menschen zu Ihnen auf Distanz, ohne dass Sie es bemerken?
POSITIV (Der Rücken kommt in positivem Kontext vor, erscheint einem ästhetisch und kraftvoll.)	Trotz Ängste lohnt es sich, sich Vergangenem zuzuwenden.	Unbewusstes sollte bewusst gemacht werden, es stärkt die Persönlichkeitsentwicklung.	Sie sollten sich verdrängter Themen und Gefühle aus Ihrer Vergangenheit annehmen, um selbstsicherer zu werden.
	Positive Einstellung zu Ihrem Rücken entwickeln	Mehr Bewusstsein für die Notwendigkeit eines gesunden Rückens entwickeln	Sie sollten mehr Sport zur Stärkung Ihrer Rückenmuskulatur machen (z.B. Alexandertechnik).
	„Den Rücken freihalten" – anderen oder sich selbst	Sie stehen hinter anderen und/oder andere stehen hinter Ihnen.	In Ihren Beziehungen können Sie die Erfahrung machen, dass Sie sich auf andere verlassen können und andere auch auf Sie.
NEGATIV (Der Rücken in negativem Kontext; er ist gekrümmt, deformiert, schmerzhaft.)	Angst vor Vergangenem behindert Bewusstwerdung.	Bedrohliches, Verdrängtes wird bewusster, Angstabwehr verhindert Auseinandersetzung.	Welche Ängste und negativen Erinnerungen verhindern die Auseinandersetzung mit Ihrer Vergangenheit?
	Rückenschmerzen	Körperliche Probleme mit Ihrem Rücken	Sie sollten sich Ihrem Rücken intensiver zuwenden, evtl. den Orthopäden aufsuchen.
	Distanz und Opposition bestimmen die Beziehungen.	Bewusste/unbewusste Distanz und Gegnerschaft wird in Beziehungen ausgelebt.	Sie sollten versuchen, sich Ihnen nahestehenden Menschen bewusster zuzuwenden.

Teufel

Subjektstufe
Objektstufe
Beziehungsstufe

Gefühl	Stufe	Problemfeld	Themen	Deutungen/Fragen
NEUTRAL (Das Traumbild Teufel löst keine deutlichen Gefühle aus.)	Subjektstufe	Integration von Schattenanteilen – triebhafte oder intellektuelle Seite	Abgelehnte Persönlichkeitsanteile, zu starke Ausprägung intellektueller/triebhafter Anteile, Probleme mit Religiosität	Sollten Sie sich Ihres triebhaften Auslebens oder Ihres rational-intellektuellen Umgangs bewusst werden? Hintergrund: religiöse Prägungen?
	Objektstufe	Ihre Einstellung zum Teufel	Erfahrungen mit Religion und Teufel	Welche Rolle spielte der Teufel in Ihrer Erziehung und in Ihrem späteren Leben?
	Beziehungsstufe	Schatten und triebhafte Instinkte in Beziehungen	Triebhafte Impulse werden abgelehnt oder bestimmen zu sehr die Partnerschaft.	Sprechen Sie über Ihre abgelehnten sexuellen Fantasien mit Ihrem/r Partner/in. Was verbindet Sie außer Sex mit Ihrem/r Partner/in?
POSITIV (Der Teufel wird positiv erlebt.)	Subjektstufe	Integration des Schattenanteils kann gelingen.	Abgelehnte Persönlichkeitsanteile werden angenommen oder zu ausgeprägt gelebt.	Grundlegende Einstellungen zu sich und zu dem, was Sie als Gut und Böse ansehen, verändern sich.
	Objektstufe	Positiv gefärbte Einstellung zum Teufel	Positive Assoziationen zum Teufel	Hatten Sie schon immer eine tendenziell positive Einstellung zum Teufel oder hat sich diese erst jetzt entwickelt?
	Beziehungsstufe	Schattenanteile werden in Beziehungen angenommen.	Schattenanteile, insbesondere triebhafte Impulse, werden bewusst, befruchten Beziehungen.	Ihre Einstellung zu dem, was Sie als „Gut und Böse" in Beziehungen empfinden, wird Ihnen bewusst und verändert sich.
NEGATIV (Der Teufel wird negativ bis bedrohlich erlebt.)	Subjektstufe	Schattenanteile werden abgelehnt und abgewehrt.	Alles, was einem als Böse erscheint, wird abgelehnt und verdrängt.	Machen Sie sich bewusst, was für Sie „Gut" und was „Böse" ist. Könnte das, was Sie als Böse ansehen, ein Teil von Ihnen selbst sein?
	Objektstufe	Angst vor dem Teufel	Negative Assoziationen zum Teufel	Wuchsen Sie mit einem sehr negativ gefärbten Bild des Teufels auf?
	Beziehungsstufe	Schattenanteile in Beziehungen werden verdrängt.	Triebhafte Impulse in Beziehungen lösen Ängste aus und werden abgewehrt.	Sie verdrängen Schattenanteile von sich selbst und wollen diese bei anderen auch nicht sehen.

Vagina

Gefühl	Problemfeld	Themen	Deutungen/ Fragen
NEUTRAL (Die Vagina wird neutral wahrgenommen oder erlebt.)	Weibliche Gefühle, Kreativität, Fantasie (auch beim Mann)	Kreativität, Intuition und Gefühle leben und zum Ausdruck bringen	Wie kann ich meine weiblichen Anteile unterstützen, damit es mir gelingt, diese mehr zu leben? Bei Frauen: Kinderwunsch?
	Nächtliche Erregung, körperliche Irritationen in der Vagina	Sehnsucht nach sexueller Erregung oder Defizite im sexuellen Bereich	Haben Sie Defizite im sexuellen Bereich? Sehnen Sie sich nach sexuell-erotischer Berührung?
	Kreativität, Gefühle und Intuition in Beziehungen	Gefühle, Kreativität und Intuition werden in Beziehungen zu viel oder zu wenig gelebt.	Leben Sie Ihre gefühlsbetonten und kreativ-intuitiven Seiten in Ihren Beziehungen zu wenig oder zu ausgeprägt?
POSITIV (Die Vagina wird positiv wahrgenommen und erlebt.)	Die positive weibliche Kraft für sich selbst nutzen	Weibliche, intuitiv-kreative Seite in sich entdecken und für Persönlichkeitsentwicklung nutzen	Nehmen Sie bewusst zu Ihrer intuitiv-kreativen Seite Kontakt auf. Nutzen Sie diese, um neue Seiten bei sich zu entdecken.
	Verbindung zu den eigenen weiblich-sexuellen Anteilen	Positive Erinnerungen an Phasen, in denen weiblich-sexuelle Anteile gelebt wurden	Nehmen Sie Ihre weiblich-sexuelle Kraft wahr. Können Sie diese in Ihrem Leben umsetzen?
	Weibliche Kraft für Beziehungen nutzen	Verbesserung der Beziehung durch weiblich-intuitive Kraft	Mit Hilfe Ihrer weiblich-intuitiven Kraft können Sie Beziehungen neu gestalten.
NEGATIV (Die Vagina wird negativ empfunden, löst unangenehme bis bedrohliche Gefühle aus.)	Rigide Lebensweise verhindert Kontakt zur weiblichen Kraft.	Weibliche Kraft steht zu sehr im Vordergrund oder wird zu wenig gelebt.	Leben Sie zu ausgeprägt Ihre weiblich-intuitive und gefühlsbetonte Seite? Bedroht Sie Ihre weibliche intuitive Seite?
	Wenig Kontakt zu eigenen weiblich-sexuellen Anteilen	Parallelen zu früheren Zeiten in denen Sie negative Erfahrungen mit der Vagina machten	Frauen: Sind Sie zu sehr auf die Vagina fixiert oder haben Sie zu wenig Kontakt zu Bedürfnissen, diese zu spüren?
	Angst vor oder Überbetonung der weiblichen Kraft	Weibliche Kraft und Gefühl werden zu wenig/zu ausgeprägt in Beziehungen gelebt.	Leben Sie in Beziehungen zu sehr Ihre intuitive und gefühlsbetonte Seite oder sollten Sie diese deutlicher wahrnehmen und leben?

Vampir

Subjektstufe
Objektstufe
Beziehungsstufe

Gefühl		Problemfeld	Themen	Deutungen/Fragen
NEUTRAL (Der Vampir wird neutral oder aus Distanz wahrgenommen oder erlebt.)	Subjektstufe	Energieverlust durch bedrohliche, unbewusste Inhalte	Schattenanteile, die verdrängt werden – Hingabe (als Opfer), Gier (als Vampir)	Was befürchten Sie, wenn Sie Ihre abgelehnten/verdrängten Impulse deutlicher wahrnehmen/leben würden? Energieverlust im Leben
	Objektstufe	Einstellung zu Vampiren	Bei Kindern und Jugendlichen Konsum von Horrorfilmen	Filmkonsum von Horrorfilmen einschränken
	Beziehungsstufe	Angst vor der eigenen Hingabe oder der eigenen Gier in Beziehungen	Schuldgefühle bezüglich der abgelehnten und abgewehrten Impulse, Energieverlust in Beziehungen	Machen Sie sich Ihre Schuldgefühle und die dahinter liegenden unbewussten aggressiv-sexuellen Impulse oder Ihre Abwehr von Hingabe in Ihren Beziehungen bewusst.
POSITIV (Der Vampir wird faszinierend und interessant erlebt.)	Subjektstufe	Schattenanteile können in die Persönlichkeit integriert werden.	Hinwendung zu bisher abgelehnten und mit Schuldgefühlen belasteten Impulsen – Bewusstmachung ist nun möglich.	Nehmen Sie Kontakt zu Ihren aggressiv-sexuellen Impulsen auf, spüren Sie Ihre Angst vor Hingabe und die Lust, die mit dieser verbunden ist.
	Objektstufe	Positive Einstellung zu Vampiren	Positive Assoziationen zu Vampiren	Welche positiven Assoziationen und Fantasien verbinden Sie mit Vampiren?
	Beziehungsstufe	Lust an der Hingabe und an sexuell-aggressiven Impulsen	Verdrängte unbewusste Impulse können in Beziehungen wahrgenommen und gelebt werden.	Sprechen Sie mit Ihrem/r Partner/in über Ihre sexuell-aggressiven Impulse und Ihre Lust an Hingabe. Integrieren Sie diese in Ihr Leben.
NEGATIV (Der Vampir wird als negativ, bedrohlich und angstauslösend empfunden.)	Subjektstufe	Schuldgefühle gegenüber unbewussten Impulsen	Schuldgefühle und Ängste vor bedrohlichen Impulsen verhindern Bewusstwerdung.	Machen Sie sich Ihre Schuldgefühle bezüglich Ihrer unbewussten Impulse bewusst – sonst deutlicher Energieverlust.
	Objektstufe	Negative Einstellung zu Vampiren	Negative und bedrohliche Assoziationen zu Vampiren	Können Sie die bedrohlichsten Vampireigenschaften bei sich und anderen entdecken?
	Beziehungsstufe	Schuldgefühle, Energieverlust in Beziehungen	Angst, ausgenutzt zu werden oder andere auszunutzen; Schuldgefühle; Impulse werden verdrängt.	Fühlen Sie sich von anderen ausgenutzt oder sind Sie zu egoistisch? Was steht hinter Ihren Schuldgefühlen gegenüber anderen?

Vater

Gefühl	Problemfeld	Themen	Deutungen/Fragen
NEUTRAL (Der Vater wird neutral wahrgenommen oder erlebt.)	Personifizierung des Über-Ichs, übernommene Normen	Autorität, Ordnung und Durchsetzungsvermögen	Machen Sie sich Ihre elterlichen Prägungen bezüglich übernommener Normen bewusst. Mehr Ordnung und Struktur im Leben?
	Beziehung zum realen Vater	Väterliche Zuwendung und Erfahrungen mit dem Vater	Wie erlebten Sie Ihren Vater in der Kindheit? Welche Beziehung haben Sie heute zu ihm?
	Übernommene Normen in Beziehungen	Übernommene Vorstellungen, wie man sich in Beziehungen zu verhalten hat	Sind Ihre Beziehungen zu sehr von Ihren übernommenen Normen geprägt? Autoritätsprobleme? Parallelen zur Elternbeziehung?
POSITIV (Der Vater wird positiv wahrgenommen, er wendet sich jemandem positiv zu.)	Väterliche Normen werden in die Persönlichkeit integriert.	Entwicklung einer/s der eigenen Person entsprechenden Autorität bzw. Durchsetzungsvermögens	Welche väterlichen Eigenschaften können Sie in positivem Licht sehen und für Ihre eigene Persönlichkeitsentwicklung nutzen?
	Beziehung zum realen Vater wird jetzt positiv erfahren.	Positive Erfahrungen oder Erinnerungen an Begegnungen mit Ihrem Vater	Parallelen zu Situationen, in denen Ihr Vater Ihnen positiv begegnete?
	Integration väterlicher Normen ist positiv für Beziehungen.	Klare Strukturen und Durchsetzungsvermögen verbessern Beziehungen.	Sie sollten sich mit Ihrer neu entdeckten Autorität zeigen und sich nicht scheuen, sich in Ihren Beziehungen durchzusetzen.
NEGATIV (Der Vater wird als negativ, ablehnenswert, angstauslösend empfunden.)	Abwehr väterlicher Normen behindert eigene Entwicklung.	Ablehnung der eigenen Prägungen – Verstärkung der (unbewussten) Trotzhaltung	Was haben Sie an Ihrem Vater abgelehnt? Kennen Sie ähnliche Eigenschaften an sich selbst? Wollten Sie niemals so werden wie er?
	Beziehung zum Vater wird jetzt negativ erfahren.	Negative Erfahrungen oder Erinnerungen an Begegnungen mit Ihrem Vater	Inwiefern gleichen einzelne Situationen Ihrer jetzige Lebensphase enttäuschenden Situationen mit Ihrem Vater in der Kindheit?
	Abwehr väterlicher Normen behindert Beziehungen.	Autorität wird (unbewusst) abgelehnt oder zu stark in Beziehungen gelebt.	Lehnen Sie bestimmte Formen von Autorität ab, die Sie selbst an sich kennen? Setzen Sie sich in Beziehungen zu sehr/zu wenig durch?

Verwandte

- Subjektstufe
- Objektstufe
- Beziehungsstufe

Gefühl	Stufe	Problemfeld	Themen	Deutungen/Fragen
NEUTRAL (Der/die Verwandte wird neutral wahrgenommen.)	Subjektstufe	Verwandte symbolisieren eigene, nahe Anteile	Verwandte stehen für eigene Eigenschaften – je näher verwandt, umso bedeutender diese	Welche Anteile verkörpert Ihr/e Verwandte/r für Sie? Können Sie diese bei sich entdecken und leben Sie diese zu wenig?
	Objektstufe	Gefühle, die mit der/dem Verwandten verbunden sind	Erfahrungen, die Sie mit Ihrer/Ihrem Verwandten gemacht haben	Was verbinden Sie mit dem Verwandten? Wie empfinden Sie die Beziehung zu diesem?
	Beziehungsstufe	Nahe Anteile, die Beziehungen beeinflussen	Eigenschaften des Verwandten werden in Beziehungen zu wenig oder zu ausgeprägt gelebt.	Sie sollten in sich nach Eigenschaften des Verwandten forschen und diese in Beziehungen leben.
POSITIV (Der/die Verwandte wird positiv wahrgenommen.)	Subjektstufe	Hilfreiche Eigenschaften des Verwandten	Kontakt zu den Eigenschaften finden, ist hilfreich für die Persönlichkeitsentwicklung.	Ihr/e Verwandte/r steht für eigene wichtige Anteile von Ihnen, die beachtet werden wollen und für Sie hilfreich sind.
	Objektstufe	Wunsch nach Eigenschaften der/des Verwandten	Zufriedenheit in der Beziehung zu diesem/r Verwandten	Welche positiven Erfahrungen haben Sie mit dieser Person gemacht? Wünschen Sie, dass sich solche Erfahrungen wiederholen?
	Beziehungsstufe	Eigenschaften befruchten Beziehungen.	Wichtige ungelebte Anteile werden wieder bewusst und beeinflussen Beziehungen.	Sie sollten in Ihren aktuellen Beziehungen leben, was Ihnen in dieser Beziehung zu Ihrem/Ihrer Verwandten wichtig ist.
NEGATIV (Der/die Verwandte wird negativ oder zwiespältig wahrgenommen.)	Subjektstufe	Abwehr von Anteilen des/der Verwandten	Kontakt dazu finden, was man an dem/der Verwandten ablehnt und bei sich selbst abwehrt	Eigenschaften des/der Verwandten lehnen Sie ab, da Sie diese bei sich selbst verleugnen und verdrängen.
	Objektstufe	Der/die Verwandte wird abgelehnt.	Beziehungsprobleme mit dem/der Verwandten	Aus welchen Gründen lehnen Sie die/den Verwandten ab?
	Beziehungsstufe	Ablehnung eigener Anteile in Beziehungen	Abgewehrte Eigenschaften, die Beziehungen negativ beeinflussen	Wehren Sie Persönlichkeitsanteile des/der Verwandten ab, die Sie (unbewusst) in aktuellen sozialen Beziehungen leben?

Weise/r

Gefühl	Problemfeld	Themen	Deutungen/Fragen
NEUTRAL (Die/der Weise wird neutral wahrgenommen.)	Die eigene innere Weisheit spricht einen an.	Kontaktaufnahme mit der inneren Weisheit in wichtigen Lebensphasen	Was vermittelt Ihnen die/der Weise, was Sie bisher nicht sehen konnten oder wollten?
	Ihre Einstellung zu Weisen	Suche nach einer Leitfigur	Können Sie Ratschläge von älteren und erfahreneren Menschen annehmen?
	Eigene innere Weisheit in Beziehungen	Kontakt mit der eigenen inneren Weisheit in Beziehungskonflikten	Befinden Sie sich in einer Beziehungskrise? Sollten Sie vermehrt auf Ihre innere Stimme hören?
POSITIV (Die/der Weise wird positiv wahrgenommen.)	Die eigene innere Weisheit wird angenommen.	Die Hinweise der eigenen inneren Stimme annehmen	Es ist Ihnen möglich die Informationen, die Sie von Ihrer inneren Weisheit erhielten, konstruktiv in Ihr Leben zu integrieren.
	Ihre positive Einstellung zu weisen Männern/Frauen	Wunsch nach einer Leitfigur (mögliche Idealisierung)	Wünschen Sie sich Ratschläge von Menschen aus eigener Unsicherheit heraus und um sich selbst nicht entscheiden zu müssen?
	Eigene innere Weisheit befruchtet Beziehungen.	Kontakt mit der eigenen inneren Weisheit hilft in Beziehungskonflikten.	Könnte das, was Ihnen die/der Weise in Ihrem Traum vermittelte, hilfreich sein, Ihre Beziehungskrise zu lösen?
NEGATIV Die/der Weise wird negativ wahrgenommen.)	Abwehr der eigenen inneren Weisheit	Eigene innere Stimme wird nicht gehört aus Angst vor notwendigen Veränderungen.	Tendieren Sie dazu, wichtige Selbsteinsichten zu ignorieren, da Sie die Befürchtung haben, Sie müssten sich grundlegend verändern?
	Ihre negative Einstellung zu weisen Männern/Frauen	Wunsch nach einer Leitfigur wird abgelehnt (Angst vor Abhängigkeit).	Lehnen Sie Ratschläge von anderen Menschen ab, aus der Befürchtung heraus. Ihre Selbstständigkeit zu verlieren?
	Eigene innere Weisheit wird nicht genutzt.	In Beziehungskonflikten steht die eigene innere Stimme nicht zur Verfügung.	Lehnen Sie den Kontakt zu Ihrer inneren Stimme ab, da Sie befürchten, dass sich Ihre Beziehungen grundlegend verändern würden?

Zahn

- Subjektstufe
- Objektstufe
- Beziehungsstufe

Gefühl	Stufe	Problemfeld	Themen	Deutungen/Fragen
NEUTRAL (Zähne werden neutral wahrgenommen.)	Subjektstufe	Aggression, Abgrenzung, Vitalität	Zahnverlust – Vitalitätsverlust, Abgrenzungsproblem; gesunder Zahn – Selbstbewusstsein	Haben Sie Probleme, Aggressionen wahrzunehmen und zu zeigen? Fühlen Sie sich vital oder leiden Sie unter Energieverlust?
	Objektstufe	Ihr Verhältnis zu Zähnen	Erfahrungen mit Zähnen und Zahnproblemen	Ihre Erinnerung an Krankheiten der Zähne und deren Behandlung
	Beziehungsstufe	Durchsetzungsvermögen, Abgrenzung, Sexualität	Zahnverlust – Abgrenzungsprobleme; gesunder Zahn – Attraktivität	Können Sie sich in Beziehungen anderen gegenüber schlecht abgrenzen? Betrachten Sie sich als attraktiv?
POSITIV (Zähne werden positiv wahrgenommen.)	Subjektstufe	Aggression und Vitalität können gelebt werden.	Gesundes Selbstbewusstsein, bewusster Umgang mit Aggressionen	Sie haben Zugang zu Ihren Aggressionen und fühlen sich dadurch lebendig.
	Objektstufe	Ihre positive Einstellung zu Zähnen	Bewunderung oder Wunsch nach solchen gesunden Zähnen (Attraktivität)	Welche Rolle spielen schöne Zähne für Sie bei der Partnersuche? Würden Sie sich solche schönen Zähne wünschen?
	Beziehungsstufe	Abgrenzung und Sexualität werden befriedigend erlebt.	Schöne Zähne drücken befriedigende Sexualität und gelebte Vitalität aus.	Können Sie Sexualität und Vitalität in einem für Sie stimmigen Ausmaß leben oder sehnen Sie sich danach?
NEGATIV (Zähne werden negativ wahrgenommen, sind krank oder fallen aus.)	Subjektstufe	Aggressions- und Vitalitätsverlust	Verlust des lebendigen Selbstausdrucks – häufig in Umbruchsituationen	Was vermindert in Ihrem Leben Ihre Lebendigkeit? Verändert sich gerade Ihre Lebenssituation?
	Objektstufe	Ihre negative Einstellung zu Zähnen	Nächtliches Zähneknirschen, negative Erfahrungen mit Zähnen und Zahnbehandlungen	Knirschen Sie nachts mit den Zähnen und/oder sollten Sie wegen Zahnproblemen einen Zahnarzt aufsuchen?
	Beziehungsstufe	Abgrenzung und Sexualität werden konflikthaft erlebt	Eingeschränktes Durchsetzungsvermögen, unbefriedigendes Liebesleben	Lassen Sie sich zu sehr von anderen Menschen beeinflussen? Empfinden Sie Ihre Sexualität als unbefriedigend?

Gebäude & Räume

In diesem Kapitel finden Sie all jenes, was mit Häuslichkeit, unserer Wohnung und dem umbauten Raum zusammenhängt. Grundsätzlich lässt dieser Symbolkreis an Schutz und Gemütlichkeit denken. Dennoch verbildlichen auch diese Symbole verschiedene Eigenschaften der Träumerin oder des Träumers.

Haus und Zimmer

Am deutlichsten werden die Zusammenhänge dieses Themenkreises beim Haus, das als Ganzes Ihre Person darstellt und dessen Zimmer verschiedene Gefühlsbereiche bzw. Schichten Ihrer Psyche ansprechen. Bei Gebäuden, die Ihnen wohlbekannt sind, verhält es sich etwas anders. So verkörpern Ihr Elternhaus und die Wohnung, in der Sie aufwuchsen, Ihre Herkunft und Ihre Ursprünge. Ihre frühere Schule verweist auf den Bereich Lernen. Die meisten anderen Gebäude sagen jedoch etwas über Ihre Person zur Zeit des Traums aus. Stehen Fenster oder Türen des Gebäudes beispielsweise offen, wird Ihre Offenheit angesprochen, ein ungepflegtes Haus sagt etwas über Ihr Erscheinungsbild aus, der Stil des Hauses über Ihren Stil.
Häufiger noch als außerhalb des Hauses befindet sich die Träumerin oder der Träumer im Haus. Damit wird die Symbolik der unterschiedlichen Räume aktuell. C. G. Jung deutete in einem eigenen Traum das Dachstübchen mit seinem Intellekt, den Keller mit seinem Unbewussten. Dass das Schlafzimmer sowohl auf Ruhe als auch auf Sexualität verweist, ist wohl ebenso klar, wie man die Küche mit dem verbindet, was uns nährt.
Ähnlich wie schon im Kapitel zuvor bei Körperteilen können Sie bei der Deutung Ihrer Träume auch hier nichts falsch machen, wenn Sie jeweils von der Funktion der Räume ausgehen. Ist z. B. Ihr Arbeitszimmer aufgeräumt, werden Sie darauf hingewiesen, dass Sie gerade so – nämlich ordentlich – arbeiten sollten oder dass Sie zu ordentlich sind.
Die Atmosphäre der Räume sollten Sie bei der Traumdeutung ebenfalls bedenken, da diese auf Ihre Stimmung zu beziehen ist.
Den wenigsten Träumerinnen und Träumern fallen Deutungen von Räumen schwer. Im Grunde brauchen Sie nur vom Naheliegendsten auszugehen,

dann liegen Sie sicher richtig. Jeder Gedankengang „um mehrere Ecken“ würde Sie nur von der treffenden Deutung wegführen.

Einrichtung

Die Einrichtung der „Traumwohnung“ können Sie stets dahingehend deuten, wie Sie es sich in Ihrem Leben und/oder mit sich selbst eingerichtet haben. Allerdings ist die Einrichtung eines Raums einzig dann genauer zu deuten, wenn sie auffällt. Normale, unauffällige Wohnungs- oder Geschäftseinrichtungen geben nicht viel für die Traumdeutung her, außer dass man bisweilen sagen kann, dass hiermit die Normalität des Träumers oder der Träumerin angesprochen wird. Fällt jedoch die Raumausstattung den Träumern ins Auge, bedarf es einer genauen Deutung. Auffallend leere Räume zeigen Ihnen anschaulich die innere Leere, die Sie befürchten, oder sie machen Sie auf den Ballast, den Sie mit sich herumschleppen, aufmerksam. Erdrückend volle Räume sind in die gleiche Richtung zu deuten. Der Zustand der Zimmereinrichtung und ihr Stil sind, wie bei den Räumen, auf Ihre inneren Zustände bzw. Emotionen zu beziehen. Auch hier gilt wieder: Gehen Sie von Ihrem ersten Gefühl aus, mit dem Sie auf diese Einrichtung reagieren. Im Zweifelsfall versuchen Sie, die Raumeinrichtung mit einem möglichst treffenden Begriff zu charakterisieren, den Sie dann auf Ihren Gefühlszustand zur Zeit des Traums beziehen können.

Gegenstände

Besondere Aufmerksamkeit verlangen Gefäße, die nach den klassischen Schulen der Traumdeutung mit der weiblichen Sexualität verbunden werden. Allerdings sollte man in die Deutung seiner Träume auch einbeziehen, was gegebenenfalls in diesem Gefäß aufbewahrt wird und wie es geformt ist. In manchen Fällen ist auch das Material des Gefäßes von Belang.

Sauberkeit und Ordnung

Alle Symbole der Sauberkeit und Hygiene gehören ebenfalls in diese Kategorie. Dabei ist zu beachten, dass Sauberkeit und Schmutz häufig im sexuellen Sinn zu deuten sind. Freud führte diese Traumsymbolik auf die anale Phase unserer Entwicklung zurück, in der die Reinlichkeitserziehung begann. Nach seiner Lehre sollte man beim Auftreten entsprechender Symbole seine Aufmerksamkeit darauf richten, wie man in Bezug auf den Umgang mit seinen Körperausscheidungen von seinen Eltern trainiert wurde. Neben unserer späteren Einstellung zur Sauberkeit wird – entsprechend der Psychoanalyse – auch unser Verhältnis zur Ordnung in dieser Phase geprägt.

Häufig träumt der Ordentliche von der Unordnung, der Unordentliche von Ordnung und Sauberkeit. Hier zeigt sich die komplementäre Funktion des Traums: Ihr Traum bildet das Gegenteil dessen ab, was Sie leben.

Bad

Gefühl	Problemfeld	Themen	Deutungen/Fragen
NEUTRAL (Das Bad löst keine speziellen Gefühle aus.)	Reinigung der Gefühle und Gedanken	Klarheit	Welche inneren Regungen stören Sie, sodass Sie diese loswerden, sich also von ihnen reinigen wollen?
	Körperpflege	Ordnung und Sauberkeit	Oft wird hier die kindliche Reinlichkeitserziehung angesprochen (Freuds „anale Phase“)
	Gefühle dem Partner gegenüber	Aggression und Anspannung in der Beziehung	Worüber sollten Sie sich mit Ihrem Partner/Ihrer Partnerin aussprechen?
POSITIV (Freude und Entspannung)	Entspannung und Intimität	Gefühle freudig erleben, Loslassen alter Gefühle	Gestehen Sie es sich zu, sich emotional zu geben?
	Das Bad als Ort der Entspannung und Pflege	Wie lasse ich es mir gut gehen?	Nutzen Sie Ihr Bad als Ort der Erholung und Pflege oder als Ort, wo Sie dem Trubel der Familie entgehen können?
	Ihre emotionale Einstellung zum Partner	Beziehung als Be- oder Entlastung; Eigenständigkeit; Rückzug	Werden Sie sich über Ihre Gefühle in Ihren Partnerschaften klar.
NEGATIV (Ablehnung des Bads; es ist zu heiß oder zu kalt, das Wasser oder der Raum ist unsauber.)	Sich moralisch oder anderweitig unrein fühlen	Verinnerlichte Normen (Freuds Über-Ich) und Gefühle können nicht losgelassen werden.	Die Befreiung von starren Ansichten und festen Konzepten wird angesprochen.
	Meist kindliche Konflikte im Bad wegen Sauberkeit	Der Zwang zur Sauberkeit	Erfüllung oder Ablehnung elterlicher Sauberkeitsvorstellungen
	Beziehungsprobleme	Starre Vorstellungen über Partnerschaft oder Beziehungen, Gefühle werden nicht gezeigt.	Einstellungen zur Beziehung sollten überdacht werden. Müssen Sie sich von überholten Vorstellungen über Partnerschaft reinigen?

Bahnhof

Subjektstufe
Objektstufe
Beziehungsstufe

Gefühl	Stufe	Problemfeld	Themen	Deutungen/ Fragen
NEUTRAL (Der Bahnhof löst keine speziellen Gefühle aus.)	Subjektstufe	Innere Beweglichkeit, Lebendigkeit als Entwicklungsziel	Sich in neue Bereiche begeben, um ungewohnte Erfahrungen zu machen	Ist die Zeit reif, dass Sie Ihren Standpunkt verändern, von dem aus Sie sich gewohnheitsgemäß betrachten?
	Objektstufe	Ihre Einstellung zum Bahnhof und zum Verreisen	Ortsveränderung	Sollten Sie verreisen, um neue Eindrücke und Abstand zu Ihrer jetzigen Situation zu bekommen?
	Beziehungsstufe	Nähe und Ferne zum Partner	Mit dem Partner verreisen: neue Erfahrungen in der Beziehung; allein verreisen: Distanz	Benötigen Sie mehr Distanz in Ihren Beziehungen oder sollte Nähe über gemeinsames Erleben hergestellt werden?
POSITIV (Freude am Reisen)	Subjektstufe	Sich Neuem freudig öffnen	Sich selbst erforschen, um ungelebte Anteile in sich zu entdecken	Sollten Sie aus Ihrem Trott aussteigen, um neue Möglichkeiten zu erfahren?
	Objektstufe	Freude an der Ortsveränderung	Erdung und Beweglichkeit ins rechte Maß bringen	Fliehen Sie eventuell aus einer Situation, indem Sie wegfahren?
	Beziehungsstufe	Beweglichkeit in sozialen Beziehungen	Die Herausforderung, in Beziehungen die eigene innere Beweglichkeit zu wahren	Mit dem Partner zu verreisen ist ein Bild für Veränderungen in der Beziehung, allein zu verreisen deutet auf eigene Beweglichkeit.
NEGATIV (Ablehnung des Bahnhofs und des Verreisens)	Subjektstufe	Innere Beweglichkeit wird aus Angst vor Veränderung blockiert.	Unterdrückung der eigenen Beweglichkeit	Die Befreiung von starren Ansichten sowie festen Konzepten und Verhaltensweisen wird angesprochen.
	Objektstufe	Der Bahnhof wird als zu dreckig, laut und hektisch abgelehnt.	Negative Erlebnisse mit Bahnhöfen oder Zugreisen	Liegt eine Zug- oder Bahnhofphobie vor (an der S. Freud litt)? Lehnen Sie Ortsveränderungen ab?
	Beziehungsstufe	Veränderungen in Beziehungen werden als bedrohlich erlebt.	Man möchte möglichst die Beziehung so wahren, wie sie jetzt ist.	Haben Sie Angst, dass eine Veränderung in Ihren Beziehungen eine zu große Unsicherheit oder gar Trennung erzeugt?

Burg

Gefühl	Problemfeld	Themen	Deutungen/ Fragen
NEUTRAL (Die Burg löst keine speziellen Gefühle aus.)	Abkapselung durch starke Schutzmechanismen	Schutzbedürfnis oder Festhalten an Vergangenem führt zu Erstarrung.	Wie weit leben Sie im Hier und Jetzt? Sind Sie sich der Chancen bewusst, die Ihnen die heutige Zeit bietet?
	Ihre Einstellungen zu Burgen oder zu einer bestimmten Burg	Burg als Ort des Schutzes oder als touristisch beliebter Ort, Verbindung zur Vergangenheit	Schwärmen Sie für die Vergangenheit? Benötigen Sie Ferien?
	Rückzug auf seine Beziehungen als Schutz	Speziell in Paarbeziehungen das Problem fehlender Außenkontakte	Meinen Sie Ihre Beziehungen durch Abkapselung schützen zu müssen? Häufig geht es hier um Eifersuchtsprobleme.
POSITIV (Freude an Burgen)	Unrealistische (abgehobene) Selbstsicht	Romantische Einstellung zu sich selber (Selbstidealisierung)	Schwärmen von Idealen, Auseinandersetzung mit der aktuellen Situation vermeiden
	Ihre positive Einstellung zu Burgen	Positive Erfahrungen (meist als Kind) mit Burgen	Woran erinnert Sie diese Burg aus Ihrem Traum? Warum zieht dieser Ort Sie an?
	Zweisamkeit als Schutz vor bedrohlicher Außenwelt	Ideale wie Seelenverwandtschaft, Füreinander-Bestimmtsein und Ähnliches	Wie realistisch und zeitgemäß sind Ihre Vorstellungen von einer guten Beziehung?
NEGATIV (Ablehnung von Burgen)	Überwindung von innerer Starrheit	Ihre Bemühungen um innere Beweglichkeit und Freiheit	Was tun Sie, um nicht innerlich stehen zu bleiben und zu erstarren? Wie weit öffnen Sie sich für Ungewohntes?
	Ihre negative Einstellung zu Burgen	Negative Erfahrungen (oft in Ihrer Kindheit) mit Burgen	Was konkret lehnen Sie an Burgen oder dieser speziellen Burg ab? Wie kommt diese Ablehnung zustande?
	Die Fähigkeit, in Beziehungen zu leben	Ablehnung von Isolation, Offenheit in sozialen Beziehungen, Austausch	Wie viel Offenheit und soziale Kontakte benötigen Sie, um zufrieden zu sein?

Dach

Subjektstufe
Objektstufe
Beziehungsstufe

Gefühl		Problemfeld	Themen	Deutungen/ Fragen
NEUTRAL (Das Dach löst keine speziellen Gefühle aus.)	Subjektstufe	Ihre Schutzbedürftigkeit oder Ihr Überblick	Ihre Fähigkeit, unterschiedliche Persönlichkeitsaspekte zu vereinigen, Schutz	Leben Sie zu einseitig im Kopf? Können Sie unterschiedlichen Gefühlen in Ihnen Raum geben?
	Objektstufe	Ihre Einstellung zu Dächern oder diesem Dach	Erfahrungen, die Sie in Ihrem Leben mit diesem Dach oder Dächern gemacht haben	Warum träumen Sie gerade zu diesem Zeitpunkt von diesem Dach? Woran erinnert es Sie?
	Beziehungsstufe	Die Verbindung mit dem anderen	Die Fähigkeit, das Gemeinsame von sich und seinen Partnern zu finden	Sind Sie fähig, mit anderen eine gemeinsame Basis zu finden? Können Sie unterschiedlichen Meinungen Raum bieten?
POSITIV (Das Dach wird positiv oder als schön gesehen.)	Subjektstufe	Betrachtung der eigenen Persönlichkeit	Freude an intellektueller und reflektierter Sicht von sich selbst	Können Sie sich mit Distanz betrachten und Freude an Selbsterkenntnis empfinden?
	Objektstufe	Ihre positive Einstellung zu Dächern oder diesem Dach	Positive Erfahrungen, die Sie (oft in der Kindheit) mit einem Dach gemacht haben	Versuchen Sie herauszufinden, was Sie an Dächern fasziniert. Welche Art von Dächern gefällt Ihnen?
	Beziehungsstufe	Die Akzeptanz des Anderen	Inspiration durch andere und deren Weltsicht und Handeln	Sehnen Sie sich danach, in Ihren Beziehungen alles „unter ein Dach" zu bekommen?
NEGATIV (Das Dach wird als hässlich oder anderweitig negativ gesehen.)	Subjektstufe	Innere Zerrissenheit oder Ablehnung von Selbstreflexion	Naive Sicht auf sich selbst als Selbstschutz und Abwehr von Bedrohungen	Was befürchten Sie, wenn Sie die „Wahrheit" über sich erfahren würden?
	Objektstufe	Ihre negative Einstellung zu Dächern oder diesem Dach	Negative Erfahrungen, die Sie mit einem Dach machten, die noch heute wirken	Das Dach im Traum hängt oft mit Höhenangst zusammen. Können Sie sich an negative Erfahrungen mit einem Dach erinnern?
	Beziehungsstufe	Vorbehalte in Bezug auf andere bzw. den Partner	Partner werden als störend oder gar bedrohlich für die eigene Identität empfunden	Haben Sie Angst davor, anderen in Ihrem Leben mehr Raum einzuräumen?

Dose

Gefühl	Problemfeld	Themen	Deutungen/Fragen
NEUTRAL (Die Dose löst keine speziellen Gefühle aus.)	Das Problem wird durch den Inhalt der Dose gezeigt.	Man will etwas bewahren oder sich öffnen und schließen – je nach Bedarf.	Aufgabe: sich zu öffnen und seine Schätze zu zeigen oder sich zu verschließen und sein Inneres zu schützen
	Aufbewahrung	Was lohnt sich aufzubewahren und was nicht	Kennen Sie eine solche Dose? Woran erinnert Sie diese Dose? Gibt es besondere Erfahrungen in Ihrem Leben mit Dosen?
	Die Dose ist ein klassisches weibliches Sexualsymbol	Die Fähigkeit, sich zu öffnen und zu schließen in der Beziehung, je nach Bedürfnis	Sind Sie in der Lage, sich anderen gegenüber zu öffnen oder Ihre „emotionalen Schätze“ (schöne Gefühle) zu bewahren?
POSITIV (Die Dose wird positiv, praktisch oder als schön gesehen.)	Die Bewahrung innerer Erlebnisse	Gefühle halten und erinnern	Die Aufforderung, schöne Gefühle und Erlebnisse im Inneren zu bewahren
	Aufbewahrung, Konservierung	Was lohnt sich aufzubewahren und was nicht?	Nutzen Sie Aufbewahrtes, um sich an schöne Momente zu erinnern. Behalten Sie diese „Souvenirs“, um sie hin und wieder zu betrachten.
	Liebe und Lust in Beziehungen bewahren	Positive Gefühle – auch in Problemsituationen	Vergessen Sie das Positive Ihrer Beziehung in Streitmomenten?
NEGATIV (Die Dose wird als hässlich, gefährlich oder anderweitig negativ gesehen.)	Das Festhalten negativer Gefühle	Negatives Denken und Fühlen	Konzentrieren Sie sich zu sehr auf negative Gefühle und nehmen Ihre positiven Gefühle fast nicht wahr?
	Sich mit Ramsch zumüllen	Was lohnt sich aufzubewahren, und was sollte entsorgt werden?	Neigen Sie dazu, sich mit „Müll“ aus der Vergangenheit zu belasten? Entsorgen Sie, was Sie nicht mehr brauchen.
	Bewahren von Enttäuschungen und Verletzungen	Das starre Festhalten an negativen Beziehungserfahrungen	Geprägt von negativen Beziehungserfahrungen, wiederholen Sie diese immer wieder (masochistische Einstellung)

Dreck

- Subjektstufe
- Objektstufe
- Beziehungsstufe

Gefühl	Stufe	Problemfeld	Themen	Deutungen/ Fragen
NEUTRAL (Der Dreck wird neutral wahrgenommen.)	Subjektstufe	Frühkindliche Sauberkeitserziehung, strenger Umgang mit sich selbst	Bewertung von Sauberkeit und Schmuddeligkeit	Sich zu beschmutzen gehört genau so zum menschlichen Leben wie sich zu reinigen. Warum lehnen Sie das eine ab, das andere nicht?
	Objektstufe	Ansprüche an Sauberkeit	Der Stellenwert von Sauberkeit in Ihrem Leben (meist schwingt mehr als Hygiene dabei mit)	Was bedeutet Sauberkeit für Sie? Wie haben Sie Ihre Eltern in Bezug auf Sauberkeit erzogen?
	Beziehungsstufe	Moralvorstellungen in Bezug auf Partnerschaft	Der Mut, seine Bedürfnisse und Wünsche ungehemmt auszudrücken	Zensieren und beschneiden Sie sich unnötig in der Äußerung Ihrer Bedürfnisse und Wünsche?
POSITIV (Der Dreck stört nicht, er wird positiv betrachtet.)	Subjektstufe	Stimmige, verinnerlichte Moralvorstellungen	Der natürliche Spaß am Dreckigen und am Schmutz	Sich zu beschmutzen kann weitaus reizvoller sein als stets rein zu bleiben.
	Objektstufe	Negative Einstellung zur Reinlichkeit (Sauberkeit als Terror)	Dreck als Ausdruck von Unkonventionalität oder Protest gegen Biederkeit	Protesthaltung gegen bürgerliche Normen, Dreck akzeptieren, Schmuddeligkeit als Ausdruck Ihres Images
	Beziehungsstufe	Moral in Bezug auf Sex und Partnerschaft	Die „dreckige“ Beziehung im Gegensatz zur reinen Beziehung als lustvoller erkennen	Können Sie die Anziehung des Unmoralischen ausleben und genießen?
NEGATIV (Ekel und Abscheu vor dem Dreck)	Subjektstufe	„Schmutzige Gedanken“	Unmoralische Gedanken werden unterdrückt.	Zu rigide und unmenschliche Einstellung sich selbst gegenüber verhindert Lebendigkeit.
	Objektstufe	Sauberkeit und Ordnung	Sauberkeit in Bezug auf die Umgebung und sich selbst	Sie sollten Ihren Reinlichkeitsanspruch überdenken und eventuell korrigieren.
	Beziehungsstufe	Klassische Analfixierung nach S. Freud	Abwertung des moralisch Verworfenen, Verleugnung von triebhaften Bedürfnissen	Unrealistische und unmenschliche Haltung seinem eigenen Triebleben gegenüber, die oft zu Rigidität und Frustration führt.

Fenster

Gefühl	Problemfeld	Themen	Deutungen/ Fragen
NEUTRAL (Das Fenster löst keine speziellen Gefühle aus.)	Die Verbindung innerer Welten mit äußeren, Offenheit	Die Wahrnehmung der Umwelt oder einer anderen (ungewohnten) Welt	Wie abhängig sind Ihre Gefühle von äußeren Einflüssen (Sie sehen heraus) oder von inneren (Sie sehen hinein)?
	Ihre Einstellung zu dem Fenster	Erfahrungen, die Sie angesichts dieses Fensters (oft in Ihrer Jugend) machten	Woran erinnert Sie dieses oder ein ähnliches Fenster?
	Die Sicht auf den Partner/wie man sich selber zeigt	Wie genau, aus welcher Perspektive das Gegenüber gesehen wird oder man sich dem anderen zeigt	Können Sie sich Ihrem Partner gegenüber oder in Gesellschaften öffnen? Was zeigen Sie von sich?
POSITIV (Das Fenster wirkt hell und freundlich; angenehmer Ausblick)	Neugier auf neue Ausblicke	Man öffnet sich Außeneinflüssen oder betrachtet sein Inneres.	Die Betrachtung der Welt oder des Inneren inspiriert, gibt Stärke und einen Standpunkt.
	Positive Einstellung zum Fenster, die oft auf Erfahrung beruht	Der Ausschnitt der Welt, den das Fenster bietet, Klarheit der Wahrnehmung	Wichtig ist, was Sie durch das Fenster sehen. Es gibt Ihre (geistige) Perspektive wieder.
	Der Partner wird wohlwollend betrachtet.	Man ist offen für den Partner, erwartet auch von ihm Offenheit.	Je klarer und „schöner" die Sicht, desto positiver werden soziale Beziehungen erlebt.
NEGATIV (Das Fenster wirkt bedrohlich, dunkel oder abstoßend.)	Die Transparenz der eigenen Persönlichkeit	Selbstbetrachtung wird als müßig oder sinnlos abgelehnt.	Furcht vor der Entdeckung des Schattens, der eigenen dunklen Seite, vor der man sich ekelt oder fürchtet
	Negative Einstellung zum Fenster	Bedrohliche Erfahrungen mit (der Offenheit von) Fenstern (meist in der Kindheit)	Ängstigen Sie sich davor, dass durch das Fenster etwas Ungewolltes eindringen kann?
	Fehlende Privatsphäre oder Intimität	Offenheit wird als Einschränkung empfunden.	Sie möchten grundsätzlich die Freiheit haben, vor Partnern etwas zu verbergen?

Fernsehapparat/Fernsehen

- Subjektstufe
- Objektstufe
- Beziehungsstufe

Gefühl	Stufe	Problemfeld	Themen	Deutungen/Fragen
NEUTRAL (Der Fernsehapparat löst keine speziellen Gefühle aus.)	Subjektstufe	Einblicke in andere Welten	Passive Einstellung, aber auch Information über Bereiche, die einem sonst nicht zugänglich sind	Welche Rolle spielt Fernsehen in Ihrem Leben? Was gewinnen Sie durch Fernsehen, was umgehen Sie damit? Wie fühlen Sie sich innerlich nach dem Fernsehen?
	Objektstufe	Bewertung von Information	Eine analytische Einstellung zu den Bildern der Medien entwickeln	Wie gehen Sie mit den Informationen und Bildern um, die das Fernsehen vermittelt?
	Beziehungsstufe	Die von den Medien abhängige Kommunikation	Oftmals ist die Gefahr einseitiger Kommunikation in Ihrer Beziehung angesprochen.	Der Fernsehapparat kann Ihre Beziehung stören oder auch fördern, er kann Ihnen eine Lehre über Ihre Beziehung vermitteln.
POSITIV (Interessantes Programm, angenehme Unterhaltung)	Subjektstufe	Die Sicht von außen auf die Dynamik des Inneren	Sein Inneres distanziert, ohne Eingreifen betrachten	Was im „Traumfernsehen“ gezeigt wird, ist oft ein Lehrfilm für den Träumer. Seine Muster und Verhaltensweisen werden gezeigt.
	Objektstufe	Das Bild der Außenwelt	Das Fernsehen als Vermittler von Bildung und Einblicken in andere Welten	Nutzen Sie das TV-Programm sinnvoll zur Befriedigung Ihrer Interessen? Idealisieren Sie das Fernsehen?
	Beziehungsstufe	Sozialer Treffpunkt Fernsehen	Holde Zweisamkeit vor dem Fernsehapparat	Gemeinsam die gleichen Bilder betrachten und das zu genießen
NEGATIV (Schlechtes oder störendes Programm)	Subjektstufe	Manipulation	Woher kommen Ihre inneren Bilder und Bewertungen?	Gefahr der Überschwemmung mit falschen Bildern und Informationen, die verinnerlicht werden
	Objektstufe	Störfaktor Fernsehen	Flucht aus der sozialen Kommunikation	Eine passiv-konsumierende Haltung der Welt gegenüber
	Beziehungsstufe	TV-geprägte Beziehungsnormen	Unrealistische, dramatisch zugespitzte Beziehungsbilder	Falsche, mediengeprägte Ansprüche an die Beziehung – überdramatisierte Konflikte

Gefäß

Gefühl	Problemfeld	Themen	Deutungen/Fragen
NEUTRAL (Das Gefäß löst keine speziellen Gefühle aus.)	Hängt davon ab, was sich in dem Gefäß befindet	Was hält die unterschiedlichen Gefühle zusammen?	Freud und Jung deuteten Gefäße als Uterus. Für den heutigen Träumer stellen sie oft den Körper dar, der die Gefühle enthält, oder den weiblichen Körper, nach dem er sich sehnt.
	Hängt von der Funktion des Gefäßes ab	Welche Rolle spielte solch ein Gefäß in Ihrem Leben?	Was wird in diesem Gefäß aufbewahrt? Wo befindet sich dieses Gefäß, und wie sieht es aus?
	Umgang mit Gefühlen	Bewahrung von Gefühlen oder diese aus dem Weg zu räumen	Was wollen Sie in Ihrer Beziehung wegstecken, bewahren oder ordnen?
POSITIV (Das schöne und praktische Gefäß)	Die Ordnung der Gefühle	Die Verbindung innerer Regungen untereinander	Ein Verständnis für den Zusammenhang und die Unterschiedlichkeit seiner Gefühle gewinnen
	Ordnung	Gleiches am gleichen Ort aufbewahren und somit wiederzufinden	Wie sieht es mit Ihrer äußeren Ordnung aus – ist diese funktional oder müssen Sie oft Gegenstände suchen?
	Das Gemeinsame im Unterschiedlichen finden	Die Beziehung als die Verbindung von Unterschiedlichem	Die Liebe als die Verbindung von unterschiedlichen Ansichten und Handlungsweisen in der Beziehung (Liebe und Verständnis als Gefäß)
NEGATIV (Das hässliche, defekte oder gefährliche Gefäß)	Integration von Widersprüchen	Innere Zerrissenheit	Die Angst, innere Konflikte nicht lösen zu können
	Das unfunktionale oder defekte Gefäß	Belastung mit „altem Plunder“	Neigen Sie dazu, sich mit unfunktionalen Gefäßen zuzumüllen?
	Fehlende Gemeinsamkeit	Was kann die Beziehung zusammenhalten?	Angst davor, dass es keine Gemeinsamkeiten in der Beziehungen mehr gibt

Haus

- Subjektstufe
- Objektstufe
- Beziehungsstufe

Gefühl	Stufe	Problemfeld	Themen	Deutungen/Fragen
NEUTRAL (Das Haus löst keine speziellen Gefühle aus.)	Subjektstufe	Die eigene Persönlichkeit	Der innere Zustand des Träumers/der Träumerin	Mit dem Haus ist oft die eigene Persönlichkeit gemeint, sein Zustand gibt Ihre innere Befindlichkeit an, die Zimmer stellen Ihre Eigenschaften dar.
	Objektstufe	Hängt davon ab, um welches Haus es sich handelt	Wo fühle ich mich zu Hause? Ansonsten gibt die Art des Hauses das Thema an.	Haben Sie in einem solchen Haus gewohnt oder würden Sie gern in ihm wohnen? Das Haus spiegelt oft Ihre Sehnsüchte.
	Beziehungsstufe	Häuslichkeit	Sich niederlassen, evtl. eine Familie gründen	Sehnsucht danach, angemessen mit seinem Partner zusammenzuleben
POSITIV (Das schöne Haus)	Subjektstufe	Sie sind das schöne Haus.	Die Pflege Ihrer Persönlichkeit	Das schöne Haus steht für die schöne Persönlichkeit – beides muss ständig gepflegt werden. Kümmern Sie sich um Ihr Inneres.
	Objektstufe	Ihr Traumhaus	Wie kann ich mir mein Traumhaus leisten?	Das ideale Haus scheint für Sie erreichbar zu sein. Denken Sie über dessen Finanzierung nach?
	Beziehungsstufe	Große Sehnsucht nach Häuslichkeit	Wie finde ich meine Heimat und somit mein Glück?	Stellen Sie sich vor, Sie würden mit Ihrem Partner in diesem Haus leben. Wie fühlt sich das an? Könnten Sie hier wohnen?
NEGATIV (Das hässliche oder unpraktische Haus)	Subjektstufe	Das Haus wirkt beengend oder hässlich.	Sich selbst eingeengt, gebunden oder hässlich fühlen	Ausdruck eines schlechten Selbstbilds oder geringen Selbstbewusstseins
	Objektstufe	Vergangenheitsbewältigung	Schlechte Erinnerung an ein konkretes Haus	Woran erinnert Sie dieses Haus? Was verbinden Sie mit ihm?
	Beziehungsstufe	Überforderung durch die Beziehung	Ablehnung sich niederzulassen, Einengung	Die Beziehung (oder der Besitz) bindet Sie mehr, als Sie wollen.

Heizung

Gefühl	Problemfeld	Themen	Deutungen/ Fragen
NEUTRAL (Die Heizung löst keine speziellen Gefühle aus.)	Ihre Emotionalität	Herzlichkeit, positiver Gefühlsausdruck	Ihre Gefühlswärme ist angesprochen und Ihre Fähigkeit sich warmherzig zu verhalten. Sie sollten Ihre Gefühle wichtig nehmen.
	Die Raumtemperatur	Wie viel Wärme braucht man, um sich wohlzufühlen?	Entweder war es in Ihrem Schlafzimmer zu heiß oder zu kalt. Sie sollten eine Ihnen angenehme Raumtemperatur im Schlafzimmer einstellen.
	Gefühlsaustausch	Sehnsucht nach Herzlichkeit und Liebe	Es ist die Gefühlswärme angesprochen, die Sie geben sollten oder die Sie von Ihrem Partner erwarten.
POSITIV (Die effektive Heizung)	Die Wichtigkeit Ihrer Gefühle	Die Bereitschaft, Gefühle freudig zu geben und anzunehmen	Ihr Gefühlsleben scheint zumindest zur Zeit zentral in Ihrem Leben zu sein. Befriedigen Sie Ihr Bedürfnis nach Wärme.
	Temperatur und Wohlbefinden	Die angenehme Zimmerwärme	Stellen Sie Ihre Heizung so ein, dass es Ihnen angenehm warm ist.
	Die herzliche Beziehung	Sehnsucht nach intensivem emotionalem Austausch	Sehnsucht nach einer tiefen emotionalen und kuscheligen Beziehung
NEGATIV (Die defekte, teure oder schmutzige Heizung)	Angst vor Gefühlen	Ablehnung, die eigenen Gefühle zu zeigen	Sie sind scheinbar zu einseitig intellektuell oder zu distanziert oder auch (seltenere Deutung) zu leidenschaftlich.
	Kälte oder Hitze	Sparen Sie Heizkosten oder überheizen Sie?	Es ist augenscheinlich zu kalt oder zu warm, zumindest in Ihrem Schlafzimmer.
	Ablehnung der Gefühle anderer	Gefühle zeigen oder diese annehmen	Leidenschaft bedroht Sie. Sie ziehen eine eher „coole" Beziehung vor. In seltenen Fällen Ablehnung von Gefühlskälte.

Käfig

Subjektstufe
Objektstufe
Beziehungsstufe

Gefühl	Stufe	Problemfeld	Themen	Deutungen/ Fragen
NEUTRAL (Der Käfig löst keine speziellen Gefühle aus.)	Subjektstufe	Das, was man ausblendet (und im Käfig trifft)	Die Erkenntnis, dass Verdrängung eine kluge Überlebenstaktik ist	Das Verdrängte scheint Sie nicht weiter zu stören. Haben Sie die Meisterschaft schon erreicht?
	Objektstufe	Ihre Einstellung zu Käfigen oder einem bestimmten Käfig	Die Rolle, die ein Käfig in Ihrem Leben gespielt hat und (unbewusst) immer noch spielt	Woran erinnert Sie dieser Käfig im Traum? Warum wird das gerade jetzt aktuell?
	Beziehungsstufe	Kontrolle als Strategie gegen Unsicherheit	Problemlose Kontrolle des Partners und der Außenwelt	Beruhigt es Sie zu glauben, dass Sie Ihre Umwelt unter Kontrolle haben?
POSITIV (Der Käfig wird schön und positiv erlebt.)	Subjektstufe	Sie verbannen etwas aus Ihrem Bewusstsein.	Sie halten das Gefährliche wie z. B. den Schatten Ihrem Bewusstsein fern.	Sie können froh sein, denn nichts kann Sie mehr gefährden. – Ist das Ihr Ideal?
	Objektstufe	Positive Einstellung zu Käfigen und zu deren Schutzfunktion	Der Käfig als Sicherheit vor der Gefahr oder Bewunderung für die Schönheit des Käfigs	Können Sie sich an ein Erlebnis erinnern, bei dem Sie froh über einen Käfig waren oder diesen bestaunt haben?
	Beziehungsstufe	Den Partner sicher für sich haben zu wollen	Großes Bedürfnis nach Sicherheit und Nähe bis hin zu Verschmelzungsphantasien	Ist Ihr Sicherheitsanspruch in der Partnerschaft nicht unrealistisch hoch? Wollen Sie Ihren Partner wegschließen?
NEGATIV (Probleme mit dem Käfig, z. B. man ist selber eingesperrt)	Subjektstufe	Gefühl innerer Enge und in sich selbst eingesperrt zu sein	Starrheit und Rigidität im Umgang mit sich selbst	Erkennen Sie, dass Sie es sind, der/die Sie beengt? Bemühen Sie sich, innerlich weiter zu werden.
	Objektstufe	Negative Einstellung zu Käfigen, Angst vor Eingesperrt-Sein	Der Nachklang von negativen Erfahrungen, die Sie mit einem Käfig machten	Die Ablehnung von Käfigen geht oft auf eine Situation zurück, in der man eingesperrt war oder sich so fühlte.
	Beziehungsstufe	Sie fühlen sich in Ihrer Beziehung eingesperrt.	Ihr Freiheitsbedürfnis – geht es zu weit oder nicht?	Was können Sie unternehmen, um Ihre Beziehung nicht als Käfig, und sei es als goldenen, zu empfinden?

Keller

Gefühl	Problemfeld	Themen	Deutungen/ Fragen
NEUTRAL (Der Keller löst keine speziellen Gefühle aus.)	Das Mysterium des Unbewussten	Das Unbewusste als der Ort, den wir im Traum betreten, der uns aber sonst meist verschlossen ist	Mit dem Keller ist nach Freud und Jung stets unser Unbewusstes angesprochen, in dem Verdrängtes abgespeichert wird und das uns nur schwer zugänglich ist.
	Der geheimnisvolle Raum	Anziehung und Abstoßung des Geheimnisvollen	Im Keller ist Altes zu finden, das man nicht mehr braucht. Heben Sie zu viel Altes auf?
	Die Rolle des Unbewussten in der Beziehung	Triebhaftigkeit, Verdrängung	Im Keller finden Sie, symbolisch gesehen, die Wünsche, die Sie sich Ihrem Partner gegenüber nicht zu äußern trauen.
POSITIV (Der geräumige, praktische Keller, evtl. voller Vorräte)	Das Unbewusste als Quelle der Kreativität	Die Impulse aus dem Inneren werden als hilfreich genutzt.	Verstärken Sie den Kontakt zu Ihrem Unbewussten, und Sie werden erfolgreicher werden.
	Der Keller als der faszinierende Raum	Der Keller ist der Aufbewahrungsraum von fast vergessenen Schätzen.	Im Keller findet man häufig Unerwartetes, Brauchbares und Leckeres wie das Eingemachte.
	Die Grundlagen Ihrer Beziehung	Ihre Ausrichtung an den „Bauchgefühlen“	Verlassen Sie sich in Partnerschaften auf Ihr Gefühl, und richten Sie sich nach Anziehungs- und Abstoßungsgefühlen.
NEGATIV (Der dunkle, feuchte Keller; Ort der Strafe)	Angst vor den Inhalten des Unbewussten	Die Furcht, dass Verdrängtes Sie wieder bedrängen könnte	Sie vermeiden es, sich mit Ihrem Unbewussten auseinanderzusetzen, was Sie blockiert.
	Keller machen Angst	Keller werden oft mit „Verließ“ bzw. Verlassensein verbunden.	Der Keller ist oft der Ort der Bestrafung, er gilt als dunkler, unangenehmer Raum.
	Bewusstheit in der Beziehung	In der Beziehung muss alles kontrollierbar und durchschaubar sein.	Aus Angst haben Sie sich eine einseitige rationale Betrachtung Ihrer Beziehung angeeignet.

Krankenhaus

- Subjektstufe
- Objektstufe
- Beziehungsstufe

Gefühl	Stufe	Problemfeld	Themen	Deutungen/ Fragen
NEUTRAL (Das Krankenhaus löst keine speziellen Gefühle aus.)	Subjektstufe	Schwerwiegende seelische Konflikte, Krise, Wandlung	Als Patient im Krankenhaus: Suche nach Unterstützung; als helfende Person: sich selbst unterstützen	Welche grundlegenden Konflikte belasten Sie? Sollten Sie sich (professionelle) Unterstützung holen? Nehmen Sie Kontakt zu Ihren eigenen helfenden Anteilen auf.
	Objektstufe	Ihre Einstellung zum Krankenhaus	Erfahrungen, die mit dem Krankenhaus gemacht wurden bzw. damit verbunden sind	Was verbinden Sie mit Krankenhaus? Haben Sie den Eindruck, dass Ihnen da geholfen wird oder lehnen Sie das Krankenhaus ab?
	Beziehungsstufe	Schwerwiegende seelische Konflikte in Beziehungen	Schwerwiegende Konflikte werden in Beziehungen hineingetragen.	Sie sollten sich Ihre Konflikte mit sich und anderen Menschen bewusst machen und sich Unterstützung suchen.
POSITIV (Das Krankenhaus wird als hilfreich erlebt.)	Subjektstufe	Krise führt zu Wandlung	Sich in der Krise selbst unterstützen; Chance zur Wandlung	Nehmen Sie Krisen deutlich wahr. Unterstützen Sie sich selbst bei Ihrer Veränderung.
	Objektstufe	Positive Einstellung zum Krankenhaus	Wunsch nach Unterstützung und Ausruhen	Sind Sie erschöpft, sollten Sie sich eine Auszeit nehmen und es sich gut gehen lassen.
	Beziehungsstufe	Konflikte werden in Beziehungen angegangen.	Man fühlt sich durch seine Beziehungen in der momentanen Krise unterstützt.	Suchen Sie in Krisen den Kontakt zu anderen Menschen und deren Unterstützung.
NEGATIV (Das Krankenhaus wird negativ erlebt, unangenehm, bedrohlich.)	Subjektstufe	Problem, sich Unterstützung zu holen	Angst vor grundlegenden Veränderungen, die notwendig wären, Krisen zu überwinden	Haben Sie Angst, sich ohnmächtig und ausgeliefert zu fühlen, wenn Sie sich Hilfe und Unterstützung suchen?
	Objektstufe	Negative Einstellung zum Krankenhaus	Angst vor Hilflosigkeit, Ohnmacht und Ausgeliefertsein	Sollten Sie Ihre Aversion gegen Krankenhäuser überdenken?
	Beziehungsstufe	Angst vor Ohnmacht und Sich-ausgeliefert-Fühlen in Beziehungen	Man darf sich in Beziehungen nicht schwach zeigen; Angst vor Abhängigkeit	Ihre Ängste vor Ausgeliefertsein und Abhängigkeit verhindern, dass Sie sich in einer Krise Unterstützung holen können.

Küche

Gefühl	Problemfeld	Themen	Deutungen/Fragen
NEUTRAL (Die Küche löst keine speziellen Gefühle aus.)	Ihre Seelennahrung	Wie Sie für Ihre innere Ernährung sorgen – für Ihr Gefühls- und Geistesleben	Können Sie Gefühle und Informationen so für sich „zubereiten“, dass Sie Ihnen nutzen und Kraft geben?
	Mit der Küche wird die Ernährung angesprochen.	Wie Sie für Ihre Ernährung sorgen und was Sie essen	Kochen Sie so, dass es Ihnen gut tut? Ist die Küche der Ort, an dem Sie sich zu Hause fühlen?
	Die Wandlungskräfte in der Beziehung	Die Verwandlung roher bzw. triebhafter Energien in kulturelle, d.h. in Beziehung und Liebe	Die Küche ist der Ort der Wandlung des Rohen ins Gekochte, Natur wird zu Kultur – wie es auch in der Beziehung sein sollte.
POSITIV (Die funktionale, schöne Küche)	Ihre mütterliche Seite ist angesprochen.	Können Sie sich selbst eine gute Mutter sein, gut für sich sorgen?	Was tun Sie für Ihre Stärke, und wie nähren Sie Ihre Seele und Ihren Geist?
	Die Wichtigkeit des Essens für Sie	Das Kochen, für das man Anerkennung erwartet, wird überbewertet.	Ist die Essenszubereitung für Sie ein sozialer Akt oder kompensieren Sie mit Essen z. B. Unzufriedenheit und Frustrationen?
	Ausdruck von Zuneigung durch Essen	Wie Sie für Ihren Partner sorgen	Geht bei Ihnen Liebe durch den Magen? Umsorgen Sie Ihren Partner evtl. zu viel?
NEGATIV (Die dreckige, unaufgeräumte Küche; negative Arbeit in der Küche)	In Ihnen kocht etwas, d. h., etwas setzt Sie unter Druck.	Der innere Druck, der Sie verwandelt	Aufforderung, innere Spannungen so zu nutzen, dass sie einen positiv wandeln und innerliche Kraft geben
	Die Notwendigkeit, Essen zu kochen	Die Rolle des Kochens in Ihrem Leben	Ist die Essenzubereitung für Sie eine lästige und belastende Verpflichtung?
	Die Ernährerrolle in der Beziehung	Ihre Verpflichtungen dem Partner oder der Familie gegenüber	Sie hadern damit, Ernährer für Ihre Familie zu sein, oder damit, sich in der Beziehung um das Kochen kümmern zu müssen.

Lampe

- Subjektstufe
- Objektstufe
- Beziehungsstufe

Gefühl		Problemfeld	Themen	Deutungen/Fragen
NEUTRAL (Die Lampe löst keine speziellen Gefühle aus.)	Subjektstufe	Selbsterkenntnis; das konkrete Problem zeigt das beleuchtete Objekt an.	Der Versuch, sich selber in seiner Umwelt zu verstehen	Jede Art von Licht im Traum symbolisiert unser erkennendes Bewusstsein und stellt u. a. die Frage, inwieweit wir uns selbst reflektieren.
	Objektstufe	Eine Lampe hilft, etwas genau zu sehen.	Sich das Sehen und somit das Erkennen erleichtern	Der Hinweis, ein Hilfsmittel zu benutzen, das der Wahrnehmung hilft
	Beziehungsstufe	Das Verständnis Ihrer Beziehungen	Welche Mühe geben Sie sich, um Ihre Beziehungen im Detail zu erkennen?	Bestimmte Aspekte Ihrer Beziehungen sollten genauer ausgeleuchtet und somit verstanden werden.
POSITIV (Die schöne, helle Lampe, die funktioniert)	Subjektstufe	Ihr inneres Licht ist angesprochen	Die Aufforderung, in seine Umwelt auszustrahlen	Sie können durch Ihre innere Ausstrahlung Menschen zur Erkenntnis verhelfen.
	Objektstufe	Die Ausrichtung auf ein Ziel	Die Bemühung, Ihr Ziel zu bestimmen und zu erkennen	Die Lampe hilft, ein Ziel zu finden, indem es dieses beleuchtet. Was suchen Sie mit welchen Hilfsmitteln?
	Beziehungsstufe	Der Partner als leuchtender Stern	Die Sehnsucht nach einem strahlenden Partner	Ihr Partner zieht Sie an und beleuchtet Sie mit seinem Licht.
NEGATIV (Die defekte, zu helle oder zu dunkle Lampe)	Subjektstufe	Ablehnung jeder Selbsterkenntnis	Das Leben spontan zu leben, ohne es durch seine Analyse zu stören	Der Versuch des genauen Ausleuchtens Ihres Inneren muss nicht nur scheitern, sondern wird Sie auch in Ihrer Lebensführung behindern.
	Objektstufe	Die Lampe blendet oder ist defekt (sie leuchtet nicht)	Das blendende Licht verhindert jedes Erkennen genauso wie eine nicht leuchtende Lampe	Im weitesten Sinn der Hinweis auf unfunktionale Hilfsmittel zur Erkenntnis
	Beziehungsstufe	Aufmerksamkeitsverteilung in Beziehungen	Der Partner überstrahlt Sie bzw. Sie überstrahlen Ihren Partner.	Letztlich geht es um die Frage, wer in der Beziehung besser in der Außenwelt dasteht bzw. mehr angesehen ist.

Ofen

Gefühl	Problemfeld	Themen	Deutungen/Fragen
NEUTRAL (Der Ofen wird ohne deutliche Gefühle wahrgenommen.)	Gefühlswärme – Gefühlskälte	Sehnsucht nach Wärme und Geborgenheit	In welchen Situationen empfinden Sie sich selbst oder andere als kalt und abweisend?
	Kälte oder Wärmeempfindungen	Schlafen bei offenem Fenster. Heizung ein- oder ausschalten	Sind Sie nachts gut zugedeckt? Tragen Sie einen Schlafanzug?
	Gefühlswärme oder Kälte in Beziehungen	Defizite in Bezug auf Wärme in Beziehungen; Sie geben oder erhalten keine Wärme.	Suchen Sie Wärme und Geborgenheit in Beziehungen? Können Sie dies Freunden und Freundinnen vermitteln?
POSITIV (Der Ofen ist angenehm warm, und Sie genießen dies.)	Gefühlswärme wird wahrgenommen und positiv erlebt.	Wärme und Geborgenheit ist in uns und erhalten wir aus unserem Umfeld.	Nehmen Sie die Wärme und Geborgenheit in Ihnen wahr. Auch aus Ihrem Umfeld werden Ihnen positive Gefühle entgegengebracht.
	Wärmeempfindungen während des Schlafs	Positive Erfahrungen mit warmen oder angenehm heißen Öfen	An welche Situation erinnert Sie der warme oder heiße Ofen? Was verbinden Sie mit der damaligen Situation?
	Gefühlswärme wird gegeben und empfangen.	Gefühlswärme und damit auch positive Sexualität wird in der Beziehung gelebt.	Können Sie die positiven Gefühle, die Ihnen entgegengebracht werden, wahrnehmen? Genießen Sie diese und leben Sie Sexualität mit Ihrem Partner oder Ihrer Partnerin.
NEGATIV (Der Ofen ist kalt, Sie frieren im Traum.)	Kälte in sich und seinem Umfeld	Sie empfinden in sich Kälte, die sich auch nach außen bemerkbar macht.	Aus welchen Gründen haben Sie sich in sich zurückgezogen? Was könnten Sie tun, um sich wieder öffnen zu können?
	Kälteempfindungen während des Schlafs	Negative Erfahrungen mit kalten Öfen	Was verbinden Sie an negativen Gefühlen (Erinnerungen) mit kalten Öfen? Was verbinden Sie mit der damaligen Situation?
	Gefühlskälte in Beziehungen	Gefühlskälte bestimmt die Partnerschaft, Sexualität kann nicht mehr gelebt werden.	„Ist der Ofen aus?“ Sollten Sie die Beziehung beenden? Oder ist es möglich, den Ofen neu anzuzünden?

Schlüssel

Subjektstufe

Objektstufe

Beziehungsstufe

Gefühl	Problemfeld	Themen	Deutungen/Fragen
NEUTRAL (Der Schlüssel wird neutral wahrgenommen.)	Sich selbst öffnen oder verschließen	Sich Ideen, neuen Erfahrungen und Gefühlen gegenüber öffnen; Macht und Identität	Welches Problem in Ihrem Leben sind Sie nun bereit zu lösen? Welche (unbewussten) Erfahrungen könnten dabei hilfreich sein?
	Ihre Einstellung zu Schlüsseln	Schlüssel verlieren und/oder finden	In welchem Zusammenhang haben Schlüssel in Ihrem Leben eine wichtige Rolle gespielt?
	Sich Menschen gegenüber verschließen oder öffnen	Macht über sich und andere haben; Offenheit in Beziehungen	Haben Sie Angst, etwas Wichtiges von sich preiszugeben? Könnte dieses Sich-Öffnen Ihre Beziehungen bereichern?
POSITIV (Der Schlüssel löst positive Gefühle aus; Schlüssel finden etc.)	Der Schlüssel zu wichtigen Erkenntnissen	Den Schlüssel zu wichtigen Anteilen der Identität finden	Neue Erfahrungen, Ideen und Gefühle – erschließt sich eine neue innere Welt?
	Positive Einstellung zu Schlüsseln	Positive Erfahrungen oder Fantasien in Bezug auf Schlüssel	Welche Türen in Ihrem Leben öffnen sich mit diesem Schlüssel?
	Offenheit fördert die Persönlichkeitsentwicklung.	Die Lust an der Macht über andere aufgeben zugunsten von größerer Offenheit	Zeigen Sie auch Ihre bisher wenig bekannten Seiten. Schlüssel und Schloss können auf sexuelle Bedürfnisse hinweisen.
NEGATIV (Der Schlüssel löst negative Gefühle aus; Schlüssel verlieren etc.)	Ängste, sich dem Neuen gegenüber zu öffnen	Es besteht die Gefahr, dass Sie die positiven Möglichkeiten ungenutzt verstreichen lassen.	Was könnte sich für Sie erschließen, wenn Sie den Schlüssel nutzen? Was befürchten Sie, in sich zu entdecken?
	Negative Einstellung zu Schlüsseln	Negative Erfahrungen oder Vorstellungen, die Sie mit einem solchen Schlüssel verbinden	Haben Sie Angst, Schlüssel zu verlieren, oder sollten Sie besonders darauf achten, alles gut abzuschließen?
	Angst vor tiefer gehenden Beziehungen	Sich vor anderen verschließen, Angst, sich mit seinen verborgenen Seiten zu zeigen	Was befürchten Sie, wenn Sie sich mit Ihren verborgenen Seiten zeigen? Haben Sie Angst vor Ihren sexuellen Bedürfnissen?

Schrank

Gefühl	Problemfeld	Themen	Deutungen/Fragen
NEUTRAL (Der Schrank wird neutral wahrgenommen.)	Verschlossenheit, undurchlässiges Selbst	Geheimnisse, Potenziale und Erinnerungen	Was verstecken Sie vor sich selbst? Was könnten Sie Wichtiges in sich entdecken?
	Ihre Einstellung zu solchen Schränken	Zu viel oder zu wenig Ordnung im Leben	Sollten Sie mehr Ordnung in Ihr Leben bringen?
	Wichtiges bewusst/unbewusst zurückhalten	Potenziale, Eigenschaften (je nach Schrank) werden anderen Personen nicht gezeigt.	Welche Eigenschaften und/oder Potenziale verstecken Sie vor sich und anderen? Geheimnisse? Sollten Sie versuchen offener zu werden?
POSITIV (Der Schrank wird positiv wahrgenommen, er ist offen oder erregt Interesse, ihn zu öffnen.)	Tendenz, sich zu öffnen; Verborgenes wird sichtbar	Interesse an sich selbst und an dem, was man nicht sehen und erkennen wollte	Welche verdrängten Anteile, Eigenschaften und/oder Gefühle könnten Ihnen bewusst werden? Interesse an Introspektion
	Positive Einstellung zu diesem Schrank	Positive Erfahrungen mit Ordnung und Aufräumen	Mehr Ordnung in Ihrem Leben täte Ihnen gut.
	Interesse, sich in Beziehungen zu öffnen	Eigenschaften, Gefühle sind (noch) nicht erkennbar, möchten aber offenbart werden.	Spüren Sie in sich nach, nehmen Sie wahr, was Sie bisher in Ihren Beziehungen nicht gezeigt haben. Versuchen Sie, dies anderen Menschen mitzuteilen.
NEGATIV (Der Schrank löst negative Gefühle aus; Angst davor, was der Schrank enthalten könnte)	Angst, eigene Geheimnisse anzuschauen; Verschlossenheit	Angst vor dem, was man vor sich selbst durch Unterdrückung oder Verdrängung verbirgt	Stellen Sie sich Ihrer Angst vor verdrängten Erinnerungen und Gefühlen. Versuchen Sie, diese sich bewusst zu machen und die damit zusammenhängenden Gefühle zuzulassen.
	Negative Einstellung zu diesem Schrank	Abwehr gegenüber Ordnung und Aufräumen	Überwinden Sie Ihre Widerstände, Ordnung in Ihr Leben zu bringen.
	Angst, sich anderen zu zeigen mit dem, was man verbirgt.	Unzugänglichkeit und Unnahbarkeit in Ihren Beziehungen	Aus welchen Gründen verschließen Sie sich vor anderen Menschen? Was befürchten Sie, wenn Sie sich anderen gegenüber öffnen?

Schule

- Subjektstufe
- Objektstufe
- Beziehungsstufe

Gefühl	Stufe	Problemfeld	Themen	Deutungen/ Fragen
NEUTRAL (Die Schule wird ohne deutliche Gefühle wahrgenommen.)	Subjektstufe	Etwas Wichtiges zu lernen haben	Grundschule: Grundlegendes lernen, Gymnasium: erwachsen werden, Uni: Engagement	Was müssen Sie in Ihrer gegenwärtigen Lebensphase lernen? Was ist neuartig an Ihren jetzt gemachten Erfahrungen?
	Objektstufe	Reale Erfahrungen mit Schule und Lernen	Schulen, die Sie besuchen und/ oder die Erfahrungen, die Sie mit Schule gemacht haben	Welche Erfahrungen haben Sie mit Schulen und Schülersein gemacht?
	Beziehungsstufe	In Beziehungen etwas Wichtiges zu lernen haben	Sich in Beziehungen weiterentwickeln, Neues dazulernen müssen	Erfahren Sie Ihre momentanen Beziehungen als „Schule für sich selbst"?
POSITIV (Sie erfahren die Schule als eine für Sie positive Situation.)	Subjektstufe	Lernen fördert Persönlichkeitsentwicklung.	Lernen wird als bereichernd erfahren, mit Engagement betrieben.	Sie werden ermuntert, den Umgang mit Neuem in Ihrer aktuellen Entwicklung zu lernen.
	Objektstufe	Positive Erfahrungen mit Schule und Lernen	Reale Schul- und/oder Lernsituationen mit Engagement angehen	Sie sollten sich mehr Wissen in für Sie wichtigen Gebieten aneignen.
	Beziehungsstufe	Lernen befruchtet die Beziehungen.	Anregungen in Beziehungen aufnehmen und diese nutzen, um sich weiterzuentwickeln	Sie werden in Ihren Beziehungen mit Neuem konfrontiert, werden angeregt, das Neue näher zu betrachten und in Ihr Leben zu integrieren.
NEGATIV (Die Schule wird negativ erlebt; Lustlosigkeit, Angst zu versagen etc.)	Subjektstufe	Abwehr gegenüber Neuem und Lernen	An Altem festhalten; regressive Bedürfnisse verhindern das Erlernen von Neuem.	Ihre Abwehr gegenüber dem Lernen von Neuem beeinträchtigt Ihre Entwicklung. Machen Sie sich diese Abwehr bewusst.
	Objektstufe	Negative Erfahrungen mit Schule	Negativer Umgang mit realen Schul- und/oder Lernsituationen	Haben Sie negative Erinnerungen an Schule und Lernen in der Vergangenheit?
	Beziehungsstufe	Abwehr gegenüber Lernen behindert Beziehungen.	Die Ablehnung, Neues in Beziehungen zu lernen, führt zur Stagnation in den Beziehungen.	Was hindert Sie daran, Neues in Ihren Beziehungen dazuzulernen?

Sitzmöbel (Stuhl, Sessel)

Gefühl	Problemfeld	Themen	Deutungen/Fragen
NEUTRAL (Das Sitzmöbel wird neutral wahrgenommen.)	Regressive Bedürfnisse oder Aktivität	Bequemlichkeit, Passivität, Ruhebedürfnis	Je bequemer das Sitzmöbel, umso größer das Ruhebedürfnis und/oder die Bequemlichkeit, oder auch Aufforderung zur Aktivität
	Ihre Einstellung zu solchen Sitzmöbeln	Reale Erfahrungen mit solchen Sitzmöbeln	Sollten Sie solche Sitzmöbel eher aufsuchen oder meiden? Sind Ihre Sitzmöbel unbequem und unergonomisch?
	Regressive Bedürfnisse oder Aktivität in Beziehungen	Bequemlichkeit, Passivität, Ruhebedürfnis in Beziehungen	Sollten Sie sich in Ihren Beziehungen mehr von Ihrer ruhebedürftigen und passiven Seite zeigen oder sollten Sie aktiver werden?
POSITIV (Das Sitzmöbel löst positive Gefühle aus; Bequemlichkeit, Ruhe werden als angenehm empfunden.)	Regressiven Bedürfnissen nachgeben	Mögliche Überforderungssituation, innerlich zur Ruhe kommen	Nehmen Sie Ihr Ruhebedürfnis wahr, machen Sie sich Ihre Ansprüche an sich selbst bewusst und geben Sie diesen weniger nach.
	Positive Einstellung zu Sitzmöbeln	Positive Erfahrungen mit gleichen oder ähnlichen Sitzgelegenheiten	Wann saßen Sie das letzte Mal auf einem ähnlichen Sitzmöbel? Sollten Sie sich ein solches zulegen?
	Bedürfnis nach Ruhe in Beziehungen	Konfrontationen eher hintenanstellen, Sehnsucht nach Ruhe in Beziehungen	Geben Sie Ihrem Ruhebedürfnis in Ihren Beziehungen nach. Lassen Sie sich nicht von außen unter Druck setzen.
NEGATIV (Das Sitzmöbel löst negative Gefühle wie Unwohlsein aus, ist unbequem, hart etc.)	Regressive Bedürfnisse dominieren	Bequemlichkeit/Passivität verhindern Persönlichkeitsentwicklung.	Sind Sie in Ihrer Entwicklung zu passiv? Setzen Sie sich unter Druck, haben Sie resigniert?
	Negative Einstellung zu Sitzmöbeln	Negative Erfahrungen durch zu langes Sitzen	Sitzen Sie zu viel sowohl beruflich als auch privat? Sollten Sie sich mehr bewegen?
	Regressive Bedürfnisse dominieren Beziehungen.	Bequemlichkeit und Passivität verhindern positive Entwicklung der Beziehungen.	Kümmern Sie sich zu wenig um Ihre Beziehungen, da Sie zu bequem sind oder zu hohe Ansprüche an Sie herangetragen werden?

Spiegel

- Subjektstufe
- Objektstufe
- Beziehungsstufe

Gefühl	Stufe	Problemfeld	Themen	Deutungen/ Fragen
NEUTRAL (Der Spiegel wird neutral wahrgenommen.)	Subjektstufe	Identität, wahres oder falsches Selbst, Selbstbetrachtung	Unbewusste und verborgene Gefühle, Einstellungen und Potenziale	Es ist sinnvoll, sich jetzt vermehrt mit sich selbst auseinanderzusetzen. Ihnen kann Bedeutsames über Ihre Person bewusst werden.
	Objektstufe	Ihre Einstellung zu Spiegeln	Das eigene Spiegelbild mögen oder ablehnen	Lehnen Sie Ihr Äußeres ab oder mögen Sie Ihr Aussehen?
	Beziehungsstufe	Sich mit seinem wahren oder falschen Selbst zeigen	Sich so zeigen wie man ist; bewusst oder unbewusst Eigenschaften verbergen	Dienen Ihnen Menschen als Spiegel Ihres wahren oder falschen Selbst? Was verbergen Sie vor anderen und was zeigen Sie?
POSITIV (Der Spiegel und/oder das eigene Spiegelbild lösen positive Gefühle aus.)	Subjektstufe	Narzissmus, falsches oder wahres Selbst	Sich problematische oder positive Anteile bewusst machen	Sich eigene kritische Seiten bewusst machen, positive Seiten entdecken und schätzen lernen
	Objektstufe	Positive Einstellung zu Spiegel/Spiegelbild	Selbstverliebtheit oder Minderwertigkeitsgefühle	Sind Sie zu sehr in Ihr Äußeres verliebt oder sollten Sie Ihr Äußeres vermehrt akzeptieren?
	Beziehungsstufe	Narzisstische Tendenzen	Angenehme Seiten an sich betonen; sich mit dem wahren Selbst zeigen	Zeigen Sie sich zu sehr von Ihren angenehmen Seiten? Sollten Sie sich mehr zeigen, wie Sie wirklich sind?
NEGATIV (Der Spiegel und/oder das Spiegelbild lösen negative Gefühle aus.)	Subjektstufe	Selbstreflexion und/oder Selbstwertprobleme	Selbsterkenntnis und höheres Bewusstsein über die eigenen Stärken und Schwächen	Sind Sie zu sehr auf Ihre negativen Vorstellungen über Ihre eigene Person fixiert oder sehen Sie sich in zu positivem Licht?
	Objektstufe	Negative Einstellung zum Spiegel oder Spiegelbild	Negative Einstellungen gegenüber dem eigenen Äußeren, der eigenen Person	Sehen Sie Ihr Äußeres zu negativ oder wird Ihnen der Spiegel über Ihr wahres Aussehen vor Augen gehalten?
	Beziehungsstufe	Selbsterkenntnis verbessert Beziehungen	Sich auch mit problematischen Seiten wahrnehmen und zeigen	Haben Sie ein zu negatives Bild von Ihrem eigenen Auftreten oder sind Sie zu sehr von sich überzeugt?

Spielzeug (Spielen)

Gefühl	Problemfeld	Themen	Deutungen/Fragen
NEUTRAL (Das Spielen/Spielzeug wird neutral wahrgenommen.)	Kindlichkeit, Unreife, Kreativität	Sehnsucht nach Leichtigkeit und Lebendigkeit, spielerisches Lernen oder Verharren in kindlichen Einstellungen	Ist Ihr Leben zu sehr mit Notwendigkeiten und Pflichten gefüllt, und sehnen sich nach mehr Leichtigkeit? Wagen Sie sich zu wenig an wirkliche Herausforderungen heran?
	Ihre Einstellung zu Spielzeug	Erfahrungen mit Spielen und Spielzeug	Sollten Sie wieder etwas spielen oder ist das Spiel zu dominant in Ihrem Leben?
	Leichtigkeit, Oberflächlichkeit	Suche nach Leichtigkeit und Kontakt zu Menschen; oberflächlicher Umgang miteinander	Sehnen Sie sich nach mehr Leichtigkeit in Ihren Beziehungen? Sind Sie zu sehr mit den Beziehungskonflikten identifiziert?
POSITIV (Das Spielen/Spielzeug löst positive Gefühle aus.)	Kreativität und/oder Entspannung; Lernen	Spielerischer Umgang mit sich selbst und dem Leben fördert Kreativität.	Versuchen Sie, mit sich selbst spielerischer umzugehen. Oder: Wehren Sie den ernsten Umgang mit sich selbst ab?
	Positive Einstellung zu Spiel/Spielzeug	Spielen entspannt und setzt kreative Kräfte frei.	Spielen Sie mehr im Alltag, dies fördert Lern- und Arbeitsprozesse.
	Leichtigkeit und Kreativität in Beziehungen	Suche nach Kontakt; Fixierung auf Beziehungskonflikte loslassen	Mehr spielerischer Umgang mit sich und anderen; Beziehungen nicht zu verbissen sehen
NEGATIV (Das Spielen/Spielzeug löst negative Gefühle aus.)	Kindlichkeit, Unreife als zu starre Haltungen	Erwachsenwerden wird abgewehrt; Angst vor Leichtigkeit und spielerischem Umgang	Sind Sie zu sehr in kindlichen Vorstellungen verstrickt? Starre Einstellungen verhindern Leichtigkeit im Leben.
	Negative Einstellung zum Spiel und Spielzeug	Negative Einstellungen zum Spielen, Erfahrungen, die Sie damit verbinden	Können Sie schlecht verlieren beim Spielen?
	Kindliche Vorstellungen behindern Beziehungen.	Abwehr von erwachsenem Verhalten in Beziehungen	Wenden Sie sich Ihrem/r Partner/in ernsthafter zu. Oberflächlichkeit dominiert Ihre Beziehungen.

Tisch

Subjektstufe
Objektstufe
Beziehungsstufe

Gefühl	Stufe	Problemfeld	Themen	Deutungen/ Fragen
NEUTRAL (Der Tisch wird neutral wahrgenommen.)	Subjektstufe	Innere Kommunikation zwischen den verschiedenen Persönlichkeitsanteilen	Gemeinsamkeiten oder Konflikt zwischen den einzelnen Persönlichkeitsanteilen; die Art des Tisches zeigt das Problemfeld.	Sehnen Sie sich nach mehr Austausch und Gemeinsamkeiten zwischen Ihren unterschiedlichen Persönlichkeitsanteilen?
	Objektstufe	Ihre reale Einstellung zu Tischen	Erfahrungen, die Sie mit einem ähnlichen Tisch gemacht haben	Was verbinden Sie mit einem solchen Tisch? Woran erinnert Sie dieser?
	Beziehungsstufe	Kommunikation und Austausch in Ihren Beziehungen	Zusammensein mit anderen Menschen, Gemeinsamkeiten suchen, nährende Gespräche	Wünschen Sie sich mehr und bereichernde Gespräche mit Ihren Mitmenschen?
POSITIV (Der Tisch löst positive Gefühle aus; reich gedeckt, angenehme Atmosphäre etc.)	Subjektstufe	Innere Kommunikation verläuft harmonisch	Gemeinsamkeiten in der eigenen Person suchen und finden	Kreativer Austausch, Lösungen von Konflikten zwischen den Anteilen sind möglich.
	Objektstufe	Positive Einstellung zu solchen Tischen	Positive Erfahrungen und Assoziationen mit solchen Tischen	Machen Sie sich Ihr Bedürfnis nach Austausch bewusst, suchen Sie passende Situationen.
	Beziehungsstufe	Der Austausch mit anderen Menschen bereichert.	Gespräche und Zusammensein mit Menschen wirken sich positiv auf Beziehungen aus.	Suchen Sie bewusst den Kontakt mit anderen Menschen. Arbeitstisch: Entscheidungen können nun einfacher getroffen werden.
NEGATIV (Der Tisch weckt negative Gefühle; ungedeckter Tisch)	Subjektstufe	Innere Kommunikation findet nicht statt oder ist konflikthaft.	Unterschiedliche Persönlichkeitsanteile, Kommunikationsprobleme	Unterschiedliche Anteile in Ihnen sprechen zu wenig miteinander. Suchen Sie nach möglichen Gemeinsamkeiten.
	Objektstufe	Negative Einstellung zu solchen Tischen	Negative Erfahrungen und Assoziationen	Hindern negative Erfahrungen mit solchen Tischen Sie daran, geselliger zu werden?
	Beziehungsstufe	Der Austausch mit anderen Menschen wird abgewehrt.	Gespräche und Zusammensein mit Menschen sind mit negativen Vorstellungen verknüpft.	Was befürchten Sie, wenn Sie vermehrt den Austausch mit anderen Menschen suchen würden?

Toilette

Gefühl	Problemfeld	Themen	Deutungen/Fragen
NEUTRAL (Die Toilette löst negative Gefühle aus, das Loslassen wird be- oder verhindert etc.)	Entlastung von Altem und Unverdaulichem	Einstellungen, Gefühle, Erinnerungen loslassen; notwendige Veränderung	Welche Erinnerungen und die daraus resultierenden Einstellungen und Gefühle belasten Sie und sollten Sie hinter sich lassen?
	Ihre reale Einstellung zu Toiletten	Köperreize in der Nacht während des Traums	Mögliche Verdauungsprobleme auch in der Realität?
	Scheinbar Unverdauliches in Beziehungen loslassen	Verletzungen und Kränkungen in Beziehungen hinter sich lassen	Sollten Sie Altes und Vergangenes aus Beziehungen loslassen, um einen Neuanfang gestalten zu können?
POSITIV (Die Toilette wird positiv erlebt, man fühlt sich befreit und frei etc.)	Freierer Umgang mit sich	Befreiung von belastenden Erinnerungen und Schuldgefühlen	Es gelingt Ihnen, sich von Altem und Belastendem zu befreien, Neuanfang wird möglich.
	Positive Einstellung zur Toilette	Verdauung verändert sich zum Positiven?	Verändert sich Ihre Verdauung in der Realität? Sollten Sie mit gesunder Ernährung Ihre Verdauung unterstützen?
	Befreiung von Beziehungsproblemen	Befreiter Umgang (v.a. in der Sexualität) mit sich und anderen	Freier, entlasteter Umgang mit Beziehungen fördert Erneuerung.
NEGATIV (Die Toilette löste negative Gefühle aus, das Loslassen wird be- oder verhindert etc.)	Identifizierung mit überlebten Einstellungen und Gefühlen	Alte Gefühls-, Wahrnehmungs- und Verhaltensmuster können nicht losgelassen werden.	Sind Sie zu sehr auf Sicherheit bedacht und können deshalb überlebte Erinnerungen und Einstellungen nicht loslassen? Was befürchten Sie, was dadurch passieren könnte?
	Negative Einstellung zu Toiletten	Kann Hinweis auf körperliche Verdauungsprobleme sein	Sollten Sie mehr auf Ihre Essgewohnheiten achten oder einen Arzt aufsuchen?
	Sicherheitsdenken verhindert Neuanfang in Beziehungen.	Ängste, Altes loszulassen, be-/verhindern den freieren Umgang mit anderen Menschen.	Hindern Sie Ihr Sicherheitsdenken und Ihre Angst vor Neuem, Probleme und alte Erfahrungen in Beziehungen hinter sich zu lassen?

Treppe

- Subjektstufe
- Objektstufe
- Beziehungsstufe

Gefühl	Stufe	Problemfeld	Themen	Deutungen/ Fragen
NEUTRAL (Die Treppe wird neutral wahrgenommen oder erlebt.)	Subjektstufe	Veränderung der Bewusstseinsebene; veränderte Sichtweisen von sich selbst	Treppe aufwärts: Verstandes- und Ordnungsebene; abwärts: Unbewusstes, Kreativität, Gefühl; Zahl der Stufen ist wichtig!	Betrachten Sie das Leben verstärkt von Ihrer verstandesmäßigen Seite (aufwärts) oder kommen Sie unbewussten Gefühlen und Ihrer Kreativität näher (abwärts)?
	Objektstufe	Ihre reale Einstellung zu Treppen	Assoziationen und Erinnerungen bei dieser Art von Treppen	Wann und in welcher Situation sind Sie schon eine ähnliche Treppe gegangen?
	Beziehungsstufe	Bewusstseinsebene in Beziehungen verändert sich.	Aufwärts: rationale Sichtweise in Beziehungen; abwärts: Betonung von Instinkt und Gefühl	Sollten Sie in Ihren Beziehungen mehr den Kopf einschalten (aufwärts) oder vermehrt aus dem Bauch heraus handeln (abwärts)?
POSITIV (Die Treppe wird positiv erlebt, ist gut gangbar.)	Subjektstufe	Mühelose Veränderung der Bewusstseinsebene	Alte Einstellungen werden mit neuen Sichtweisen problemlos verknüpft.	Es gelingt Ihnen, Ihre bisherige Bewusstseinsebene mit einer eher rationalen (oben) oder gefühlsbetonten (unten) Sicht zu verknüpfen.
	Objektstufe	Positive Einstellung zur Treppen	Positive Erfahrungen mit solchen oder ähnlichen Treppen	Haben Sie zu Treppen allgemein oder zu solchen Treppen eine positive Einstellung?
	Beziehungsstufe	Übergangssituation wird reibungslos und unproblematisch für Beziehungen erlebt.	Übergang zu neuen Sichtweisen erscheint notwendig und sinnvoll, um Beziehungen weiterzuentwickeln.	Sie entwickeln entweder einen distanzierteren Standpunkt in Ihren Beziehungen oder zeigen sich vermehrt mit Ihren (körperlichen) Gefühlen, Bedürfnissen und unbewussten Seiten.
NEGATIV (Die Treppe weckt negative Gefühle; man geht beschwerlich und/oder gefährlich.)	Subjektstufe	Veränderung der Bewusstseinsebene ist erschwert.	Alte Einstellungen nicht loslassen können; Sicherheitsbestrebungen, Angst vor Neuem.	Was befürchten Sie, wenn Sie vernunft- (aufwärts) bzw. gefühlsbetonter (abwärts) wären? Angst vor Loslassen, Ab- oder Aufstieg?
	Objektstufe	Negative Einstellung zu Treppen	Negative Erfahrungen mit Treppen	Haben Sie zu Treppen im Allgemeinen oder solchen Treppen eine negative Einstellung?
	Beziehungsstufe	Angst vor neuen Sichtweisen	Sichtweisen in Beziehungen können nicht verändert werden.	Was behindert Sie, Ihre Beziehungen mehr rational bzw. gefühlsbetont zu betrachten?

Tür

Gefühl	Problemfeld	Themen	Deutungen/Fragen
NEUTRAL (Die Tür wird neutral wahrgenommen oder erlebt.)	Durchlässigkeit, Verschlossenheit, Wechsel der Bewusstseinsebene	Ausblick auf Neues; verschlossene Türen: Abspaltung; offene Türen: neue Erfahrungsräume	Wichtig für die Bedeutung der Tür ist der Raum dahinter. Es ist Ihnen möglich, neue Erfahrungen mit sich zu machen, wenn Sie Mut zu Neuem haben.
	Ihre Einstellung zu Türen	Erfahrungen mit offenen und geschlossenen Türen	Woher kennen Sie solche Traumtüren, und was verbinden Sie mit diesen?
	Durchlässigkeit oder Verschlossenheit in Beziehungen	Offenheit, neue Erfahrungsräume in Beziehungen; Tür schließen: Rückzug, Ende	Tür öffnen: neue Möglichkeiten in Ihren Beziehungen entdecken; Tür schließen: Sie ziehen sich zurück oder beenden Beziehung.
POSITIV (Die Tür wird positiv erlebt, sie ist offen oder wird erleichtert geschlossen.)	Offenheit, Durchlässigkeit; Neues wird entdeckt.	Möglichkeit zur Neuorientierung; Neues steht einem offen und wird genutzt.	Neue Erfahrungsräume eröffnen sich Ihnen spielerisch leicht. Tür schließen: Es gelingt Ihnen, Altes hinter sich zu lassen.
	Positive Einstellung zu Türen	Positive Erfahrungen mit solchen oder ähnlichen Türen.	Haben Sie zu Türen im Allgemeinen oder solchen Türen eine positive Einstellung?
	Neue Räume bereichern Beziehungen.	Sich eröffnende Möglichkeiten werden positiv genutzt.	Welche Möglichkeiten eröffnen sich in Beziehungen? Was/wen können Sie loslassen?
NEGATIV (Die Tür löste negative Gefühle aus, ist verschlossen, wird hinter sich zugeworfen etc.)	Angst und Verschlossenheit ver-/behindert Begegnung mit Neuem.	Verschlossene Türen: Abspaltung; Bewusstsein über das, was hinter der Türe liegt, wird abgewehrt.	Was könnte sich Ihnen in dem Raum hinter der Tür erschließen, was Sie an sich selbst nicht erkennen möchten? Türe zuwerfen: Was ist noch nicht zu Ende gebracht?
	Negative Einstellung zu Türen	Erfahrungen mit verschlossenen Türen	Erinnert Sie der Traum an real gemachte negative Erlebnisse mit verschlossenen Türen?
	Rückzug und Verschlossenheit in Beziehungen	Verschlossenheit verhindert neue Erfahrungen in Beziehungen.	Was dürfen Sie anderen Menschen von sich nicht zeigen? Türe zuwerfen: Verschließen Sie sich zu schnell anderen Menschen?

Wand

- Subjektstufe
- Objektstufe
- Beziehungsstufe

Gefühl	Stufe	Problemfeld	Themen	Deutungen/ Fragen
NEUTRAL (Die Wand wird ohne deutliche Gefühle wahrgenommen.)	Subjektstufe	Widerstand und Begrenzung oder Sicherheit und Schutz	Ängste oder Beschränkungen, die eigene Freiheit zu realisieren und zu leben	Benötigen Sie mehr Schutz in Ihrem Leben oder fühlen Sie sich zu sehr eingeschränkt?
	Objektstufe	Ihre Einstellung zu einer solchen Wand	Konkrete Erfahrungen mit einer solchen Wand und deren Auswirkungen	Welche Rolle spielte eine ähnliche Wand in Ihrem Leben? Was verbinden Sie damit?
	Beziehungsstufe	Begrenzungen oder Sicherheiten prägen Ihre Beziehungen.	Durchsetzung und/oder Suche nach Schutz beeinflusst Beziehungen.	Wodurch fühlen Sie sich in Ihren Beziehungen eingeschränkt oder haben Sie ein überhöhtes Sicherheitsbedürfnis?
POSITIV (Die Wand wird positiv wahrgenommen; Schutz, Abgrenzung)	Subjektstufe	Abgrenzung vermittelt Sicherheit.	Den Einfluss destruktiver Gedanken und Gefühle vermindern	Sich gegen bestimmte Persönlichkeitsanteile abgrenzen würde mehr Sicherheit bieten
	Objektstufe	Positive Einstellung zur Wand	Erinnerungen an die positive Wahrnehmung der Wand	Sehnen Sie sich nach Zeiten zurück, in denen eine solche Wand für Sie wichtig war?
	Beziehungsstufe	Abgrenzung und Sicherheit befruchten Beziehungen.	Klarheit und Schutzbedürfnisse in Beziehungen sind ausgewogen.	Deutliche Absprachen in Beziehungen tun Ihnen gut. Sicherheitsbedürfnisse werden ausreichend befriedigt.
NEGATIV (Die Wand wird negativ wahrgenommen; Begrenzung, Beschränkung.)	Subjektstufe	Unbewusstes Schutzbedürfnis löst Widerstand aus.	Gefühl der Freiheitsbeschränkung resultiert aus unbewussten Sicherheitsbedürfnissen.	Machen Sie sich bewusst, wie viel Sicherheit Sie benötigen. Schränkt Sie das ein?
	Objektstufe	Negative Einstellung zu einer solchen Wand	Negative Erfahrungen mit realen Begrenzungen	Hängen Sie negativen Erinnerungen nach, die Sie mit einer solchen oder ähnlichen Wand gemacht haben?
	Beziehungsstufe	Abgrenzung und Sicherheit behindern Beziehungen.	Überzogene Reaktionen auf Verunsicherungen in sozialen Beziehungen	Benötigen Sie zu viel Sicherheit in Ihren Beziehungen, und beschränken Sie sich dadurch zu sehr?

Orte & Ortswechsel

Alle Symbole in diesem Kapitel haben mit dem Unterwegssein zu tun. Letztendlich beziehen sie sich stets auf Ihren Lebensweg bzw. – nach C. G. Jung – Individuationsweg. Sie betrachten ihn im Traum, wie er sich aus Ihrer Sicht bislang vollzogen hat und wie Sie hoffen oder befürchten, dass er weiter verlaufen wird.

Ortsveränderung

Grundsätzlich bedeutet der andere Ort, an den man sich im Traum begibt, eine neue Erfahrungsmöglichkeit. Häufig möchte Ihr Inneres Sie dazu anspornen, Ihren jetzigen Standpunkt zu verlassen und sich einem neuen zu öffnen.

Wenn Sie sich im Traum zu einem anderen Ort begeben, kennen Sie entweder diesen Ort bereits oder er ist Ihnen unbekannt. Bei bekannten Orten besteht der Schlüssel zur Deutung darin, dass Sie sich auf Ihre Gefühle und Erlebnisse besinnen, die Sie an diesem Ort gehabt haben. Mit dieser Gefühlswelt sollten Sie sich wieder auseinandersetzen. Meistens handelt es sich dabei um Gefühle und Lebenseinstellungen, die im Laufe des Älterwerdens in den Hintergrund getreten sind. Unbekannte Orte dagegen fordern Sie dazu auf, neue Erfahrungen zu machen und eingespielte Routinen und Gewohnheiten abzulegen.

Falls Ihnen zu dem Ort, an den Ihr Traum Sie entführt, nichts einfällt, nehmen Sie ein Lexikon zu Hilfe. So erfahren Sie die Besonderheiten dieses Ortes, die Sie dann mit Ihrer Lebenssituation in Beziehung setzen können. Oft erfährt man Erstaunliches über sich selbst durch diese Ortssymbole.

Reisewege

Jede Reise in Ihren Träumen verbildlicht Ihre Lebensreise, allerdings nicht unbedingt so, wie sie objektiv besehen verläuft, sondern wie Sie Ihren Lebensweg von Ihrem Gefühl her bewerten.

Um von einem Ort zu einem anderen zu gelangen, bedarf es eines Wegs. Die Art des Wegs und dessen Zustand zeigen Ihnen, wie leicht oder schwer es Ihnen fällt, Ihre Position zu verändern. Mühsame und gefährliche Wege – besonders wenn sie häufiger im Traum vorkommen – wollen Ihnen bewusst machen, wie schwer Ihnen Veränderungen fallen. Bequeme Wege sind oft als Aufmunterung zu verstehen, seinen Lebensweg leichter und spielerischer zu betrachten und zu gestalten. In diesem Fall geht es häufig um das nicht notwendige Leiden, mit dem man sich sein Leben unnötig schwer macht. Der gerade Weg zum Ziel enthält ähnlich wie der schnelle Weg (z. B. Autobahn) den Tipp, sich zielgerichtet zu verhalten, wohingegen Umweg, Umleitung und ein kurviger Weg Ihnen die Frage stellen, ob Sie nicht häufig zu abgelenkt sind und Ihr Ziel leicht aus den Augen verlieren.

Spezielle Symbole sind die Sackgasse und die Einbahnstraße. Die Sackgasse ist wie im Wachleben auch ein Weg, der uns nicht weiterführt. Die Einbahnstraße dagegen verweist auf einseitiges Denken oder eine erstarrte, unflexible Wahrnehmung.

Letztlich verhält es sich bei einer Traumreise wie bei einer Reise im Wachleben: Reisen bildet, da es den Horizont erweitert.

Fahrzeuge

Um sich zu einem anderen Ort zu begeben, bedarf es auch im Traum oft der Fahrzeuge. Diese unterscheiden sich in individuell gesteuerte Fahrzeuge und Massenverkehrsmittel.

Individuell gesteuerte Fahrzeuge beziehen sich natürlich auf Ihre Individualität, was besonders beim Traumsymbol Auto deutlich wird: Einerseits ermöglicht es eine selbstständige, unabhängige Fortbewegung, andererseits erinnert schon das Wort „Auto" an Autonomie. Das Auto ist das häufigste Traumsymbol in unserem Kulturbereich, das zeigt, wie schwierig es für uns ist, autonom zu handeln.

Massenverkehrsmittel im Traum deuten auf bewährte Wege hin, bei denen zu fragen ist, ob diese für Sie wirklich geeignet sind oder ob Sie unhinterfragt einer Konvention folgen.

Bei Verkehrsmitteln kann man ferner unterscheiden, ob sie einer festgelegten Route (Zug, Flugzeug) folgen oder ob man damit frei einen Weg wählen kann – was einiges über Ihre Freiheit im Leben aussagt. Außerdem sollten Sie darauf achten, ob Sie das Verkehrsmittel selbst steuern oder ob Sie gefahren werden, und schließlich auch, ob Sie sich durch eigene Kraft fortbewegen, wie z. B. beim Fahrrad, oder mit Hilfe eines Motors. Je mehr Selbstständigkeit das Verkehrsmittel ausdrückt, desto deutlicher werden Sie vom Traum auf Ihre Selbstständigkeit verwiesen.

Verkehr

Nicht zuletzt hängen Fahrzeuge und Wege immer auch mit dem Verkehr zusammen, der uns vom Wort her an unsere Sexualität denken lässt. Eine solche Deutungsart sollten Sie nicht gleich verwerfen, auch wenn sie auf den ersten Blick vielleicht „abwegig" erscheint. Mehr zum Thema Sexualität erfahren Sie im Kapitel „Zustände & Ereignisse".

Afrika

Gefühl	Problemfeld	Themen	Deutungen/ Fragen
NEUTRAL (Afrika löst keine speziellen Gefühle aus.)	Häufig Langeweile im Alltagsleben	Abenteuer, Wildheit und Ursprünglichkeit; das Dunkle	Welche realistischen Möglichkeiten gibt es, Ihr Leben aufregender oder abwechslungsreicher zu gestalten?
	Ihre Beziehung zu Afrika und den Afrikanern	Entwicklungshilfe, politische Instabilität, Hunger	Sollten Sie sich mehr mit Afrika beschäftigen oder eine Reise dorthin machen?
	Die dunkle und wilde Seite der Beziehung	Ausdruck von Wildheit oder Gefahr; zu unbewusst sein	Sie sollten sich natürlicher geben und Ihrem Trieb mehr folgen.
POSITIV (Afrika löst positive Gefühle aus.)	Die eigene dunkle Seite	Leidenschaft und Hingabe	Sehnen Sie sich nach einem ursprünglicheren Leben?
	Ihre Einstellung zu den Afrikanern	Positive Erlebnisse, die Sie mit Afrikanern oder in Afrika hatten	Was können Sie sich von Afrikanern (oder von Afrika) abschauen?
	Das Unbekannte oder Ihr erotischer Ausdruck	Befreiung durch Anerkennung des Natürlichen	Sollten Sie sich erotischer geben? Unterdrücken Sie Ihre sexuellen Bedürfnisse zu sehr?
NEGATIV (Afrika macht einem Angst.)	Angst vor dem eigenen Unbewussten	Das Unbekannte, Gefährliche und der Trieb	Triebhafte Impulse (Sex und Aggression) werden abgelehnt, sollten jedoch integriert werden.
	Angst vor politischen Entwicklungen in Afrika und vor Schwarzen	Einstellung zu afrikanischen Asylanten und anderen Afrikanern	Liegt vielleicht ein unbewusster und somit verdrängter Rassismus vor?
	Leidenschaft, unbewusstes Handeln und Erotik in Beziehungen	Ablehnung der eigenen triebhaften oder unbewussten Seite	Sind Sie zu einseitig an Ordnung und Kontrolle ausgerichtet? Folgen Sie zu sehr rigiden Moralvorstellungen (übernommen von den Eltern)?

Amerika

- Subjektstufe
- Objektstufe
- Beziehungsstufe

Gefühl	Stufe	Problemfeld	Themen	Deutungen/Fragen
NEUTRAL (Amerika löst keine speziellen Gefühle aus.)	Subjektstufe	Neue Möglichkeiten erproben, sich ausprobieren	Die „unbegrenzten Möglichkeiten“, Abbruch und Neuanfang	Welche neuen Möglichkeiten sollten Sie sich trauen auszuprobieren?
	Objektstufe	Ihre Beziehung zu Amerika und den Amerikanern	Die Einstellung zu amerikanischer Politik und Lebensweise	Sollten Sie sich mehr mit Amerika beschäftigen oder eine Reise dorthin machen?
	Beziehungsstufe	Neue Möglichkeiten in Ihrer Beziehung	Entscheidungsfindung – wie Sie mit Entscheidungen im sozialen Bereich umgehen	Fühlen Sie sich zu einem anderen Menschen mehr hingezogen als zu Ihrem Partner?
POSITIV (Amerika löst positive Gefühle aus.)	Subjektstufe	Die eigene abenteuerliche Seite	Lust am Neuen und Modernen (Trend)	Sehnen Sie sich nach einem aufregenderen oder zeitgeistigeren Leben? Ist es Ihnen mit sich selbst zu langweilig?
	Objektstufe	Ihre Einstellung zu den Amerikanern	Positive Erlebnisse mit Amerikanern oder in Amerika	Was können Sie sich von Amerikanern (oder von Amerika) abschauen?
	Beziehungsstufe	Das Neue als „Thrill“	Befreiung durch Lust am Neuen und Leichtigkeit (Oberflächlichkeit)	Sollten Sie sich lockerer geben? Sollten Sie Situationen nicht zu ernst und sich selbst nicht zu wichtig nehmen?
NEGATIV (Amerika macht einem Angst.)	Subjektstufe	Angst vor dem Neuen	Das Unbekannte wird als gefährlich abgelehnt.	Aufsteigende Gefühle rufen Ängste hervor, sollten aber als Chance zu einem Neuanfang genutzt werden.
	Objektstufe	Angst vor politischen Entwicklungen in Amerika	Einstellung zu amerikanischer Politik; Kriegsgefahr, Angst	Basiert Ihre Einstellung zu Amerika auf einem Vorurteil, einer Projektion eigener Ängste oder auf „objektiven Fakten“?
	Beziehungsstufe	Neues wird in Beziehungen als verunsichernd abgelehnt.	Soziale Veränderungen werden als bedrohlich empfunden, und man versucht, sie zu vermeiden.	Neigen Sie dazu, Ihre Beziehungen in ein starres Bild zu pressen und auf alle Fälle an diesem Bild festzuhalten?

Ausland

Gefühl	Problemfeld	Themen	Deutungen/Fragen
NEUTRAL (Das Ausland löst keine speziellen Gefühle aus.)	Auseinandersetzung mit dem Anderen	Relativierung des eigenen Standpunkts	Es gibt noch andere Welten als die eigene; sich auf diese einzulassen, wird Ihren Horizont erweitern.
	Ihre Einstellung zu Ausländern und/oder Unbekannten	Fremd zu sein heißt, nicht dazuzugehören. Grenzen Sie andere aus (als Freunde oder Partner)?	Wie freundlich und hilfreich begegnen Sie Fremden?
	Neue Seiten am Partner sehen	Die Fremdheit des Partners	Der Partner ist und bleibt einem immer fremd.
POSITIV (Das Ausland wird positiv als neue Möglichkeit erlebt.)	Fremdes in sich anerkennen	Neue Seiten an sich erkennen	Aufforderung, unbekannte Seiten an sich zu entdecken und auszuleben; das Fremde als Chance zu Neuem zu sehen
	Die Faszination des Fremden	Ihr Umgang mit Fremden	Den Fremden als Bereicherung ansehen und ihm hilfreich und gastfreundlich begegnen
	Veränderung in der Sicht Ihres Partners	Neue Seiten an Ihrem Partner entdecken oder ihm/ihr neue Seiten zeigen	Sie haben große Chancen, gerade weil Ihr Partner anders ist als Sie. Ergänzen Sie sich?
NEGATIV (Das Ausland und die Fremde machen Angst.)	Der Umgang mit dem Fremden in sich selbst	Die Ablehnung neuer Seiten in sich	Starres Festhalten an einem fest geprägten Selbstbild
	Selbstbewusstsein	Die Uneinschätzbarkeit eines Fremden	Ist der Fremde Ihnen ein Feind? Macht der Fremde Ihnen Angst? Wollen Sie sich nicht mit anderen Denk- und Fühlweisen auseinandersetzen?
	Umgang mit Unterschieden in Beziehungen	Angst vor dem Unbekannten im Partner	Meinen Sie, dass im Idealfall Ihr Partner sein sollte wie Sie? Bedroht Sie jedes Anders-Sein?

Auto

- Subjektstufe
- Objektstufe
- Beziehungsstufe

Gefühl	Stufe	Problemfeld	Themen	Deutungen/Fragen
NEUTRAL (Das Auto löst keine speziellen Gefühle aus.)	Subjektstufe	Innere Beweglichkeit und Autonomie	Das Überwinden der eigenen Trägheit oder Erstarrung	Trauen Sie sich, mehr Lebendigkeit auszudrücken. Wagen Sie, Ihren eigenen Weg zu gehen.
	Objektstufe	Selbstbewusstsein	Ansehen und Status, den man nach außen hin zeigt	Welchen Stellenwert spielt Ihr Auto in Ihrem Leben? Ist er angemessen und funktional?
	Beziehungsstufe	Selbstständigkeit (Autonomie)	Die innere und äußere Unabhängigkeit von Geschäfts- und Liebespartnern	Schaffen Sie sich größere Freiheiten in Ihren privaten und geschäftlichen Beziehungen. Nehmen Sie sich vor Verwicklungen in Acht.
POSITIV (Freude am Auto)	Subjektstufe	Innere Beweglichkeit und Autonomie als Anspruch und Ziel	Lust an Freiheit und Unabhängigkeit	Streben Sie eine innere Unabhängigkeit von Störgefühlen und schädlichen Gedanken an.
	Objektstufe	Ihre Selbstdarstellung durch Statussymbole	Der eigene Selbstwert, das Selbstbild	Identifizieren Sie sich mit Ihrem Auto oder Ihren Statussymbolen?
	Beziehungsstufe	Ihre Eigenständigkeit und Beweglichkeit	Der Freiraum in Beziehungen; Verwicklungen	Bemühen Sie sich um mehr Spielraum in Ihren Beziehungen oder räumen Sie Ihrem Partner mehr Freiheiten ein.
NEGATIV (Unfall, Panne und Ablehnung des Autos)	Subjektstufe	Angst vor Beweglichkeit und Freiheit in Beziehungen	Bedrohung durch die Selbstständigkeit anderer; Unabhängigkeit wird als Unsicherheit empfunden.	Was tun Sie für Ihre eigene Beweglichkeit bzw. Unabhängigkeit? Bedenken Sie Ihr Sicherheitsbedürfnis.
	Objektstufe	Belastung durch den Autoverkehr	Umweltverschmutzung, Stress	Das Auto und allgemein das Fahren ist für Sie ein Stressfaktor. Können Sie Ihre Fahrten reduzieren?
	Beziehungsstufe	Freiheit wird als Flucht aus der Beziehung betrachtet und gefürchtet.	Distanz vom Partner; Flüchten oder Standhalten	Wie viel Nähe bzw. Distanz zu Ihren Liebes- und Geschäftspartnern benötigen Sie?

Fahrrad

Gefühl	Problemfeld	Themen	Deutungen/ Fragen
NEUTRAL (Das Fahrrad löst keine speziellen Gefühle aus.)	Innere Beweglichkeit aus eigener Kraft; Anstrengung	Lust an der persönlichen Entwicklung, Weiterkommen aus eigener Kraft	Was tun Sie, um Ihrer inneren Entwicklung Raum zu geben? Wie effektiv setzen Sie sich für sich selbst ein?
	Einstellung zum Fahrrad und Radfahren	Umweltfreundlichkeit; Erfahrungen mit dem Fahrrad, meist aus der Kindheit	Welchen Stellenwert nimmt das Fahrrad in Ihrem Leben ein? Ist er angemessen und funktional?
	Selbstständigkeit, Arbeit an der Beziehung	Die innere und äußere Unabhängigkeit von Partnern	Wie setzen Sie sich für Ihre Freiheiten in Ihren privaten und geschäftlichen Beziehungen ein?
POSITIV (Freude am Fahrrad oder am Fahrradfahren)	Wahrung des Eigenen als Anspruch und Ziel	Lust an Unabhängigkeit, Alleinsein bzw. alleine etwas schaffen	Vertrauen Sie Ihrer eigenen Kraft und wählen Sie Ihren eigenen individuellen Weg.
	Positive bis idealisierte Einstellung zum Fahrrad	Gefahr, das Fahrrad und Fahrradfahren einseitig zum Lebensziel zu machen	Welche emotionale Verbindung haben Sie zu Ihrem Fahrrad oder zum Radfahren?
	Freude an der Eigenständigkeit und Beweglichkeit	Der Freiraum in Beziehungen, den Sie sich selbst nehmen müssen	Bemühen Sie sich um mehr Spielraum in Ihren Beziehungen oder räumen Sie Ihrem Partner mehr Freiheiten ein.
NEGATIV (Unfall, Panne und Ablehnung des Fahrrads)	Vorwärtskommen aus eigener Kraft ist anstrengend.	Ablehnung, eigene Wege zu gehen oder sich um diese ernsthaft zu bemühen	Was tun Sie für Ihre Eigenständigkeit bzw. Unabhängigkeit? Überdenken Sie Ihre Bequemlichkeit.
	Fahrradfahren wird als gefährlich und mühsam gesehen.	Negative Erfahrungen mit dem Fahrrad; Fahrradfahren wird als Stress empfunden.	Wenn Sie sich unsicher auf dem Fahrrad fühlen, sollten Sie das Fahrrad meiden.
	Die Eigenständigkeit von Partnern wirkt bedrohlich.	Verschmelzungssehnsüchte, großes Nähebedürfnis	Wie viel Nähe brauchen Sie zum Partner, um ihm zu vertrauen? Haben Sie „Klammertendenzen"?

Fliegen

Subjektstufe
Objektstufe
Beziehungsstufe

Gefühl	Stufe	Problemfeld	Themen	Deutungen/Fragen
NEUTRAL (Das Fliegen löst keine speziellen Gefühle aus.)	Subjektstufe	Innere Impulse in ihrem Zusammenhang verstehen	Übersicht behalten durch die Distanzierung von inneren Impulsen	Wenn Sie sich über sich selbst erheben, haben Sie die Chance, Ihr Inneres besser zu verstehen. Was zu verstehen ist, zeigt das an, was Sie auf der Erde sehen.
	Objektstufe	Sich eine Fernreise gönnen	Reiselust oder auch Reisefrust; andere Orte erleben	Wohin möchten Sie gerne fliegen? Warum wollen Sie gerade jetzt wegfliegen?
	Beziehungsstufe	Die Leichtigkeit in der Beziehung	Das Sich-Erheben über Alltagsprobleme	Vergessen Sie nicht, dass Beziehung auch Leichtigkeit und nicht nur Arbeit bedeutet!
POSITIV (Freude am Fliegen, z. B. der Flug mit guter Sicht)	Subjektstufe	Innere Distanz zu den Problemen des Alltags	Unbeschwertheit; bei Schwerkranken und Alten kann eine Todessehnsucht angesprochen sein.	Die Überwindung der Trägheit des Körpers und der Erdenschwere durch eine geistige Perspektive auf die Welt. Bei Kranken ist die Überwindung des Körpers angesprochen.
	Objektstufe	Die Lust am Fliegen	Fernweh; häufiges Symbol, wenn man urlaubsreif ist	Sie sollten sich eine Auszeit nehmen und irgendwo hinfliegen, wo Sie schon immer hinwollten.
	Beziehungsstufe	Leichtigkeit und Sexualität	Der Genuss, die Erdenschwere zu überwinden oder das Entfliehen vor Alltagsproblemen	Genießen Sie die Leichtigkeit in Ihrer Beziehung oder entfliehen Sie den anstehenden Beziehungskonflikten?
NEGATIV (Flugzeugunglück und Flugzeugabsturz, gefährlicher Flug)	Subjektstufe	Gefahr des Verlusts der Erdung, Abheben	Realitätsverlust	Das Fliegen zeigt eine Flucht vor der Auseinandersetzung mit Alltagsproblemen an; man flieht in die geistigen Bereiche.
	Objektstufe	Flugangst oder Höhenangst	Übergroßes Sicherheits- und Kontrollbedürfnis	Irrationale Ängste vor einem Flugzeugabsturz (speziell beim Starten und Landen)
	Beziehungsstufe	Angst vor Glück; Freuds Lustangst	Die Beziehung wird einseitig ernst und als schwierig gesehen	Sie gestehen sich zu selten positive Gefühle zu. Freud würde eine masochistische Haltung vermuten.

Meer

Gefühl	Problemfeld	Themen	Deutungen/Fragen
NEUTRAL (Das Meer löst keine speziellen Gefühle aus.)	Eigene unbewusste, tief gehende Gefühle	Gefühle aus früher Vergangenheit tauchen auf.	Kommen Sie durch Ihre Lebenssituation mit grundlegenden Gefühlen in Kontakt, und sollten Sie sich diesen zuwenden?
	Ihre reale Einstellung zum Meer	Reale oder fantasierte Erfahrungen mit dem Meer	Wann waren Sie das letzte Mal am Meer? Welche Erfahrungen machten Sie dabei?
	Unbewusste Gefühle beeinflussen Ihre Beziehungen.	Verhaltensmuster in Beziehungen, ausgelöst durch tief liegende unbewusste Gefühle	Welche Beziehungen, welche Ihrer Verhaltensweisen in Beziehungen, sind von Ihren unbewussten Gefühlen bestimmt?
POSITIV (Das Meer wird freudig wahrgenommen.)	Unbewusste Gefühle werden als bereichernd erlebt.	Unbewusste Gefühle, die Ihnen bewusst werden, sollten in Ihre Persönlichkeit integriert werden.	In welchen Lebensbereichen sollten Sie vermehrt Ihre unbewussten Gefühle, die grundlegend für Sie sind, wahrnehmen?
	Ihre positive Einstellung zum Meer	Positive Erfahrungen mit oder Fantasien zum Meer	Sollten Sie die positiven Kräfte des Meers aufsuchen?
	Positive Wirkung unbewusster Gefühle in Beziehungen	Unbewusste Gefühle können in Beziehungen positiv genutzt werden.	Welche für Sie bisher unbewussten Gefühle, die zum Ursprung Ihres Daseins gehören, tauchen in Ihren Beziehungen auf? Sie sollten diesen mehr Beachtung schenken.
NEGATIV (Ungute Gefühle, wenn das Meer im Traum auftaucht)	Unbewusste Gefühle aus der Kindheit erleben Sie negativ.	Bisher unbewusste Gefühle beängstigen Sie. Sie wehren sie deshalb ab.	Empfehlung: Wenden Sie sich Ihren unbewussten Gefühlen und den damit zusammenhängen Ängsten zu.
	Angst vor den Tiefen des Meeres	Negative Erfahrungen/Fantasien, im Zusammenhang mit Meer	Sollten Sie versuchen, mit dem Meer neue und positive Erfahrungen zu machen?
	Negative Wirkung unbewusster Gefühle in Beziehungen	Unbewusste Gefühle werden in der Beziehung ausgelebt und zeigen negative Wirkung.	Unbewusste Gefühle, die in Ihrer jetzigen Lebensphase auftauchen, müssen bewusst gemacht werden, damit Sie sich in Beziehungen nicht negativ auswirken.

Mond

- Subjektstufe
- Objektstufe
- Beziehungsstufe

Gefühl	Stufe	Problemfeld	Themen	Deutungen/Fragen
NEUTRAL (Der Mond löst keine speziellen Gefühle aus.)	Subjektstufe	Eigene, weiblich-intuitive Seite	Sich mit der weiblich-intuitiven Seite auseinandersetzen	Sind Sie zu sehr mit Ihrer Verstandestätigkeit identifiziert?
	Objektstufe	Der Mond und dessen Einfluss auf Sie	Zyklische Erfahrungen (Auf und Ab) sind bedeutend für Sie.	Wünschen Sie sich zu sehr ein gleichmäßiges Leben?
	Beziehungsstufe	Intuitiv-weibliche Seite wird zu stark/zu wenig gelebt.	Zu starkes Ausleben der verstandesmäßigen oder intuitiv-weiblichen Seite in Beziehungen	Welches Verhalten in Beziehung wird zu sehr von Ihrer Verstandestätigkeit oder von Ihrer intuitiv-weiblichen Seite dominiert?
POSITIV (Freudige Wahrnehmung des Mondes; Vollmond, schöne Mondsichel)	Subjektstufe	Intuitiv-weibliche Seite wird positiv erlebt.	Die intuitiv-weibliche Seite tritt in den Vordergrund und dies wird positiv erfahren.	Folgen Sie mehr Ihrer Intuition, Sie brauchen keine Befürchtungen zu haben, dass Ihre Tatkraft darunter leidet.
	Objektstufe	Zyklen des Monds	Das Auf und Ab des Lebens als Zyklus des Lebens, der positiv erlebt wird.	Lernen Sie, sich dem Leben mit dem normalen Auf und Ab mehr anzuvertrauen.
	Beziehungsstufe	Weibliche Intuition wird in der Beziehung positiv erlebt.	Erweiterung der Beziehungsfähigkeit durch Integration der weiblich-intuitiven Seite	Mann: vermehrt die eigene weiblich-intuitive Seite wahrnehmen, sie hilft Ihnen, in Beziehungen spontaner zu reagieren. Frau: verbünden Sie sich mit Ihrer weiblichen Seite.
NEGATIV (Ungute Gefühle, Neumond oder auch Vollmond)	Subjektstufe	Sie fühlen sich von Ihrer intuitiv-weiblichen Seite bedroht.	Dominanz der Verstandestätigkeit; intuitiv-weibliche Seite beängstigt	Empfehlung: Druck der Erwartungen an sich selbst bewusst machen; loslassen; bewusst die eigene spontane Seite kontaktieren
	Objektstufe	Angst vor dem Auf und Ab des Lebens	Übersensibilität in Bezug auf die Mondphasen	Versuchen Sie, sich von Ihren Vorstellungen der Negativbeeinflussung durch die Mondphasen zu lösen.
	Beziehungsstufe	Die intuitiv-weibliche Seite verursacht Beziehungsängste.	Beziehung wird durch Dominanz des Verstandes bestimmt; kein Raum für Spontaneität	Bewusstmachung der Dominanz des Verstandes in Ihren Beziehungen und der Abwehr Ihrer intuitiv-weiblichen Seite

Reise

Gefühl	Problemfeld	Themen	Deutungen/Fragen
NEUTRAL (Die Reise löst keine deutlichen Gefühle aus.)	Wandel des seelischen Standpunkts	Veränderungen außen und innen, Erforschung der eigenen Persönlichkeit	In welchen Persönlichkeitsanteilen und Lebensbereichen stehen Veränderungen an?
	Einstellung zum Reisen	Assoziationen zum Reisen und Unterwegs-Sein	Sind Sie in Ihrem Leben viel unterwegs oder sollten Sie sich überlegen, eine Reise zu unternehmen?
	Wandel in Beziehungen	Veränderungen in Beziehungen sind notwendig.	Inwiefern sind neue Verhaltensweisen und Einstellungen in Ihren Beziehungen nötig?
POSITIV (Sie empfinden die Reise als angenehm, interessant, belebend.)	Innerer Wandel – positiv für Persönlichkeitsentwicklung	Neuanfang und/oder Veränderung in Teilbereichen der Persönlichkeit	Es ist an der Zeit, mit sich Kontakt aufzunehmen und nachzuspüren, in welchen Bereichen Veränderungen anstehen.
	Positive Einstellung zum Reisen	Positive Erinnerungen und Assoziationen im Hinblick auf Reisen	Sollten Sie eine Reise unternehmen, um sich durch die ungewohnten, neuen Umgebungen anregen zu lassen?
	Wandel in Beziehungen wirkt sich positiv auf diese aus.	Notwendige Veränderungen in Beziehungen werden bewusst.	Sie können die möglichen und notwendigen Veränderungen, die in Beziehungen anstehen, wahrnehmen und umsetzen.
NEGATIV (Die Reise ist mit Hindernissen verbunden, macht Angst, wird nicht angetreten etc.)	Innerer Wandel wird abgewehrt.	Notwendige Veränderungen ängstigen; Verunsicherung im Selbstbild	Was befürchten Sie, wenn Sie die anstehenden Veränderungen in Ihnen angehen würden? Wie verhindern Sie diese Entwicklung?
	Negative Einstellung zum Reisen	Gewohntes wird bevorzugt; Bequemlichkeit; Angst vor Neuem; Ruhelosigkeit	Sind Sie zu viel unterwegs oder zu bequem und/oder in Ihren Gewohnheiten verhaftet?
	Angst vor Wandel in Beziehungen	Notwendige Veränderungen werden bewusst, machen Angst und werden abgewehrt.	Was befürchten Sie, wenn Sie die notwendigen Veränderungen in Ihren Beziehungen vorantreiben würden?

Subjektstufe
Objektstufe
Beziehungsstufe

Schiff

Gefühl		Problemfeld	Themen	Deutungen/ Fragen
NEUTRAL (Das Schiff wird neutral wahrgenommen.)	Subjektstufe	Mütterlich-weibliche Anteile, Gefühlsdistanz, Freiheit, Flucht	Suche nach Freiheit, Wagemut oder Angst vor Gefühlen und dem Unbewussten	Haben Sie Angst vor Ihren bedürftigen Anteilen, und versuchen Sie, sich diesen durch Flucht und Distanzierung zu entziehen?
	Objektstufe	Ihre Einstellung zu Schiffen	Reale oder durch Film und Fernsehen vermittelte Erfahrungen	In welchem Zusammenhang haben Sie sich mit Schiffen o. Ä. auseinandergesetzt?
	Beziehungsstufe	Gefühlsdistanz zu anderen Personen	Suche nach/Angst vor dem Weiblich-Mütterlichen – Angst vor Abhängigkeit	Sollten Sie mehr Gefühl in Ihren Beziehungen zulassen? Fühlen sich Menschen von Ihnen abhängig?
POSITIV (Das Schiff löst positive Gefühle aus; Schiffsreise oder das Schiff ist angenehm und interessant.)	Subjektstufe	Distanz zu Gefühlen, und zum Unbewussten ist positiv.	Durch die Distanz zu den Gefühlen entstehen mehr Klarheit und positive Gefühle.	Lassen Sie sich nicht in Ihre Gefühle und Ängste vor dem Unbewussten verstricken. Seien Sie mutiger.
	Objektstufe	Positive Einstellung zu dem Schiff, das Sie sehen.	Positive Erfahrungen und/oder Fantasien, die Sie mit einem solchen Wasserfahrzeug verbinden.	Haben Sie Lust auf eine Schiffsreise?
	Beziehungsstufe	Gefühlsdistanz in Beziehungen bringt Klarheit.	Sicherheit und damit Klarheit in Beziehungen durch Distanz zu Gefühlen und dem Unbewussten	Lösen Sie sich aus den Gefühlsverstrickungen in Ihren Beziehungen.
NEGATIV (Das Schiff löst negative Gefühle aus; Angst vor den Gefahren des Gewässers und dem Ungewissen)	Subjektstufe	Unbewusste Ängste vor Weiblich-Mütterlichem	Ängste vor dem Unbewussten behindern das Fortkommen auf dem Lebensweg.	Welche negativen Erfahrungen haben Sie mit dem Weiblich-Mütterlichen gemacht? Behindern diese Ihre Persönlichkeitsentwicklung?
	Objektstufe	Negative Einstellung zu diesem Wasserfahrzeug	Negative Erfahrungen oder Vorstellungen, die Sie mit dem Schiff verbinden.	Was befürchten Sie, wenn Sie sich auf eine Schiffsreise begeben würden? Angst vor dem Meer?
	Beziehungsstufe	Angst vor Abhängigkeit in Beziehungen	Angstgefühle, Ausgeliefertsein; Gefühle behindern Klarheit in Beziehungen.	Haben Sie Angst vor Abhängigkeit in Beziehungen?

See

Gefühl	Problemfeld	Themen	Deutungen/Fragen
NEUTRAL (Der See löst keine speziellen Gefühle aus.)	Zurückgehaltene Gefühle oder Ruhebedürfnis	Emotionaler Rückzug; Unvereinbarkeit von Gefühlen und Realität; Gefühle werden romantisiert.	Sehnen Sie sich nach mehr Ruhe in Ihrem Gefühlsleben? Haben Sie Angst vor dem, was in Ihren Tiefen schlummert?
	Ihre reale Einstellung zum See	Reale oder fantasierte Erfahrungen mit dem See	Wann waren Sie das letzte Mal an einem See? Welche Erfahrungen machten Sie dabei?
	Sehnsucht nach Ruhe; sich selbst leben können in Beziehungen	Aufforderung, sich selbst in Beziehungen stärker wahrzunehmen und zu leben, insbesondere was die Gefühle angeht	Haben Sie die Tendenz, sich in Ihren Beziehungen zu verlieren und sich zu wenig wahrzunehmen? Haben Sie zu romantische Vorstellungen von Beziehungen?
POSITIV (Der See wird freudig wahrgenommen; sauberes, klares Wasser)	Kontakt mit der Tiefe und Unergründlichkeit der Seele	Durch Rückzug wird ein tieferer Kontakt zu sich selbst ermöglicht.	Sie sollten dafür Sorge tragen, dass Sie genügend Ruhe und Rückzugsmöglichkeiten haben, um mit sich selbst intensiver in Kontakt kommen zu können.
	Ihre positive Einstellung zu Seen	Positive Erfahrungen oder Fantasien im Hinblick auf Seen	Sollten Sie sich mehr Ruhe gönnen und mal ausspannen?
	Rückzug und Selbstbesinnung ist positiv für Beziehungen.	Abgrenzung und Hinwendung zu sich selbst, wirkt sich auf Beziehungen positiv aus.	Wagen Sie es, in Beziehungen Ihrem Bedürfnis nach mehr Ruhe und Zurückgezogenheit nachzugehen.
NEGATIV (Ungute Gefühle dem See gegenüber; trübes Wasser)	Angst vor der Tiefe und Unergründlichkeit der Seele	Angst vor Rückzug und Selbstbesinnung und vor dem damit einhergehenden Bewusstsein	Machen Sie sich bewusst, was Sie befürchten, wenn Sie sich mehr auf sich und das, was Sie wirklich ausmacht, besinnen würden.
	Angst vor den Tiefen des Sees	Negative Erfahrungen oder Fantasien im Hinblick auf Seen	Sollten Sie versuchen, mit Seen, neue und positive Erfahrungen zu machen?
	Ängste verhindern Rückzug und Selbstbesinnung.	Angst, sich mit der eigentlichen Tiefe der Persönlichkeit vor anderen zu zeigen	Haben Sie verletzende Erfahrungen in Ihren Beziehungen gemacht, als Sie versuchten, sich mit Ihrem Innersten zu zeigen?

Sonne

Subjektstufe
Objektstufe
Beziehungsstufe

Gefühl	Stufe	Problemfeld	Themen	Deutungen/Fragen
NEUTRAL (Die Sonne wird neutral wahrgenommen.)	Subjektstufe	Energie, Tatkraft, Bewusstsein, männliche Schöpfungskraft	Schöpferische, positive Energien sollten umgesetzt werden, auch um mehr Bewusstsein zu erlangen.	Welche Persönlichkeitseigenschaften könnten Sie mit Hilfe Ihrer positiven Energien und vermehrtem Bewusstsein fördern?
	Objektstufe	Ihre Einstellung zur Sonne	Wunsch nach Wärme oder Angst vor der Hitze	Sehnen Sie sich nach Wärme und Urlaub?
	Beziehungsstufe	Schöpferische Energien, Bewusstsein	Bewusstsein und positive Energien helfen, Beziehungsprobleme zu klären.	Beziehungsprobleme sollten Sie nun aktiv angehen.
POSITIV (Die Sonne löst positive Gefühle aus, Wärme wird angenehm empfunden.)	Subjektstufe	Positive Entwicklung durch Energie und Bewusstheit	Hohes Bewusstsein und kreative Energien, Erfolg in der Persönlichkeitsentwicklung	Nutzen Sie Ihr Bewusstsein über sich selbst und Ihre positiven Energien für Ihre Persönlichkeitsentwicklung.
	Objektstufe	Positive Einstellung zur Sonne	Körperliche Wärme, Wunsch nach Erholung und Freizeit	Wünschen Sie sich nachts mehr körperliche Wärme?
	Beziehungsstufe	Kreative Energien und Bewusstsein beflügeln Beziehungen	Hohes Bewusstsein in Beziehungen; Beziehungsprobleme werden gelöst.	Beeinflussen Sie jetzt konstruktiv Ihre Beziehungen – dank Ihrer positiven Energien und mit Hilfe Ihres Bewusstseins.
NEGATIV (Die Sonne löst negative Gefühle aus, Hitze wird unangenehm empfunden.)	Subjektstufe	Dominanz der männlichen Schöpfungskraft	Abwehr unbewusster Anteile; männliche Tatkraft wird zu sehr betont.	Haben Sie zu hohe Erwartungen an sich und an Ihre Leistungskraft? Welche unbewusst emotionalen Impulse wehren Sie ab?
	Objektstufe	Negative Einstellung zu Sonne und Hitze	Negative Vorstellungen, die Sie mit Sonne und Wärme verbinden.	Ist Ihnen nachts im Bett zu warm? Sollten Sie eine leichtere Decke nehmen oder bei geöffnetem Fenster schlafen?
	Beziehungsstufe	Sengende Leidenschaften	Leidenschaften verhindern Bewusstheit und Ausgeglichenheit in Beziehungen.	Was verfolgen Sie zu leidenschaftlich in Ihren Beziehungen? Welche Erkenntnisse wehren Sie dadurch ab?

Stadt

Gefühl	Problemfeld	Themen	Deutungen/Fragen
NEUTRAL (Die Stadt wird neutral wahrgenommen.)	Innere Struktur; Persönlichkeitsanteil	Außenbezirke – oberflächliches Leben, alte Stadtteile – Vergangenheit, neue Stadtteile – Potenziale	Die Stadt stellt symbolisch Ihr (inneres) Umfeld dar. In der Art und Weise wie Sie die Stadt empfanden, drückt sich Ihr Beschäftigtsein mit Ihnen selbst aus.
	Einstellung zu solchen Städten	Erfahrungen, die Sie in einer solchen Stadt gemacht haben	Kennen Sie die Stadt aus Ihrer Realität? Was verbinden Sie mit dieser?
	Mütterlicher Schutz und Kommunikation in Beziehungen	Bedürfnis nach Austausch mit unterschiedlichen Menschen in einem geschützten Rahmen	Sollten Sie mehr das Gespräch mit anderen Menschen suchen? Benötigen Sie Schutz und Geborgenheit in Ihren Beziehungen?
POSITIV (Die Stadt löst positive Gefühle aus, wird positiv wahrgenommen.)	Mütterlicher Schutz und Kommunikation wirken positiv.	Ordnung und Struktur der Stadt entspricht der eigenen Person.	Sie benötigen eine der Traumstadt entsprechende innere Struktur, die Ihnen entspricht, um sich wohlfühlen zu können.
	Positive Einstellung zu dieser Stadt	Positive Erfahrungen, die mit einer solchen Stadt verbunden sind	Was empfanden Sie in dieser Stadt als für Sie positiv? Könnten Sie sich ein solches Umfeld in der Realität gestalten?
	Innere Struktur ist förderlich für Beziehungen.	Die innere Struktur verhilft, in Beziehungen bei sich zu bleiben und sich darzustellen.	Durch Ihre innere Struktur, die Sie gefunden haben oder entwickeln sollten, können Sie sich so zeigen, wie Sie wirklich sind.
NEGATIV (Die Stadt löst negative Gefühle aus, wird hektisch, kalt, abweisend empfunden.)	Überbetonung des Intellekts führt zur Entfremdung.	Ordnung und Struktur der Stadt werden als fremd empfunden.	Versuchen Sie zu sehr, mit Hilfe Ihres Intellekts mehr Klarheit in Ihr Leben zu bekommen?
	Negative Einstellung zu einer solchen Stadt	Negative Erfahrungen mit einer solchen Stadt	Was empfanden Sie in der Stadt als negativ? Kennen Sie dies aus Ihrem realen Leben?
	Suche nach Schutz durch Struktur des Intellekts	Versuchen, Verwirrung in Beziehungen mit Hilfe des Intellekts unter Kontrolle zu bringen	Suche nach mütterlichem Schutz in Beziehungen? Sie wehren diesen Wunsch ab durch eine Ihnen nicht entsprechende Struktur.

Straße

Subjektstufe
Objektstufe
Beziehungsstufe

Gefühl	Stufe	Problemfeld	Themen	Deutungen/ Fragen
NEUTRAL (Die Straße wird neutral wahrgenommen.)	Subjektstufe	Lebensweg; Landschaften: Entwicklungsthemen	Ort der Begegnung und der sich öffnenden Lebensräume; Persönlichkeitsentwicklung	Je ungewöhnlicher die Straße oder der Weg beschaffen ist, je individueller ist auch Ihr momentaner Lebensweg.
	Objektstufe	Ihre Einstellung zu Straßen	Auf Straßen unterwegs sein	Ihre Assoziationen zu Straßen, deren Beschaffenheit Ihrer Traumstraße ähnelt?
	Beziehungsstufe	Bequeme Wege in Beziehungen gehen	Straßen weisen auf Gewohnheitsmuster und Übernahme gesellschaftlicher Vorstellungen in Beziehungen hin.	Orientieren Sie sich in Ihren Beziehungen zu sehr an dem Althergebrachten und damit an dem, was Ihnen bekannt ist?
POSITIV (Die Straße löst positive Gefühle aus; bequem und entspannend fortbewegen)	Subjektstufe	Einfacher Lebensweg	Den einfachen und bequemen Lebensweg wählen	Sie brauchen sich auf Ihrem momentanen Lebensweg nicht allzu sehr um Fortschritte in Ihrer Persönlichkeitsentwicklung zu bemühen.
	Objektstufe	Positive Einstellung zu Straßen	Man empfindet das Fortkommen auf Straßen als angenehm und erleichternd.	Sollten Sie manchmal den einfacheren Weg wählen?
	Beziehungsstufe	Einfache und bequeme Lösungen in Beziehungen suchen	Unnötiges, kompliziertes Denken und Handeln in Beziehungen	Machen Sie es sich in Beziehungen zu schwer? Sollten Sie bei Konflikten manchmal den einfacheren Weg wählen?
NEGATIV (Die Straße löst negative Gefühle aus, ist schwierig zu befahren oder langweilig und eintönig.)	Subjektstufe	Bequemlichkeit und Anpassung	Individualität bleibt auf der Strecke. Wichtiges in der Entwicklung wird übersehen.	In welchen Persönlichkeitsbereichen passen Sie sich zu sehr Ihren gewohnheitsmäßigen Vorstellungen an?
	Objektstufe	Negative Einstellung zu Straßen	Das Befahren von Straßen wird als unangenehm empfunden.	Zu viel mit dem Auto unterwegs? Wünschen Sie sich eine langsamere Fortbewegungsart?
	Beziehungsstufe	Bequemlichkeit und Anpassung in Beziehungen	Eigenheiten der eigenen Persönlichkeit werden vor anderen Menschen verborgen.	Gehen Sie in Ihren Beziehungen eher den bequemen Weg? Sollten Sie sich mehr mit Ihren individuellen Seiten zeigen?

Ufer

Gefühl	Problemfeld	Themen	Deutungen/ Fragen
NEUTRAL (Das Ufer wird neutral wahrgenommen oder erlebt.)	Verhältnis Verstand/ Gefühl, Grenze zwischen Bewusstem und Unbewusstem	Ufer: äußere Realität, Wasser: emotionale Wirklichkeit	Das Ufer auf dem Sie stehen, symbolisiert Ihre Konfliktsituation (Verstand/Gefühl), das andere Ufer steht für die Überwindung des Konflikts.
	Das Ufer löst keine Gefühle aus.	Erfahrungen mit, Fantasien und Assoziationen zu Ufern.	Welche Gefühle verbinden Sie mit dem Stehen oder Entlanggehen an einem Ufer?
	Problemsituation in Beziehungen zwischen Verstand und Gefühl	Man lässt sich durch Gefühle anderer wenig beeinflussen oder wird von deren und den eigenen Gefühlen überschwemmt.	Die Beschaffenheit des Ufers symbolisiert Ihre Standfestigkeit oder leichte Beeinflussbarkeit durch andere Menschen.
POSITIV (Das Ufer wird positiv wahrgenommen, man fühlt sich auf sicherem Grund.)	Verstand und Gefühl harmonieren	Äußere Realität gibt den Halt und die Sicherheit, mit Gefühlen stimmig umzugehen.	In welchen momentan bestehenden Konfliktsituationen gelingt es Ihnen, Gefühl und Verstand in Einklang zu bringen?
	Aufenthalt am Ufer wird positiv erlebt.	Positive Assoziationen, die Sie mit Ufern verbinden	Haben Sie Erinnerungen an verschiedene Ufer, an denen Sie sich wohlgefühlt haben?
	Harmonie von Verstand und Gefühl in Beziehungen	Harmonie von Verstand und Gefühl in Beziehungen ermöglicht neue Sichtweisen.	In welchen Beziehungen gelingt es Ihnen, Verstand und Gefühl gleichberechtigt zu leben?
NEGATIV (Das Ufer löste negative Gefühle aus, wird überflutet oder ist z. B. zubetoniert.)	Dominanz von Gefühl (Wasser) oder Verstand (Beton)	Unsicherheit und Angst, zu starke Ausprägung des Verstands oder des Gefühls	Werden Sie von Ihren Gefühlen überflutet oder befürchten Sie dies und schützen sich davor mit rigider Dominanz Ihrer Vernunft?
	Negative Einstellung zu Ufern	Negative Assoziationen, die Sie mit Ufern verbinden	Erinnerungen an negative Erlebnisse oder Fantasien, die mit Ufern verbunden sind.
	Verstand oder Gefühl dominieren Beziehungen.	Einseitigkeit von Gefühl oder Verstand verhindert neue Sichtweisen in Ihren Beziehungen.	Werden Sie in Ihren Beziehungen zu sehr von Ihren Gefühlen oder Ihrem Verstand bestimmt?

Welle

Subjektstufe
Objektstufe
Beziehungsstufe

Gefühl	Stufe	Problemfeld	Themen	Deutungen/Fragen
NEUTRAL (Die Welle wird neutral wahrgenommen.)	Subjektstufe	Lebensbewegung und Gefühle	Im steten Auf und Ab des Lebens spiegelt sich der momentane emotionale Zustand wider.	Können Sie sich dem Rhythmus des Lebens anvertrauen oder wehren Sie sich dagegen?
	Objektstufe	Ihre Einstellung zu bewegtem Wasser	Was verbinden Sie mit Wellen?	Wellen können Sie an reale Erlebnisse erinnern, insbesondere wenn Sie schon bei Seegang gebadet haben.
	Beziehungsstufe	Dynamik in Beziehungen, Gefühlsbewegung	Freier Gefühlsausdruck oder hemmendes Sicherheitsbedürfnis	Leben Sie Ihre Gefühle in Ihren Beziehungen? Machen Ihnen Veränderungen auf der emotionalen Ebene Angst?
POSITIV (Die Welle wird positiv wahrgenommen.)	Subjektstufe	Umgang mit Gefühlen fällt leicht, Lebensdynamik	Wahrnehmung und Akzeptanz unterschiedlicher Gefühle fördert die Persönlichkeitsentwicklung.	Vertrauen Sie sich der Dynamik Ihrer Gefühle an, um entspannter und erfolgreicher Ihr Leben zu gestalten.
	Objektstufe	Positive Einstellung zu bewegtem Wasser	Lieben Sie das Baden in Wellen?	Benötigen Sie mehr Entspannung im Leben? Sehnen Sie sich nach Erholung und Urlaub?
	Beziehungsstufe	Gefühlsdynamik fördert Harmonie in Beziehungen.	Geringer Widerstand, mit den Gefühlsbewegungen in Beziehungen mitzugehen	Sie empfinden das Auf und Ab Ihrer Gefühle in Ihren Beziehungen als stimmig und angenehm.
NEGATIV (Die Welle wird negativ wahrgenommen, man wird von der Welle überrascht.)	Subjektstufe	Sicherheitsbedürfnisse behindern freien Gefühlsausdruck	Abwehr des Auf und Ab der Gefühle erzeugt Bedrohung.	Sind Sie zu sehr auf Ihre Sicherheitsbedürfnisse fixiert, sodass stärkere Gefühle auf Sie bedrohlich wirken?
	Objektstufe	Negative Einstellung zu bewegtem Wasser?	Haben Sie negative Erfahrungen mit Wellen gemacht (z. B. fast ertrunken)?	Sollten Sie sich Wellen (mit Hilfe anderer Menschen) vorsichtig nähern?
	Beziehungsstufe	Abwehr von Gefühlsdynamik in Beziehungen	Angst vor der Veränderung der Gefühlssituation in Beziehungen	Machen Sie sich Ihre Sicherheitsbedürfnisse und deren destruktive Auswirkung auf Ihr Gefühlsleben in Beziehungen bewusst.

Wüste

Gefühl	Problemfeld	Themen	Deutungen/Fragen
NEUTRAL (Die Wüste und ihr Kontext werden neutral wahrgenommen.)	Fruchtloser Stillstand, Abgrenzung, Rückzug	Emotionale Verflachung, Sinnlosigkeit, Durststrecken, durch die man hindurch muss	Befinden Sie sich in einer Lebensphase, in der Sie keinen Zugang zu Ihren Emotionen haben, oder suchen Sie den Rückzug, um sich mehr mit sich auseinanderzusetzen?
	Ihre Einstellung zur Wüste	Reale oder fantasierte Erfahrungen mit der Wüste	Was verbinden Sie mit der Wüste?
	Rückzug in/aus Beziehungen	Stillstand in Beziehungen; sinnvoller Rückzug, um mit sich in Kontakt zukommen	Verlieren Sie sich in Beziehungen und sollten sich mehr auf sich besinnen oder ziehen Sie sich in Ihren Beziehungen zu sehr zurück?
POSITIV (Die Wüste und ihr Kontext werden positiv erlebt.)	Klares Bewusstsein und Erkenntnis	Askese, in Gestalt des sinnvollen Rückzugs, führt zu neuen Einsichten und Reifung.	Es ist nun an der Zeit, sich vermehrt mit sich selbst auseinanderzusetzen, deshalb sollten Sie sich nicht durch äußere Aktivitäten ablenken lassen.
	Ihre positive Einstellung zur Wüste	Positive Erfahrungen mit oder Fantasien zur Wüste	Was erscheint Ihnen an der Wüste positiv? Finden Sie Ähnliches in Ihrem Leben wieder?
	Suche nach Klarheit in Beziehungen	Selbstbesinnung in Beziehungen, um mehr zu sich selbst zu finden und zu dem, was wichtig ist	Sollten Sie durch emotionale Distanz mehr Klarheit in Ihre Beziehungen bringen?
NEGATIV (Die Wüste und ihr Kontext werden negativ erlebt.)	Gefühle von Sinnlosigkeit und Stillstand in Beziehungen	Rückzug aus dem Leben, Einsamkeit, Unwirklichkeit	Sind Sie zu sehr mit äußeren Dingen identifiziert und haben damit emotional zu geringen Kontakt zu sich?
	Ihre negative Einstellung zur Wüste	Negative Erfahrungen oder Fantasien, die Sie zur Wüste haben	Was lehnen Sie an der Wüste ab? Wo finden Sie dies in Ihrem Leben wieder?
	Emotionaler Rückzug aus Beziehungen	Einsamkeitserfahrungen in Beziehungen	Machen Sie sich Ihren inneren Rückzug bewusst und suchen Sie das Gespräch mit Ihnen nahe stehenden Personen.

Zug

Subjektstufe
Objektstufe
Beziehungsstufe

Gefühl	Stufe	Problemfeld	Themen	Deutungen/Fragen
NEUTRAL (Der Zug wird neutral wahrgenommen.)	Subjektstufe	Lebensweg, Persönlichkeitsentwicklung	Fortschreitende Entwicklung auf eingefahrenen Gleisen	Suchen Sie Sicherheit in Ihrer Entwicklung, indem Sie konventionelle Wege beschreiten?
	Objektstufe	Ihre Einstellung zum Zugfahren	Ihre Erfahrungen mit Zügen und Zugreisen	Sollten Sie den Zug als Verkehrsmittel öfter nutzen, um Ihr ökologisches Gewissen zu beruhigen?
	Beziehungsstufe	Art der Beziehungsgestaltung	Beziehungsentwicklung in herkömmlichen Bahnen, Sicherheitsbedürfnisse/Fortschritt	Sollten Sie in Ihren Beziehungen die eingefahrenen Gleise verlassen oder geben diese Ihnen die Sicherheit, die Sie momentan benötigen?
POSITIV (Der Zug wird positiv wahrgenommen.)	Subjektstufe	Innere Beweglichkeit	Sehnsucht nach innerer Entwicklung auf sicheren Gleisen	Sie empfinden Sicherheit auf Ihrem momentanen Lebensweg als notwendig und hilfreich.
	Objektstufe	Positive Einstellung zum Zug	Positive Erfahrungen mit Zügen und Zugreisen	Sehnen Sie sich nach Ortsveränderung und Urlaub?
	Beziehungsstufe	Sicherheit befruchtet Beziehungen.	Man bewegt sich in Beziehungen in bekannten Bahnen und erlebt diese positiv.	Sie benötigen bekannte Wege, um sich in Ihren Beziehungen weiterentwickeln zu können.
NEGATIV (Der Zug wird negativ wahrgenommen.)	Subjektstufe	Angst vor Veränderung oder Abwertung von Sicherheit	Innere Entwicklung wird insgesamt oder in ihrer Art und Weise abgewehrt.	Bedrohen Sie Veränderungen oder lehnen Sie die konventionelle Seite bei Entwicklungen ab?
	Objektstufe	Negative Einstellung zum Zug	Negative Erfahrungen mit Zügen und Zugreisen	Empfinden Sie Zugreisen als zu unbequem oder Fahrpläne als zu direktiv?
	Beziehungsstufe	Sicherheit in Beziehungen wird negativ erlebt.	Ablehnung von Entwicklung generell oder üblicher Entwicklung in Beziehungen	Haben Sie Angst vor Veränderungen in Ihren Beziehungen oder sollten Sie andere Wege versuchen?

Natur & Umwelt

In diesem Kapitel werden jene Symbole der Natur zugeordnet, die aus dem Bereich der Biologie, Geologie und Wetterkunde stammen sowie außerdem aus Garten und Landwirtschaft. Bei der Deutung von Pflanzen- und Tiersymbolen sollte man immer seine eigenen Einfälle wie auch die konventionellen Bedeutungen dieser Symbole in Betracht ziehen.

Pflanzen und Tiere

Pflanzen- und Tiersymbole wurden zu vielen Zeiten und in fast allen Kulturen mit einer standardisierten Bedeutung verwendet: In unserer westlich-christlichen Kultur etwa gilt die weiße Lilie als Reinheitssymbol und damit auch als Symbol Marias oder die rote Rose seit den Kreuzzügen als Symbol der Liebe. Besonders in der Zeit des Biedermeier (Mitte des 19. Jh.) kommunizierte man gerne mit Blumensträußen, sozusagen „durch die Blume", wobei jede Blume mit einer bestimmten Aussage verbunden war.

Symbole aus dem Bereich der Tierwelt verweisen grundsätzlich auf unsere triebhafte Seite. Dabei sind jedoch zusätzlich die Besonderheiten des jeweiligen Tieres zu beachten. Falls Ihnen spontan dazu nichts einfällt, schlagen Sie in „Brehms Tierleben" oder in einem Symbollexikon nach, das hilft Ihnen weiter.

Symbole aus der Pflanzenwelt sprechen zwar ebenfalls unsere triebhafte Seite an, aber auf subtilere, feinere Weise als die Tiersymbolik. Auch hier helfen Symbollexika weiter. Zu den häufigen Traumsymbolen in unserem Kulturbereich gehören Baum und Wald. Der Wald symbolisiert fast immer unser Unbewusstes, wohingegen der Baum unsere Persönlichkeit darstellt und häufig durch seine Verwurzelung auf unsere Erdung verweist.

Obwohl der Garten die kultivierte Natur darstellt, gehören alle entsprechenden Symbole ebenfalls in diese Kategorie. Im Traum ist der Garten wie schon in der Bibel häufig ein Ort der Verführung.

Erde und Elemente

Symbole aus der Geologie wie z. B. Erde, Sand, Gesteine und Mineralien verweisen entweder auf unsere Erdung und Verwurzelung, d. h. unsere Verankerung im realen Alltagsleben, oder auf unsere

Vergangenheit. Das Wetter hingegen verweist auf unsere innere Stimmung und zeigt sich im Traum hauptsächlich durch Sturm, Gewitter, Nebel, Regen oder Sonnenschein. Die Deutung der Wetterphänomene im Traum liegt auf der Hand, die nahe liegende Deutung, so platt sie auch erscheinen mag, ist die zutreffende.

Zum Themenbereich Natur gehören auch die vier Elemente Wasser, Feuer, Erde und Luft. Ihre Bedeutung ist archetypisch: Wasser wird mit dem Gefühl, Feuer mit Veränderung und Intuition, Erde mit dem sinnlichen Empfinden und Luft mit dem Intellekt verbunden. Das fünfte Element, der Äther, der die Quintessenz der vier Elemente darstellt, tritt im Traum selten auf.

Licht und Dunkel

Licht und Dunkelheit sowie Tag und Nacht sind im Traum stets bedeutsam. Die Lichtverhältnisse geben zunächst Stimmungen wieder, wobei in unserer Kultur grundsätzlich gilt, dass Helligkeit mit einer fröhlichen Gestimmtheit verbunden wird und Dunkelheit eher mit einer depressionsartigen Verstimmung. Außerdem wird Licht mit der Erkenntnisfunktion unseres Intellekts assoziiert (man sieht etwas), wohingegen Finsternis eher dem Unbewussten und der Gefühlswelt entspricht.

Es ist immer von Vorteil, wenn man Kraft seiner Vorstellung (Imagination) in einem Traum, in dem es dunkel ist, die Sonne scheinen lässt.

Jahreszeiten und Temperatur

Auch Temperaturen und Jahreszeiten werden häufig mit Stimmungen verbunden. Ist es warm im Traum, verweist dies auf die Sehnsucht nach menschlicher Wärme, ist es kalt, drückt sich damit oft ein Bedürfnis nach Distanz zu seinen Mitmenschen aus. Auch mit den kalten Jahreszeiten Herbst und Winter wird die Notwendigkeit, sich zurückzuziehen, betont; in den warmen Jahreszeiten Frühling und Sommer drückt sich das Bedürfnis aus, nach außen zu gehen. Betrachtet man die einzelnen Jahreszeiten genauer, bedeutet der Winter oft Selbstbesinnung und Askese, der Frühling weist auf einen Neuanfang, der Sommer auf Reife und Stärke und der Herbst auf die Ernte.

Klären Sie bei der Deutung dieser Symbolik zuerst, ob Sie eher ein nordischer oder ein südlicher Typ sind. In ersterem Fall sind der Winter und die kalten Temperaturen positiv besetzt und Ausdruck der gewünschten Klarheit. Beim südlichen Typen, dem die meisten Menschen in unserer Gesellschaft angehören, deuten Sie die Jahreszeiten wie zuvor erwähnt.

Letztlich ist bei allen Natursymbolen ein kritischer Blick auf die Natürlichkeit Ihres Verhaltens sinnvoll. Je weiter die Symbolik von der Natur abweicht, desto eher liegt es nahe, dass Sie sich durch ein gekünsteltes Verhalten Ihr Leben erschweren.

Amphibien

Gefühl	Problemfeld	Themen	Deutungen/Fragen
NEUTRAL (Das Tier löst keine speziellen Gefühle aus.)	Die Verbindung von Erdung und Gefühl; Kommunikation	Schwierigkeit in der Kommunikation, Unnahbarkeit oder realistische Gefühle	Sind Sie innerlich so sehr dem Alltag verhaftet, dass Sie das Gefühl haben, zu nichts anderem zu kommen?
	Beziehung zu Tierwelt und Natur	Ekelerfahrung oder Faszination im Hinblick auf diese Tiere	Was sagt Ihr Gefühl diesen Tieren gegenüber aus? Haben Sie spezielle Erfahrungen mit Amphibien gemacht?
	Die Fassbarkeit des Partners, Kommunikation mit ihm	Nähe und Distanz in privaten und geschäftlichen Beziehungen	Sind Sie zu distanziert dem Partner gegenüber oder benötigen Sie mehr Distanz von ihm?
POSITIV (Amphibien treten hilfreich auf, sie werden positiv gesehen.)	Das scheue, unfassbare Ich in Ihnen	Innere Distanz, fehlende Identifikation mit einer Person oder Sache	Was müsste an Ihrer Selbstdarstellung verbessert werden?
	Faszination für Kriechtiere	Ekel und Faszination	Fühlen Sie sich wohl, wenn Sie im Kontakt mit der Natur sind?
	Anfängliche Ablehnung des Partners (wie im „Froschkönig")	Das Bild vom Partner oder seltener von sich selber	Fühlen Sie sich von schwer erreichbaren Partnern angezogen, bei denen es Ihnen gelingt, Ihre Angst vor Nähe zu überwinden?
NEGATIV (Ekel und Angst vor Amphibien)	Ekel vor sich selbst; Ablehnung der Distanz zu sich selbst	Die eigene Unnahbarkeit und scheue Verhaltensweisen, Distanz zu sich selbst	Ablehnung von wesentlichen Anteilen in sich, die wahrgenommen und geliebt werden wollen
	Der Ekel vor solchen Kriechtieren	Ablehnung des Andersartigen und Unverständlichen	Erinnern Sie Amphibien an irgendein Vorkommnis in Ihrem Leben?
	Kriecherische Haltung in der Beziehung und Unnahbarkeit	Eine lebendige Beziehung zu Geschäfts- oder Liebespartnern	Es wäre gut für Sie, wenn Sie Ihren Beziehungsstil und Ihre Einstellung zu Beziehungen überdenken.

Baum

Subjektstufe
Objektstufe
Beziehungsstufe

Gefühl		Problemfeld	Themen	Deutungen/Fragen
NEUTRAL (Der Baum wird neutral wahrgenommen.)	Subjektstufe	Zyklisches Wachstum	Volle Lebensenergie (belaubter Baum), Entwicklungsstillstand (entlaubter Baum)	Das Erscheinungsbild des Baums steht für den Stand Ihrer Persönlichkeitsentwicklung.
	Objektstufe	Ihre Einstellung zu einem solchen Baum	Assoziationen zu einem solchen Baum, Erfahrungen damit	Sollten Sie häufiger den Kontakt zur Natur suchen?
	Beziehungsstufe	Wachstum oder Stillstand in Beziehungen	Zustand des Baums spiegelt den Zustand Ihrer Beziehung oder Ihre Einstellung zu dieser wider.	In welcher Phase befindet sich Ihre Beziehung? Finden Sie diese symbolisch widergespiegelt im Zustand des Baums?
POSITIV (Der Baum wird positiv wahrgenommen; belaubter Baum etc.)	Subjektstufe	Positive Lebensenergie	Kontakt zur eigenen Natürlichkeit bringt Lebensenergie.	Erkennen Sie Ihre natürlichen und Ihnen entsprechenden Bedürfnisse, um mit Ihrer Lebenskraft in Kontakt zu treten.
	Objektstufe	Positive Einstellung zu Bäumen	Positive Assoziationen und Erfahrungen mit dem Baum	Aus welchen Gründen empfanden Sie den Baum im Traum positiv, verhält es sich in der Realität ähnlich? Naturerfahrung ist hilfreich.
	Beziehungsstufe	Entfaltung der Beziehung	Positive Möglichkeiten in der Beziehung nutzen.	Die Zeit ist nun günstig, sich an den vielfältigen Möglichkeiten Ihrer Beziehungen zu erfreuen.
NEGATIV (Der Baum wird negativ wahrgenommen; entlaubt etc.)	Subjektstufe	Stillstand in der persönlichen Entwicklung	Geringe Lebenskraft, Rückzug vitaler Energien	Beschäftigen Sie sich zu sehr mit sich selbst und verringert sich deshalb Ihre Lebensenergie?
	Objektstufe	Negative Einstellung zu Bäumen	Negative Assoziationen und Erfahrungen mit dem Baum	Aus welchen Gründen wehren Sie Naturerfahrungen ab? Lehnen Sie ähnliche Bäume auch in der Realität ab?
	Beziehungsstufe	Lebensenergien werden Beziehungen entzogen.	Geringes Engagement in der Partnerschaft führt zu Beziehungskonflikten.	Bringen Sie zu wenig Energie auf, um Ihre Beziehungen zu gestalten? Ziehen Sie sich zu sehr in sich zurück?

Biene

Gefühl	Problemfeld	Themen	Deutungen/Fragen
NEUTRAL (Die Biene löst keine speziellen Gefühle aus.)	Fleiß und Ordnung oder Sexualität	Der persönliche Einsatz für die Gemeinschaft oder Bedürfnis nach Sexualität	Wie sieht es mit Ihrer Selbstlosigkeit aus? Setzen Sie sich aktiv für Ihre Befriedigung ein?
	Bienen als kollektives Wesen	Erfahrungen, die Sie mit Bienen machten	Bewundern Sie die disziplinierte Organisation des Bienenstaates?
	Sex	Sehnsucht nach Sexualverkehr; die Fähigkeit, Opfer zu bringen	Was tun Sie für die Gestaltung Ihres Sexuallebens?
POSITIV (Die Biene löst positive Gefühle aus.)	Leichtigkeit	Ihre alltägliche Arbeit leicht und spielerisch durchführen	Strengen Sie sich zu sehr an, um notwendige Arbeiten auszuführen?
	Das Aufgehobensein der Biene in der Gemeinschaft	Gemeinschaft gibt Sicherheit.	Suchen Sie eine Gruppe, in der Sie sich zu Hause fühlen?
	Das Dienen für ein größeres Ganzes	Das Aufgehen in der Familie oder im Beruf	Setzen Sie sich für etwas ein, das jenseits Ihres individuellen Interesses liegt.
NEGATIV (Angst vor der Biene und speziell ihrem Stich)	Irritierbarkeit	Anfälligkeit Ihrer Konzentration für Störungen (Störgefühle und Störgedanken)	Machen Sie sich von störenden äußeren Einflüssen frei. Steigern Sie Ihre Konzentrationsfähigkeit.
	Furcht vor Insekten	Die Angst, von einer Biene gestochen zu werden	Können Sie Ihre Angst vor Bienen begründen? Gibt es negative Erlebnisse mit Bienen in Ihrem Leben?
	Entjungferungsangst (klassische Deutung)´ oder Angst vor Geschlechtsverkehr	Ablehnung von Penetration	Ausgeprägte Ängste vor Sexualität sollten von einem Spezialisten therapiert werden. Bei weniger ausgeprägten Ängsten hilft das Gespräch mit Freund oder Freundin.

Blumen

Subjektstufe
Objektstufe
Beziehungsstufe

Gefühl	Stufe	Problemfeld	Themen	Deutungen/Fragen
NEUTRAL (Die Blume löst keine speziellen Gefühle aus.)	Subjektstufe	Häufig sind Ideen, Einfälle und vielleicht auch Verrücktheiten angesprochen.	Ihr kreativer Ausdruck; wie Sie sich inspirieren lassen und wie viel Verrücktheit Sie sich im Alltagsleben gönnen	Lehnen Sie die Buntheit und Fülle Ihres Innenlebens ab? Was machen Sie mit Ihren kreativen Einfällen?
	Objektstufe	Die Schönheit der Natur sehen	Austausch mit der Natur, Einstellung zur inneren und äußeren Natur	Sie sollten sich mehr in der Natur aufhalten. Zeigen Sie Ihrem Partner Ihre Zuneigung mit einem Blumenstrauß.
	Beziehungsstufe	Beziehungen zu Frauen	Die Faszination durch Frauen wird angesprochen.	Probleme mit Partnerwahl oder Treue; Entscheidungsprobleme bei Partnerschaften
POSITIV (Freude an den Blumen in der Natur oder als Geschenk)	Subjektstufe	Freude an der Farbigkeit seines Innenlebens	Die unterschiedlichen Impulse aus seinem Inneren willkommen heißen	Können Sie sich an den Einfällen und Impulsen Ihres Innenlebens erfreuen?
	Objektstufe	Die Liebe zu Natur und deren Fülle (Art der Blume beachten)	Innere Verbundenheit mit der Natur	Der fehlenden Verbindung zur Natur setzt das Traumbild die schöne Blume entgegen.
	Beziehungsstufe	Symbol für den Partner	Sinnlichkeit	Können Sie die Schönheit Ihres Partners erkennen und würdigen?
NEGATIV (Verwelkte, tote Blumen oder Ablehnung dieser Blumen)	Subjektstufe	Ablehnung der Fülle an Gedanken und Ideen	Die unterschiedlichen Impulse aus Ihrem Inneren wirken verwirrend auf Sie.	Behindern Sie sich durch starre Ordnungen und festgelegte Vorstellungen? Wirkt Kreativität und Fülle auf Sie chaotisch?
	Objektstufe	Ablehnung von Blumen, kein Gefühl für das Naturschöne	Fehlendes Verhältnis zur äußeren Natur	Fühlen Sie sich angesichts der Vielfalt der Natur verloren und verwirrt?
	Beziehungsstufe	Faszination durch Frauen wird abgelehnt.	Man kann sich zwischen unterschiedlichen Frauen nicht entscheiden.	Man steht zwischen mehreren Frauen (bewusst oder unbewusst).

Dunkelheit

Gefühl	Problemfeld	Themen	Deutungen/ Fragen
NEUTRAL (Die Dunkelheit löst keine speziellen Gefühle aus.)	Unbewusstes Verhalten	Widerspruch zwischen Bewusstheit und unbewussten Wahrnehmungen und Verhaltensweisen	Dunkelheit ist der Zustand des Nichterkennens und der unbewussten Wahrnehmung. Was ist Ihnen dunkel? Wo müssen Sie sich um mehr Bewusstheit bemühen?
	Die magische Qualität der Dunkelheit	Dunkelheit ist oft mit Ruhe und Geheimnissen verbunden.	Können Sie Nacht und Dunkelheit genießen?
	Umgang mit Geheimnissen	Beziehungen können nie vollständig durchschaut werden.	Wie gehen Sie mit dem Ihnen Unverständlichen in Ihren Beziehungen um? Das Geheimnis des Anderen anerkennen
POSITIV (Dunkelheit wird als Ruhe oder sonstwie positiv empfunden.)	Anerkennung der Kräfte des Unbewussten	Das Geheimnisvolle Ihrer Gefühle	Erkennen Sie die Impulse Ihres Unbewussten als hilfreiche Kräfte, die Ihr Leben aufregend und kreativ machen.
	Die dunkle Zeit als aufregende Zeit	Die Faszination der Nacht	Können Sie sich auf die Nacht als eine Zeit der Erotik und Fantasie positiv einlassen?
	Die emotionale Seite der Beziehung	Dunkelheit charakterisiert die Nacht und somit Erotik und den Gefühlsbereich.	Sehnsucht nach erotischen Gefühlen und körperlicher Nähe; der erkennende Geist darf „abgeschaltet" werden.
NEGATIV (Dunkelheit wirkt bedrohlich und verwirrend.)	Das Dunkle des eigenen Unbewussten erzeugt Angst.	Impulse des Unbewussten werden als bedrohlich erlebt.	Die Herausforderung, seine unbewussten Impulse genauso anzuerkennen wie seine bewusste Seite und sie willkommen zu heißen
	Angst vor der Dunkelheit und der Nacht	Kontrolle durch Wahrnehmung, Vertrauen	Fehlendes Vertrauen in die eigene Geschütztheit, Überbetonung der eigenen Verletzlichkeit, hinderliches Sicherheitsbedürfnis
	Angst vor der unfassbaren Seite von Beziehungen	Der Umgang mit dem Undurchschaubaren in Ihren Beziehungen	Versuchen Sie, bewusst Ihre Beziehungen zu gestalten und deren Dynamik zu verstehen.

Ei

Subjektstufe
Objektstufe
Beziehungsstufe

Gefühl	Stufe	Problemfeld	Themen	Deutungen/Fragen
NEUTRAL (Das Ei löst keine speziellen Gefühle aus.)	Subjektstufe	Fruchtbarer Austausch Ihrer unterschiedlichen Persönlichkeitsanteile	Unterschiedliche innere Impulse fruchtbar zu etwas Neuem verbinden	Aufforderung, aus inneren Spannungen und Gegensätzen etwas Neues entstehen zu lassen. Das Neue könnte eine dynamische Harmonie in Ihrem Inneren sein.
	Objektstufe	Einstellung zu Eiern	Ernährungsgewohnheiten	Benötigen Sie eine eiweißhaltigere Kost?
	Beziehungsstufe	Neues entsteht in Beziehungen; Fortpflanzung	Neues entspringt aus der Unterschiedlichkeit von Personen; Entscheidung dafür oder dagegen, ein Kind zu bekommen	Beziehungen bieten die Chance, neue Möglichkeiten bei sich und anderen zu entdecken. Machen Sie sich Ihre Einstellung zu Schwangerschaft bewusst.
POSITIV (Das Ei löst positive Gefühle aus, z. B. als Frühstücksei.)	Subjektstufe	Die Entstehung eines neuen Lebensgefühls	Die Entwicklung von Neuem und Lebendigen in Ihrem Inneren	Geben Sie sich der Vorstellung hin, dass sich aus Ihrem Inneren heraus eine neue Lebensqualität bilden kann?
	Objektstufe	Das Ei wird grundsätzlich positiv angesehen.	Ihre Einstellung zur Form des Eis und zu dem Ei als Lebensmittel	Aus dem Ei (Weltenei) geht alles Leben hervor. Es symbolisiert Leben und Vollendung (wegen seiner abgerundeten Form).
	Beziehungsstufe	Fruchtbarkeit	Kinderwunsch	Möchten Sie gerne (bewusst oder unbewusst) schwanger werden?
NEGATIV (Das Ei wird abgelehnt z. B. als ekelhafte Speise; das verdorbene oder zerbrochene Ei)	Subjektstufe	Innere Starrheit, Bewahrung des herrschenden Zustands	Angst vor Veränderungen im Fühlen	Unterdrücken Sie Entwicklungen in Ihrem Inneren eher, als sie zu fördern? Hat Kreativität den Beigeschmack des Chaotischen für Sie?
	Objektstufe	Das Ei wird als geschlossen und zerbrechlich abgelehnt.	Ekel vor Eierspeisen	Welche Rolle haben Eier in Ihrer Jugend oder späteren Geschichte gespielt?
	Beziehungsstufe	Angst vor Neuem, Fruchtbarkeit	Angst vor Neuem und davor, schwanger zu werden	Die Angst vor Schwangerschaft ist unnötig, wenn man verhütet.

Erde (Planet und Boden)

Gefühl	Problemfeld	Themen	Deutungen/Fragen
NEUTRAL (Die Erde löst keine speziellen Gefühle aus.)	Es geht um die Erdung, d.h. um die Bewältigung Ihres Alltags	Innere Einstellung zum Umgang mit den Kleinigkeiten des Alltagslebens und zum Verdienst des Lebensunterhalts	Stehen Sie mit beiden Beinen auf der Erde? Können Sie Ihr Alltagsleben problemlos und geschickt bewältigen, ohne innerlich damit zu hadern?
	Der konkrete Kontakt mit der Erde und mit der Natur	Wie naturnah bzw. naturfern sich Ihr Alltag gestaltet	Es würde Ihnen helfen, wenn Sie sich mit der Erde konkret auseinandersetzten – wie z.B. bei der Gartenarbeit.
	Die praktische Seite der Beziehung	Gemeinsame Organisation der täglichen Notwendigkeiten	Wie kommen Sie bei der Bewältigung des alltäglichen Lebens mit Ihrem Partner aus und wie er mit Ihnen?
POSITIV (Die positiv erlebte Erde, die schöne und fruchtbare Erde)	Innere Stabilität	Innere Erdung bedeutet innere Sicherheit.	Fühlen Sie sich sicher und fähig, in der Welt zu wirken? Aus Ihrer inneren Mitte heraus können Sie erfolgreich nach außen wirken.
	Naturverbundenheit	Sich Zeit für den Kontakt mit der Natur nehmen	Sehnen Sie sich nach einer natürlichen Umgebung, wo Sie echten Kontakt mit der Erde haben?
	Die praktische Grundlage Ihrer Beziehung	Sich das Alltagsleben gegenseitig erleichtern	Die gemeinsame Bewältigung des Alltags wird Ihnen Freude und ersehnte Erleichterung bringen.
NEGATIV (Negativ erlebte Erde, Erde als Ort der Mühen und Belastungen)	Erdung wird als unbequem betrachtet.	Zu einseitige Betonung des inneren, geistigen Lebens; Ablehnung der Ansprüche von außen	Verachten Sie den Kontakt zur Alltagswelt, da er Sie belastet?
	Ein naturfernes, meist abgehobenes Leben	Vorstellungen werden für wichtiger als Handlungen angesehen.	Geist ohne Erdung führt auf die Dauer zu psychischen Problemen.
	Der Beziehungsalltag	Belastung der Beziehung durch Anforderungen der Außenwelt	Aufforderung, Ihre Beziehung auf eine realistischere Basis zu stellen

Feuer

Subjektstufe · Objektstufe · Beziehungsstufe

Gefühl	Stufe	Problemfeld	Themen	Deutungen/ Fragen
NEUTRAL (Das Feuer löst keine speziellen Gefühle aus.)	Subjektstufe	Mit dem Feuer sind das innere Feuer und die emotionale Wärme angesprochen.	Das Feuer verwandelt, es kann zerstören, und es gibt das Licht, um etwas zu erkennen.	Wie gehen Sie mit Ihrem inneren Feuer, Ihren leidenschaftlichen Gefühlen um? Bemühen Sie sich um einen angemessenen Ausdruck, der weder destruktiv noch verdrängend ist?
	Objektstufe	Feuer verbrennt und wärmt.	Der kontrollierte und umsichtige Umgang mit Feuer	Sind Sie sorgfältig bei Ihrem Umgang speziell mit offenem Feuer?
	Beziehungsstufe	Gefühlsintensität	Leidenschaft und gefühlsmäßiges Engagement in der Beziehung	Feuer tritt im Traum auf, wenn man sich nach mehr Leidenschaft in der Beziehung sehnt oder diese zu ungestüm lebt.
POSITIV (Jedes wärmende, kontrollierte und lichtgebende Feuer)	Subjektstufe	Ihr Gefühlsausdruck	Der Mut zum ungehemmten Ausdruck seiner Gefühle	Wenn Sie warm strahlen, wird auch die Umwelt Sie warm willkommen heißen.
	Objektstufe	Die wärmende Eigenschaft des Feuers	Es sich in seiner Umgebung warm und gemütlich machen	Früher der Herd oder das offene Feuer, heute das warme Zimmer sind Orte, an denen man sich geschützt und wohl fühlt.
	Beziehungsstufe	Der ungehemmte Gefühlsausdruck	Die Sehnsucht nach leidenschaftlicher Hingabe, Verliebtheit und Ekstase	Sind Sie ungehemmt leidenschaftlich in Ihrer Beziehung? Trauen Sie sich das, helfen Sie Ihrem Partner, auch so zu sein?
NEGATIV (Alle zerstörerischen und unkontrollierten Feuer)	Subjektstufe	Angst vor leidenschaftlichen Gefühlen	Sie nehmen sich zurück, da Sie befürchten, außer Kontrolle zu geraten.	Was man befürchtet, danach sehnt man sich häufig – in diesem Fall ist es Sehnsucht nach dem süßen Kontrollverlust.
	Objektstufe	Angst vor Verbrennung und Zerstörung	Angst davor, dass Feuer aus der Kontrolle gerät	Gab es eine bedrohliche Situation durch Feuer in Ihrem Leben?
	Beziehungsstufe	Hinderliche Hemmung der Hingabefähigkeit	Abwehr von Emotionen, fehlendes Vertrauen in den Partner	Die zerstörerische Kraft des Feuers wird in jeder Beziehung vermutet, und deswegen zerstört man sich selbst, indem man sich emotional beschneidet.

Fluss

Gefühl	Problemfeld	Themen	Deutungen/Fragen
NEUTRAL (Der Fluss löst keine speziellen Gefühle aus.)	Innerlich im (Gefühls-) Fluss bleiben, statt zu erstarren	Innerliche Beweglichkeit; Fähigkeit, sich an neue Situationen anzupassen	Die Offenheit für ständige Veränderungen, statt an alten Verhaltens- und Gefühlsmustern festzuhalten
	Das Problemfeld wird durch den konkreten Fluss angegeben.	Der Fluss als Verbindung zwischen geografischen Gebieten und als Handelsstraße	Was fasziniert Sie an Flüssen oder einem bestimmten Fluss, und was lehnen Sie an Flüssen ab?
	Umgang mit den Veränderungen in einer Beziehung	Sich stets wieder auf neue Beziehungssituationen einlassen	Sind Sie offen für neue Erfahrungen in Ihren Beziehungen oder verunsichern diese Sie?
POSITIV (Freudig wird der Fluss betrachtet, der lieblich fließt.)	Die eigene Beweglichkeit	Sich für bislang unbekannte Gefühle offen halten und diese willkommen heißen	Die Freude daran, dass man sich ständig verändert und sich teilweise selbst überrascht
	Wie Flüsse Sie emotional ansprechen	Die Romantik einer Wasserstraße	Würden Sie gerne an einem Fluss wohnen oder eine Flussreise unternehmen?
	Die Freude, dass sich in Ihrer Beziehung etwas verändert	Veränderungen in Beziehungen bringen neue Chancen.	In Ihrer Beziehung würde sich möglicherweise einiges verändern lassen, was zu Ihrer und Ihres Partners Zufriedenheit beiträgt.
NEGATIV (Hochwasser, Strudel, der Fluss als Hindernis, aber auch jede Stauung des Flusses)	Angst davor, sich zu verändern	Die innere Dynamik wirkt bedrohlich.	Die Angst davor, von seinen Gefühlen mitgerissen zu werden; die Gefahr eines inneren Stillstands
	Die Gefahr, die vom fließenden Wasser ausgeht	Angst zu ertrinken, Angst vor Überschwemmungen	Haben Sie negative Erfahrungen mit Flüssen in Ihrem Leben gemacht?
	Festhalten an der jetzigen Beziehungssituation	Sie möchten Ihre Beziehung auf dem jetzigen Stand halten.	Die Angst vor (notwendigen) Veränderungen in der Beziehung

Frühling

Subjektstufe
Objektstufe
Beziehungsstufe

Gefühl	Stufe	Problemfeld	Themen	Deutungen/Fragen
NEUTRAL (Der Frühling löst keine speziellen Gefühle aus.)	Subjektstufe	Neuanfang, Hoffnung und Wachstum	Ihr inneres Wachstum wahrnehmen; Gewissheit, dass nach schwierigen Zeiten wieder Gutes kommen wird	Konzentrieren Sie sich auf das Neue, das in Ihnen entsteht und wahrscheinlich fruchtbar sein wird.
	Objektstufe	Erinnerungen an diese Jahreszeit	Der Frühling als Wonne- und Liebesmonat	Welche Erwartungen verbinden Sie mit dem Frühling?
	Beziehungsstufe	Der Frühling in der Beziehung ist die Verliebtheit.	Die Bereitschaft und Fähigkeit, sich zu verlieben	Häufig Ausdruck der unrealistischen Erwartung, dass man in einer Beziehung ständig verliebt sein könne
POSITIV (Freude am Aufleben der Natur – neues Grün, Knospen, Spaziergang)	Subjektstufe	Positive Stimmungen	Die Hoffnung auf einen Gefühlsaufschwung	Was unternehmen Sie zur Aufhellung Ihrer Gefühle? Ein ersehnter Neuanfang kündigt sich an.
	Objektstufe	Erwartung positiver Erlebnisse im Frühling	Die Hoffnung, frühere Frühlingsgefühle wiederholen zu können	Wenn Sie positiv vom Frühling träumen, sind Sie offen für Frühlingsgefühle, und diese werden wahrscheinlich eintreten.
	Beziehungsstufe	Erwartung von Verliebtheit	Wie kann ich mich wieder verlieben?	Die Sehnsucht nach einer neuen Beziehung oder nach größerer Gefühlsintensität in einer bestehenden
NEGATIV (Der Frühling wird abgelehnt – Matsch, wucherndes Unkraut etc.)	Subjektstufe	Ablehnung von tiefen Gefühlen	Verliebtheit wird als Risiko gesehen, verletzt zu werden.	Woher stammt Ihre negative Einstellung zum Gefühlsüberschwang? Halten Sie sich für unfähig für einen Neuanfang?
	Objektstufe	Negative Erlebnisse im Frühling	An alten Enttäuschungen haften bleiben	Der Frühling ist mit negativen Erwartungen assoziiert, die dann so auch eintreffen.
	Beziehungsstufe	Verliebtheit wird als Gefahr betrachtet.	Aus Angst vor Enttäuschungen zieht man sich zurück.	Ist Ihr Leben angenehmer und problemloser, wenn Sie der Möglichkeit, sich zu verlieben, aus dem Weg gehen?

Garten

Gefühl	Problemfeld	Themen	Deutungen/Fragen
NEUTRAL (Der Garten wird neutral wahrgenommen.)	Ruhe und Abgeklärtheit; Pflege der inneren Natur	Das Pflegen und Hegen der eigenen Gefühle, Kultivierung des Gefühlslebens	Der Garten ist der ideale Ort, Symbol Ihrer Seele und Ihres inneren Ruhepols.
	Ihre Einstellung zum Garten und Gärtnern	Erfahrungen mit einem oder in einem Garten	Was verbinden Sie mit dem Garten und dem Gärtnern?
	Sehnsucht nach Harmonie und Natürlichkeit	Ihre Einstellung zur ständigen Arbeit, die für die Pflege von Beziehungen nötig ist	Die Freude an harmonischen Beziehungen entstammt der Aufmerksamkeit und Pflege, die man ihnen zukommen lässt.
POSITIV (Der Garten wird positiv wahrgenommen.)	Innere Harmonie als höchstes Ziel	Die Freude an seinen Gefühlswelten und daran, diese zu pflegen	Vergessen Sie bisweilen, über Ihren Gartenzaun hinauszuschauen? Ziehen Sie sich (in Ihren Garten) zurück?
	Positive Einstellung zum Garten	Erinnerungen an eine schöne Gartenerfahrung oder Sehnsucht nach einem eigenen Garten	Aus welchen Gründen empfanden Sie den Garten im Traum positiv? Romantisieren oder idealisieren Sie Gärten?
	Harmonie und Achtsamkeit in Beziehungen	Die Freude am Beziehungswachstum, aber auch die Erwartung solchen Wachstums	Der Garten symbolisierte von jeher den erotischen Ort der Verführung. Im Garten kann sich die Liebe natürlich entfalten.
NEGATIV (Der Garten wird negativ wahrgenommen, z. B. ungepflegt; kranke Pflanzen)	Disharmonische Gefühle, Unzufriedenheit	Innere Kämpfe, die ein Gefühl der Zerrissenheit hinterlassen	Ruhe und Harmonie scheinen Sie zu bedrohen. Lehnen Sie sich selbst ab? Was tun Sie, um inneren Frieden zu finden?
	Ablehnende Einstellung zum Garten	Negative Assoziationen oder Erfahrungen mit dem Garten oder mit der Gartenarbeit	Überfordert Sie die Verantwortung für die Pflege eines Gartens?
	Fehlendes Interesse an sozialen Kontakten	Beziehungen werden vernachlässigt oder als belastend wahrgenommen.	Sehen Sie Ihre Mitmenschen nicht zu kritisch, und erfreuen Sie sich an der Vielfalt der Charaktere.

Herbst

Subjektstufe
Objektstufe
Beziehungsstufe

Gefühl	Stufe	Problemfeld	Themen	Deutungen/ Fragen
NEUTRAL (Der Herbst wird neutral wahrgenommen.)	Subjektstufe	Ruhe und Abgeklärtheit	Zeit, die Ernte der vollbrachten Arbeit einzufahren und die Früchte des Lebens zu genießen	Was geht zu Ende oder was können Sie nun abschließen, um sich etwas Ruhe zu gönnen?
	Objektstufe	Ihre Einstellung zum Herbst	Assoziationen zu Herbst, Erfahrungen mit dem/im Herbst	Was verbinden Sie mit dem Herbst, welche Erfahrungen haben Sie mit Herbst gemacht?
	Beziehungsstufe	Ende von Beziehungen oder Ruhe und Ausgeglichenheit	Gleichmut und Harmonie in Beziehungen oder Realisierung des Endes einer Beziehung	Sollten Sie in Ihren Beziehungen mehr zur Ruhe kommen oder erkennen, dass bestimmte Beziehungen sich überlebt haben?
POSITIV (Der Herbst wird positiv wahrgenommen.)	Subjektstufe	Ruhe, Entspannung und Gelassenheit tun gut.	Arbeit an sich selbst wird erfolgreich zu Ende gebracht.	Sie können ruhigen Gewissens Ihre Hände in den Schoß legen, nachdem Sie tatkräftig Ihre Arbeit getan haben.
	Objektstufe	Positive Einstellung zum Herbst	Positive Assoziationen/Erfahrungen im Hinblick auf Herbst	Aus welchen Gründen empfanden Sie den Herbst im Traum positiv, verhält es sich in der Realität ähnlich?
	Beziehungsstufe	Harmonie und Ruhe befruchten Beziehungen.	Ruhe und Ausgeglichenheit in Beziehungen führen zu innerer Zufriedenheit.	Ihnen fällt es leicht, zu unterscheiden, in welchen Beziehungen Arbeiten anstehen und welche Sie einfach genießen können.
NEGATIV (Der Herbst wird negativ wahrgenommen.)	Subjektstufe	Abwehr gegenüber Ruhe und Entspannung	Widerstand dagegen, nichts zu tun bzw. etwas abzuschließen	Was hindert Sie daran, innere Arbeiten an sich selbst zu Ende zu bringen? Haben Sie Angst, untätig zu sein?
	Objektstufe	Negative Einstellung zum Herbst	Negative Assoziationen/Erfahrungen im Hinblick auf Herbst	Haben Sie Angst, alt und gebrechlich zu werden? Oder rufen herbstliche Wetterlagen bei Ihnen Verstimmungen hervor?
	Beziehungsstufe	Angst vor Trennung und Sich-gehen-Lassen	Hemmung, Beziehungen zu beenden, sinnloser Aktivismus	Fühlen Sie sich von Passivität in Beziehungen nach getaner Arbeit bedroht? Fällt es Ihnen schwer, Beziehungen zu beenden?

Himmelsrichtung

Gefühl	Problemfeld	Themen	Deutungen/Fragen
NEUTRAL (Die Himmelsrichtung löst keine speziellen Gefühle aus.)	Eigene Seiten oder Anteile, auf die man achten sollte	Die Richtungen zeigen symbolisch, welchen Anteilen man sich zuwenden sollte.	Sind Sie sich bewusst, welche Gefühle oder Gedanken Sie mit mehr Aufmerksamkeit betrachten sollten?
	Ihre Einstellung zu den einzelnen Himmelsrichtungen	Nord: Kälte, Süd: Wärme (Liebe), West: Feuchtigkeit, Ost: Weisheit	Ziehen Sie eine Himmelsrichtung vor? Welche lehnen Sie ab? Hat diese Bewertung mit Erfahrungen aus der Kindheit zu tun?
	Die Richtung, in die sich Ihre Beziehungen entwickeln	Ihre Hoffnungen und Befürchtungen für die Zukunft Ihrer Beziehungen	Richtungen im Traum zeigen oft die Wahlmöglichkeiten an, die wir bei (sozialen) Entscheidungen haben.
POSITIV (Die Himmelsrichtung wird als richtig und positiv erlebt.)	Sich für eine Richtung innerlich entscheiden	Auflösung des Zweifels, wohin die eigene Entwicklung geht	Folgen Sie der Richtung, die Ihnen Ihr Inneres zeigt.
	Die positive Bewertung meist einer Himmelsrichtung	Orte, an denen Sie tief greifende Erfahrungen machten, die noch heute wirken	Haben Sie an einem Ort, der in dieser Himmelsrichtung liegt, besonders positive Erlebnisse gehabt?
	Die „rechte“ Richtung in sozialen Kontakten bestimmen	In welche Richtung Sie in Beziehungen gehen wollen oder sich die Beziehung entwickeln sollte	Wissen Sie, welche Richtung die „richtige“ in Ihren Beziehungen ist? Was müssen Sie tun, damit es dorthin geht?
NEGATIV (Probleme mit der Himmelsrichtung, sie wird abgelehnt.)	Schwierigkeiten bei der Entscheidung, wo Sie hin wollen	Entscheidung schließt andere Möglichkeiten aus, das möchten Sie umgehen	Fürchten Sie sich vor den Konsequenzen Ihrer Entscheidungen?
	Negative Bewertung einer Himmelsrichtung	Negative Erfahrungen, die an bestimmte Orte oder Länder gebunden sind	Lehnen Sie Orte, Staaten oder Landschaften ab, die in dieser Himmelsrichtung liegen? Oder das Klima dieser Gegenden?
	Die Suche nach einer Linie in Ihren Beziehungen	Was Sie sich von sozialen Beziehungen erhoffen, wo Sie aber zur Zeit noch nicht sind	Wie können Sie Ihre sozialen Beziehungen für sich und die Beteiligten befriedigender gestalten?

Hund

- Subjektstufe
- Objektstufe
- Beziehungsstufe

Gefühl	Stufe	Problemfeld	Themen	Deutungen/Fragen
NEUTRAL (Der Hund löst keine speziellen Gefühle aus.)	Subjektstufe	Der Hund symbolisiert einen Anteil von Ihnen.	Die hündische Seite in Ihnen wird angesprochen, das Gehorchen und Folgen.	Sind Sie mit einem angepassten Leben zufrieden, in dem Sie sich freudig den herrschenden Normen unterordnen?
	Objektstufe	Ihre Einstellung zu Hunden oder einem bestimmten Hund	Ihre Erfahrungen, die Sie in Ihrem Leben mit Hunden machten	Was verbinden Sie im Allgemeinen mit Hunden?
	Beziehungsstufe	Wer bestimmt in Beziehungen, wo es lang geht?	Abhängigkeit/Unabhängigkeit in sozialen Beziehungen	Können Sie sich einmal von Ihrem Partner leiten lassen und das genießen? Oder haben Sie Freude zu leiten?
POSITIV (Der Hund wird als lieb und positiv erlebt.)	Subjektstufe	Bedürfnis nach Zuwendung und Zärtlichkeit	Der direkte und unverstellte Ausdruck Ihrer Gefühle und Stimmungen	Trauen Sie sich, Zuwendung und Sympathie offen zu zeigen? (Und Ärger darf auch gezeigt werden?)
	Objektstufe	Ihre positive Einstellung zu Hunden oder einem Hund	Tiefe emotionale Erfahrungen, die Sie mit einem Hund machten und die noch heute wirken	Würden Sie gern solch einen Hund wie im Traum haben? Was hält Sie davon ab, sich einen Hund anzuschaffen?
	Beziehungsstufe	Der Hund ist bekanntlich oft Kindersatz	Emotionale Sicherheit durch Überlegenheit; Abhängigkeit des Partners	Kompensieren Sie, wie Schopenhauer, Ihr Misstrauen Menschen gegenüber mit Ihrer Liebe zum Hund?
NEGATIV (Probleme mit dem Hund, z. B. beißen)	Subjektstufe	Ablehnung von hündischem Verhalten	Man muss nicht den Herren spielen, man ist der Herr; oder Probleme mit Abhängigkeit	Was tun Sie dafür, sich so behaupten zu können, wie es Ihnen gut tut?
	Objektstufe	Un/bewusste Ablehnung von Hunden	Negative Erfahrungen mit einem Hund oder mit Hunden	Gewöhnen Sie sich vorsichtig an Hunde, denn Ihre Angst zieht deren Aggression an.
	Beziehungsstufe	Oft Projektion der Ablehnung des Partners	Angst davor, Partnern seine Ablehnung oder Aggressionen offen zu zeigen	Sind Sie zu ängstlich in sozialen Beziehungen, und können Sie schwer „Nein!“ sagen?

Insekten

Gefühl	Problemfeld	Themen	Deutungen/ Fragen
NEUTRAL (Das Insekt löst keine speziellen Gefühle aus.)	Anspannung	Die Stellung des Träumers in der Massengesellschaft; Nervosität (Freud) und Stress	Dieses Traumbild spricht die innere Spannung, inneren Unausgeglichenheiten an oder es stellt die eigene Individualität in Frage.
	Insekten gelten als lästig und als unindividuell.	Insekten sind zwar nützlich, stören aber häufig den Menschen.	Die Organisation des Insektenstaats fasziniert und macht Angst zugleich – einige Insekten stechen auch oder übertragen Krankheiten.
	Ihre Stellung in der Beziehung	Die Beziehung ist wichtiger als der Einzelne.	Die Herausforderung, seine persönlichen Interessen für die Beziehung zu opfern, wird angesprochen.
POSITIV (Freude an der Insektenwelt)	Sehnsucht nach einer inneren Harmonie	Alle inneren Impulse haben sich dem Ich unterzuordnen, damit man funktioniert.	Was ist Ihre Aufgabe? Wie gehen Sie mit Ihrem Inneren um, um diese zu erfüllen?
	Insekten unterliegen einer höheren Logik.	Die Aufgabe des eigenen Willens wird als Erleichterung gesehen.	Die meisten Insekten sind soziale Wesen und sprechen deswegen die soziale Einstellung des Träumers an.
	Die Art der Beziehung	Beziehungen werden als aufregend empfunden (Ideal?).	Träumen Sie vom Ideal einer fruchtbaren Beziehung?
NEGATIV (Angst vor dem Stich oder Biss der Insekten)	Zu stark oder zu gering ausgeprägte Individualität	Problem, sich einem höheren Sinn zu schnell oder überhaupt nicht zu beugen	Ist es schlau, sich immer einem höheren Sinn unterzuordnen?
	Lästige Insekten im Schlafzimmer	Unterschwellig wahrgenommene Störung durch ein Insekt im Schlaf	Häufig werden solche Träume durch Juckreiz und Insektenstiche ausgelöst, die man in den Traum einbaut.
	Umgang mit sozialem Druck	Der Partner mit seinen Ansprüchen wird als lästig wahrgenommen.	Sie hadern mit den Notwendigkeiten einer Beziehung, nämlich damit, Ihre Interessen einem größeren Ganzen unterzuordnen.

Katze

- Subjektstufe
- Objektstufe
- Beziehungsstufe

Gefühl		Problemfeld	Themen	Deutungen/Fragen
NEUTRAL (Die Katze löst keine speziellen Gefühle aus.)	Subjektstufe	Ausgeglichenheit und Selbstständigkeit	Die Katze verkörpert das Ideal von Entspannung und Eleganz.	Was lehrt Sie die Katze, das Sie für Ihr Leben übernehmen sollten?
	Objektstufe	Ihre Einstellung zu Katzen (als Haustieren) oder einer Katze	Erfahrungen, die Sie mit Katzen gemacht haben – meist in Ihrer Kinderzeit.	Was finden Sie zurzeit an Katzen anziehend? Was können Sie an Ihnen nicht leiden? Gibt es dafür einen Grund?
	Beziehungsstufe	Abhängigkeit/Unabhängigkeit in Beziehungen	Der Umgang mit eigenen Ansprüchen und denen des Partners	Welche Freiheiten lassen Sie Ihrem Partner, und welche lässt er Ihnen? Wie viel Freiheit benötigen Sie?
POSITIV (Die Katze wird als schön und positiv empfunden.)	Subjektstufe	Faszination der inneren Unabhängigkeit und Freiheit	Die Hoffnung, entspannt und problemlos sein Leben leben zu können	Was tun Sie für Ihr inneres Gleichgewicht? Können Sie Ihre Bedürfnisse klar äußern?
	Objektstufe	Ihre positive Einstellung zu Katzen oder einer Katze	Positive Erfahrungen, die Sie mit einer Katze oder Katzen gemacht haben	Wenn Sie keine Katze haben, sollten Sie sich eine anschaffen, sie wird Ihnen Freude bereiten.
	Beziehungsstufe	Der Traum von Eleganz und entspannter Schönheit	Idealvorstellung, wie Sie selbst oder Ihre Partner zu wirken haben	Steht der Anspruch an Sie selbst oder der an Ihren Partner einer Beziehung nicht oft im Weg?
NEGATIV (Probleme mit der Katze, z. B. Katzenallergie)	Subjektstufe	Das eifrige Bemühen, nicht falsch zu sein oder zu wirken	Die Ansicht, nur durch ein schweres Leben und Leiden kämen Sie weiter	Könnten Sie nicht von der Katze den leichten und schönen Lebensweg lernen? Warum lehnen Sie den ab?
	Objektstufe	Ihre negative Einstellung zu Katzen oder einer Katze	Katzen sind lautlos und nicht auf eine Person fixiert – beides wirkt unheimlich.	Versuchen Sie auch, das Positive an Katzen oder einer Katze zu erkennen.
	Beziehungsstufe	Verdrängte Aggressionen gegen den Partner	Angst vor vermuteten Konsequenzen, wenn man Aggressionen offen zeigt	Befürchten Sie, unattraktiv zu werden, wenn Sie Ablehnung oder Aggressionen gegen andere offen ausdrücken?

Luft

Gefühl	Problemfeld	Themen	Deutungen/Fragen
NEUTRAL (Die Luft löst keine speziellen Gefühle aus.)	Ihre luftige Seite (Leichtigkeit und Schnelligkeit)	Wie gelange ich zu einer lockeren, leichten Lebenseinstellung, ohne abzuheben?	Luft wird dem Intellekt, der Leichtigkeit und Schnelligkeit zugeordnet. Sie macht häufig auf einen Verlust von Erdung aufmerksam.
	Luft tritt entweder als Wind oder als schlechte Luft auf.	Luft kann stürmisch oder ein „laues Lüftchen“ sein, zerstörerisch oder angenehm mild.	Eine Luftveränderung würde Ihnen gut tun; oder halten Sie sich mehr an der frischen Luft auf.
	Die Wahrnehmung Ihrer Beziehungen	Die Rolle der Leichtigkeit in Ihren Beziehungen	Sind Sie ein „Luftikus“ oder problematisieren Sie Ihre Beziehungen zu sehr und machen sie damit schwierig?
POSITIV (Der angenehme Luftzug, schönes Wetter.)	Sehnsucht nach einer leichteren inneren Einstellung	Wie löse ich meine innere Schwere auf?	Aufforderung zu lernen, wie man lockerer mit inneren Spannungen und depressiven Verstimmungen umgeht
	Positiv werden die leichte Brise, die laue Luft und die frische Luft gesehen.	Alle Wetterphänomene weisen in Traum und Literatur auf Stimmungen hin.	Als ideale, positive Luft gilt diejenige, die auf die Mitte zwischen Sturm und Windstille verweist und somit auf das harmonische Maß unserer Gefühle.
	Die Atmosphäre in Ihrer Beziehung	Die Art der Luft gibt einen Hinweis auf Ihre Gefühle in der Beziehung.	Die als positiv erlebte Luft zeigt den Wunsch, in der Beziehung frei atmen zu können.
NEGATIV (Schlechte, verschmutzte Luft, „dicke Luft“)	Innerer Aufruhr	Wie harmonisiere ich eine schlechte innere Atmosphäre?	Mit Leichtigkeit und Geduld können auch innere Stürme beruhigt werden.
	Sturm und schlechte Luft	Der Einfluss von schlechtem Wetter auf Ihre Stimmungen	Ihre Wetterfühligkeit, die vom Traum verarbeitet wird; stürmte es in der Nacht oder zog es im Schlafzimmer?
	Drama oder Krise in der Beziehung	Die Ablehnung dramatischer Szenen in der Beziehung	Schlechte Luft und Gefühlsstürme in Beziehungen sind nicht zu vermeiden.

Maus

Subjektstufe
Objektstufe
Beziehungsstufe

Gefühl	Problemfeld	Themen	Deutungen/ Fragen
NEUTRAL (Die Maus löst keine eindeutigen Gefühle aus.)	Strenger Umgang mit sich; Gewissensbisse	Sorgen um Kleinigkeiten werden überbewertet; häufig schlechtes Gewissen	Machen Sie sich nicht zu viele Sorgen um Vergangenes und Unwesentliches. Lernen Sie, sich dem Wesentlichen in Ihrem Leben zuzuwenden.
	Ihre Beziehung zu Mäusen	Erfahrungen mit Mäusen	Werden Sie nachts von Geräuschen wach, die Sie an Mäuse erinnern?
	Minderwertigkeitsgefühle; sich indirekt durchsetzen	Selbstwertprobleme in Partnerschaft und Beziehungen	Sie sollten sich Ihres Wertes in Beziehungen bewusster werden. Was ist in Beziehungen wirklich von Bedeutung?
POSITIV (Die Maus löst eher positive Gefühle aus – freudige Wahrnehmung.)	Bewusstmachung von Selbstwertproblemen	Minderwertigkeitsgefühle werden durch Schlauheit kompensiert.	Sie sollten sich Ihrer nützlichen Eigenschaften wie Schlauheit und List bewusster werden.
	Positive Gefühle gegenüber Mäusen	Positive Erfahrungen mit Mäusen	Was verbinden Sie Positives mit Mäusen? Können Sie ähnliche Eigenschaften auch an sich selbst entdecken?
	Sich listig und unscheinbar durchsetzen	Kommunikation: Bedürfnisse und Wünsche deutlicher äußern lernen	Sollten Sie offensiver gegenüber anderen auftreten?
NEGATIV (Die Maus löst ungute bis bedrohliche Gefühle aus.)	Minderwertigkeitsgefühle	Negative Gefühle sich selbst gegenüber überwiegen; schlechtes Gewissen	Wer hat Sie in Ihrer Kindheit abwertend behandelt, sodass sich diese negativen Gefühle in Ihnen festgesetzt haben?
	Angst, Ekelgefühle gegenüber Mäusen	Reale, negative Erfahrungen mit Mäusen	Bei Frauen: Angst vor Sexualität?
	Angst, sich nicht genügend abgrenzen zu können	Wenn überhaupt, gelingt es nur, sich unscheinbar und in unwichtigen Dingen durchzusetzen.	Fühlen Sie sich als graue Maus in Ihren Beziehungen?

Nacht

Gefühl	Problemfeld	Themen	Deutungen/ Fragen
NEUTRAL (Sie erleben die Nacht im Traum ohne jegliche Gefühle.)	Begegnung mit dem Unbewussten	Unbewusstes bestimmt Ihre Handlungen.	In welchen Situationen handeln Sie zu sehr aus unbewussten Motiven heraus?
	Möglicher Hinweis, dass Sie zu lange nachts wach sind	In Ihrem Lebensrhythmus mehr den Tag nutzen	Tätigkeiten, die Sie abends und nachts ausführen, sollten Sie vermehrt am Tag erledigen.
	Unbewusste Motive beeinflussen Ihre Beziehungen.	Unbewusste Muster (Verhalten und/oder Wahrnehmung) wirken sich auf Beziehungen aus.	Sie sollten sich Ihre unbewussten Seiten bezüglich Ihrer Beziehungen bewusst machen und sie in Ihren Beziehungen offenlegen.
POSITIV (Die Nacht im Traum wird angenehm und positiv erlebt.)	Ihr Unbewusstes unterstützt Sie.	Unbewusste Motive Ihrer Handlungen erleben Sie für Ihre Entwicklung positiv.	Empfehlung: Machen Sie sich die Hintergründe für Ihre Handlungen bewusster, damit Sie diese bewusster für sich einsetzen können.
	Veränderter Schlaf-wach-Rhythmus	Nächtliche Aktivität wird positiv erlebt und deshalb (zu sehr?) genutzt.	Sie sollten den Abend und die Nacht für sich nutzen oder darauf achten, dass Sie die Nacht nicht zu sehr zum Tage machen.
	Unbewusste Motive unterstützen Beziehungen.	Unbewusste Prägungen wirken sich in Ihren Beziehungen positiv aus.	In welchen Situationen werden Sie von unbewussten Erfahrungen positiv beeinflusst? Diese sollten Sie sich bewusst machen.
NEGATIV (Die Nacht wird unangenehm, beängstigend, bedrohlich erlebt.)	Unbewusste Motive behindern die Persönlichkeitsentwicklung.	Bedrohungsgefühle behindern die Bewusstmachung unbewusster Prägungen, die Ihre Handlungen bestimmen.	Empfehlung: Wenden Sie sich trotz angstmachender Gefühle Ihren Prägungen zu, die Ihre Handlungen negativ beeinflussen.
	Die Nacht macht Angst.	Nächtliche Ängste können schon in der Kindheit aufgetreten sein	Wer oder was hat Ihnen in Ihrer Kindheit in der Nacht Angst gemacht?
	Unbewusste Motive behindern Beziehungen.	Unbewusste Prägungen (Verhalten/Wahrnehmung) wirken sich negativ auf Beziehungen aus.	Unbewusste Motive Ihrer Handlungen sollten Sie sich bewusst machen und mit Ihrem Gegenüber besprechen.

Nadelbäume

Subjektstufe
Objektstufe
Beziehungsstufe

Gefühl	Stufe	Problemfeld	Themen	Deutungen/Fragen
NEUTRAL (Die Nadelbäume werden neutral wahrgenommen.)	Subjektstufe	Beständigkeit und Sicherheit oder Erneuerung	Denk- und Gefühlsmuster geben Sicherheit, sie verhindern einen Neuanfang.	Sollten Sie Ihre alten, aus der Vergangenheit stammenden Muster überdenken oder mehr Beständigkeit in Ihr Leben bringen?
	Objektstufe	Ihre Beziehung zum Nadelbaum und zur Natur	Erfahrungen, die Sie mit Nadelbäumen verbinden; sich vom Zeitdruck lösen	Sollten Sie sich mehr in die Natur begeben? Fühlen Sie sich zurzeit gestresst und brauchen Sie mehr Ruhe und Erholung?
	Beziehungsstufe	Beständigkeit, Harmonie oder Neues	Suche nach Harmonie und Treue in Beziehungen	Brauchen Sie Harmonie und Beständigkeit in Beziehungen? Sollten Sie Neues wagen?
POSITIV (Die Bäume oder der Kontext, in dem sie vorkommen, werden als positiv erfahren.)	Subjektstufe	Beständigkeit bringt wohltuende Ruhe ins Leben.	Sich auf alte Werte, Vorstellungen und Verhaltensweisen besinnen	Benötigen Sie mehr Ruhe? Sollten Sie sich deshalb auf bewährte Denk- und Verhaltensmuster besinnen?
	Objektstufe	Ihre positive Einstellung zu diesen Bäumen	Positive Erfahrungen mit Nadelbäumen, Sehnsucht nach ähnlichen Erfahrungen	Welche positiven Erfahrungen verbinden Sie mit den Nadelbäumen Ihres Traumes?
	Beziehungsstufe	Beständigkeit und Treue in Beziehungen tun Ihnen gut.	Beständigkeit und Harmonie in Beziehungen sind notwendig, werden positiv empfunden.	Versuchen Sie, in wichtige Beziehungen Beständigkeit und Harmonie und damit Ruhe zu bringen.
NEGATIV (Die Bäume oder der Kontext, in dem sie vorkommen, werden negativ erfahren.)	Subjektstufe	Tendenz zur Beständigkeit führt zur Erstarrung.	Alte Muster und Fixierungen in der Kindheit verhindern neue Erkenntnisse über sich selbst.	Welche alten und überholten Denk- und Gefühlsmuster verhindern wichtige Einsichten über Ihre Person und Ihr Leben?
	Objektstufe	Nadelbaum oder Nadelwald wird bedrückend erlebt.	Negative Erfahrungen mit diesen Bäumen oder solchen Wäldern	Welche negativen Erfahrungen verbinden sich mit diesem speziellen Baum oder mit dem Nadelwald?
	Beziehungsstufe	Neue Impulse in Beziehungen sind notwendig.	Sehnsucht nach Beständigkeit und Harmonie in Beziehungen verhindert einen Neuanfang.	Welche alten, für Sie negativen Erfahrungen führen zu einer zu stark ausgeprägten Harmoniesuche in Ihren Beziehungen?

Nagetiere

Gefühl	Problemfeld	Themen	Deutungen/ Fragen
NEUTRAL (Das Nagetier löst keine eindeutigen Gefühle aus.)	Destruktive Gedanken, Aggressivität, Häuslichkeit	Alltägliche Sorgen, die sich bis zu Selbstzweifeln und Schuldgefühlen (Ratte) steigern können	Welche nagenden Sorgen beschäftigen Sie zurzeit? Sollten Sie sich nicht besser wesentlicheren Dingen zuwenden?
	Ihre Beziehung zu dem Nagetier	Erfahrungen mit dem Nagetier	Sind Sie solchen Tieren schon einmal begegnet, und was empfanden Sie dabei?
	Destruktive Gedanken in Beziehungen	Sorgen, Selbstwertprobleme, Selbstzweifel beeinflussen Beziehungen.	Machen Sie sich zu viele Gedanken über Ihre Beziehungen? Versuchen Sie, sich mehr mit Ihren positiven Seiten zu zeigen.
POSITIV (Das Nagetier löst positive Gefühle aus.)	Schlauheit, Fruchtbarkeit und/oder Häuslichkeit	Das Positive im Unscheinbaren erkennen	Sehnen Sie sich nach Zärtlichkeit und Zuwendung, aber trauen sich dies nicht offen einzugestehen?
	Positive Gefühle gegenüber Nagetieren	Positive Erfahrungen mit Nagetieren, vielleicht als Haustier	Was verbinden Sie Positives mit Nagetieren? Können Sie ähnliche Eigenschaften auch an sich selbst entdecken?
	Zuwendungsbedürfnisse in Beziehungen	Gelebte Unterstützung und Zärtlichkeit befruchten Beziehungen.	Lernen Sie, zu Ihren Bedürfnissen nach Zuwendung zu stehen, und nutzen Sie Ihre listigen Seiten, um Zuwendung zu erhalten.
NEGATIV (Das Nagetier löst negative Gefühle aus, von Abwehr bis Bedrohung und Ekel.)	Selbstwertprobleme, Selbstzweifel	Destruktive Gefühle sich selbst gegenüber überwiegen; Gefühl von Nichtigkeit	Stammen die destruktiven Gefühle primär aus Ihrer Vergangenheit? Können Sie sich heute in positiverem Licht sehen?
	Angst, Ekelgefühle gegenüber Nagetieren	Reale, negative Erfahrungen mit/negative Assoziationen zu Nagetieren	Bei Frauen: Angst vor Sexualität? Kennen Sie Menschen in Ihrem Umfeld, die Sie mit dem Nagetier vergleichen würden?
	Minderwertigkeitsgefühle in Beziehungen	Man steht nicht zu sich selbst und wagt nicht, wichtige Dinge in Beziehungen anzusprechen.	Reden Sie mit Ihrem/r Partner/in über Ihre Selbstwertprobleme und darüber, wie sich diese auf Ihre Beziehung auswirken.

Obst/Früchte

Subjektstufe
Objektstufe
Beziehungsstufe

Gefühl	Problemfeld	Themen	Deutungen/Fragen
NEUTRAL (Das Obst löst keine deutlichen Gefühle aus.)	Von mir Erschaffenes trägt Früchte; Chancen nutzen	Früchte des Lebens, die in mir und außerhalb von mir entstanden, sollten geerntet werden.	Was ist durch mich entstanden und trägt Früchte? Wo soll ich die Chancen nun nutzen, die durch meinen Erfolg entstehen?
	Gesunde Ernährung, Vitamine	Vermehrt Vitamine aufnehmen; ungesunde Ernährung	Sollten Sie mehr auf eine gesunde Ernährung achten?
	Erotische Fantasien; oder: Beziehungen lassen diese nicht zu.	Defizite im erotisch-sexuellen Bereich, Fantasien und Sehnsüchte	Welche erotisch-sexuellen Fantasien nehme ich zu wenig wahr? Lebe ich sie nicht oder zu wenig aus?
POSITIV (Die Früchte sind reif und schmackhaft – werden mit positiven Gefühlen gegessen.)	Durch mein Handeln entstandene Chancen	Die Zeit ist reif, die Möglichkeiten, die sich bieten, zu nutzen.	Nehmen Sie Ihre Ideen und Vorstellungen, die sich in Ihnen entwickelt haben, wahr und setzen Sie diese in die Tat um.
	Gesunde Ernährung wird Ihnen gut tun.	Positive Erinnerungen an die jeweilige Frucht?	Der Genuss der Frucht wird Ihnen gut tun.
	Erotische Fantasien sind mit positiven Gefühlen verbunden.	Hinwendung zu Ihren erotisch-sexuellen Fantasien – sie sollten gelebt werden.	Wenden Sie sich Ihren erotisch-sexuellen Fantasien zu und teilen Sie diese Ihrer/m Partnerin/Partner mit.
NEGATIV (Obst ist verfault und ungenießbar, ruft unangenehme Gefühle bis Ekel hervor.)	Durch Minderwertigkeitsgefühle Chancen verpassen	Ideen und Möglichkeiten werden wegen Unsicherheit und Selbstwertproblematik nicht genutzt.	Bei welchen Ideen und Möglichkeiten, die sich Ihnen momentan bieten, warten Sie zu lange, diese in die Tat umzusetzen?
	Die Notwendigkeit gesunder Ernährung wird nicht erkannt.	Unangenehme Gefühle (negative Erinnerungen an früher) der Frucht gegenüber verhindern, das Positive der Frucht zu sehen.	Was verbinden Sie an negativen Gefühlen (Erinnerungen) mit dieser Frucht? Wie würde Ihnen heute diese Frucht schmecken?
	Erotische Fantasien sind mit negativen Gefühlen verknüpft.	Angst und Unsicherheit verhindern die Wahrnehmung und das Ausleben Ihrer Fantasien.	Welche Befürchtungen sind mit Ihren erotisch-sexuellen Fantasien verbunden? Reden Sie darüber mit Ihrem/r Partner/in.

Pferd

Gefühl	Problemfeld	Themen	Deutungen/ Fragen
NEUTRAL (Das Pferd wird ohne deutliche Gefühle wahrgenommen.)	Lebenskraft und der Umgang damit: zügellos/gebändigt	Lernen, mit Energien umzugehen, ungebändigte Energien zielgerichtet einzusetzen	Wie gehen Sie mit Ihren Energien um? Können Sie Ihre geistigen Anteile mit den triebhaften Impulsen in Einklang bringen?
	Ihre Beziehung zu Pferden	Erfahrungen bzw. Fantasien, die Sie mit Pferden verbinden	Sind Sie körperlich und seelisch unruhig? Befinden Sie sich in einer Umbruchssituation?
	Umgang mit Energien in Ihren Beziehungen	Zügelloses oder gezügeltes Umgehen mit den Leidenschaften in Beziehungen	Können Sie Ihre Energien gewinnbringend für sich und andere in Beziehungen einbringen? Gelingt es, Leidenschaften zu zügeln?
POSITIV (Das Pferd erscheint gepflegt und wohlgenährt, es lässt sich leicht besteigen und mühelos reiten.)	Der Umgang mit den Energien gelingt bzw. wird erlernt.	Mit Instinkten, Trieben und den daraus resultierenden Leidenschaften wird gut umgegangen.	In leidenschaftlichen Situationen gelingt ein anmutiges, angemessenes Verhalten bzw. Sie können ein solches erlernen.
	Positive Gefühle beim Anblick von Pferden	Positive Erfahrungen oder Fantasien, die mit Pferden verbunden sind	Situationen, in denen Sie Pferde mit Positivem assoziierten und Parallelen zur jetzigen Lebenssituation?
	Positiver Umgang mit instinkthaftem Verhalten	Es gelingt Ihnen, Ihre instinkthaften Energien für sich gewinnbringend einzusetzen.	Sie können in Ihrer jetzigen Lebenssituation lernen, Ihre instinkt- und triebhaften Energien in Beziehungen positiv einzusetzen.
NEGATIV (Das Pferd scheut, geht Ihnen durch oder Sie werden abgeworfen. Das Pferd wirkt ungepflegt.)	Instinkt- und triebhaftes Verhalten wird unbewusst ausgelebt.	Verschwendung von Lebenskräften, Angst, dass die Energien schwinden könnten	Geben Sie Leidenschaften zu sehr nach, obwohl Ihnen bewusst ist, dass diese für Sie unfruchtbar sind?
	Negative Gefühle beim Anblick von Pferden	Negative Erfahrungen oder Fantasien, die mit Pferden verbunden sind	Situationen, in denen Sie Pferde mit Negativem assoziierten? Parallelen zur aktuellen Situation? Wo geht bei Ihnen der Gaul durch?
	Instinkthaftes Verhalten wird zu zügellos ausgelebt.	Verlust von Lebenskräften in Beziehungen; keine Distanz und Struktur bei triebhaften Energien	Sie sollten Ihre Leidenschaften in Beziehungen mehr zügeln, da Sie sonst zu viele Energien unnötig verbrauchen.

Raubtiere

Subjektstufe · Objektstufe · Beziehungsstufe

Gefühl	Stufe	Problemfeld	Themen	Deutungen/ Fragen
NEUTRAL (Das Raubtier löst keine deutlichen Gefühle aus.)	Subjektstufe	Sexuelle und/oder aggressive Impulse – Schattenseiten	Aggressive und/oder sexuelle Impulse werden verdrängt bzw. wahrgenommen.	Können Sie Ihre Aggressionen und sexuellen Impulse wahrnehmen? Welche Rolle spielen diese derzeit? Sollten Sie sie stärker leben?
	Objektstufe	Ihre Einstellung zu Raubtieren	Angezogensein und Ängste bezüglich des Raubtierhaften	Waren Sie vor Kurzem im Zoo oder haben einen Naturfilm gesehen?
	Beziehungsstufe	Sexuelle und/oder aggressive Impulse in Beziehungen	Triebhafte Impulse werden in Beziehungen zu wenig wahrgenommen und gelebt.	In welchen Beziehungen kommen Ihre sexuellen und aggressiven Impulse zu kurz? Können Sie diese in Ihren Beziehungen wahrnehmen?
POSITIV (Sie erfreuen sich am Anblick eines schönen, Raubtiers, es ist Ihnen gegenüber zutraulich.)	Subjektstufe	Integration Ihrer triebhaften Impulse ist möglich.	Annäherung an seine abgewehrten aggressiven und sexuellen Impulse	Sie beginnen, sich mit Ihren aggressiven und aggressiv-sexuellen Impulsen auseinanderzusetzen – Integration in die Persönlichkeit.
	Objektstufe	Faszination an der ursprünglichen Triebhaftigkeit	Raubtiere werden mit einem positiven Blick betrachtet.	Was fasziniert Sie an dem jeweiligen Raubtier? Ist es die Geschmeidigkeit, Unabhängigkeit oder ungezügelte Triebhaftigkeit?
	Beziehungsstufe	Triebhafte Impulse beeinflussen Beziehungen.	Aggressive und sexuelle Impulse werden in Beziehungen nun deutlich wahrgenommen.	Nehmen Sie in Ihren Beziehungen Ihre aggressiven und sexuellen Impulse deutlicher wahr und teilen Sie diese mit.
NEGATIV (Das Raubtier ist bedrohlich, es verfolgt Sie etc.)	Subjektstufe	Ablehnung/ Verdrängung sexueller aggressiver Impulse	Man hat Angst vor der eigenen Triebhaftigkeit, die einem nun bewusster wird.	Was macht Ihnen an Ihren sexuellen und aggressiven Impulsen Angst? Was befürchten Sie?
	Objektstufe	Angst vor ungezügelter Triebhaftigkeit	Raubtiere werden unter ängstlich ablehnendem Blickwinkel betrachtet.	Was lehnen Sie an Raubtieren ab? Ist es ihre Aggressivität, Freiheit oder Zügellosigkeit?
	Beziehungsstufe	Triebhafte Impulse werden in Beziehungen vermieden.	Aggressive und sexuelle Impulse werden unzulänglich wahrgenommen oder indirekt ausagiert.	Was befürchten Sie, wenn Sie aggressive und sexuelle Impulse in Ihren Beziehungen deutlicher wahrnehmen und leben würden?

Regen

Gefühl	Problemfeld	Themen	Deutungen/ Fragen
NEUTRAL (Der Regen wird neutral wahrgenommen.)	Beschäftigung mit Gefühlen und Gedanken trägt Früchte.	Regen sehen: mehr Gefühle zulassen; nass werden: Gefühlsprobleme; Gewitterregen: aufgestaute Emotionen	Versuchen Sie Ihre Gefühle (insbesondere Traurigkeit) zu sehr im Griff zu haben? Inwiefern könnten Ihre Emotionen dazu beitragen, Ihre Schöpferkraft zu intensivieren?
	Ihre reale Einstellung zum Regen	Erfahrungen, die Sie mit Regen gemacht haben	Was verbinden Sie mit Regen und Nässe?
	Gefühle und Gedanken beeinflussen Beziehungen.	Gefühle werden in Beziehungen zu viel oder zu wenig wahrgenommen und gezeigt.	Welche Rollen spielen Gefühle in Ihren Beziehungen? Sollten Sie anders mit Gefühlen in Ihren Beziehungen umgehen?
POSITIV (Der Regen löst positive Gefühle aus.)	Ein positiver Zugang zu Gefühlen befruchtet die Entwicklung.	Wahrnehmung und Erleben von Gefühlen wirkt sich positiv auf die Art des gedanklichen Umgangs mit sich selbst aus.	Sie werden durch den Regen aufgefordert, Ihre Gefühle wahrzunehmen, die Ihnen dazu verhelfen, Ihre Kreativität zu entwickeln. Setzen Sie diese in Ihrem Leben um.
	Positive Einstellung zum Regen	Positive Erfahrungen mit Regen, auch in der Kindheit?	Welche positiven Erfahrungen haben Sie mit Regen gemacht?
	Positive Gedanken und Gefühle in Beziehungen	Gefühle werden als aufbauend erlebt und regen zu fruchtbarem Gedankenaustausch an.	Nutzen Sie Ihren guten Kontakt zu Ihren Gefühlen und tauschen Sie sich darüber mit anderen Menschen aus.
NEGATIV (Der Regen löst negative Gefühle aus.)	Gefühle werden abgewehrt.	Gefühlsprobleme, Angst vor Gefühlen, Angst vor Kontrollverlust	Was macht es Ihnen schwer, sich mit Ihren Gefühlen (Traurigkeit) zu beschäftigen? Lernen Sie, Ihre Gefühle als Chance zu sehen.
	Negative Einstellung zum Regen	Negative Erfahrungen mit Regen – Unfälle etc.	Welche negativen Erfahrungen verbinden Sie mit Regen und Nässe?
	Probleme mit Gefühlen in Beziehungen	Angst vor Gefühlen, davor, sie zu zeigen, behindert den kreativen Umgang mit Beziehungen.	Machen Sie sich Ihre Gefühle anderen Personen gegenüber bewusst und teilen Sie diese mit.

Reptilien

Subjektstufe
Objektstufe
Beziehungsstufe

Gefühl	Stufe	Problemfeld	Themen	Deutungen/Fragen
NEUTRAL (Das Reptil löst keine deutlichen Gefühle aus.)	Subjektstufe	Niedere Triebe, geringes Bewusstsein, Gefühlskälte	Kontrolle grundlegender Triebe; Gefühle werden abgespalten, berechnender Umgang damit.	Welche Triebe empfinden Sie als „minderwertig“? Sind diese Ihnen bewusst? Agieren Sie diese in Ihrem Leben unbewusst aus?
	Objektstufe	Ihre Einstellung zu dem Reptil	Ängste, Ekel, zwiespältige Gefühle	In welcher Situation haben sie ein solches Reptil gesehen?
	Beziehungsstufe	Rücksichtslosigkeit und/oder Misstrauen gegenüber anderen	Distanz gegenüber anderen Menschen; Bedürfnisse werden berechnend durchgesetzt.	In welchen Bereichen gehen Sie über die Interessen von anderen hinweg? Sollten Sie sich kaltblütiger durchsetzen?
POSITIV (Der Anblick des Reptils fasziniert Sie, es ist zutraulich, räumliche Annäherung ist möglich.)	Subjektstufe	Ihre „niederen“ Instinkte werden Ihnen bewusster.	Der kontrollierte und gefühlsdistanzierte Umgang mit diesen Trieben wird als positiv empfunden; vermehrtes Bewusstsein	Beginnen Sie, sich Ihren gefühlsdistanzierten Umgang mit Sexualität und Aggression bewusster zu machen. Fühlen Sie sich von diesem kontrollierten Umgang angezogen?
	Objektstufe	Faszination der Fremdartigkeit	Faszination durch das Reptil überwiegt.	Erfahrungen/direkter Kontakt mit Reptilien in Ihrer Kindheit? Was löste dies in Ihnen aus?
	Beziehungsstufe	Rücksichtslosigkeit in der Beziehung wird bewusster.	Sexualität und Aggression werden kontrolliert und gefühlsarm in Beziehungen ausgelebt.	Sind Sie fasziniert von der Kontrolle über sich und andere, wenn Sie mit Sexualität und Aggression berechnend umgehen?
NEGATIV (Reptil wirkt bedrohlich, es ruft Angst Ablehnung und Ekel hervor.)	Subjektstufe	Abwehr und Verdrängung dieser Seiten	Der kontrollierte und berechnende Umgang mit diesen Trieben wird von Ihnen abgelehnt.	Sehen Sie sich im Umgang mit Sexualität und Aggression gefühlsbetonter, als Sie es vielleicht sind?
	Objektstufe	Abwehr gegenüber diesen Reptilien	Ekel, Abscheu vor der Fremdartigkeit	Was empfinden Sie an diesen Reptilien als eklig und beängstigend?
	Beziehungsstufe	Misstrauen, Rücksichtslosigkeit werden abgewehrt.	Gefühlsdistanzierter Umgang mit grundlegenden Trieben in Beziehungen wird abgelehnt und wird deshalb nicht bewusst.	Im Umgang mit anderen Menschen nehmen Sie sich in triebhaften Bereichen gefühlsbetonter wahr, als Sie es sind. Machen Sie sich die Ablehnung Ihres Verhaltens bewusst.

Schlange

Gefühl	Problemfeld	Themen	Deutungen/Fragen
NEUTRAL (Die Schlange wird neutral wahrgenommen.)	Verwandlung und Wahrheit; Lebensenergie	Bedeutsames Geschehen in der Psyche des Träumenden, wichtige Erkenntnisse über sich	Welche bedeutenden Selbsterkenntnisse beeinflussen Ihr Leben? Könnten Sie Ihre Lebensenergien positiver einsetzen?
	Ihre Einstellung zu Schlangen	Erfahrungen mit Schlangen, real oder in Film und Fernsehen	Sich mit den Gefühlen, die Schlangen in Ihnen auslösen, auseinandersetzen
	Zwiespältige Gefühle Personen gegenüber	Vertrauen/Misstrauen in Beziehungen	Welche Personen lösen Misstrauen aus, (Hintergründe dafür)? Vertrauen Sie Ihren Mitmenschen zu sehr?
POSITIV (Die Schlange löst positive Gefühle aus, wird als schön und Interesse weckend empfunden.)	Annahme von Erkenntnis und Verwandlung	Bewusstmachung und Wandlungsprozesse, Fortschritte in der Persönlichkeitsentwicklung	Wenden Sie sich den anstehenden innerpsychischen und äußeren Veränderungen zu, das hat positive Auswirkungen.
	Faszination und Interesse für Schlangen	Innere positive Bilder, die mit Schlangen verbunden sind	Welche positiven Gefühle und Assoziationen verbinden Sie mit Schlangen?
	Veränderungen; Formen von männlicher und weiblicher Sexualität	Veränderungen in Beziehungen aktiv gestalten lernen; Ausdruck der Sexualität verändert sich zum Positiven.	Welche Veränderungen könnten Ihre Beziehungen, insbesondere was Ihren Umgang mit Sexualität angeht, positiv beeinflussen?
NEGATIV (Die Schlange löst eher negative Gefühle aus, wird als bedrohlich und/oder eklig erlebt.)	Bewusstmachung und Wandlungsprozesse lösen Angst aus.	Tendenzen zur Flucht vor den notwendigen Erkenntnissen und Veränderungen	Was ängstigt Sie an den wichtigen Erkenntnissen, die Ihnen momentan bewusst werden? Was hilft Ihnen, diese Ängste zu überwinden?
	Ekel- und Angstgefühle gegenüber Schlangen	Negative Assoziationen, die mit dem Bild von Schlangen verbunden sind; Darmprobleme?	Negative Gefühle gegenüber Schlangen könnten auf Darmprobleme hinweisen.
	Angst vor anderen Formen von Sexualität	Angst vor Veränderung in Beziehungen und vor verändertem Umgang mit Sexualität	Was befürchten Sie, insbesondere im sexuellen Bereich, wenn Sie die anstehenden Veränderungen in Ihren Beziehungen angehen?

Schnee

- Subjektstufe
- Objektstufe
- Beziehungsstufe

Gefühl	Stufe	Problemfeld	Themen	Deutungen/Fragen
NEUTRAL (Der Schnee wird neutral wahrgenommen.)	Subjektstufe	Innerer Rückzug, Ruhebedürfnis; Distanz zu Gefühlen; Stillstand	Neue Sichtweise im Hinblick auf sich selbst; emotionale Distanz verhindert Erkenntnisse.	Was versuchen Sie emotional von sich fernzuhalten? Sollten Sie Dinge ruhiger angehen, indem Sie auf Distanz zu Ihren Gefühlen gehen?
	Objektstufe	Ihre reale Einstellung zu Schnee	Erfahrungen, die Sie mit Schnee gemacht haben	Was verbinden Sie mit Schnee und Kälte?
	Beziehungsstufe	Emotionaler Rückzug aus Beziehungen	Auseinandersetzungen aus dem Weg gehen, mögliche Streitpunkte zudecken	Benötigen Sie emotionale Distanz in Ihren Beziehungen? Möchten Sie „cooler" mit anderen Menschen umgehen?
POSITIV (Der Schnee löst positive Gefühle aus; lustvolles Skifahren, Ruhe, Geborgenheit)	Subjektstufe	Gefühlsdistanz eröffnet neue Sichtweisen.	Skifahren: Sinnesrausch durch Gefühlsdistanz; Schnee: problematische Ansichten relativieren	Gewinnen Sie Distanz zu sich durch Abmilderung Ihrer emotional betonten Sicht auf sich selbst – neues Selbstbild!
	Objektstufe	Positive Einstellung zum Schnee	Positive Erfahrungen mit Schnee, auch in der Kindheit?	Welche positiven Erfahrungen haben Sie mit Schnee gemacht?
	Beziehungsstufe	Innerer Rückzug und Beziehungsprobleme werden relativiert.	Distanz zu Ihren Gefühlen anderen Personen gegenüber verhindert Gefühlsverstrickungen.	Betrachten Sie Ihre Beziehungen aus einer gewissen emotionalen Distanz, das eröffnet neue Sichtweisen auf diese.
NEGATIV (Der Schnee löst negative Gefühle aus; Kälte oder Angst, durch Schnee zu verunglücken etc.)	Subjektstufe	Gefühlsdistanz führt zu vereinfachenden und falschen Selbstbildern.	Ängste, sich mit den anstehenden Konflikten auf der emotionalen Ebene auseinanderzusetzen; Verbergen der Konflikte	Sie versuchen, durch Distanz zu Ihren Gefühlen die Brisanz der innerpsychischen Konflikte vor sich und anderen zu verbergen.
	Objektstufe	Negative Einstellung zu Schnee	Negative Erfahrungen mit Schnee, etwa Unfälle	Welche negativen Erfahrungen verbinden Sie mit Schnee und Winter? Einsamkeit, Kälte?
	Beziehungsstufe	Gefühlskälte in Beziehungen	Versuch, durch Gefühlsdistanz anstehenden Konflikten aus dem Weg zu gehen	Machen Sie sich Ihre Gefühle anderen Personen gegenüber bewusst und teilen Sie diese den anderen mit.

Sommer

Gefühl	Problemfeld	Themen	Deutungen/ Fragen
NEUTRAL (Der Sommer wird neutral wahrgenommen.)	Energie, Tatkraft, Ausgeglichenheit	Zeit, sich seinen inneren oder äußeren Projekten zuzuwenden und diese umzusetzen	Welche Ideen sollten Sie nun in Ihrem Leben umsetzen? Besteht in Ihnen der Wunsch nach mehr Tatkraft?
	Ihre Einstellung zum Sommer	Wunsch nach Sommer, Urlaub; oder Angst vor der Hitze	Sehnen Sie sich nach Wärme und Urlaub?
	Erfüllte Beziehungen oder der Wunsch danach	Beziehungen fühlen sich vollständig an. Es ist an der Zeit, Beziehungsprobleme zu klären.	Ihre Beziehungen fühlen sich reif an. Beziehungsprobleme sollten Sie nun aktiv angehen.
POSITIV (Der Sommer löst positive Gefühle aus, Wärme wird als angenehm empfunden.)	Energie und Tatkraft tragen positiv zur Entwicklung bei.	Mitte des Lebens; Leistungsbereitschaft; Erfolg durch Aktivitäten	Sie stehen auf der Höhe Ihrer Leistungsfähigkeit. Nutzen Sie diese Zeit für Ihre Persönlichkeitsentwicklung.
	Positive Einstellung zum Sommer	angenehme Wärme; Wunsch nach Erholung und Freizeit	Wünschen Sie sich nachts mehr körperliche Wärme?
	Reife und Fülle in Beziehungen	Entspannter und lockerer Umgang mit nahe stehenden Menschen	Beeinflussen Sie jetzt konstruktiv Ihre Beziehungen dank Ihrer positiven Aktivitäten.
NEGATIV (Der Sommer löst negative Gefühle aus, Wärme wird als unangenehm empfunden; Suche nach Kühle)	Angst vor der eigenen Tatkraft, überhöhte Ansprüche an sich selbst	Sehnsucht nach Ruhe und Ausgeglichenheit wird abgewehrt, permanente Leistungsbereitschaft wird erwartet.	Was befürchten Sie, wenn Sie mit Ihren positiven Energien mehr in Kontakt kämen? Haben Sie zu hohe Erwartungen an sich und an Ihre Leistungskraft?
	Negative Einstellung zum Sommer	Negative Vorstellungen, die Sie mit Urlaub, Freizeit und Sommer verbinden	Ist es Ihnen nachts im Bett zu warm? Sollten Sie eine leichtere Decke nehmen oder bei geöffnetem Fenster schlafen?
	Reife und Fülle in Beziehungen werden abgewehrt.	Konflikte in Beziehungen können nicht losgelassen werden.	Was befürchten Sie, wenn Sie Beziehungen nicht mehr als anstrengend empfinden würden?

Spinne

Subjektstufe
Objektstufe
Beziehungsstufe

Gefühl	Problemfeld	Themen	Deutungen/Fragen
NEUTRAL (Die Spinne wird neutral wahrgenommen.)	Schattensymbol; dunkle, weibliche Kraft	Angst vor Abhängigkeit, Ablehnung der weiblichen Seite, Gefahrensymbol	Welche Probleme gab oder gibt es in der Beziehung zu Ihrer Mutter, und wie wirken sich diese auf Sie aus?
	Ihre Einstellung zu Spinnen	Ekelgefühle oder Faszination	Welche Erfahrungen haben Sie mit Spinnen gemacht?
	Angst vor Abhängigkeit, Angst vor dem Weiblichen	Grenzüberschreitendes Verhalten bei sich und anderen; Verlust von Energien durch bestimmte Beziehungen	Haben Sie Angst, sich in Beziehungen zu verlieren? Angst vor Intrigen und weiblicher List? Befürchten Sie, von anderen Menschen ausgenutzt zu werden?
POSITIV (Die Spinne löst positive Gefühle aus – Interesse, Neugierde, Faszination etc.)	Kontakt mit den eigenen dunklen weiblichen Kräften	Konzentration auf das Wesentliche	Sie können sich ihre eigenen unbewussten Ängste vor Abhängigkeit und die Ablehnung weiblicher Anteile bewusst machen.
	Positive Einstellung zur Spinne	Faszination	Was fasziniert Sie an Spinnen? Können Sie ähnliche Eigenschaften an sich entdecken?
	Bewusstmachung der Ängste vor Abhängigkeit und dem Weiblichen	Bewusstmachung des Misstrauens und der sexuellen Lust, die mit Schuldgefühlen gekoppelt ist, verändert Beziehungen.	Sie haben die Möglichkeit, sich Ihrer Angst vor Abhängigkeit, Ihrer eigenen Intrigen oder der anderer Menschen bewusst zu werden und diese anzusprechen.
NEGATIV (Die Spinne löst negative Gefühle aus – Abwehr, Ekel, Angst etc.)	Angst vor den eigenen dunklen weiblichen Kräften lähmt.	Angst vor Abhängigkeit; Energieverlust verhindert Bewusstmachung; Gefahrensymbol	Was verhindert die Bewusstmachung Ihres Mutterkomplexes und deren Auswirkungen auf Ihr Leben?
	Negative Einstellung zur Spinne	Ekel und Angst vor Spinnen	Was fürchten Sie an Spinnen? Kennen Sie dies bei sich selbst oder anderen Menschen?
	Angst vor Abhängigkeit und dem Weiblichen überwiegt.	Ängste vor dem Weiblichen, Intrigen und Abhängigkeiten lähmen Ihre Beziehungen.	Nehmen Sie die Lähmung in Beziehungen, hervorgerufen durch Ängste vor dem Weiblichen, wahr. Sprechen Sie diese an.

Stein (Felsen)

Gefühl	Problemfeld	Themen	Deutungen/Fragen
NEUTRAL (Der Stein wird neutral wahrgenommen.)	Festigkeit, Starrheit, Kälte, Beständigkeit	Standfestigkeit oder Flexibilität	Halten Sie zu sehr an Einstellungen und Meinungen über sich fest oder sollten Sie sich nicht so schnell verunsichern lassen?
	Ihre Einstellung zu Steinen	Härte, Struktur, Kälte	Welche Erfahrungen haben Sie mit Steinen gemacht?
	Starrheit oder Beständigkeit in Beziehungen	Beständigkeit kann zur Erstarrung in der Beziehung führen.	Sollten Sie im Kontakt zu Ihren Mitmenschen lernen, mehr zu Ihren Meinungen zu stehen oder sich flexibler zeigen?
POSITIV (Der Stein löst positive Gefühle aus – z. B. Interesse, Faszination.)	Festigkeit und Beständigkeit sind gefordert.	Beständigkeit in der Selbsterkenntnis	Halten Sie an Ihrem eingeschlagenen Weg fest, lassen Sie sich auch durch irritierende Erfahrungen nicht davon abbringen.
	Positive Einstellung zu Steinen	Struktur, Härte und Kühle von Steinen wirken angenehm.	Welche positiven Erinnerungen haben Sie an die Art Steine aus Ihrem Traum?
	Beständigkeit in Beziehungen fördert diese.	Fluchttendenzen bei Problemen in Beziehungen nicht nachgeben	Auch wenn Sie Beziehungen als für sich schwierig und belastend empfinden, versuchen Sie, diese mit Hilfe Ihrer Standfestigkeit durchzustehen.
NEGATIV (Der Stein löst negative Gefühle aus, Kälte und Härte wird negativ wahrgenommen.)	Starrheit, Kälte und Unbarmherzigkeit	Mehr Flexibilität und Offenheit sich selbst und seinen Gefühlen gegenüber ist nötig.	Sie haben die Tendenz, kalt und unnachgiebig mit sich umzugehen. Versuchen Sie, sich selbst gegenüber offener zu werden.
	Negative Einstellung zu Steinen	Härte und Kälte von Steinen wirken unangenehm.	Welche negativen Erinnerungen haben Sie an an die Art Steine aus Ihrem Traum?
	Beständigkeit führt zu Erstarrung in Beziehungen.	Festhalten an alten und destruktiven Beziehungsmustern führt zur Erstarrung und vielleicht zum Ende von Beziehungen.	In welchen Bereichen Ihrer Beziehungen fühlen Sie sich erstarrt und tot? Könnten Sie diese mit Hilfe von Gesprächen und Ideen beleben?

Temperatur

Subjektstufe
Objektstufe
Beziehungsstufe

Gefühl	Problemfeld	Themen	Deutungen/ Fragen
NEUTRAL (Die Temperatur wird neutral wahrgenommen.)	Gefühlszustände	Warm: Mitgefühl, Herzlichkeit; kühl: Distanz zu Gefühlen, Unpersönlichkeit	Warm: Sehnen Sie sich nach innerer Wärme? Kühl: Gehen Sie zu „cool" mit sich um?
	Ihre Einstellung zu warm und kalt	Erfahrungen mit den unterschiedlichen Temperaturen	Haben Sie in der Nacht gefroren oder war Ihnen zu warm?
	Gefühlszustände in Beziehungen	Warm: Man empfindet sich als warme Person/möchte es sein. Kühl: Man erlebt sich als distanziert/wünscht sich, so zu sein.	Warm: Sehnen Sie sich nach mehr Wärme in Ihren Beziehungen? Empfinden Sie sich selbst als zu kalt? Kalt: Sind Sie oder andere zu distanziert?
POSITIV (Die Temperatur wird als angenehm und wohltuend wahrgenommen.)	Ausgeglichene Gefühlszustände	Warm: Innere Wärme ist vorhanden. Kalt: Emotionale Distanz wird angenehm erlebt.	Warm: Sie gehen mitfühlend und mit Herzenswärme mit sich um. Kalt: Distanz zu Ihren Gefühlen tut Ihnen gut.
	Positive Einstellung zu warm und kühl	Positive Erfahrungen mit warm oder kühl	Ihr Temperaturempfinden ist ausgeglichenoder Sie wünschen sich das.
	Gefühlszustände in Beziehungen werden als stimmig erlebt.	Warm: Man erlebt sich oder andere als warme Person. Kühl: Distanz erscheint notwendig.	Warm: Sie erleben sich und andere als herzlich und zugewandt. Kühl: Emotionale Distanz wird als wohltuend empfunden.
NEGATIV (Die Temperatur wird als extrem und von daher als unangenehm empfunden.)	Extreme Gefühlszustände	Heiß: hitzige Gefühle, Leidenschaften; kalt: Rückzug, Verbitterung, Mutlosigkeit	Heiß: Sie sollten versuchen, sich von Ihren hitzigen Gefühlen zu distanzieren. Kalt: In welchen Bereichen haben Sie resigniert?
	Negative Einstellung zu extremen Temperaturen	Negative Assoziationen und Erfahrungen im Hinblick auf extreme Temperaturen	Wann haben Sie zuletzt solch extreme Temperaturen erlebt? Was verbinden Sie mit diesen?
	Extreme Gefühlszustände in Beziehungen	Heiß: Leidenschaften in Beziehungen; kalt: Rückzug aus Beziehungen	Heiß: Sie sollten in Ihrer Beziehung mehr den Kopf einschalten. Kalt: Sie sollten mehr auf andere Menschen zugehen.

Tier

Gefühl	Problemfeld	Themen	Deutungen/ Fragen
NEUTRAL (Das Tier wird neutral wahrgenommen.)	Animalische Aspekte der Persönlichkeit	Unbewusste oder wenig bewusste triebhafte Impulse und Gefühle	Je freier und wilder das Tier ist und sich im Traum zeigt, umso stärker sind Ihre unbewussten triebhaften Anteile.
	Ihre Einstellung zu diesem Tier	Reale Erfahrungen oder indirekte über Film und Fernsehen	Was verbinden Sie mit diesem Tier? Welche Gefühle löst es in Ihnen aus?
	Animalische Impulse in Beziehungen	Unbewusste triebhafte Impulse (Sexualität, Aggression) werden zu wenig oder zu stark in Beziehungen gelebt.	Bestimmen Ihre triebhaften Impulse unbewusst Ihren Umgang mit anderen Menschen? Sollten Sie sich dieser Impulse in Ihren Beziehungen bewusster werden?
POSITIV (Das Tier löst positive Gefühle aus, wirkt faszinierend, man nähert sich ihm an etc.)	In Kontakt kommen mit den animalischen Aspekten	In Kontakt sein mit den unbewussten triebhaften Impulsen/sich ihrer bewusst werden	Machen Sie sich ihre unterdrückten/verdrängten Impulse (Sexualität, Aggression) bewusst, integrieren Sie diese in Ihr Leben.
	Positive Einstellung zu diesem Tier	Positive Vorstellungen, die mit diesem Tier verbunden werden	Fasziniert Sie dieses Tier auch real?
	Annäherung an animalische Impulse in Beziehungen	Triebhafte Impulse können bewusster wahrgenommen werden.	Sie können sich Ihre triebhaften Impulse und Gefühle in Ihren Beziehungen bewusster machen.
NEGATIV (Das Tier löst Angst, Bedrohungsgefühl, Abscheu, Abwehr etc. aus.)	Angst vor den eigenen animalischen Impulsen schafft Abwehr.	Angst und Bedrohungsgefühle verhindern die Bewusstmachung eigener animalischer Anteile.	Was befürchten Sie, wenn sie sich Ihrer eigenen triebhaften Impulse bewusster werden würden? Werden Ihr Selbstbild und Ihre Kontrolle möglicherweise bedroht?
	Negative Einstellung zu diesem Tier	Negative Vorstellungen, die mit diesem Tier verbunden werden	Lehnen Sie dieses Tier in der Realität ab? Informationen zu diesem Tier besorgen!
	Triebhaftes wird für Beziehungen als bedrohlich erlebt.	Eigene animalische Anteile bedrohen Selbstbild oder Kontrolle in Beziehungen.	Haben Sie Angst, wegen Ihrer eigenen animalischen Anteile von anderen abgelehnt zu werden?

Umweltverschmutzung

- Subjektstufe
- Objektstufe
- Beziehungsstufe

Gefühl		Problemfeld	Themen	Deutungen/Fragen
NEUTRAL (Die Umweltverschmutzung wird neutral wahrgenommen oder erlebt.)	Subjektstufe	Sichtbare und unsichtbare negative Kräfte	Verschmutzung der Luft: negative Gedanken, des Wassers: negative Gefühle, der Erde: Realität wird negativ empfunden.	Machen Sie sich Ihre negativen Kräfte und deren Hintergründe bewusst, und versuchen Sie bewusst, sich diesen zu entziehen, indem Sie positive Erfahrungen dagegen setzen.
	Objektstufe	Auseinandersetzung mit realer Umweltverschmutzung	Sie oder andere Menschen gehen verantwortungslos mit der Natur um.	Setzen Sie sich aktiver mit der Eigenverantwortung im Bereich Umweltverschmutzung auseinander.
	Beziehungsstufe	Negative Kräfte in Beziehungen	Negative Gedanken und Gefühle beeinträchtigen Beziehungen.	Lassen Sie den negativen Gedanken und Gefühlen in Ihren Beziehungen freien Lauf?
POSITIV (Umweltverschmutzung wirkt nicht bedrohlich, man fühlt sich davor geschützt.)	Subjektstufe	Negative Kräfte werden wahrgenommen; Schutz davor	Negative Gedanken und Gefühle verlieren durch das Bewusstwerden ihre Wirkung.	Sie sind sich Ihrer negativen Gedanken und Gefühle bewusst, wodurch diese ihre destruktive Wirkung verlieren.
	Objektstufe	Umweltverschmutzung wird verharmlost.	Man tut zu wenig gegen die Umweltverschmutzung.	Verschmutzen Sie selbst die Umwelt? Tun Sie etwas gegen Umweltverschmutzung?
	Beziehungsstufe	Negative Kräfte beeinflussen nur geringfügig die Beziehungen.	Negative Gedanken und Gefühle sind bewusst und können ausgesprochen werden.	Werden Sie sich Ihrer negativen Kräfte in sich bewusst. Sprechen Sie diese in Ihren Beziehungen an.
NEGATIV (Die Umweltverschmutzung wird bedrohlich erlebt, man fühlt sich gelähmt, ausgeliefert.)	Subjektstufe	Negative Kräfte beherrschen den/die Träumer/in.	Man fühlt sich seinen negativen Gedanken und Gefühlen ausgeliefert, sie werden ausgelebt.	Sind Sie sich Ihrer negativen Gefühle zu wenig bewusst? Achten Sie darauf, diese nicht automatisiert auszuleben.
	Objektstufe	Angst vor der Umweltverschmutzung lähmt.	Ängstliche Fixierung auf Umweltverschmutzung; Gefühl des Ausgeliefertseins	Machen Sie sich bewusst, was Sie gegen die Umweltverschmutzung tun können. Wenden Sie sich aktiv diesem Problem zu.
	Beziehungsstufe	Angst, von anderen negativ beeinflusst zu werden	Angst vor den eigenen negativen Kräften oder denen der anderen behindert Beziehungen.	Fühlen Sie sich in Ihren Beziehungen den negativen Gefühlen und Gedanken von sich und anderen ausgeliefert?

Vögel

Gefühl	Problemfeld	Themen	Deutungen/ Fragen
NEUTRAL (Der Vogel wird neutral wahrgenommen.)	Gedanken und Phantasien	Überblick haben wollen; Abgehobensein, Frohsinn, Erotik, Unabhängigkeit	Haben Sie die Tendenz, in Ihre Gedankenwelt zu entfliehen, oder sollten Sie sich selbst aus größerer Distanz betrachten?
	Ihre Einstellung zu diesen Vögeln	Gefühle und Gedanken zu diesen speziellen Vögeln	Wann sind Ihnen solche Vögel begegnet? Was verbinden Sie mit diesen Vögeln?
	Gedanken und (erotische) Phantasien in Beziehungen; Distanz in Beziehungen	Abgehoben sein oder Suche nach Distanz in Beziehungen; erotische Phantasien	Betrachten Sie Ihre Beziehung aus einem zu distanzierten Blickwinkel oder benötigen Sie mehr Unabhängigkeit? Wünschen Sie sich Frohsinn und Erotik in Ihren Beziehungen?
POSITIV (Der Vogel wird in positivem Kontext wahrgenommen, ist zutraulich, schön etc.)	Gedanken und Fantasien sind hilfreich.	Überblick und Distanz gegenüber der eigenen Person ist hilfreich.	Betrachten Sie sich, Ihre Gefühle und Probleme aus einem distanzierteren Blickwinkel? Sind Sie zu sehr der Realität verhaftet?
	Freiheit/Unabhängigkeit faszinieren.	Diese Vögel faszinieren und interessieren den/die Träumer/in.	Was fasziniert Sie an diesen Vögeln, und was verbinden Sie mit diesen?
	Gedanken und Fantasien sind in Beziehungen hilfreich.	Gedanken und (erotische) Vorstellungen helfen, Beziehungen auf eine neue Basis zu stellen.	Ihre Gedanken und Fantasien beflügeln Ihre Beziehungen, besonders, wenn es Ihnen gelingt, diese in den Beziehungen umzusetzen.
NEGATIV (Der Vogel wird negativ wahrgenommen, er erregt Ablehnung und andere negative Gefühle.)	Gedanken und Fantasien sind zu stark oder zu gering ausgeprägt.	Überblick und Distanz zur eigenen Person – Abgehoben sein oder Angst davor, sich in (Gedanken) Freiheit zu verlieren	Verlieren Sie sich in Ihren Vorstellungen und entfernen sich vom Boden der Realität? Sind Sie zu sehr mit Problemen identifiziert und haben Angst, diese distanzierter zu sehen?
	Negative Einstellung zu diesen Vögeln	Negative Assoziationen und/oder Erfahrungen	Was verbinden Sie mit dieser Art von Vögeln, was lehnen Sie an ihnen ab?
	Gedanken beeinflussen Beziehungen negativ.	Unrealistische Gedanken und Vorstellungen im Hinblick auf Beziehungen	Verlieren Sie sich bezüglich Ihrer Beziehungen in Fantasien, die Sie in der Realität nicht umsetzen können?

Wald

Subjektstufe
Objektstufe
Beziehungsstufe

Gefühl	Stufe	Problemfeld	Themen	Deutungen/Fragen
NEUTRAL (Der Wald wird neutral wahrgenommen.)	Subjektstufe	Begegnung mit dem Unbewussten	Dieses Symbol tritt häufig in Übergangsphasen und Krisen auf.	Was begegnet Ihnen im Wald, und für welche Anteile könnte dies stehen? Diese sollten Sie in sich entdecken und umsetzen.
	Objektstufe	Ihre Einstellung zum Wald	Erfahrungen, die Sie mit dem Wald gemacht haben	Was verbinden Sie mit dem Wald? Sollten Sie öfter in die Natur gehen?
	Beziehungsstufe	Unbewusstes beeinflusst Beziehungen.	Beziehung befindet sich in Übergangsphase; Bewusstwerdung unbewusster Anteile	Was unbewusst Ihre Beziehungen beeinflusst, wird durch Wesen symbolisiert, die Ihnen im Wald begegnen.
POSITIV (Der Wald erscheint in positivem Kontext.)	Subjektstufe	Begegnung mit dem Unbewussten wird gesucht.	Die Übergangsphase wird als Herausforderung empfunden.	Sie nähern sich Ihren unbewussten Anteilen, die für Ihr jetziges Leben wichtig sind, an.
	Objektstufe	Ihre positive Einstellung zum Wald	Positive Erfahrungen mit dem Wald; Naturverbundenheit	Für Sie ist die Erfahrung der Natur besonders heilend, und Sie sollten sie pflegen.
	Beziehungsstufe	Unbewusstes in Beziehungen wird bewusst.	Die Bewusstmachung unbewusster Anteile befruchtet Ihre Beziehungen.	Wenn Sie Ihren unbewussten Gefühlen und Bedürfnissen begegnen, tun Sie damit Ihrer Beziehung Gutes.
NEGATIV (Der Wald erscheint in negativem Kontext.)	Subjektstufe	Unbewusstes bedroht und wird abgewehrt.	Unbewusste Anteile werden abgewehrt, deshalb können Chancen nicht genutzt werden.	Wovor haben Sie Angst, wenn Sie mit Ihren unbewussten Gefühlen und Bedürfnissen in Kontakt kämen?
	Objektstufe	Ihre negative Einstellung zum Wald	Negative Erfahrungen oder Assoziationen, die Sie mit dem Wald verbinden	Gehen Sie öfter mit Freunden im Wald spazieren.
	Beziehungsstufe	Unbewusstes in Beziehungen wird abgewehrt.	Probleme in Beziehungen entstehen durch Gefühlsabwehr.	Ängste vor Veränderung verhindern die Bewusstmachung unbewusster Gefühle, die in Ihren Beziehungen eine bedeutende Rolle spielen.

Wasser

Gefühl	Problemfeld	Themen	Deutungen/Fragen
NEUTRAL (Das Wasser wird neutral wahrgenommen.)	Wasser ist ein archetypisches Symbol für Gefühle.	Gefühle aus der Vergangenheit und Gegenwart	Ihre emotionale Beweglichkeit wird angesprochen.
	Ihre Einstellung zu Wasser	Was verbinden Sie mit Wasser?	Welchen Stellenwert nimmt Wasser in Ihrem Leben ein?
	Umgang mit Emotionen auf der Beziehungsebene	Gefühle dominieren Beziehungen oder werden zu wenig gezeigt.	Sollten Sie mehr Gefühle in Ihren Beziehungen zulassen oder verunsichern diese Sie?
POSITIV (Das Wasser wird positiv wahrgenommen.)	Mit Gefühlen im Einklang – geringer Widerstand dagegen	Gefühle fördern die Persönlichkeitsentwicklung.	Leben Sie Ihre Gefühle genügend aus oder sollten Sie mehr Gewicht auf den Gefühlsbereich legen?
	Positive, unproblematische Einstellung zum Wasser	Sind Sie eine „Wasserratte"?	Sollten Sie öfter zum Wasser gehen, um zu baden, Boot zu fahren oder Ähnliches?
	Gefühlsaudruck fördert Harmonie in Beziehungen.	Gefühle werden in Beziehungen ausreichend gelebt oder sollten mehr gelebt werden.	Ihnen ist klar, dass Gefühle Ihre Beziehungen bereichern, nun sollten Sie auch wirklich danach leben.
NEGATIV (Das Wasser wird negativ wahrgenommen.)	Gefühle werden abgewehrt – großer Widerstand.	Verdrängung und Verleugnung von Gefühlen behindert Persönlichkeitsentwicklung.	Empfinden Sie Gefühle als bedrohlich? Was befürchten Sie, wenn Sie mit Gefühlen in Kontakt kämen? Angst vor Kontrollverlust?
	Negative Einstellung zum Wasser?	Wasserscheu? Negative Erfahrungen mit Wasser (z. B. fast ertrunken etc.)?	Sollten Sie sich vorsichtig dem Wasser annähern?
	Gefühlsabwehr behindert Beziehungsentwicklung.	Gefühle sollten in Beziehungen vermehrt wahrgenommen und gelebt werden.	Haben Sie Angst, bloßgestellt zu werden, wenn Sie in Ihren Beziehungen Gefühle zeigen?

Winter

- Subjektstufe
- Objektstufe
- Beziehungsstufe

Gefühl	Stufe	Problemfeld	Themen	Deutungen/Fragen
NEUTRAL (Der Winter wird neutral wahrgenommen.)	Subjektstufe	Energielosigkeit, Rückzug, Selbstbesinnung	Lebensphase der inneren Einkehr	Sollten Sie sich vermehrt auf sich selbst besinnen, um wichtige Einsichten über sich zu gewinnen.
	Objektstufe	Ihre Einstellung zum Winter	Assoziationen zum Winter, Erfahrungen mit dem und im Winter	Was verbinden Sie mit dem Winter und welche Erfahrungen haben Sie damit gemacht?
	Beziehungsstufe	Rückzug aus Beziehungen	Desinteresse an Partnern; Auseinandersetzungen aus dem Weg gehen	Befürchten Sie, dass Ihre Beziehungen einfrieren? Vernachlässigen Sie Ihre Beziehungen zu sehr?
POSITIV (Der Winter wird positiv wahrgenommen.)	Subjektstufe	Selbstbesinnung und innere Einkehr	Geistige Klarheit führt zu tief gehenden Erkenntnissen.	Es ist an der Zeit, sich mit sich selbst auseinanderzusetzen, um die Persönlichkeitsentwicklung voranzutreiben.
	Objektstufe	Positive Einstellung zum Winter	Positive Assoziationen und Erfahrungen mit dem Winter	Was empfanden Sie im Traum am Winter positiv, verhält es sich in der Realität ähnlich?
	Beziehungsstufe	Innere Distanz verhilft zu Klarheit in Beziehungen.	Relativierung der eigenen Gefühle und Selbstreflexion fördern Beziehungen.	Distanz zu Ihren Gefühlen hilft Ihnen, Beziehungen zu klären.
NEGATIV (Der Winter wird negativ wahrgenommen.)	Subjektstufe	Stillstand und Vereinsamung	Hang zu unfruchtbarer Grübelei – Stillstand in der eigenen Entwicklung	Beschäftigen Sie sich zu sehr mit sich selbst, und verschließen sich damit vor den Tatsachen des Lebens?
	Objektstufe	Negative Einstellung zum Winter	Negative Assoziationen zum/negative Erfahrungen mit dem Winter.	Haben Sie in der Nacht gefroren? Oder rufen winterliche Wetterlagen bei Ihnen depressive Verstimmungen hervor?
	Beziehungsstufe	Distanz macht tiefer gehende Beziehungen unmöglich.	Gefühlsdistanz führt zu destruktivem Rückzug aus Beziehungen.	Ziehen Sie sich emotional zu sehr aus Ihren Beziehungen zurück, wodurch Sie Gefahr laufen zu vereinsamen?

Berufe & Arbeitsleben

Dieser Symbolbereich spricht zunächst grundsätzlich an, wie wir uns im Leben bewähren, ob wir uns als „Winner“ oder „Looser“ fühlen. Da neben der Partnerschaft das Geldverdienen und der Erfolg wesentliche Lebensthemen für die meisten Menschen unseres Kulturkreises darstellen, treten entsprechende Symbole häufig im Traum auf.

Berufe

Berufe sind meist mit einem bestimmten Image verbunden. Dieses bietet häufig den ersten Zugang zum Verständnis eines Traums. Berufe mit hohem Image (und/oder hohem Einkommen) entsprechen Freuds These von der „Wunscherfüllung des Traums“. Verweist Sie also dieses Traumsymbol auf irreale Wünsche, die Sie unzufrieden machen, oder spornt es Sie an, sich in Ihrem Beruf mehr anzustrengen? Berufe mit negativem Image sprechen häufig berechtigte oder unberechtigte Abstiegsängste an. Die Hitliste im Bereich der „Traumberufe“ führen heutzutage die Heilberufe an. Durch sie stellt sich die Frage, was Sie für Ihre eigene Heilung tun (sollten). Viele Berufe lassen sich auch ganz wörtlich verstehen: Im Handel wird auf Ihr Handeln verwiesen, bei Dienstleistungsberufen auf das Dienen, im Handwerk auf Ihre praktischen Fähigkeiten und in Berufen des Banken- und Versicherungswesens auf Ihre Einstellung zur (ökonomischen) Sicherheit. Jeder Beruf im Traum stellt letztlich die Frage danach, was Sie als Ihre Berufung empfinden und wie Sie damit umgehen.

Geld

Wer vom großen Vermögen träumt, erliegt meistens einer Wunschfantasie, die tendenziell unzufrieden macht. In diesem Fall sollte man sich mit Neid, Eifersucht und Missgunst auseinandersetzen. Von Geldmangel träumt dagegen oftmals der Ängstliche, der nichts mehr als seine Verarmung fürchtet. Treten solche Träume häufig auf und werden sie als Angstträume erlebt, sollten Sie professionelle Hilfe in Anspruch nehmen. Geldmangel bedeutet oft, dass die Träumer auf Sparflamme leben oder zu depressiver Stimmung neigen.
Geld, das einem mühelos zufällt, verweist auf einen Wunschtraum (s. o.) oder macht Sie darauf auf-

merksam, dass Sie sich zu angestrengt um Ihren Erfolg bemühen – mehr Leichtigkeit und Vertrauen sind in Ihrem Leben angesagt. Geld, das man sich erarbeitet hat, stellt eine Energie dar, die einem zusteht und die man froh nutzen sollte.
Geiz verweist auf ein ungutes Zurückhalten der eigenen Energien (Kardinalsünde). Freigiebigkeit folgt auch im Traum dem ökonomischen Gesetz: Wer viel investiert, bekommt viel heraus.
Wenn Sie bei Ihrem Traum Geld durch Gefühlsenergie oder Engagement ersetzen, haben Sie häufig die Kernaussage des Traums erfasst.

Werkzeuge und Materialien

Werkzeuge sind Hilfsmittel, im Traum allerdings häufig mit Problemen verknüpft: Ihr Computer stürzt z. B. ständig ab oder andere, meist technische Instrumente entwickeln ihr Eigenleben. In solchen Fällen stellt sich die Frage, ob Sie Ihr Alltagsleben nicht komplizierter gestalten als notwendig. Oder erschweren Sie sich Ihr Leben, indem Sie sich nach der unwiederbringlichen „guten alten Zeit" zurücksehnen? Einfachere Werkzeuge wie Hammer, Zange, Säge und Schraubenzieher stehen meist für ihre Funktion: etwas absägen, festschrauben etc. Erleben Sie das Werkzeug im Traum als positiv, betrachten Sie es als Symbol der Optimierung Ihrer Möglichkeiten und Energien.
Träumen Sie von Materialien, die man bearbeitet und mit denen etwas produziert wird, stellt sich die Frage, ob der Umgang mit dem Material erfolgreich ist oder nicht, ob Sie sich also einer Sache stärker zuwenden sollten oder ob Sie sich um etwas bemühen, das nicht „Ihre Sache" ist.

Prüfungen

Überaus häufig treten in unserem Kulturbereich Prüfungsträume auf, die immer darauf hinweisen, dass die Träumerin oder der Träumer sich zu sehr unter Druck setzt. Beim Traumsymbolbereich Ausbildung verhält es sich ähnlich. Fragen Sie sich also bei jeglicher Symbolik aus dem Bereich Lernen, ob Sie das Leben nicht zu einseitig als Lernaufgabe sehen, insbesondere dann, wenn viele Ihrer Träume eine solche Symbolik aufweisen. Immer sollte man sich aber auch fragen, was man vielleicht noch lernen sollte.

Waffen

Waffen sind ein häufiges Traumsymbol in unserer Gesellschaft. Ob jemand gegen Sie die Waffe richtet oder ob Sie mit Waffengewalt angreifen, in beiden Fällen ist Ihre meist unbewusste Aggression angesprochen, die sich im Traum ein Ventil sucht. Vermutlich sind Sie im Alltag unvorteilhaft aggressiv oder, im Gegenteil, zu schüchtern. Wesentlich ist auch, wie nah man sich mit einer Waffe kommt. Größere Nähe bedeutet nach unserer Erfahrung fast immer größere Aggression – ein Messer symbolisiert also mehr Aggression als ein Gewehr.

Apotheker

Gefühl	Problemfeld	Themen	Deutungen/Fragen
NEUTRAL (Der Apotheker löst keine speziellen Gefühle aus.)	Gesundheit/Krankheit	Das Heilmittel für sich finden	Erwarten Sie schnelle Hilfe von außen? Was würde Ihnen in Ihrer jetzigen Situation weiterhelfen?
	Ihre Gesundheit	Hilfe in Anspruch nehmen, um gesund zu werden/zu bleiben	Sollten Sie sich von einem „Gesundheitsprofi“ beraten lassen?
	Schwierigkeiten mit Partnern	Was heilt die Beziehung?	Ist es möglich, mit neutraler Sicht Ihre Beziehungen zu verbessern?
POSITIV (Der Apotheker wird als hilfreich und sympathisch empfunden.)	Innere Konflikte können durch Hilfsmittel gelöst werden.	Das Finden von Heilungswegen bei inneren Verletzungen	Sie benötigen mehr Distanz zu sich oder eine nüchterne Sichtweise, um ins innere Gleichgewicht zu kommen.
	Die kluge Nutzung von Heilmitteln	Zur Heilung jeder Art wird eine Hilfe von außen benötigt.	Wenden Sie sich an einen Spezialisten, um wieder gesund oder ausgeglichen zu werden.
	Beziehungsschwierigkeiten distanziert betrachten (oder betrachten lassen)	Das Finden geeigneter Einstellungen und Hilfsmittel, um Beziehungen zu verbessern	Nehmen Sie einen möglichst objektiven und distanzierten Standpunkt Beziehungsproblemen gegenüber ein.
NEGATIV (Der Apotheker wird negativ erlebt.)	Die Ansicht von anderen annehmen oder ablehnen	Die eigene Beschränktheit oder das Beharren auf dem eigenen Heilungsweg	Angst vor nüchterner Sicht Ihrer Konflikte; Ihre Gefühle herrschen über Sie, wo analytisches Denken gefordert ist.
	Heilmittel werden als Gift und als (zu) teuer betrachtet.	Ablehnung einer Unterstützung von außen und von Hilfsmitteln	Verzichten Sie auf Heilungsmöglichkeiten aus undifferenzierten Vorurteilen heraus?
	Mögliche Selbstüberschätzung der eigenen harmonisierenden Fähigkeiten	Was vermag ich selbst zu ändern, wozu benötige ich Hilfe?	Übersehen Sie Hilfsangebote aus der Außenwelt oder lehnen Sie diese ab?

Arzt/Ärztin

- Subjektstufe
- Objektstufe
- Beziehungsstufe

Gefühl	Stufe	Problemfeld	Themen	Deutungen/Fragen
NEUTRAL (Der Arzt löst keine speziellen Gefühle aus.)	Subjektstufe	Innere Verletzungen	Die Heilung Ihrer Gefühle, die Harmonie in Ihrem Inneren	Sie sollten sich selbst ein guter Arzt sein. Vertrauen Sie in Ihre Fähigkeit, sich selbst zu harmonisieren.
	Objektstufe	Krankheiten aller Art	Eine notwendige Behandlung durch einen Spezialisten	Sie sollten sich ärztlich untersuchen lassen, das entlastet Sie.
	Beziehungsstufe	Anerkennung und Status	Autorität und Bewunderung in der Beziehung oder deren heilende Wirkung	Werden Sie von Ihrem Partner oder Ihrer Umwelt als fähig anerkannt? Oder haben Sie Kontakt zu Ihren Heilkräften?
POSITIV (Der Arzt wird als hilfreich und sympathisch erlebt.)	Subjektstufe	Ihre eigenen Heilungsfähigkeiten	Wie Sie sich selbst stabilisieren können	Sie haben die Fähigkeit, sich zu heilen. Nutzen Sie diese.
	Objektstufe	Physische und psychische Gesundheit	Sich behandeln oder untersuchen lassen	Eine ärztliche Untersuchung ist angeraten.
	Beziehungsstufe	Soziale Spannungen	Einsatz und Verantwortung für das Wohlergehen aller in einer Beziehung oder der Menschen in Ihrer Umgebung	Sie können der Heiler Ihrer Beziehungen sein.
NEGATIV (Der Arzt wird als negativ und unsympathisch erlebt.)	Subjektstufe	Vertrauen in die eigenen Heilkräfte	Der Umgang mit physischen und psychischen Verletzungen	Sie sollten Ihren eigenen Heilungskräften vertrauen. Wie wäre es, gesunderhaltende Übungen durchzuführen?
	Objektstufe	Angst vor Krankheit und Ärzten	Abwehr von Ärzten und deren Autorität	Sie sollten sich in ärztliche Behandlung begeben.
	Beziehungsstufe	Die Angst vor einem angesehenen Rivalen	Selbstwertgefühl	Besinnen Sie sich auf Ihre eigenen Werte. Stärken Sie Ihr Selbstbewusstsein und Ihre Autorität und schauen Sie, wo Sie unnötige Rivalitäten empfinden.

Bauer

Gefühl	Problemfeld	Themen	Deutungen/ Fragen
NEUTRAL (Der Bauer löst keine speziellen Gefühle aus.)	Sehnsucht nach Natürlichkeit und grundlegenden Werten	Die eigene Fruchtbarkeit auf allen Gebieten	Was gibt Ihnen die Grundlage zu einem Leben, wie Sie es sich als „gut“ vorstellen.
	Ihre Einstellung zum Bauern und zur Landwirtschaft	Ihre Erfahrungen mit Bauern und der Landwirtschaft	Könnten Sie sich auf dem Land wohlfühlen und entfalten?
	Das Nährende in der Beziehung	Der Ausgleich von Geben und Nehmen in sozialen Beziehungen	Welche grundsätzlichen Einstellungen tun Ihrer Beziehung gut, und welche Einstellungen sollten verändert werden?
POSITIV (Der Bauer wird als hilfreich oder sympathisch erlebt.)	Natürlichkeit als hoher Wert bei der Selbstbetrachtung	Das Zeigen von natürlichem Verhalten und Rollenverhalten; was ist echt?	Was ist Natürlichkeit für Sie? Machen Sie sich klar, was Sie konkret darunter verstehen.
	Der Bauer wird als romantisches Ideal betrachtet.	Ihre positiven Erfahrungen mit Bauern und der Landwirtschaft	Drückt der Traum Ihre Naturschwärmerei als Städter aus?
	Hohe Bewertung des Nährenden in Beziehungen	Vorstellung: Je natürlicher die Beziehung, desto besser (sicherer) ist sie.	Wie natürlich geben Sie sich in sozialen Zusammenhängen, welche Rolle spielen Sie dort?
NEGATIV (Der Bauer wird als negativ und unsympathisch erlebt.)	Die Mühsal, die mit dem Beruf des Bauern verbunden ist	Der eigene Anspruch an Bequemlichkeit	Wo behindert Sie Ihre bequeme oder Ihre anspruchsvolle Seite auf Ihrem Lebensweg?
	Ihre Einstellung zu Bauern und Landwirtschaft	Negative Erfahrungen mit Bauern und der Landwirtschaft	Stellen Sie sich konkret vor, warum Sie nicht als Bauer leben können und/oder wollen.
	Natürlichkeit wird abgelehnt	Sinnvolles Verhalten in sozialen Beziehungen	Machen Sie sich klar, in welchen Situationen welcher Grad an Natürlichkeit hilfreich ist.

Buch

Subjektstufe
Objektstufe
Beziehungsstufe

Gefühl		Problemfeld	Themen	Deutungen/ Fragen
NEUTRAL (Das Buch löst keine speziellen Gefühle aus.)	Subjektstufe	Die theoretische Auseinandersetzung mit sich selbst	Wichtige Informationen über Sie, die Ihnen intellektuell vermittelt werden	Wissen bedeutet auch Selbsterkenntnis. Was tun Sie, um über sich selbst Bescheid zu wissen?
	Objektstufe	Ihre Einstellung zu Büchern und zum Lesen	Erfahrungen, die Sie mit Büchern gemacht haben (speziell in Ihrer Kindheit)	Wie haben Ihre Eltern Ihnen den Umgang mit Büchern nahegebracht und Ihre Einstellung zum Lesen beeinflusst?
	Beziehungsstufe	Reflexion der Beziehungsrealität	Das intellektuelle Verständnis Ihrer Beziehungsmechanismen	Wie versuchen Sie, Einsichten über Ihre Beziehungen zu bekommen, um danach handeln zu können?
POSITIV (Das Buch wird als hilfreich und positiv erlebt.)	Subjektstufe	Selbsterkenntnis setzt Information voraus	Wie erreichen Sie Selbsterkenntnis, wie setzen Sie sie um?	Sind Sie in der Lage, theoretische/angelesene Erkenntnisse auf sich selbst zu beziehen?
	Objektstufe	Eine grundlegend positive Einstellung zu Büchern	Nutzung von Büchern als Informationsquelle, zur Unterhaltung und zur Bildung	Wie nutzen Sie Bücher in Ihrem alltäglichen Leben? Was können Bücher Ihnen vermitteln?
	Beziehungsstufe	Bewusstsein in sozialen Beziehungen	Informationen und Wissen über Beziehungen wirken sich positiv auf diese aus.	Wie viel Aufwand sind Sie bereit, für Ihre Beziehungen aufzubringen, um diese besser zu verstehen und bewusst zu gestalten?
NEGATIV (Das Buch wird als negativ oder als anstrengend erlebt.)	Subjektstufe	(Kritische) Beschäftigung mit der eigenen Person	Ablehnung von intellektuellen Einsichten über sich selbst; Naivität	Auf welche Weise erlangen Sie ein Bewusstsein über sich selbst?
	Objektstufe	Ablehnung von Büchern als zu weltfern	Bücher dienen als Realitätsflucht oder werden als zu theoretisch und schwierig abgelehnt	Können Sie Ihre negative Einstellung zu Büchern auf kindliche Erfahrungen zurückführen? Wurden Sie zum Lesen gezwungen?
	Beziehungsstufe	Die Reflexion des eigenen Sozialverhaltens wird abgelehnt.	Unbewusste Projektion von Eigenem auf sein Gegenüber; soziale Naivität	Wie viel Zeit widmen Sie der Reflexion Ihres sozialen Verhaltens und Ihrer sozialen Einstellungen?

Chef/Chefin (jede Führungsperson)

Gefühl	Problemfeld	Themen	Deutungen/Fragen
NEUTRAL (Der Chef löst keine speziellen Gefühle aus.)	Verinnerlichte Ansprüche, Einstellung zu Disziplin, innere Freiheit, Ich-Stärke	Überzogene oder zu geringe Ansprüche an sich selbst; Handlungsmaßstäbe entwickeln, die einem selbst entsprechen	Haben Sie Ansprüche an sich selbst, die Ihnen nicht entsprechen? Entwickeln Sie neue Sichtweisen auf Ihre Ansprüche, insbesondere im Leistungsbereich.
	Konflikte mit Autoritätspersonen	Umgang mit der Autorität anderer und mit der eigenen	Haben Sie Angst vor Autoritäten? Fällt es Ihnen schwer, auch einmal autoritär zu sein?
	Macht und Ohnmacht in den alltäglichen Beziehungen	Durchsetzungsvermögen; dienen und sich unterwerfen; Hingabe	Was sollten Sie in Ihrem Umgang mit Autoritäten verbessern oder grundsätzlich ändern?
POSITIV (Der Chef lobt; Träumer oder andere erfahren Zuwendung.)	Ich-Stärke und Selbstbewusstsein	Die Herrschaft über Ihre inneren Regungen	Lassen Sie sich von Gefühlen oder Störgedanken beherrschen?
	Umgang mit Hierarchien	Geschicktes Verhalten in Abhängigkeitsverhältnissen	Wie weit können Sie sich anpassen bzw. den Ton angeben? (Das hängt oft mit Elternkonflikten zusammen.)
	Verantwortung für die Beziehung	Lösungen vorschlagen oder von Partnern annehmen	Können Sie Ihre Interessen und die anderer in Übereinstimmung bringen?
NEGATIV (Der Chef tadelt, schimpft, bestraft den Träumenden oder andere Personen.)	Fehlende Ich-Stärke; dadurch ist man inneren Impulsen ausgeliefert	Disziplin und Zentrierung, damit Fühlen und Denken zielgerichtet werden kann	Sind Sie Ihren Gefühlen ausgeliefert? Wie sieht es mit Ihrer Selbstdisziplin aus?
	Autoritäten werden negativ erfahren.	Fehlende Fähigkeit zur Unterordnung	Wie verhielten Sie sich Ihrem Vater gegenüber?
	Fehlende Fähigkeit zur Unterordnung	Hingabe und Liebesfähigkeit; Anerkennung von Autoritäten	Problem mit Unterordnung aufgrund fehlender Ich-Stärke bzw. eines schwachen Selbstbewusstseins

Computer

Subjektstufe
Objektstufe
Beziehungsstufe

Gefühl	Stufe	Problemfeld	Themen	Deutungen/Fragen
NEUTRAL (Der Computer löst keine speziellen Gefühle aus.)	Subjektstufe	Sich selbst objektiv betrachten	Erkenntnis der eigenen inneren Gesetze	Empfehlung: objektive Analyse Ihrer eigenen Gefühle und Ihres Handelns
	Objektstufe	Sinnvolle Arbeitsorganisation und Arbeitserleichterung	Organisation der alltäglichen Aufgaben, Auseinandersetzung mit modernen Hilfsmitteln	Es geht um die Herausforderung, sich auf neuzeitliche Medien einzulassen und somit um Lernfähigkeit.
	Beziehungsstufe	Objektivität in der Beziehung	Die Fähigkeit, seine Beziehungen objektiv zu sehen	Ihre Beziehungsprobleme lösen sich durch eine analytische Sicht auf sich und den Partner.
POSITIV (Der Computer läuft problemlos, man arbeitet gern an ihm.)	Subjektstufe	Innere Impulse analytisch betrachten	Klug mit sich selbst umgehen	Hinweis auf die intellektuelle Betrachtung der eigenen Beziehungen
	Objektstufe	Die Organisation der alltäglichen Arbeit	Der sinnvolle Einsatz des Computers im Alltagsleben; das Sich-Einlassen auf neue Medien; Ihre Lernwilligkeit	Setzen Sie sich mit den Möglichkeiten auseinander, wie der Computer zu einem brauchbaren Hilfsmittel für Sie wird.
	Beziehungsstufe	Die klare Ordnung der Beziehungen zu anderen	Sich der Hierarchien in seinen Beziehungen klar werden; Abstufung von Nähe	Die Unterschiedlichkeit Ihrer Beziehungen sollte Ihr Handeln den Partnern gegenüber bestimmen.
NEGATIV (Computerprobleme, Angst, den Computer falsch zu bedienen.)	Subjektstufe	Ablehnung, innere Impulse analytisch zu betrachten	Die Unwilligkeit zu lernen, sein eigenes Inneres distanziert und analytisch zu betrachten	Ablehnung von Klarheit über sich selbst, da diese das Selbstbild in Frage stellen könnte
	Objektstufe	Angst vor modernen Technologien	Sich den Herausforderungen der heutigen Welt stellen	Fühlen Sie sich durch diese modernen technischen Hilfsmittel überfordert und lehnen diese deswegen ab?
	Beziehungsstufe	Beziehungen rein emotional betrachten	Ihre Abhängigkeit vom Gefühl lässt kein Verständnis der Muster in Ihren Beziehungen zu.	Sie zeigen die Tendenz, Ihre Beziehungen unbewusst zu leben und sie deswegen nicht aktiv gestalten zu können.

Geld

Gefühl	Problemfeld	Themen	Deutungen/Fragen
NEUTRAL (Geld wird neutral wahrgenommen.)	Die Energie, die Sie zur Verfügung haben	Die Harmonie von Geben und Nehmen	Wie gehen Sie mit Ihren Energien um? Haben Sie so viel Energie, wie Sie es sich wünschen?
	Ihre Einstellung zu Geld und Armut/Reichtum	Erfahrungen, die aus Ihrem Umgang mit Geld stammen	Welche Rolle spielt Geld in Ihrem Leben? Sind Sie oftmals zu sehr mit Geld beschäftigt?
	Die Energie, die Sie für Ihre Beziehungen zur Verfügung haben	Der Einsatz für Beziehungen und dessen Bewertung	Was und wie viel sind Sie bereit, in Ihre Beziehungen zu investieren? Zahlt sich das aus?
POSITIV (Geld wird positiv wahrgenommen.)	Der freie und freudige Ausdruck der eigenen Energien	Die Freude an Lebendigkeit und Aktivität	Sind Sie mit Ihrem Energiehaushalt für gewöhnlich zufrieden?
	Geld gibt Sicherheit und eröffnet Möglichkeiten	Ihre positive Einstellung zum Geldverdienen und zum Geldausgeben	Sehnen Sie sich danach, mehr Geld zu verdienen, um bequemer oder abgesicherter leben zu können?
	Der Energieaustausch in sozialen Situationen	Ein lebendiger Austausch hilft Ihnen und Ihren Partnern und verbessert Beziehungen.	Benötigen Sie mehr soziale Kontakte, innerhalb derer Sie sich austauschen können?
NEGATIV (Geld wird negativ wahrgenommen.)	Energielosigkeit, Schlaffheit	Ihr geringer Energiestand macht Sie unzufrieden und neidisch.	Was können Sie unternehmen, um mehr Energie für sich zur Verfügung zu haben?
	Negative Einstellung zum Geld	Probleme mit dem Verdienst des Lebensunterhalts und Finanzierungen	Beneiden Sie reiche Menschen in Ihrer Umgebung?
	Nur geringe Energien werden in Beziehungen investiert.	Sie befürchten einen Verlust Ihrer Energien und blockieren damit das Geben.	Befürchten Sie, dass Ihnen Energien abgezogen werden könnten?

Handwerker

Subjektstufe

Objektstufe

Beziehungsstufe

Gefühl	Problemfeld	Themen	Deutungen/Fragen
NEUTRAL (Der Handwerker löst keine speziellen Gefühle aus.)	Praktische Intelligenz	Die praktische Seite ist in Ihrem Leben genauso wichtig wie Ihre geistige und emotionale Seite.	Der Handwerker ist eine Personifikation Ihrer praktischen Fähigkeiten und Ihres Geschicks; er ist ein Hinweis darauf, dass Sie Ihre praktische Seite fördern sollten.
	Auseinandersetzung mit Handwerkern	Wie bekomme ich einen guten Handwerker?	Der Handwerker baut oder repariert, was Sie nicht selbst können oder wollen, wodurch eine gewisse Abhängigkeit von ihm entsteht.
	Die praktische Seite der Beziehung	Wie praktisch gehen Sie Probleme in Ihren Beziehungen an?	In Ihren Beziehungen müssen Sie auch deren praktische Seite betrachten, das, was man füreinander tut.
POSITIV (Der hilfreiche und freundliche Handwerker)	Bewunderung praktischer Fähigkeiten	Das Selbstbewusstsein, dass Sie bauen und reparieren können	Erkennen Sie Ihre praktischen Fähigkeiten und setzen Sie diese ein.
	Der Handwerker als Hilfe	Der Handwerker als Retter bei Problemen	Sie werden entlastet durch die Fähigkeiten eines Praktikers, der Ihnen bei dem hilft, was Sie nicht selbst können.
	Rollenverhalten	Der Handwerker zu sein, ist die klassische Männerrolle in der Beziehung.	Als Mann verhalten Sie sich rollenkonform, als Frau sehnen Sie sich nach einem Mann, der handwerklich geschickt ist.
NEGATIV (Der unzuverlässige, überteuerte und schlechte Handwerker)	Innere Konflikte praktisch anpacken	Wie lösen Sie Ihre inneren Probleme?	Eine lebenspraktische Sichtweise auf sich selbst wird empfohlen.
	Ärger mit Handwerkern	Der Handwerker kommt nicht, arbeitet schlampig oder ist zu teuer.	Die praktische Arbeit, die Sie delegierten, wurde schlecht ausgeführt, worüber Sie sich ärgern.
	Eine praktisch-funktionale Problemlösung kann vergeblich sein.	Alltagsprobleme sind in einer Beziehung häufig nicht praktisch zu bewältigen.	Von einer praktischen Betrachtung und Behandlung Ihrer Beziehungen wird abgeraten.

Handy

Gefühl	Problemfeld	Themen	Deutungen/Fragen
NEUTRAL (Das Handy löst keine speziellen Gefühle aus.)	Die Verbindung unterschiedlicher Gefühle miteinander	Alle seine unterschiedlichen Seiten, Gefühle und Gedanken (bewusst) wahrnehmen	Besitzen Sie einen guten Kontakt zu Ihren unterschiedlichen Seiten?
	Kommunikation und Lifestyle und Ihre Einstellung dazu	Erfahrungen, die Sie mit Ihrem Handy machten	Aus welchen Gründen besitzen Sie ein Handy? In welchen Situationen benutzen Sie es mit welchen Gefühlen?
	Die Erreichbarkeit des Partners und die eigene	Die Sehnsucht nach der Möglichkeit, ständig Kontakt mit dem Partner haben zu können	Häufige Kontakte erhöhen das Image in der Außenwelt und verdrängen Einsamkeitsgefühle.
POSITIV (Das Handy wird als schick und positiv erlebt.)	Gute Verbindung zum eigenen Inneren	Freudig auf seine unterschiedlichen inneren Stimmen hören	Wie nutzen Sie all die unterschiedlichen Informationen über sich?
	Ihre positive Einstellung zum Handy	Erreichbarkeit und Kontakt werden mit Wichtigkeit gleich gesetzt.	Wie fühlten Sie sich ohne Handy? Müssen Sie Ihr Handy stets bei sich und eingeschaltet haben?
	Erreichbarkeit des Partners wird als Liebesbeweis gesehen.	Sprachliche Kommunikation schafft ein Gefühl der Nähe oder sogar der Intimität.	Fühlen Sie sich unwohl, wenn Sie nicht kommunizieren? Haben Sie auch Platz für Stille und Alleinsein?
NEGATIV (Probleme mit dem Handy, z. B. Funkloch, defekt oder Bedienungsprobleme)	Innere Stimmen werden als störend empfunden.	Der Gefühlskontakt stört die geistige Klarheit oder das Selbstbild.	Neigen Sie dazu, bei Entscheidungen Ihre inneren Stimmen zu überhören? Macht das Ihre Entscheidungen erfolgreich?
	Umgang mit modernen Kommunikationsmedien	Negative Erfahrungen, die Sie mit einem Handy machten (Störung, Funkloch etc.)	Wenn Sie es nicht unbedingt brauchen, sollten Sie Ihr Handy abschalten, es nervt Sie bereits in Ihren Träumen.
	Das Handy als Mittel zur Kontrolle des Partners	Der Druck, ständig von anderen erreichbar und überprüfbar zu sein	Können Sie sich in Beziehungen den Freiraum nehmen, in dem Sie ungestört und für sich sind?

Hure

Subjektstufe
Objektstufe
Beziehungsstufe

Gefühl	Problemfeld	Themen	Deutungen/ Fragen
NEUTRAL (Die Hure löst keine speziellen Gefühle aus.)	Kommunikation	Eine innere Offenheit für alle Möglichkeiten	Der freie Austausch all Ihrer inneren Seiten untereinander hat etwas Lustvolles. Offenheit für neue Impulse – auch für die aus der Außenwelt.
	Der Reiz der Käuflichkeit	Wie viel ist mir meine sexuelle Befriedigung wert?	Die Faszination der Sexualität ohne weitere Verpflichtungen
	Lustausdruck	Das Experimentieren mit dem eigenen sexuellen Stil	Ökonomische Abhängigkeit von Partnern, die sowohl als reizvoll als auch als bedrückend empfunden werden kann
POSITIV (Die schöne, verführerische Hure)	Freude an sexueller Abwechselung	Das Ausleben seiner sexuellen Fantasien	Es fasziniert Sie, sich selbst als Hure vorzustellen (tritt meist bei langweiliger Sexualität im Alltag auf).
	Objekt des Begehrens	Sex ohne sich einlassen oder gar binden zu müssen; sexuelle Erfahrungen	Im Frauentraum: Werden Sie zu wenig begehrt? Im Männertraum: Wunsch, dass die Partnerin ihre Hurenseite entdeckt.
	Die Beziehung aufregend halten	Sehnsucht nach sexuellen Abenteuern	Sie sehnen sich nach Abwechselung in der Sexualität. Das Spiel der Hure reizt Sie.
NEGATIV (Die Hure als unreine Frau)	Reinheitsvorstellungen	Sexuelle Hemmung oder Unerfahrenheit	Verdrängung der eigenen sexuellen Bedürfnisse oder Ausdruck beschränkter Sexualität
	Moral	Sexuelle Hemmungen	Man lehnt oft ab, was man sich am meisten wünscht – die Hure als Projektionsfläche abgelehnter Wünsche.
	Angst vor der Sexualität	Unattraktivität durch sexuelle Unerfahrenheit	Oft Neid auf eine Sexualität, zu der man sich selbst unfähig fühlt und die man deshalb ablehnt

Jurist

Gefühl	Problemfeld	Themen	Deutungen/Fragen
NEUTRAL (Der Jurist löst keine speziellen Gefühle aus.)	Gerechtigkeit sich selbst gegenüber	Innere Spannungen und Widersprüche geschickt ausgleichen	Räumen Sie den unterschiedlichen Seiten in sich den Raum ein, den diese benötigen?
	Streitigkeiten und Konflikte mit der Umwelt	Das Schaffen einer gerechten Lösung für äußere Konflikte	Sie sollten Ihre Interessen gegenüber der Außenwelt gerechter vertreten. Fühlen Sie sich als Anwalt für andere?
	Konflikte mit Partnern oder dem Partner	Die gerechte Behandlung des Partners	Suchen Sie wirklich die beste Lösung in Partnerkonflikten, jene Lösung, die beiden Seiten gerecht wird?
POSITIV (Der hilfreiche und gerechte Jurist)	Kluge Ausgewogenheit im Inneren und im äußeren Verhalten	„Win-win-Situation" in Konfliktsituationen finden	Hinweis auf bewussteres Verhalten in inneren Konflikten
	Juristische Konflikte	Soll ich meine Interessen selbst vertreten oder sie delegieren?	Hinweis darauf, äußere Konflikte kenntnisreich und geschickt zu lösen
	Eine ausgeglichene Verteilung von Arbeit und Chancen in Beziehungen	Das Durchsetzen der eigenen Interessen anderen gegenüber	Sie sollten darauf achten, auch Negatives in der Beziehung frei auszudrücken.
NEGATIV (Der gemeine und sich selbst bereichernde Jurist)	Widerstrebende Interessen, die Spannungen erzeugen	Die Verbindung der unterschiedlichen Interessen und Gefühle in einem selbst	Aufgabe: jeder Seite in Ihnen ihr Recht einzuräumen
	Der Anwalt als „Rechtsverdreher"	Der Umgang mit Autoritäten bei der Wahrung eigener Rechte	Verwickeln Sie sich oft in Streitigkeiten, die Ihnen über den Kopf wachsen?
	Sie neigen dazu, Ihren Partnern nicht zu vertrauen.	Urvertrauen in die Gerechtigkeit der Welt	Neigen Sie dazu, anderen misstrauisch gegenüberzutreten? Wie sieht es mit Ihrem Vertrauen aus?

Lehrer

Subjektstufe
Objektstufe
Beziehungsstufe

Gefühl	Problemfeld	Themen	Deutungen/Fragen
NEUTRAL (Der Lehrer löst keine speziellen Gefühle aus.)	Die eigene Lernfähigkeit	Die Schwierigkeit, Einsichten innerlich zu verankern	Ihre pädagogische Seite ist angesprochen (was Sie anderen vermitteln), aber auch Ihre Lernfähigkeit und innere Beweglichkeit.
	Umgang mit Autoritätspersonen	Die Bereitschaft, von anderen etwas zu lernen – produktive Offenheit	Je nach Erfahrung kann der Lehrer positiv oder negativ besetzt sein. Wichtig ist auch, zu betrachten, was er lehrt.
	Die pädagogische Seite der Beziehung	Was können Sie von Ihren Partnern lernen?	Aufforderung, das Anderssein des Partners als Chance zum Lernen zu nutzen
POSITIV (Der freundliche, gerechte und hilfreiche Lehrer, der auch lobt)	Die Freude daran, sich zu ändern	Lernen als Voraussetzung für Persönlichkeitsentwicklung	Lernen gibt Ihnen Sicherheit und macht Sie attraktiv.
	Die positive Einstellung dem Lehrer gegenüber	Positive Gefühle für den Lehrer sind für Sie notwendige Voraussetzung für das Lernen.	Sie verbinden Lernen und Gefühle. Damit machen Sie sich von der Zuneigung des Lehrers abhängig und beschneiden Ihre Lernmöglichkeiten.
	Sie lernen bereitwillig von Ihrem Partner.	Die Entwicklung Ihrer Beziehung ist vom beiderseitigen Lernen abhängig.	Empfehlung: sich in der Beziehung gemeinsamen Lernaufgaben gegenüber offen zeigen
NEGATIV (Der gefürchtete und strafende Lehrer)	Lernen wird als Zwang angesehen.	Lernen steht im Gegensatz zu Ihrer lebendig-naiven Seite.	Sie verbinden mit dem Lernen zu viel Druck und Macht, möglicherweise resultierend aus Erfahrungen in Kindheit und Jugend.
	Negative Erfahrungen mit Lehrern	Auch von Menschen lernen, die man emotional ablehnt	Gerade diejenigen, die Sie ablehnen, können Ihre besten Lehrer sein – Sachkompetenz ist anzuerkennen.
	Aufdringlich pädagogische Haltung in Beziehungen	Das rechte Maß an Autorität in der Beziehung zeigen	Ist einer der Partner in der Beziehung zu pädagogisch, wirkt das enterotisierend und lernhemmend.

Musik

Gefühl	Problemfeld	Themen	Deutungen/Fragen
NEUTRAL (Die Musik, das Musizieren löst keine deutlichen Gefühle aus.)	Harmonie und Integration verschiedener Anteile	Das harmonische Zusammenspiel verschiedener Anteile wird geprobt.	Welche unterschiedlichen Persönlichkeitsanteile versuchen Sie in Einklang miteinander zu bringen?
	Ihre Einstellung zur Musik	Assoziationen zu dieser speziellen Musik	Was löst solche Musik an Gefühlen bei Ihnen aus?
	Kreatives und harmonisches Zusammensein mit anderen	Ausgeglichenheit wird gesucht und würde sich auf Beziehungen positiv auswirken.	Suchen Sie die Harmonie im Zusammensein mit anderen? Entspricht diese Ihrem inneren Zustand?
POSITIV (Sie freuen sich an der Musik, die Sie hören, und lassen sich davon berühren.)	Die gelingende Integration von Persönlichkeitsanteilen	Man fühlt sich innerlich ausgeglichen, insbesondere im emotionalen Bereich.	Gelungene Integration; Saiteninstrumente: weibliche Anteile, Blasinstrumente: männlich-sexuelle Tendenzen, Schlaginstrumente: aggressive Impulse
	Wohltuende Wirkung von Musik	Musik, die einem entspricht, genießen	Mehr Musik hören, um mit sich und seinen Gefühlen besser in Kontakt zu kommen?
	Harmonisches Zusammensein mit anderen Menschen	Die eigene Ausgeglichenheit wirkt sich auf Ihr Gegenüber harmonisierend aus.	In welchen Lebensbereichen und auf welche Art und Weise sollten Sie zusammen mit anderen etwas gestalten?
NEGATIV (Musik wird als störend, disharmonisch oder entnervend wahrgenommen.)	Integration verschiedener Anteile ist erschwert.	Man versucht, unterschiedliche Anteile in ein stimmiges Gleichgewicht zu bringen.	Sollten Sie versuchen, mehr zu Ihren inneren Disharmonien stehen zu lernen? Jazzmusik: Kopf und Herz wollen Verschiedenes.
	Zu viel Musik oder die falsche zur falschen Zeit	Musik wird nur zum Ablenken gebraucht; wenig differenziertes Zuhören	Sollten Sie öfter Ihr Radio abschalten, um innerlich mehr zur Ruhe kommen zu können?
	Harmonisches Zusammensein ist gestört.	Eigene Disharmonien oder die von anderen beeinträchtigen das Zusammensein.	Welche Konflikte in Ihnen oder der Gruppe beeinträchtigen die Harmonie und die Kreativität?

Nagel

Subjektstufe
Objektstufe
Beziehungsstufe

Gefühl	Stufe	Problemfeld	Themen	Deutungen/ Fragen
NEUTRAL (Das Traumbild Nagel löst keine deutlichen Gefühle aus.)	Subjektstufe	Männliche (sexuelle) Durchsetzungsfähigkeit	Männlich-sexuelle Tatkraft; Befürchtung, sich selbst darin negativ zu erleben	Empfehlung: Nehmen Sie mit Ihrer männlich-zupackenden Seite Kontakt auf, um damit Ihre Projekte besser vorantreiben zu können.
	Objektstufe	Handwerkliche Fähigkeiten oder Unfähigkeitsgefühle	Ihre handwerklichen Fähigkeiten werden angesprochen.	Aufforderung, sich Ihrer handwerklichen Fähigkeiten zu besinnen und einfache Arbeiten selbst zu erledigen.
	Beziehungsstufe	Männlich-sexuelle Tatkraft, Angst vor Ablehnung	Männlich-sexuelle Potenziale sind mit der Angst, abgelehnt zu werden, verbunden.	In welchen Beziehungssituationen könnten Sie sich, trotz Ihrer Angst vor Ablehnung, mit Ihren männlichen Anteilen deutlicher zeigen?
POSITIV (Der Nagel wird positiv erlebt, vor allem beim lustvollen Einschlagen des Nagels.)	Subjektstufe	Männliche Durchsetzungsfähigkeit wird positiv erlebt.	Männlich-(sexuelle) Tatkraft kann für die Persönlichkeitsentwicklung genutzt werden.	Empfehlung: Halten Sie mit Ihren Einfällen nicht hinter dem Berg, möglicherweise treffen Sie damit den Nagel auf den Kopf.
	Objektstufe	Handwerkliche Fähigkeiten	Handwerkliche Potenziale nutzen	Trauen Sie sich bezüglich Ihrer handwerklichen Fähigkeiten mehr zu.
	Beziehungsstufe	Männliche Durchsetzungskraft in Beziehungen	Männlich-sexuelle Durchsetzungsfähigkeit – Beziehungen werden dadurch haltbarer.	Sollten Sie sich mehr mit Ihrer männlich-(sexuellen) Tatkraft zeigen, um damit für Ihr Gegenüber attraktiver zu werden?
NEGATIV (Man verletzt sich mit dem Nagel oder hat negative Erfahrungen/Gefühle in Zusammenhang mit dem Nagel.)	Subjektstufe	Angst vor der eigenen männlich-sexuellen Tatkraft	Ablehnung der eigenen männlich-sexuellen Potenziale verhindert die Entwicklung in diesem Persönlichkeitsanteil.	Was hindert Sie, Ihre männlich-sexuelle Tatkraft deutlicher wahrzunehmen? Befürchten Sie, zu Ihren weichen, weiblichen Anteilen den Kontakt zu verlieren?
	Objektstufe	Angst vor handwerklichen Tätigkeiten	Unfähigkeitsgefühle verhindern eigene handwerkliche Aktivität.	Versuchen Sie, trotz Ihrer Ängste Hammer und Nagel mal selbst in die Hand zu nehmen.
	Beziehungsstufe	Männliche Durchsetzungskraft wird zu wenig gezeigt.	Angst vor Ablehnung der eigenen männlichen Durchsetzungskraft behindert Beziehungen.	Machen Sie sich Ihre Angst vor Ablehnung Ihrer männlich-sexuellen Tatkraft bewusst; sprechen Sie mit Ihrem Gegenüber darüber.

Papier

Gefühl	Problemfeld	Themen	Deutungen/ Fragen
NEUTRAL (Ein leeres Blatt Papier wird ohne deutliche Gefühle wahrgenommen.)	Kreative Leere oder wenig ausgeprägtes Bewusstsein	Wahrnehmen der grundlegenden Potenziale; sich vor der Leere nicht fürchten	Was müssten Sie sich stärker ins Bewusstsein rufen? Besteht die Notwendigkeit eines gedanklichen Neubeginns?
	Ihre Beziehung zum Schreiben	Wichtige Schriftsachen erledigen	Haben Sie vergessen, sich etwas Wichtiges zu notieren?
	Anpassungsfähigkeit oder Suche nach Orientierung	Zu geringe Eigenständigkeit, da grundlegende Bedürfnisse nicht ausgesprochen werden	Was möchten Sie anderen mitteilen, was Ihnen aber sehr schwer fällt? Finden Sie dafür nicht den richtigen Anfang?
POSITIV (Das leere Blatt in positivem Kontext; man verfasst einen schönen Brief, malt etwas ...)	Anpacken gedanklicher Neuorientierung	Das Zutrauen, vollkommen neue Möglichkeiten für sich zu entdecken	Das Traumbild macht Ihnen Mut, sich gedanklich neu zu orientieren und dies entsprechend Ihrer Art auch auszudrücken.
	Positive Erfahrungen mit Schreiben, Malen etc.	Parallelen zu früheren Zeiten, in denen Sie mit positiven Gefühlen geschrieben, gemalt haben	Wann haben Sie das letzte Mal etwas für Sie Erfreuliches geschrieben oder den Malstift in die Hand genommen?
	Suche nach gedanklicher Neuorientierung in Beziehungen	Neuorientierung in Beziehungen sollte angepackt und nach außen vertreten werden.	Teilen Sie Ihrem sozialen Umfeld, insbesondere Ihrem/r Partner/in Ihre neuen Vorstellungen von Beziehung mit.
NEGATIV (Das leere Blatt erscheint in negativem Kontext; Schreibhemmung; es wird zerrissen.)	Neues wird durch geringes Bewusstsein verhindert.	Die Angst vor der inneren Leere verhindert das Bewusstsein über eigene neue Möglichkeiten.	Stellen Sie sich der inneren Leere. Nehmen Sie die Angst davor wahr, und gehen Sie beharrlich weiter den Weg des Bewusstseins.
	Negative Erfahrungen mit Schreiben und Malen	Parallelen zu früheren Zeiten, in denen Sie negative Erfahrungen mit leeren Blättern machten.	Was verbinden Sie an negativen Gefühlen mit leeren weißen Blättern? Woran erinnern Sie diese?
	Anpassung oder sich der inneren Leere stellen	Anpassung verhindert Neuanfang in Beziehungen. Leere wird nicht wahrgenommen.	Wo passen Sie sich an andere Menschen zu sehr an – aus der Befürchtung heraus, Ihre Leere in Beziehungen wahrzunehmen.

Polizist

Subjektstufe
Objektstufe
Beziehungsstufe

Gefühl		Problemfeld	Themen	Deutungen/ Fragen
NEUTRAL (Der Polizist wird ohne deutlichen Gefühle wahrgenommen.)	Subjektstufe	Seelische Ordnungsinstanz, strenges Gewissen	Lernen, sich selbst eine stimmige Struktur zu geben oder sich mehr Freiheiten einzuräumen	Wehren Sie sich aus kindlichem Trotz gegen eine innere Strukturierung? Haben Sie zu sehr autoritäre Normen übernommen?
	Objektstufe	Erfahrungen mit Polizei/ Polizisten	Reale Erfahrungen prägen Ihr Bild von der Polizei.	Haben Sie reale Erfahrungen mit der Polizei zu sehr verinnerlicht?
	Beziehungsstufe	Kontrolle über andere oder Fremdkontrolle über sich	Abgrenzung gegenüber Kontrolle; Kontrolle über andere aufzugeben, verbessert Beziehungen.	Kontrollieren Sie andere oder fühlen Sie sich von diesen kontrolliert?
POSITIV (Sie erfahren den Polizisten als eine für Sie positive Person: hilfreich, bestätigend, belohnend.)	Subjektstufe	Stärkung der innerpsychischen Ordnungsinstanz	Innerpsychische Strukturierung wird bestärkt; positiv ausgeprägtes Über-Ich	Wäre es sinnvoll, Ihr bisheriges Selbstbild infrage zu stellen, oder benötigen Sie es, um Ihr Sicherheitsbedürfnis zu befriedigen?
	Objektstufe	Positive Erfahrungen mit Polizei und Polizisten	Positive Erfahrungen mit Polizisten lassen die Polizei in positivem Licht erscheinen.	Wünschen Sie sich von Polizisten mehr Hilfe und Unterstützung oder haben Sie solche schon real erfahren?
	Beziehungsstufe	Kontrolle über andere wird bestärkt.	Die unkritische Übernahme der Dogmen von Autoritätspersonen beeinflusst Ihre Beziehungen.	Übernehmen Sie zu unkritisch Einstellungen von Autoritätspersonen und können deshalb keine eigenständige Meinung entwickeln?
NEGATIV (Sie erleben sich von der Polizei ertappt und bestraft.)	Subjektstufe	Überhöhte oder zu geringe Ansprüche an sich selbst	Zu stark ausgeprägtes Über-Ich lässt keine eigene Meinung zu – Selbstdisziplin ist notwendig.	Haben zu strenge Autoritätspersonen verhindert, dass Sie eine stimmige Struktur entwickeln konnten?
	Objektstufe	Negative Erfahrungen mit der Polizei und Polizisten	Negative Erfahrungen mit Polizisten führen zu einem zu negativen Bild der Polizei.	Erfahren Sie die Polizei vorwiegend als bestrafende Instanz, weil Sie sich gegen Autoritäten wehren?
	Beziehungsstufe	Fremdkontrolle in Beziehungen – keine eigene Meinung	Sich fremdbestimmt fühlen und sich indirekt innerlich und äußerlich dagegen wehren	Fühlen Sie sich von anderen Menschen bestimmt und geben diesen nach, auch weil Sie keine eigene Meinung entwickeln konnten?

Prüfung

Gefühl	Problemfeld	Themen	Deutungen/Fragen
NEUTRAL (Die Prüfung wird ohne deutliche Gefühle wahrgenommen.)	Selbstvertrauen, Ehrgeiz oder Minderwertigkeitsgefühle	Reifungsschritt steht an – Verunsicherungen, die dieser mit sich bringt	Fühlen Sie sich den anstehenden Aufgaben gewachsen? Sollten Sie sich mehr für die anstehenden Aufgaben engagieren?
	Reale Erfahrungen mit Prüfungen	Aktuelle oder zukünftige Prüfungssituationen	Ihre Erfahrung mit Prüfungen? Ähnelt Ihr Lebensgefühl von damals dem heutigen?
	Selbstvertrauen oder Selbstwertprobleme in Beziehungen	Sich in Beziehungen weiterentwickeln: Angst vor dem Neuen – Selbstvertrauen, es zu meistern	Erfahren Sie Ihre momentanen Beziehungen als Prüfung? Fühlen Sie sich von Ihren Mitmenschen unter Druck gesetzt?
POSITIV (Sie erfahren die Prüfung als eine für Sie positive Situation, Ehrgeiz ist vorhanden.)	Neugestaltung durch Selbstvertrauen	Den anstehenden Reifungsschritt mit Selbstvertrauen und Engagement angehen	Sie werden ermuntert, den notwendigen Umbruch in Ihrem Leben anzugehen.
	Positive Erfahrungen mit Prüfungen	Reale Prüfungssituationen gehen Sie mit Selbstvertrauen und Ehrgeiz an.	Gelingt es Ihnen, mit realen Prüfungssituationen so gelassen wie im Traum umzugehen?
	Anstehende Veränderungen in Beziehungen angehen	Selbstvertrauen und Ehrgeiz verhilft dazu, Beziehungen entscheidend weiterzuentwickeln.	Sie besitzen genügend Selbstvertrauen, um die notwendigen Veränderungen in Ihren Beziehungen umzusetzen.
NEGATIV (Man fällt durch die Prüfung, fühlt sich unter Druck gesetzt und diesem nicht gewachsen.)	Selbstwertprobleme und Angst verhindern Entwicklung.	Anstehender Reifungsschritt ruft Ängste, Verunsicherung hervor – psychischer Stress.	Fühlen Sie sich durch die anstehenden Anforderungen des Lebens unter Druck gesetzt, und fühlen Sie sich diesen nicht gewachsen?
	Negative Erfahrungen mit Prüfungen	Aktuelle oder bevorstehende Prüfungssituationen bereiten Ihnen Ängste und lähmen Sie.	Negative Erinnerungen an Strafen für Streiche in der Kindheit? Real existierende Prüfungsängste mit Hilfe von Therapie angehen?
	Ängste verhindern Beziehungsentwicklung.	Minderwertigkeitsgefühle und Ängste verhindern den Reifungsschritt in der Beziehung.	Was müssten Sie grundlegend in wichtigen Beziehungen verändern, und was hindert Sie daran, dies anzusprechen?

Schusswaffen

Subjektstufe
Objektstufe
Beziehungsstufe

Gefühl	Problemfeld	Themen	Deutungen/ Fragen
NEUTRAL (Schusswaffen werden neutral wahrgenommen.)	Männlich-aggressive und sexuelle Impulse	Aggression auf Distanz	Sind Ihnen Ihre männlich-aggressiven und sexuellen Impulse bewusst? Halten Sie diese Impulse von sich fern?
	Ihre Einstellung zu Schusswaffen	Schusswaffen oder TV-Konsum	Was bedeuten für Sie Schusswaffen im realen Leben und in Ihrer Fantasie?
	Selbstbehauptung, Macht und Stärke, Zielgerichtetheit	Ziele in Beziehungen entwickeln und durchsetzen – Angst vor der eigenen Schwäche	Sollten Sie sich in Ihren Beziehungen mehr durchsetzen oder verfolgen Sie Ihr Ziele zu aggressiv?
POSITIV (Schusswaffen werden als hilfreich erlebt oder erscheinen in anderem positiven Kontext.)	Unterstützung durch Ihre männlich-aggressiven und sexuellen Impulse	Die eigene männlich-aggressive Seite zu pflegen ist hilfreich für die eigene Entwicklung und in der Sexualität.	Es ist sinnvoll und notwendig, die eigenen Ziele in Bezug auf Ihre Persönlichkeitsentwicklung tatkräftig und eindeutig zu verfolgen.
	Positive Einstellung zu Schusswaffen	Romantische Vorstellung, sich selbst verteidigen zu können	Woher stammt ihre positive Einstellung zu Schusswaffen?
	Sich in Beziehungen durchsetzen	Lernen, zu seinen männlich-aggressiven Impulsen zu stehen, speziell in der Sexualität	Nehmen Sie Kontakt zu Ihren männlich-aggressiven Impulsen auf, nehmen Sie diese in der Sexualität wahr.
NEGATIV (Schusswaffen werden als bedrohlich erlebt oder erscheinen in anderem negativen Kontext.)	Ängste vor den männlich-aggressiven Impulsen	Männlich-aggressive Impulse werden zu wenig wahrgenommen und gelebt.	Was bedroht Sie an Ihren eigenen männlich-aggressiven Anteilen? Was müssten Sie aufgeben, wenn Sie diese mehr leben?
	Negative Einstellung zu Schusswaffen.	Bedrohungsgefühle überwiegen bei Schusswaffen.	Fühlen Sie sich in Ihrem Leben durch Ihr Umfeld bedroht? Leben Sie in einer real gefährlichen Gegend?
	Ängste, sich in Beziehungen zu behaupten	Aggressive Impulse werden als für die Beziehung bedrohlich erlebt.	Fühlen Sie sich durch die aggressiv-männlichen Impulse anderer Menschen bedroht? Haben Sie Angst vor einem Neuanfang?

Soldat

Gefühl	Problemfeld	Themen	Deutungen/ Fragen
NEUTRAL (Der Soldat wird auf der Gefühlsebene neutral wahrgenommen.)	Undifferenzierte Aggression, innere Kämpfe, Herausforderungen	Defizite im Selbstwertbereich; geringe Differenzierungsfähigkeit im Umgang mit aggressiven Impulsen	Welche inneren Kämpfe plagen Sie? Geben Sie zu rasch Ihren aggressiven Impulsen nach? Welche Herausforderungen in Ihrem momentanen Leben stehen an?
	Einstellung zu Soldaten	Assoziationen und Fantasien, die mit Soldaten verbunden sind	Schauen Sie sich zu viele Nachrichten oder Filme von Krieg und Tod an?
	Undifferenzierter Umgang mit Beziehungen	Probleme im Selbstwertbereich beeinflussen Beziehungen; Konfrontation soll gesucht werden.	Fordern Sie Ihre Beziehungen derzeit vermehrt heraus? Welche Ihrer inneren Gegensätze beeinflussen Ihre Beziehungen?
POSITIV (Der Soldat wird positiv wahrgenommen bzw. das Soldat-Sein positiv erlebt.)	Konfrontation mit unangenehmen Eigenschaften	Innere Kämpfe, denen bisher ausgewichen wurde, werden nun angegangen; Selbstdisziplin	Aufforderung, innere und äußere Aufgaben anzugehen und dabei nicht vor der Konfrontation mit Ängsten zurückzuschrecken
	Positive Einstellung zu Soldaten	Positive Assoziationen, die mit Soldaten verbunden sind	Welche Eigenschaften schätzen Sie am Soldaten? Können Sie diese bei sich entdecken?
	Selbstdisziplin befruchtet Beziehungen	Anstehende Probleme in Beziehungen angehen	Sollten Sie sich in Ihren Beziehungen mehr disziplinieren und sich den drängenden Problemen zuwenden?
NEGATIV (Der Soldat wird negativ wahrgenommen bzw. das Soldat-Sein negativ erlebt.)	Innere Kämpfe; undifferenzierte Aggressionen werden abgewehrt.	Minderwertigkeitsgefühle verhindern die Auseinandersetzung mit sich selbst.	Wer oder was beherrscht Sie, sodass Sie immer wieder Ihren inneren Kämpfen und den damit zusammenhängenden Aggressionen erliegen?
	Negative Einstellung zu Soldaten	Probleme mit Aggression und Unterordnung	Welche Eigenschaften lehnen Sie am Soldaten ab? Können Sie diese bei sich entdecken?
	Dominanz und/oder Unterordnung; Aggressionen	Selbstwertprobleme; Macht und Ohnmacht in Beziehungen	Fühlen Sie sich in Ihren Beziehungen nur als Befehlsempfänger/in, oder bestimmen Sie die Beziehungen zu sehr?

Uhr

- Subjektstufe
- Objektstufe
- Beziehungsstufe

Gefühl	Stufe	Problemfeld	Themen	Deutungen/ Fragen
NEUTRAL (Die Uhr wird neutral wahrgenommen oder erlebt.)	Subjektstufe	Zeitliche Perspektive – Tageszeit der Uhr ist wichtig	Entwicklung sollte in einem bestimmten Zeitabschnitt begonnen bzw. abgeschlossen werden.	Welche Aufgabe steht nun dringend an? Was sollten Sie in nächster Zeit beginnen oder zu Ende bringen?
	Objektstufe	Funktion von Uhr und Zeit im Leben	Dem Faktor Zeit gelassen gegenüber stehen	Stehen Sie ständig unter Zeitdruck? Sollten Sie manches ruhiger angehen?
	Beziehungsstufe	Zeitlicher Faktor in Beziehungen	Zeit für Veränderungen in Beziehungen; stehende Uhr: Beziehung geht zu Ende.	Was sollten Sie in Ihrer Beziehung in nächster Zeit verändern? Fühlen Sie sich von Ihren Mitmenschen unter Druck gesetzt?
POSITIV (Die Uhr wird positiv wahrgenommen, man hat genügend Zeit etc.)	Subjektstufe	Zeitliche Lebensplanung gelingt.	Man hat Zeit, die notwendigen Schritte im Leben in Ruhe und Gelassenheit anzugehen.	Sie finden einen für Sie stimmigen Rhythmus im Leben und im Ablauf der Zeit. Sie haben ausreichend Zeit für das Erreichen Ihrer Ziele.
	Objektstufe	Zeit ist für die/den Träumende/n kein Stressfaktor.	Ihre Zeitplanung entspricht Ihren Bedürfnissen.	Sie haben einen Ihnen entsprechenden Umgang mit Zeit oder können sich einen solchen aneignen.
	Beziehungsstufe	Zeit als entspannender Faktor in Beziehungen	Sich ausreichend Zeit nehmen für die Beziehungen	Ihr Gefühl dafür, wann es Zeit ist, in Beziehungen bestimmte Dinge zu tun bzw. Situationen herbeizuführen, ist stimmig.
NEGATIV (Die Uhr löste negative Gefühle aus, man ist gestresst, unter Druck etc.)	Subjektstufe	Problematische Einstellung zur Zeit – falsche Lebensplanung	Man überbewertet oder vernachlässigt Zeit; Zeitdruck und/oder Dinge werden zur falschen Zeit erledigt.	Lassen Sie sich die Tagesstruktur zu sehr von der Zeit diktieren? Verschieben Sie gerne Aufgaben, die sie besser gleich erledigen sollten?
	Objektstufe	Zeit macht einem im Leben Druck.	Unpünktlichkeit im Leben, falsche Zeitplanung	Sollten Sie sich ein Ihnen besser entsprechendes Zeitmanagement aneignen?
	Beziehungsstufe	Falsches Zeitgefühl beeinträchtigt Beziehungen.	Zeit beeinflusst Beziehungen negativ – man findet nicht den richtigen Zeitpunkt.	Wofür finden Sie in Ihren Beziehungen nicht den richtigen Zeitpunkt? Fühlen Sie sich von anderen zeitlich unter Druck gesetzt?

Waffen

Gefühl	Problemfeld	Themen	Deutungen/Fragen
NEUTRAL (Waffen werden neutral wahrgenommen.)	Männlich-aggressive und sexuelle Impulse	Je stärker die Waffe, desto größer die Aggression und der innere Konflikt	Sollten Sie sich Ihre männlich-aggressiven und sexuellen Impulse bewusster machen oder haben Sie Angst vor Ihren Gefühlen?
	Ihre Einstellung zur Waffe	Erfahrungen oder Fantasien in Bezug auf diese Waffe	Was bedeuten für Sie Waffen im realen Leben und in Ihrer Fantasie?
	Macht und Stärke, Zielgerichtetheit, Sexualität	Verteilung von Macht- und Unterlegenheitsgefühlen in Beziehungen	Fühlen Sie sich in Beziehungen eher als der/die Unterlegene oder dominieren Sie zu sehr in Beziehungen? Führt dies zu Konflikten?
POSITIV (Waffen werden als hilfreich erlebt oder erscheinen in anderem positiven Kontext.)	Unterstützung durch männlich-aggressive und sexuelle Impulse	Die eigene männlich-aggressive Seite zu pflegen ist hilfreich für die eigene Entwicklung und in der Sexualität.	Machen Sie sich Ihre eigenen aggressiven Impulse bewusst. Nutzen Sie diese Energien, um Ihre Persönlichkeitsentwicklung tatkräftig voranzutreiben.
	Positive Einstellung zur Waffe	Romantische Vorstellung, sich selbst verteidigen zu können	Welche Fantasien stehen hinter Ihrer positiven Einstellung zu dieser Waffe?
	Sich in Beziehungen durchsetzen können; positive Sexualität	Lernen, zu den eigenen männlich-aggressiven Impulsen zu stehen, speziell in der Sexualität	Nehmen Sie Kontakt zu Ihren männlich-aggressiven Impulsen (v. a. bei Stichwaffen) und zu Ihren sexuellen Bedürfnissen auf.
NEGATIV (Waffen werden als bedrohlich erlebt oder erscheinen in anderem negativen Kontext.)	Ängste vor aggressiven Impulsen; Destruktivität	Aggressionen werden zu wenig wahrgenommen; Dominanz von Aggression oder Angst, verletzt zu werden	Was bedroht Sie an Ihren eigenen männlich-aggressiven Anteilen oder leben Sie diese unbewusst aus? Haben Sie Angst vor Ihrer eigenen weiblich-emotionalen Seite?
	Negative Einstellung zu Waffen	Bedrohungsgefühle überwiegen bei Waffen.	Fühlen Sie sich in Ihrem Leben durch Ihr Umfeld bedroht (Realangst)?
	Konflikte mit der eigenen männlich geprägten Dominanz	Aggressive Impulse werden für die Beziehung als bedrohlich erlebt oder zu sehr gelebt.	Sind für Sie Aggressionen in Beziehungen beängstigend oder setzen Sie sich zu aggressiv in Ihren Beziehungen durch?

Werkzeug

Subjektstufe
Objektstufe
Beziehungsstufe

Gefühl	Stufe	Problemfeld	Themen	Deutungen/Fragen
NEUTRAL (Das Werkzeug und der Kontext, in dem es erscheint, werden neutral erlebt.)	Subjektstufe	Handlungsfähigkeit sollte erweitert werden.	Hilfsmittel; lernen, eigene, zumeist männlich (sexuell) geprägte, Anteile zu nutzen	In welchen Lebensbereichen sollten Sie Ihre Handlungsfähigkeit entdecken bzw. erweitern?
	Objektstufe	Ihre Einstellung zu diesem Werkzeug	Erfahrungen mit diesem speziellen Werkzeug	Was verbinden Sie mit diesem Werkzeug? An wen oder woran erinnert Sie dieses? Wer hat ein solches Werkzeug gebraucht?
	Beziehungsstufe	Handlungsfähigkeit in Beziehungen	Männlich (sexuell) geprägte Anteile	Männliche Anteile in Beziehungen mehr leben, oder dominieren diese in Beziehungen?
POSITIV (Das Werkzeug und der Kontext, in dem es erscheint, werden positiv erlebt.)	Subjektstufe	Erweiterte Handlungsfähigkeit	Männlich (sexuell) geprägte Anteile für die Persönlichkeitsentwicklung nutzen	Nutzen Sie nun die Möglichkeiten, die sich Ihnen bieten, um Ihren eigenen inneren Handlungsspielraum zu erweitern.
	Objektstufe	Ihre positive Einstellung zu diesem speziellen Werkzeug	Positive Erfahrungen oder Fantasien im Zusammenhang mit dem Werkzeug	Sie sollten selbst öfter den Hammer zur Hand nehmen und sich im handwerklichen Bereich mehr zutrauen.
	Beziehungsstufe	Erweiterte Handlungsfähigkeit in Beziehungen	Sich den eigenen männlich geprägten Anteilen mehr anvertrauen	Erweitern Sie in Ihren Beziehungen Ihre Handlungsfähigkeit, indem Sie mehr Tatkraft zeigen und sich mehr zutrauen.
NEGATIV (Das Werkzeug und der Kontext, in dem es erscheint, werden negativ erlebt.)	Subjektstufe	Kein Vertrauen in die eigene Handlungsfähigkeit	Männliche (sexuelle) Anteile werden zu wenig gelebt, diesen wird nicht vertraut.	Haben Sie Angst vor Misserfolgen, wenn Sie sich mehr zutrauen würden? Könnte dies mit Ihrem Vaterbild zusammenhängen?
	Objektstufe	Ihre negative Einstellung zur diesem Werkzeug	Negative Erfahrungen oder Fantasien im Zusammenhang mit dem Werkzeug	Trauen Sie sich im handwerklichen Bereich zu wenig zu?
	Beziehungsstufe	Zu geringe Handlungsfähigkeit in Beziehungen	Tatkraft und Durchsetzungsfähigkeit in Beziehungen sind zu gering ausgeprägt.	Sie sollten sich fragen, was Sie sich in Beziehungen wünschen und wie Sie diese Wünsche erfüllen können.

Kleidung & Speisen

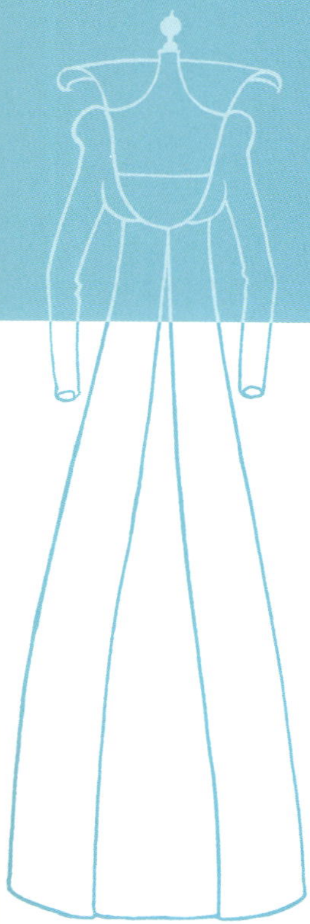

Grundsätzlich sollte man bei seinen Träumen auf die Kleidung speziell des Traum-Ichs, aber auch die anderer Traumpersonen achten. Sie zeigt dem Träumer immer sein eigenes Selbstbild, das, was wir nach außen präsentieren (möchten). Alle Speisen verweisen dagegen darauf, was wir von der Außenwelt in uns aufnehmen, also verinnerlichen.

Kleidung allgemein

C. G. Jung ging davon aus, dass die Kleidung die Rolle zeigt, die eine Person in der Gesellschaft spielt oder spielen möchte. Wer sich also edel gekleidet sieht, der möchte entsprechend geachtet sein. Das trifft auch zu, wenn man von gut gekleideten Personen im Traum umgeben ist. Wer im Traum hingegen schlecht gekleidet ist, der schätzt seine gesellschaftliche Rolle meist nicht gerade hoch ein, oder der Träumer wird darauf hingewiesen, sich demütiger zu verhalten. Bei schlechter Kleidung im Traum sollten Sie in jedem Fall über Ihr Selbstbild nachdenken – möglicherweise sehen Sie sich als Verlierer oder Außenseiter.
Kleidung aus vergangenen Zeiten zeigt eine rückwärtsgewandte Einstellung an. Hier hilft es bei der Deutung häufig weiter, in einem Lexikon über die Zeit nachzulesen, aus der diese Kleidung stammt.
Kleidung ist immer auch Verkleidung, und wir verkleiden uns gemäß unseren Vorlieben. Deuten Sie also Kleidung im Traum zuerst immer als das, was Sie bewundern oder gerne selbst wären. Fragen Sie, was Sie daran hindert, wie Ihr Ideal zu sein.

Spezielle Kleidung

Sportkleidung verweist im Traum fast immer darauf, dass Sie sich sportlich mehr betätigen sollten. In selteneren Fällen sagt sie Ihnen, dass Sie in einer Weise Sport treiben, die nicht gut für Sie ist; diese Symbolik findet sich gehäuft bei „Sportfanatikern". Ferner kommt es auf die Sportart an, die zur Sportkleidung gehört. Falls Sie diesen Sport nicht schon betreiben, möchte Ihre innere Intelligenz Ihnen mitteilen, dass Sie sich mit ihm beschäftigen, ihn womöglich ausprobieren sollten.
Freizeitkleidung steht für eine legere Haltung und sagt Ihnen, dass es Zeit ist, sich zu entspannen.
Jede Abendkleidung hat das Ziel, Sie möglichst vor-

teilhaft erscheinen zu lassen. Spielt sie eine Rolle im Traum, sollen Sie häufig dazu angeregt werden, mehr aus sich zu machen, mehr auf Ihr „Styling“ zu achten. Und: Der Verführungsaspekt schwingt fast immer in Träumen von Abendkleidung mit.

Speisen

Speisen symbolisieren grundsätzlich die Kräfte, die wir von außen in uns aufnehmen, also das, was uns nährt oder blockiert. Schmackhafte Speisen stehen für alles, was Ihnen auf Ihrem Lebensweg hilft, also für Eigenschaften, mit denen Sie zufrieden sind oder sein werden. Speisen, die Sie als ekelhaft empfinden, symbolisieren Eigenschaften, die Ihnen Ihr Leben schwer machen. Milchspeisen etwa verweisen (Milch!) auf Ihre Mütterlichkeit. – Schmecken Ihnen Milchspeisen gut, hilft Ihnen Ihr mütterlicher Wesenszug auf Ihrem Lebensweg und bei Ihrer Persönlichkeitsentwicklung, mögen Sie sie nicht, steht Ihnen Ihre Mütterlichkeit eher im Weg.

Üppige und karge Speisen

Kalorienreiche Speisen im Traum sind in der heutigen Zeit und in unserem Kulturkreis häufig als Warnung vor ungesunder, figurunfreundlicher Ernährung zu betrachten. Sie sollten wahrscheinlich leichter essen. In selteneren Fällen sagt Ihnen dieses Symbol, dass Sie mehr Energie von Ihrer Außenwelt – sei es in Form von Nahrungsmitteln oder auch im indirekten Sinne als Anregungen – aufnehmen sollten. Entsprechend regen kalorienarme Speisen Sie entweder zu dieser Art der Ernährung an oder sie weisen Sie darauf hin, dass Sie sich überhaupt zu wenig Energie von außen zuführen.

Deuten Sie Speisen zunächst daraufhin, was Ihnen gut tut und was nicht, also unter dem Gesichtspunkt der Ernährung. Denken Sie aber immer auch daran, dass Speisen alle Energien symbolisieren können, die Sie von der Außenwelt aufnehmen, d. h., sie können für Eindrücke, Ideen und Anregungen stehen. Beide Symbolebenen – Ernährung und Energien von außen – können also für die Deutung Ihres Traums eine Rolle spielen.

Zubereitung

Nicht nur die Speisen selbst, sondern auch die Art ihrer Zubereitung sollte gedeutet werden. Grundsätzlich gilt, dass weitgehend naturbelassene Nahrung auf Ihre eigene, persönliche Natürlichkeit aufmerksam macht. Raffiniert zubereitete Speisen dagegen mögen entweder auf mehr Sorgfalt bei der Essenszubereitung hinweisen oder Ihr Raffinement in Frage stellen.

Scharfe Speisen sind mit Leidenschaft assoziiert, süße Speisen mit Erotik, bittere mit Bitterkeit und salzige mit Tränen oder auch mit „Pepp“. Rohkost kann wie oben gedeutet werden, bei Gekochtem geht es um die Wärme, die Sie sich damit zuführen und die häufig für Herzenswärme steht.

Alkoholische Getränke

Gefühl	Problemfeld	Themen	Deutungen/Fragen
NEUTRAL (Das alkoholische Getränk wird neutral wahrgenommen.)	Entspannung und weniger Kontrolle	Flucht vor zu hohen Ansprüchen und der damit zusammenhängenden Anspannung	Setzen Sie sich selbst zu sehr unter Druck und wählen die falschen Mittel, diesen zu verringern?
	Ihre Einstellung zu alkoholischen Getränken	Konkrete Erfahrungen, die mit dem Genuss von alkoholischen Getränken gemacht wurden	Inwiefern spielt der Genuss von alkoholischen Getränken eine Rolle in Ihrem Leben? Sollten Sie mehr unter Leute gehen?
	Entspannung und weniger Kontrolle in Beziehungen	Selbstauferlegter und/oder von außen kommender Druck in Beziehungen	Haben Sie zu hohe Ansprüche an sich und an Ihr Gegenüber?
POSITIV (Das alkoholische Getränk wird positiv wahrgenommen.)	Abwehr von Selbsterkenntnis erscheint legitim.	Ungeeignete Mittel zur Verminderung des inneren Drucks erscheinen als sinnvoll.	Berauschen Sie sich an selbstidealisierenden Vorstellungen, um sich nicht mit Ihren zu hohen Ansprüchen auseinanderzusetzen?
	Positive Einstellung zu Alkohol	„Positive Erfahrungen" mit dem Genuss von Alkohol	Glauben Sie, mit Alkohol Ihr Leben vereinfachen zu können? (Suchtproblematik!)
	Überhöhtes Selbstbild behindert Beziehungen.	Beziehungsarbeit wird durch Flucht in Scheinwelten ersetzt.	Neigen Sie dazu, sich und andere in idealisiertem Licht zu sehen, um die Auseinandersetzung mit Konflikten zu vermeiden?
NEGATIV (Das alkoholische Getränk wird negativ wahrgenommen.)	Abwehr von Selbsterkenntnis wird erkannt.	Möglichkeit, den Selbstbetrug zu erkennen	Selbstidealisierende Vorstellungen werden erkannt – Auseinandersetzung mit überhöhten Ansprüchen wird möglich.
	Negative Einstellung zu alkoholischen Getränken	Negative Erfahrungen, die mit dem Genuss von Alkohol gemacht wurden.	Sollten Sie weniger Alkohol trinken? (Suchtproblematik?)
	Überhöhtes Selbstbild kann erkannt werden.	Die Flucht in Scheinwelten wird hinsichtlich Ihrer Beziehungen fraglich.	Es besteht für Sie die Chance, Idealisierungen (Sie und andere betreffend) zu erkennen und sich Beziehungskonflikten zu stellen.

Ernte

Subjektstufe
Objektstufe
Beziehungsstufe

Gefühl	Stufe	Problemfeld	Themen	Deutungen/ Fragen
NEUTRAL (Die Ernte löst keine speziellen Gefühle aus.)	Subjektstufe	Konflikte im eigenen Inneren lösen	Eine reflektierte Auseinandersetzung mit sich selbst	Die Ernte ist stets das Ergebnis von vorangegangener Arbeit – sie setzt die Lösung innerer Konflikte voraus.
	Objektstufe	Der frühere Kontakt zum Landleben	Erlebnisse auf dem Land	Handelt es sich um eine Erinnerung aus Ihrer Kindheit, Ferien auf dem Land?
	Beziehungsstufe	Ihr Einsatz und Engagement für Ihre Beziehung	Die Güte einer Beziehung entspricht der in sie investierten Energie.	Sehen Sie ein, dass Ihre Beziehungen nicht erfreulich werden, wenn Sie sich nicht darum bemühen?
POSITIV (Freude am Ertrag der Ernte)	Subjektstufe	Die Freude über Ihre innere Harmonie	Die innere Harmonie ist das Ergebnis von vorherigen Bemühungen.	Sie haben nun (endlich) das erreicht, wonach Sie sich innerlich sehnten, können Sie sich daran erfreuen?
	Objektstufe	Ihre Sehnsucht nach dem Landleben	Der erfolgreiche Umgang mit der Natur (z. B. im Garten)	Für Gartenarbeit, aber auch für Ihre Zimmerpflanzen scheinen Sie ein Händchen zu haben. Gehen Sie diesem Talent nach?
	Beziehungsstufe	Einsicht, dass eine gute Beziehung „gemacht" ist	Die Arbeit an Ihrer Beziehung wird ein befriedigendes Ergebnis zeigen.	Sie werden hinsichtlich Ihrer Beziehungen bald das erreichen, was Sie sich schon immer gewünscht haben.
NEGATIV (Eine schlechte oder mühselige Ernte)	Subjektstufe	Innere Spannungen	Die fruchtlose Bemühung, seine Muster aufzulösen	Haben Sie das Vertrauen verloren, zu sich selbst eine liebevolle Beziehung aufzubauen? Können Sie Erfolg nicht genießen?
	Objektstufe	Sehnsucht nach dem Natürlichen	Die romantische Idealisierung des Landlebens	Desillusionierung hinsichtlich eines einfachen, natürlichen Lebens, das härter ist, als man es sich vorstellte
	Beziehungsstufe	Skeptische Haltung der Beziehung gegenüber	Man gibt der Beziehung keine Chance mehr.	Sehen Sie die Bemühungen um Ihre Beziehung als vergebliche „Arbeit am Verdorbenen" an?

Fleisch (roh, Wurstwaren)

Gefühl	Problemfeld	Themen	Deutungen/Fragen
NEUTRAL (Das Fleisch wird neutral wahrgenommen.)	Fleischliche Gelüste, sexuelles Verhalten	Konflikthafte, momentane Einstellung zur Sexualität	Haben Sie Probleme bezüglich Ihres Umgangs mit Sexualität? Sehen Sie Ihre Sexualität getrennt von Beziehungen?
	Einstellung zu Fleisch	Ihre Erfahrung mit dem Genuss von Fleisch- und Wurstwaren	Bei Vegetariern sind Träume von Fleisch ein Hinweis, dass sie innerlich noch nicht wirklich zur Nahrungsumstellung bereit sind.
	Tendenz, Sexualität von Beziehung abzutrennen	Beziehungsrealität und sexuelle Bedürfnisse fallen auseinander.	Hat sich Ihre Sexualität in der letzten Zeit verändert? Suchen Sie sexuelle Erlebnisse, bei denen die Beziehung keine Rolle spielt?
POSITIV (Das Fleisch wird positiv wahrgenommen, es schmeckt.)	Ausgeprägtes Bedürfnis nach unpersönlicher Sexualität	Einstellung zur Sexualität wird vordergründig akzeptiert, Konflikthaftes wird verdrängt.	Sie sehen Trennung von Sexualität und Beziehung als legitim an, Ihre unbewusste Einstellung zur Sexualität steht dem entgegen.
	Positive Einstellung zu Fleisch	Ihre Freude am Genuss von Fleisch- und Wurstwaren	Tut Ihnen Fleischgenuss gut? Vegetarier: Sollten Sie ab und an Fleisch essen?
	Sexualität wird von Beziehung getrennt gesehen.	Oberflächliche Akzeptanz der sexuellen Einstellung in Beziehungen	Suchen Sie Kontakte, bei denen Sie Ihre sexuellen Vorstellungen realisieren können? Ihr Unbewusstes sieht dies problematisch.
NEGATIV (Das Fleisch wird negativ wahrgenommen, ist z. B. verdorben.)	Unpersönliche Sexualität wird als Konflikt erlebt.	Einstellung zur Sexualität wird widersprüchlich erfahren.	Ihre Schuldgefühle legen nahe, Ihre Sexualität mehr zu reflektieren, um zu einem unbelasteteren Umgang mit Sex zu gelangen.
	Negative Einstellung zu Fleisch	Ablehnung von Fleisch- und Wurstwaren	Haben Sie an den Tagen zuvor zu viel Fleisch gegessen? Was verbinden Sie mit Fleisch- und Wurstgenuss?
	Die Trennung von Sexualität und Beziehung ist ein Problem.	Schlechtes Gewissen engeren Beziehungen gegenüber	Sollten Sie über Ihre sexuellen Vorstellungen mit Ihrem Partner/Ihrer Partnerin sprechen?

Gemüse

- Subjektstufe
- Objektstufe
- Beziehungsstufe

Gefühl	Stufe	Problemfeld	Themen	Deutungen/ Fragen
NEUTRAL (Gemüse wird neutral wahrgenommen.)	Subjektstufe	Naturnahe Persönlichkeitsanteile	Weibliche oder männliche Aspekte der Sexualität; Erdung/ Abgehobenheit; innere Unreife	Sind Sie in Kontakt mit Ihren unterschiedlichen sexuellen Bedürfnissen? Sehnsucht nach mehr Erdung?
	Objektstufe	Einstellung zu Gemüse	Ihre Erfahrungen mit dem Genuss von Gemüse	Könnte der Traum ein Hinweis darauf sein, dass Sie mehr Gemüse essen sollten?
	Beziehungsstufe	Natürlicher Selbstausdruck in Beziehungen	Nährender Aspekt von Beziehungen	Sehen Sie Sexualität und Beziehung eng verbunden? Können Sie sich natürlich ausdrücken? Nähren Ihre Beziehungen Sie?
POSITIV (Gemüse wird positiv wahrgenommen, ist appetitlich.)	Subjektstufe	Guter Kontakt zur inneren Natur	Wahrnehmung dessen, was einen nährt, insbesondere im Bereich der Sexualität	Sie können Ihre natürlichen Bedürfnisse wahrnehmen und diese ausleben – oder besteht der Wunsch danach?
	Objektstufe	Ihre positive Einstellung zu Gemüse	Ihre Freude am Genuss von Gemüse	Tut Ihnen der Genuss von Gemüse gut oder sollten Sie mehr Gemüse essen?
	Beziehungsstufe	Natürlicher Selbstausdruck befruchtet Beziehungen.	Klares Bewusstsein darüber, was man in seinen Beziehung braucht und lebt	Haben Sie zu Ihrem natürlichen Ausdruck gefunden, insbesondere in Ihrer Sexualität?
NEGATIV (Gemüse wird negativ wahrgenommen, ist z. B. verdorben.)	Subjektstufe	Mutterproblematik; gestörter Kontakt zur inneren Natur	Betonung des Intellekts auf Kosten des Realitätsbezugs	Sind Sie zu sehr mit Ihren Gedanken und Vorstellungen verbunden, sodass Sie einen natürlichen Kontakt zu sich verlieren?
	Objektstufe	Negative Einstellung zu Gemüse	Ablehnung von Gemüse – entsprechende negative Erfahrungen (häufig in der Kindheit)?	Sind Sie an den Tagen vor dem Traum in besonderer Weise mit Gemüse konfrontiert worden?
	Beziehungsstufe	Geringer Kontakt zum natürlichen Selbstausdruck	Nicht stimmige Vorstellungen darüber, was einem (speziell im Hinblick auf Sexualität) in Beziehungen gut tut	Betrachten Sie Ihre Beziehungen zu sehr aus Ihrem intellektuellen Standpunkt heraus, und verlieren Sie dadurch den Kontakt zur Beziehungsrealität?

Getränke

Gefühl	Problemfeld	Themen	Deutungen/Fragen
NEUTRAL (Das Getränk wird neutral wahrgenommen oder erlebt.)	Verinnerlichung von Gefühlen	Unterschiedliche Getränke symbolisieren Gefühle, die man zu viel oder zu wenig erlebt.	Sollten Sie das Gefühl, das das Getränk symbolisiert, vermehrt wahrnehmen oder leben Sie dieses zu sehr?
	Ihre Einstellung zu dem entsprechenden Getränk	Konkrete Erfahrungen, die Sie mit einem solchen Getränk gemacht haben	Sollten Sie mehr trinken – speziell das im Traum gesehene Getränk?
	Verinnerlichung von Gefühlen in sozialen Beziehungen	Umgang mit den äußeren Einflüssen auf Beziehungen	Welche Gefühle (Getränk) nehmen Sie von Ihrer Umwelt auf?
POSITIV (Das Getränk wird positiv wahrgenommen, es schmeckt und erfrischt.)	Annahme von Gefühlen fördert die Persönlichkeit.	Aufgabe: durchlässiger werden	Annahme von Gefühlen wird positiv erlebt. Oder: Abwehr von Gefühlen verringern
	Positive Einstellung zum Getränk	Positive Erfahrungen mit einem solchen Getränk	Hatten Sie in der Nacht Durst?
	Positive Beeinflussung durch Partner	Einflüsse, die aus dem sozialen Umfeld kommen werden positiv erlebt.	Welche Art des sozialen Einflusses tut Ihnen und Ihren Beziehungen gut?
NEGATIV (Das Getränk wird negativ wahrgenommen, ist z. B. unbekömmlich, abgestanden.)	Gefühle werden abgewehrt; Angst vor Veränderung	Ängste vor Gefühlen oder zu starke Beeinflussung durch Gefühle	Sind Sie zu durchlässig und lassen sich von Gefühlen durcheinanderbringen? Was bedroht Sie an dem Kontakt mit Gefühlen?
	Negative Einstellung zu dem Getränk	Negative Erfahrungen, die Sie mit einem solchen Getränk gemacht haben.	Vertragen Sie dieses spezielle Getränk nicht?
	Angst vor Beeinflussung durch Partner	Einflüsse, die aus dem sozialen Umfeld kommen, werden als beängstigend erlebt.	Ziehen Sie sich in Ihren sozialen Beziehungen emotional zu sehr zurück? Was bedroht Sie an äußeren Einflüssen?

Kartoffel

Subjektstufe
Objektstufe
Beziehungsstufe

Gefühl	Stufe	Problemfeld	Themen	Deutungen/ Fragen
NEUTRAL (Die Kartoffel löst keine speziellen Gefühle aus.)	Subjektstufe	Innere Entwicklung, Vervollkommnung	Inneres Wachstum, das sich unbewusst vollzieht	Die Kartoffel, die verborgen im Dunkeln wächst, steht für Persönlichkeitsentwicklung. Symbolisch gesehen ist sie Nahrung für unsere innere Entwicklung.
	Objektstufe	Einfacher Lebensstil	Die Kartoffel als Speise der Armen; Bindung an die Erde	Faszination des einfachen Lebens; nach Rudolf Steiner macht die Kartoffel behäbig.
	Beziehungsstufe	Unterschwellige Entwicklungen in der Beziehung	Die Rolle, die unbewusste Veränderungen in Ihren Beziehungen spielen	Veränderungen in den Beziehungen werden wahrgenommen, können aber (noch) nicht klar erfasst werden.
POSITIV (Die Kartoffel wird positiv gesehen, mit Appetit gegessen etc.)	Subjektstufe	Positive innere Entwicklung	Vertrauen auf automatisch ablaufende innere Entwicklungen	Hinweis: Innere Entwicklungen müssen nicht immer bewusst initiiert werden, sondern laufen bisweilen unbeeinflusst am besten ab.
	Objektstufe	Die Freude am einfachen Essen	Die Kartoffel ist nahrhaft, einfach und schmackhaft.	Es muss nicht stets ein aufwendiges Essen sein, das einen gut nährt.
	Beziehungsstufe	Aktivität ist in Beziehungen nicht immer angesagt.	Psychische Prozesse laufen in Beziehungen oft unbeeinflusst am besten ab.	Vertrauen Sie darauf, dass sich Ihre Beziehungen zum Besten wenden. Ein Eingreifen wäre unvorteilhaft.
NEGATIV (Verrottete oder ungenießbare Kartoffel, Abneigung gegen Kartoffeln)	Subjektstufe	Ablehnung der Selbstregulation der Psyche	Angst vor unbewusst ablaufenden inneren Entwicklungen	Innere Entwicklungen, die man nicht bewusst kontrollieren kann, erzeugen Unbehagen und Skepsis.
	Objektstufe	Ablehnung der Kartoffel (als Nachtschattengewächs)	Die Kartoffel macht schwer und träge und besitzt ein proletarisches Image.	Die Kartoffel wird abgelehnt, weil sie als unfeine und füllende Speise gilt, die zu erdhaft ist.
	Beziehungsstufe	Der Stil Ihrer Beziehungen	Sehnsucht nach einem feineren Beziehungsstil; Entwicklungen kontrollieren wollen	Wünschen Sie sich in Ihren Beziehungen mehr Subtilität und Feinheit oder wollen Sie Ihre Beziehungen kontrollieren können?

Kleidung

Gefühl	Problemfeld	Themen	Deutungen/Fragen
NEUTRAL (Die Kleidung wird neutral wahrgenommen.)	Das Bild, das wir von uns haben	Abgerissene Kleidung: Man lässt sich gehen; enge Kleidung: Man ist zu angepasst; Unterwäsche: Sexualität	Wichtig ist die Person, die die Kleidung trägt. Der Anteil in Ihnen, der durch die Person symbolisiert wird, ist so beschaffen, wie die Person gekleidet ist.
	Ihre Einstellung zu dieser Kleidung	Erfahrungen, die Sie mit dieser Kleidung gemacht haben	Welche Rolle spielt diese Art der Kleidung in Ihrem Leben?
	Das Bild, das nach außen hin gezeigt wird	Das, was in Beziehungen gezeigt wird, und wie man sich damit fühlt	Durch die Person und die Kleidung wird symbolisiert, welche Eigenschaften Sie zeigen und wie Sie sich damit fühlen.
POSITIV (Die Kleidung wird als und angenehm und stimmig erlebt.)	Eigenschaften, die einem entsprechen	Persönlichkeitsanteile werden akzeptiert und unterstützen die eigene Entwicklung.	Welche Anteile – symbolisiert durch die Person und die Kleidung, die diese trägt – sollten Sie vermehrt leben?
	Positive Einstellung zu der Person und Ihrer Kleidung	Positive Assoziationen und Erfahrungen mit dieser Kleidung	Wäre es für Sie vorstellbar, ähnliche Kleidung wie im Traum in der Realität anzuziehen? Was löst diese Vorstellung in Ihnen aus?
	Man akzeptiert sich so, wie man ist, und zeigt sich damit.	Es bestehen keine Hemmungen und Blockaden, sich nach außen hin darzustellen.	Zeigen Sie die Eigenschaften, die durch die Person und die Kleidung symbolisiert wird.
NEGATIV (Die Kleidung wird als negativ, unpassend und unangenehm erlebt.)	Anteile, deren Ausdrucksmöglichkeiten eingeschränkt sind	Persönlichkeitsanteile stehen im Gegensatz zum Selbstbild und werden deshalb abgewehrt.	Welche Eigenschaften lehnen Sie an sich ab? Unpassendes im Traum fordert den Träumer häufig auf, dieses bei sich zu akzeptieren.
	Negative Einstellung zu der Kleidung	Negative Assoziationen und Erfahrungen mit dieser Kleidung	Was empfinden Sie als unpassend an der Kleidung und an der Person?
	Man lehnt Anteile ab, diese zeigen sich als unpassend	Eigenschaften und wie diese sich zeigen werden im Zusammensein mit anderen abgewehrt.	Welche Eigenschaften lehnen Sie an sich ab, die sich trotz Ihres Widerwillens dagegen im Umgang mit anderen Menschen zeigen?

Mantel

Subjektstufe
Objektstufe
Beziehungsstufe

Gefühl	Stufe	Problemfeld	Themen	Deutungen/ Fragen
NEUTRAL (Der Mantel wird ohne deutlichen Gefühle wahrgenommen.)	Subjektstufe	Schutz, auch als Gegensatz zu Offenheit	Schutz vor Ihren Gefühlen, die Sie bei sich nicht wahrnehmen möchten	Wovor wollen Sie sich schützen? Regenmantel: Gefühle; Wintermantel: Gefühlskälte; Was wollen Sie bei sich nicht wahrnehmen?
	Objektstufe	Kälteempfindungen während des Schlafs	Sich wärmer anziehen, wenn man nach draußen geht	Wer hat einen solchen Mantel in der Realität getragen?
	Beziehungsstufe	Kommunikation wird durch Selbstschutz bestimmt.	Sich in Beziehungen bedeckt halten, Wichtiges vor anderen verbergen	Wovor müssen Sie sich in Ihren Beziehungen schützen? Wäre eine offenere Kommunikation möglich?
POSITIV (Sie erleben sich mit dem Mantel wohlig warm und geschützt.)	Subjektstufe	Den Schutz als passend für sich empfinden	Selbstschutz hat sich zu etwas Selbstverständlichem entwickelt, er wird als Anteil akzeptiert.	Nehmen Sie beängstigende Gefühle wahr? Wodurch könnten Sie diesen Gefühlen wieder näher kommen?
	Objektstufe	Schutz vor Wettereinflüssen	Der Schutz durch den Mantel wird als positiv erlebt.	Welche positiven Assoziationen verbinden Sie mit dem Mantel?
	Beziehungsstufe	Das Sich-Verbergen vor anderen ist einem angenehm.	Die Selbstverständlichkeit, sich in Beziehungen eher bedeckt zu halten; Menschen, die sich vor Ihnen schützen	In welchen Beziehungen ist das Verbergen von Gefühlen für Sie selbstverständlich? Welche Menschen benötigen Ihren Schutz oder müssen sich vor Ihnen schützen?
NEGATIV (Sie möchten keinen Mantel anziehen, fühlen sich trotz Mantel z. B. kalt und durchnässt).	Subjektstufe	Der Schutz ist nicht mehr ausreichend oder nicht passend.	Gefühle dringen zu einem durch, obwohl man sich davor schützen möchte.	Sie versuchen zwar, sich vor Ihren Gefühlen zu schützen, doch diese dringen trotzdem zu Ihrer Wahrnehmung durch.
	Objektstufe	Sie lehnen Mäntel oder bestimmte Arten von Mänteln ab.	Sie suchen den direkten Kontakt mit der Natur und Ihrer Umwelt.	Was verbinden Sie mit Mänteln im Allgemeinen oder mit diesem speziellen Mantel?
	Beziehungsstufe	Das Sich-verbergen-Wollen nützt nichts (mehr).	Gefühle werden vor anderen verborgen oder man schützt sich vor deren Gefühlen – erfolglos.	In welchen Beziehungen nutzt Ihnen das Verbergen Ihrer Gefühle und/oder das Sich-Schützen vor Gefühlen nichts mehr?

Milch

Gefühl	Problemfeld	Themen	Deutungen/ Fragen
NEUTRAL (Das Getränk wird neutral wahrgenommen oder aufgenommen.)	Mütterlich Nährendes	Die Mütterliche Seite wird zu sehr oder zu wenig erlebt.	Sehnen Sie sich danach, mehr mit Ihren mütterlichen Gefühlen in Kontakt zu kommen? Dürfen Sie mehr Kind sein?
	Ihre Einstellung zur Milch	Konkrete Erfahrungen, die Sie mit Milch gemacht haben	Sollten Sie mehr Milch trinken?
	Mütterlich Nährendes in sozialen Beziehungen	Reaktion auf mütterliche Zuwendung; Gefühle in sozialen Beziehungen	In welchen Beziehungen erleben Sie mütterliche Gefühle, in welchen erhalten Sie mütterliche Zuwendung, und wie reagieren Sie darauf?
POSITIV (Das Getränk wird positiv wahrgenommen, z. B. schmeckt es.)	Mütterliche Gefühle fördern die Persönlichkeit.	Durchlässigkeit für mütterliche Gefühle und kindliche Bedürfnisse	Der Kontakt mit Ihren mütterlichen Gefühlen tut Ihnen gut. Erlauben Sie sich, mal wieder Kind zu sein.
	Positive Einstellung zur Milch	Positive Erfahrungen, die Sie mit Milch gemacht haben	Erinnerungen an Kindheit und Jugend
	Mütterlich Nährendes als positives Beziehungselement	Mütterliche Zuwendung und Gefühle befruchten Beziehungen.	Sehnen Sie sich in Beziehungen nach mütterlicher Zuwendung und Gefühlen oder sollten Sie diese vermehrt ausdrücken?
NEGATIV (Die Milch wird negativ wahrgenommen, ist z. B. verdorben.)	Abwehr mütterlicher Gefühle	Angst vor mütterlichen Gefühlen oder dem Gefühl, sich kindlich zu erleben	Was für eine Beziehung hatten Sie zu Ihrer Mutter? Erleben Sie Mütterlichkeit oder Kindlichkeit als negativ?
	Negative Einstellung zur Milch	Negative Erfahrungen mit Milch speziell in Ihrer Kindheit	Sind Sie gegen Milchprodukte allergisch?
	Angst vor mütterlichen Gefühlen in Beziehungen	Mütterliche Gefühle bedrängen die eigene Selbstständigkeit. Müt-terlich in Beziehungen zu sein, schränkt diese ein.	Empfinden Sie sich als zu kindlich in Ihren Beziehungen? Neigen Sie dazu, zu sehr Ihre mütterliche Seite zu leben und damit Ihr Gegenüber als Kind zu behandeln?

Nahrungsmittel (Essen und Trinken)

- Subjektstufe
- Objektstufe
- Beziehungsstufe

Gefühl	Problemfeld	Themen	Deutungen/ Fragen
NEUTRAL (Sie erleben Nahrungsmittel(-aufnahme) im Traum ohne besondere Gefühle.)	Befriedigung seelischer Grundbedürfnisse	Das, was Sie nährt bzw. was Sie verinnerlichen; das, wonach Sie hungern oder dürsten	Was müssen Sie tun, um Ihre seelische und/ oder geistige Befindlichkeit zu unterstützen. Was sollten Sie verinnerlichen?
	Befriedigung körperlicher Bedürfnisse	Nahrungsmittel im Traum fordern uns auf, unsere Nahrungsaufnahme zu überdenken.	Wie ernähren Sie sich zurzeit? Wäre es sinnvoll Ihre Ernährung umzustellen?
	Befriedigung von Grundbedürfnissen in Beziehungen	Das, was Sie in Beziehungen nährt bzw. was fehlt	Träume von Nahrungsmitteln weisen Sie auf das hin, was Sie in Ihren Beziehungen benötigen.
POSITIV (Nahrungsmittel(-aufnahme) wird positiv erlebt, man hat z. B. Appetit darauf.)	Ausgleich seelischer Defizite	Finden, was einen nährt und was man verinnerlichen sollte	Sie haben etwas gefunden, was Sie nährt und für Ihre geistige und seelische Befindlichkeit wichtig ist.
	Ausgleich von Defiziten im Körperhaushalt	Nahrungsmittel, mit Hunger gegessen, weisen auf Defizite im Körperhaushalt hin.	Diese Nahrungsmittel sollten Sie auch in der Realität essen, sie können mögliche Defizite im Körperhaushalt ausgleichen.
	Weg zu befriedigenden Beziehungen erkennen	Defizite in Beziehungen können mit dieser Nahrung kompensiert werden.	Die symbolische Bedeutung der Nahrung, die Sie mit Genuss essen, nährt Sie und damit auch Ihre Beziehungsfähigkeit.
NEGATIV (Nahrungsmittel werden als unangenehm bis Ekel erregend erlebt.)	Das Falsche und/oder zu viel essen	Verinnerlichung von Gefühlen, Vorstellungen, Handlungen etc., die nicht gut tun	Nehmen Sie von den Angeboten von außen zurzeit das Falsche auf oder zu viel davon? Gier?
	Körperliche Defizite bleiben unerkannt.	Falsche Ernährung gefährdet die Gesundheit.	Ernähren Sie sich zu einseitig oder mit für Sie ungesunden Nahrungsmitteln?
	Grundbedürfnisse in Beziehungen werden ignoriert.	Das, von dem wir glauben, dass es uns nährt, schadet uns und unseren Beziehungen.	Was glauben Sie, was Sie in Beziehungen dringend benötigen – das Ihnen aber schadet? Nehmen sie zu viel davon zu sich?

Schuhe

Gefühl	Problemfeld	Themen	Deutungen/ Fragen
NEUTRAL (Die Schuhe werden neutral wahrgenommen.)	Standfestigkeit, Zuverlässigkeit, Bezug zur Realität	Verschiedene Schuhe verweisen auf unterschiedliche Aspekte im Bezug zur Realität	Sollten Sie Ihren Kontakt zur Realität verändern? Ist dieser zu einseitig ausgerichtet, je nach Art des Schuhs?
	Ihre Einstellung zu Schuhen und Ihren Füßen	Sie kommen in Kontakt mit Ihren Füßen und Schuhen.	In welchen Schuhen fühlen Sie sich am wohlsten? Sollten Sie beim Kauf von Schuhen mehr auf Bequemlichkeit achten?
	Schuhpaare weisen auf Ihre Beziehungen hin	Unterschiedliche Schuhe – Unterschiede in Beziehungen	Schuhe können für erotisch-sexuelle Aspekte Ihrer Beziehungen stehen. Die Art des Schuhs zeigt, worauf Sie in Beziehungen Wert legen.
POSITIV (Die Schuhe werden positiv wahrgenommen, sie sind bequem, sauber und gefallen Ihnen.)	Positiver Bezug zur Realität – gute Erdung	Die Art des Schuhs zeigt Ihnen, was Sie im Leben standfest macht und Ihnen damit gut tut.	Sollten Sie sich mehr auf die Eigenschaften konzentrieren, die für die Art der Schuhe stehen, um sich besser zu erden?
	Positive Einstellung zu dieser Art von Schuhen	Positive Erfahrungen oder Assoziationen hinsichtlich dieser Art von Schuhen.	Was gefällt Ihnen an diesen Schuhen? Sollten Sie sich beim Schuhkauf stärker darauf konzentrieren, was Ihnen gefällt?
	Positiver Realitätsbezug von Beziehungen	Die Eigenschaften, die der Schuh symbolisiert, festigen Ihre Beziehungen.	Welche Eigenschaften symbolisieren diese Schuhe für Sie? Sollten solche Eigenschaften in Ihren Beziehungen mehr Raum haben?
NEGATIV (Die Schuhe werden negativ erlebt, sie drücken, sind schmutzig und hässlich.)	Geringer Bezug zur Realität, schlechte Erdung	Die Art des Schuhs zeigt Ihnen, was Sie im Leben daran hindert, standfest zu bleiben.	Sensibilisieren Sie sich für die Eigenschaften, die durch diese Schuhe symbolisiert werden. Lassen Sie sich von diesen nicht beherrschen.
	Negative Einstellung zu solchen Schuhen	Negative Erfahrungen/Fantasien hinsichtlich solcher Schuhe	Wen/was verbinden Sie mit solchen Schuhen? Haben Sie solche Schuhe schon getragen?
	Beziehungen werden von alten Mustern beeinflusst.	Sie versuchen, in Ihren Beziehungen jemand zu sein, der Sie nicht sind.	Schmutzige Schuhe weisen auf Probleme in Beziehungen hin, die aus Ihrer Vergangenheit stammen.

Wein

Subjektstufe
Objektstufe
Beziehungsstufe

Gefühl		Problemfeld	Themen	Deutungen/Fragen
NEUTRAL (Der Wein wird neutral wahrgenommen.)	Subjektstufe	Energie (Rotwein) und Klarheit (Weißwein)	Lebenserfahrung und deren Verarbeitung	Was haben Sie sich erarbeitet, auf das Sie aufbauen können.
	Objektstufe	Einstellung zu Wein und Weintrinken	Konkrete Erfahrungen mit dem Genuss von Wein.	Inwiefern spielt der Genuss von Wein eine Rolle in Ihrem Leben?
	Beziehungsstufe	Tatkraft und Entschlossenheit in Beziehungen	Arbeit an Beziehungen liegt an.	Nutzen Sie den günstigen Zeitpunkt, um Ihre Beziehungen auf eine neue Basis zu stellen.
POSITIV (Der Wein wird positiv wahrgenommen, schmeckt gut.)	Subjektstufe	Energie und Klarheit wirken sich positiv aus.	Die Verarbeitung der Lebenserfahrungen führt zu einem glücklichen Ende.	Sie sind nun in der Lage, destruktive Verhaltensmuster hinter sich zu lassen.
	Objektstufe	Positive Einstellung zum Wein und zum Weintrinken	Positive Erfahrungen, die man mit dem Genuss von Wein gemacht hat	Wein kann für Sie, in Maßen genossen, positive Auswirkungen auf Ihr Wohlbefinden haben.
	Beziehungsstufe	Tatkraft und Entschlossenheit wirken sich positiv auf Beziehungen aus.	Beziehungsarbeit trägt Früchte.	Ihre Auseinandersetzung mit Beziehungen hat große Chancen auf Erfolg. Sollten Sie jemandem „reinen Wein einschenken"?
NEGATIV (Der Wein wird negativ wahrgenommen, schmeckt schlecht, man ist betrunken davon.)	Subjektstufe	Abwehr tief gehender Erkenntnisse	Lebenserfahrungen werden nicht verarbeitet und rufen deshalb keine Veränderung hervor.	Tendieren Sie dazu, vor wichtigen Selbsteinsichten zu fliehen?
	Objektstufe	Negative Einstellung zum Wein und zum Weintrinken	Negative Erfahrungen, die mit dem Genuss von Wein gemacht wurden	Sollten Sie weniger Wein trinken (Suchtproblematik)?
	Beziehungsstufe	Unerkannte Muster behindern Beziehungen.	Abwehr von notwendigen Bemühungen, die die Beziehungssituation verbessern würden	Sie sind konfliktscheu und fliehen vor Auseinandersetzungen in Ihren Beziehungen.

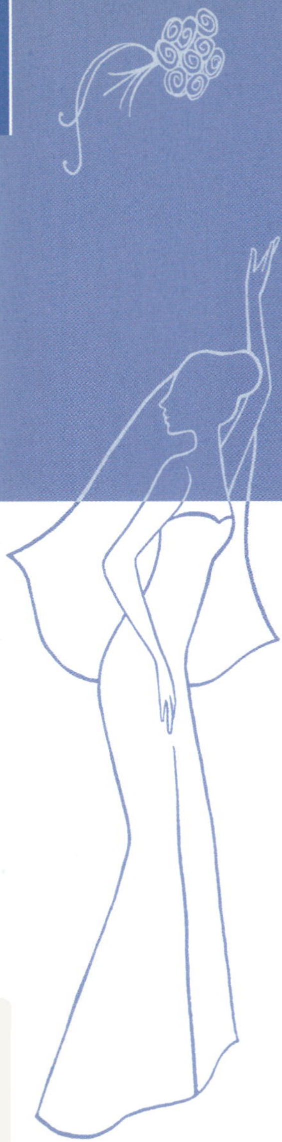

Zustände & Ereignisse

Zustände – z. B. Jugend oder Schlaf – im Traum verweisen fast immer auf einen Zustand des Träumers oder der Träumerin. Auch Ereignisse sind in der Regel auf dieser subjektiven Ebene zu deuten. Dies gilt auch, wenn sich andere Traumpersonen in bestimmten Zuständen befinden oder an bestimmten Ereignissen beteiligt sind.

Zustände

Jeder im Traum wiedergegebene Zustand sollte zunächst auf der Subjektstufe gedeutet werden, nämlich als Zustand des Träumenden. Das kann nun ein Zustand sein, in dem Sie sich zu oft befinden oder mit dem Sie sich beschäftigen sollten. Was zutrifft, wissen Sie sofort.

Bei der Deutung sind keineswegs nur Zustände des Traum-Ichs zu betrachten, sondern auch diejenigen anderer Traumpersonen. Häufig zeigt Ihnen Ihr Traum damit, was Sie im Leben ausprobieren sollten. Nehmen Sie den Traum als Empfehlung Ihres Unbewussten, sich zumindest gedanklich mit etwas zu beschäftigen, das Sie sonst wenig oder gar nicht beachten würden.

Zustände, die Sie im Traum als positiv empfinden, sollten Sie in Ihrem Alltagsleben ausleben. Von Zuständen, die im Traum negative Gefühle auslösen, halten Sie sich besser fern.

Ereignisse

Fast jeder Traum weist ein Ereignis auf, dessen symbolische Bedeutung – ob Krankheit, Unfall, Tod oder Hochzeit – Sie schnell herausfinden, wenn Sie nach seiner Funktion fragen, also danach, was es bewirkt: Die Krankheit legt einen z. B. lahm, der Unfall stellt einen bedeutenden Einschnitt in den Alltag dar, der Tod beendet und die Hochzeit verbindet. Oft hilft auch die Frage nach dem Warum weiter. Warum werden Sie im Traum krank oder erleiden Sie einen Unfall? Lassen Sie jede Antwort zu, die spontan in Ihnen hochsteigt. Wenn Ihnen nichts mehr einfällt, suchen Sie diejenige Antwort, die am besten auf Ihre aktuelle Situation passt.

Tritt in Ihrem Traum ein ungewöhnliches Ereignis auf, das von Ihren Erwartungen stark abweicht, sollten Sie die Deutung Ihres Traums mit diesem Ereignis beginnen.

Verfolgung

Träume von Verfolgung sind in unserer Kultur weit verbreitet und meist von großer Angst begleitet. Diese wird normalerweise dadurch ausgelöst, dass das Traum-Ich nicht entkommen kann, weil es z. B. erstarrt, in eine Sackgasse läuft oder plötzlich vor einem Abgrund steht. Was dann geschieht, wird fast nie vom Traum ins Bild gesetzt.

Was Sie verfolgt, ist das, was Sie in Ihrem Leben nicht beachten. Aber es möchte beachtet werden und macht deshalb durch Verfolgung auf sich aufmerksam. Der Traum sagt: Wenden Sie sich dem, was Sie ignorieren, zu. Um einen Verfolgungstraum produktiv zu nutzen, sollten Sie im Wachbewusstsein fantasieren, was geschähe, wenn Sie den Verfolger ansprechen. Was sagt oder vermittelt er Ihnen? – Das ist die Botschaft dieses Traums.

Nacktheit

Träume von Nacktheit und anderen Peinlichkeiten treten in unserer Gesellschaft ebenfalls sehr häufig auf. Das kommt daher, dass wir im Berufs-, zunehmend auch im Alltagsleben meist eine Maske tragen. Jung nannte diese Maske „Persona".

Alle Peinlichkeitsträume inklusive der Nacktheitsträume fordern Sie auf, sich weniger an der Norm auszurichten und sich stattdessen so zu zeigen, wie Sie sind. Fragen Sie sich nach solchen Träumen, wie stark Sie sich an Konventionen und Normen orientieren und ob das wirklich gut für Sie ist.

Soziale Verbindungen

Hochzeit, Freundschaft und Ähnliches verweisen wie die Sexualität im Traum auf die meist notwendige Verbindung von unterschiedlichen Seiten oder Eigenschaften der Träumenden. Im Hintergrund schwingt oftmals mit, dass man sich nach solch einer Bindung sehnt (Freuds Theorie, dass der Traum unerfüllte Wünsche ausdrückt). Vermeiden Sie den verbreiteten Anfängerfehler, den Traum dahin gehend zu deuten, dass die entsprechende Verbindung sich nun bald einstellen wird. Schauen Sie sich den Traum vielmehr daraufhin an, was Sie in sich selbst verbinden müssen (innerpsychische Integration), um beziehungsreif zu werden.

Sexualität

Sexualität erscheint heute im Traum seltener als zu Freuds Zeiten, da sie nicht mehr so stark tabuisiert ist wie im 19. Jahrhundert. Jung machte darauf aufmerksam, dass sexuelle und erotische Traumsituationen einen Hinweis auf die notwendige Verbindung von Animus (die eigene männliche Seite) und Anima (die eigene weibliche Seite) darstellen. Das ist auch nach unserer Erfahrung die häufigste Traumbotschaft in diesem Fall, wenn auch der Wunsch nach Sexualität häufig mitschwingt.

Für Frauen bedeutet Sex im Traum oft, dass sie zielgerichteter und durchsetzungsstärker sein sollen, Männer sollen mehr auf ihre Intuition und ihre Gefühle achten.

Fall/Fallen

Gefühl	Problemfeld	Themen	Deutungen/ Fragen
NEUTRAL (Das Fallen löst keine speziellen Gefühle aus.)	Innere Probleme und Konzepte loslassen	Aufgeben innerer Starrheit und Kontrolle	Können Sie sich so nehmen, wie Sie sind, und sich ohne schlechtes Gewissen einfach in eine Situation fallen lassen?
	Das Fallen als Lust und Angst	Die beiden Seiten des Fallens erkennen und erleben	Seinem Körper sollte man – zumindest bisweilen – auch banale Unglücke zumuten.
	Der Beziehung ihren Lauf lassen	Das Vertrauen, dass in Beziehungen alles seinen richtigen Gang geht	Sind Sie der irrigen Ansicht, dass ohne Ihr ständiges Eingreifen Ihre Beziehungen nicht gelingen?
POSITIV (Spielerisches Fallen, lustvolles Fallen)	Entspannung	Sein Inneres in Ruhe lassen	Man muss sich nicht immer beobachten und an sich „herumtherapieren“. Vertrauen in Ihre innere Weisheit wird gefordert.
	Mit Lust fallen	Fallen erinnert an die Freiheit und Wildheit der Kindheit	Wer wilde Köperbewegungen macht, kann immer fallen. Erkennen Sie den Spaß, der darin liegt.
	Die Sehnsucht, sich in seiner Beziehung fallen lassen zu können	Sexuelle Ekstase, Hingabefähigkeit	Was tun Sie dafür, Ihre inneren Hemmungen – speziell in Ihrem sexuellen Ausdruck – abzubauen?
NEGATIV (Fallen als Unfall, Fallen führt zu Verletzung oder Behinderung)	Ständige Selbstbeobachtung	Man greift zu viel in innere Prozesse ein, die sich anderweitig selbst regulieren.	Entwickeln Sie ein entspannteres Verhältnis zu sich selbst.
	Fehlendes Vertrauen in seine körperlichen Fähigkeiten	Angst davor, zu stürzen und sich zu verletzen	V. a. bei älteren Menschen die berechtigte Angst davor zu fallen; Angst vor möglichen Unfällen, daher übervorsichtiges Verhalten
	Fehlendes Vertrauen in den Partner	Die Angst davor, sich fallen zu lassen und durch den Partner verletzt zu werden	Das Einlassen auf den Partner wird als Gefahr angesehen – es könnte einen ins Unglück stürzen.

Flucht

Subjektstufe
Objektstufe
Beziehungsstufe

Gefühl	Stufe	Problemfeld	Themen	Deutungen/Fragen
NEUTRAL (Die Flucht löst keine speziellen Gefühle aus.)	Subjektstufe	Das konkrete Problem zeigt sich darin, wovor man flieht	Flüchten oder Standhalten; die Entscheidung, eine Situation zu ändern oder die Situation zu verlassen	Die Flucht aus Problemsituationen ist entweder ein Muster von Ihnen, das Sie auflösen sollten, oder Sie sollten sich aus der Problemsituation herausbegeben.
	Objektstufe	Problemlösungsstrategien	Aktive oder passive Lösung eines aktuellen Problems	Bringt Flucht die gewünschte Lösung eines bestehenden Problems? Erwägen Sie, sich des Problems durch Flucht zu entledigen?
	Beziehungsstufe	Die Aufrechterhaltung einer Beziehung	Wann ist es sinnlos, sich weiterhin um eine Beziehung zu bemühen?	Liegt es an, den Partner zu verlassen? Fliehen Sie von der alten (naiv) hoffnungsvoll in eine neue Beziehung?
POSITIV (Die Flucht ist spielerisch; die Flucht gelingt.)	Subjektstufe	Fliehen heißt in Bezug auf sich selbst oft verdrängen.	Auflösung innerer Konflikte und Spannungen	Sie müssen sich nicht mit allen inneren Problemen auseinandersetzen, manchmal ist die Verdrängung von Problemen sinnvoll.
	Objektstufe	Wie man sich einer Situation entzieht	Die Flucht als kluge Verhaltensweise	Flucht bedeutet in diesem Fall wahrscheinlich Freiheit
	Beziehungsstufe	Trennung	Den Mut aufzubringen, aus einer unseligen Beziehung zu fliehen	Die Flucht ist bisweilen die einzige Möglichkeit, sich aus/vor einer Beziehung zu retten.
NEGATIV (Die Flucht ist gefährlich, misslingt, und man hat Angst.)	Subjektstufe	Flucht vor beängstigenden Persönlichkeitsanteilen	Man sollte sich mit sich selbst auseinandersetzen.	Sie sollten sich dem zuwenden, wovor Sie die Augen verschließen, nur dadurch können Sie Ihre Angst davor besiegen.
	Objektstufe	Bewertung der Flucht	Die Flucht zeigt ein Unvermögen zur Problemlösung an	Verbessern Sie durch Fliehen wirklich Ihre Situation?
	Beziehungsstufe	Um die Beziehung kämpfen, statt zu fliehen	Die Schwierigkeit, einen Partner zu verlassen und die Angst davor	Die Flucht scheint nicht der geeignete Weg zu sein, Ihre Beziehungsprobleme zu lösen. Sie sollten sich für Ihre Beziehung aktiv einsetzen und für sie kämpfen.

Hochzeit

Gefühl	Problemfeld	Themen	Deutungen/ Fragen
NEUTRAL (Die Hochzeit wird neutral wahrgenommen.)	Integration gegensätzlicher innerer Anteile	Auseinandersetzung mit gegensätzlichen inneren Strukturen; deren mögliche Verbindung	Welche Kämpfe tragen Sie zurzeit mit sich aus?
	Ihre Einstellung zu Heiraten/Hochzeit	Gesellschaftlich anerkannte Bindung an den/die Partner/in	Was verbinden Sie mit Heiraten und Hochzeit?
	Bedeutung eigener innerer Konflikte in Beziehungen	Notwendige Verbindung gegensätzlicher Anteile hinsichtlich Ihrer Beziehungen	Auseinandersetzungen in Beziehungen resultieren aus Ihren gegensätzlichen Anteilen, die näher zusammengebracht werden sollten.
POSITIV (Die Hochzeit wird positiv wahrgenommen.)	Integration von gegensätzlichen Anteilen gelingt.	Gegensätzliche Anteile werden einander angenähert – ausgeglichenere Persönlichkeit.	Ihre inneren Kämpfe können Sie erfolgreich dadurch befrieden, dass Sie Gegensätze in sich akzeptieren und einander annähern.
	Ihre positive Einstellung zu Heiraten und Hochzeit	Sehnsucht nach gesellschaftlich legitimierten Beziehungen	Wünschen Sie zu heiraten und eine Ihnen entsprechende Hochzeit auszurichten?
	Beilegung innerer Kämpfe, die Beziehungen belasten	Verbindung von gegensätzlichen Anteilen führt zu Ausgeglichenheit in Beziehungen.	Verbinden Sie ihre gegensätzlichen Anteile, damit Sie diese nicht mehr in Ihren Beziehungen in Form von Konflikten ausagieren.
NEGATIV (Die Hochzeit wird negativ wahrgenommen.)	Innere Gegensätze werden aufrechterhalten	Gegensätzliche Anteile bleiben auf Distanz – Angst vor Persönlichkeitsentwicklung.	Sie halten an Ihren inneren Kämpfen und Einstellungsmustern fest, um sich nicht Neuem zuwenden zu müssen.
	Ihre negative Einstellung zu Heiraten und Hochzeit	Ablehnung gesellschaftlich legitimierter Beziehungen	Aus welchen Gründen lehnen Sie heiraten und das Ritual der Hochzeit ab?
	Innere Kämpfe werden in Beziehungen ausgetragen.	Gegensätzliche Persönlichkeitsanteile führen zu Spannungen in Beziehungen.	Einer der gegensätzlichen Anteile wird auf das Gegenüber projiziert – Sie tragen den inneren Kampf nach außen.

Jugend

- Subjektstufe
- Objektstufe
- Beziehungsstufe

Gefühl	Stufe	Problemfeld	Themen	Deutungen/ Fragen
NEUTRAL (Die Jugend löst keine speziellen Gefühle aus.)	Subjektstufe	Auseinandersetzung mit dem Alter	Angst vor dem Älterwerden und dem Verlust von Aktivität und Attraktivität	Sie setzen sich mit dem Ideal einer inneren Jugendlichkeit auseinander; oder: Aufforderung jung zu denken, fühlen und handeln
	Objektstufe	Ihr Kontakt zu Jugendlichen	Sie fühlen sich im Umgang mit Jugendlichen selber jünger	Akzeptieren Sie Ihr Alter, ohne den Kontakt zur Jugend zu verlieren?
	Beziehungsstufe	Ihr Alter oder das Ihres Partners	Ihre Attraktivität für den Partner oder dessen Attraktivität für Sie	Haben Sie Angst, mit zunehmenden Alter an Attraktivität einzubüßen? Empfinden Sie Ihren Partner noch attraktiv?
POSITIV (Freude an der Jugend)	Subjektstufe	Ihre innere Beweglichkeit	Wie lang können Sie sich Ihre Jugendlichkeit bewahren?	Sie fühlen sich jung oder streben das Ziel an, innerlich jung zu bleiben (Letzteres ist keineswegs nur positiv anzusehen).
	Objektstufe	Die Jugend als ideale Lebenszeit	Jugend ist Möglichkeit, Kraft und Spontaneität	Weisen Sie eine Tendenz auf, die Jugend einseitig zu idealisieren? Hadern Sie mit Ihrem Alter?
	Beziehungsstufe	Jugendlichkeit gibt der Beziehung Schwung.	Positive Beziehung zur Jugend – der eigenen oder der anderer Menschen	Die romantische Vorstellung von der Jugend als der idealen Lebenszeit (die meisten Romantiker starben bewusst unter 30)
NEGATIV (Ablehnung der Jungen und der Jugend)	Subjektstufe	Man fühlt sich alt und unspontan.	Ablehnung der Jugendlichkeit als Unerfahrenheit und Torheit	Sind Sie von den Merkmalen des Erwachsenseins wie Vernunft, Reife und Berechnung angekränkelt?
	Objektstufe	Nicht mehr jung sein	Neid auf die Jugend bei gleichzeitigem Unverständnis für sie	War Ihre Jugend eine problematische, unglückliche Zeit für Sie (wie für viele Menschen)?
	Beziehungsstufe	Jung zu sein wird als Forderung erlebt.	Die Ablehnung, sich in der Beziehung altersungemäß zu geben	Finden Sie die Lebensweise der Jugend unakzeptabel (wie bereits Ihre Eltern Ihrer Lebensweise gegenüber reagierten)?

Krankheit

Gefühl	Problemfeld	Themen	Deutungen/ Fragen
NEUTRAL (Die Krankheit löst keine speziellen Gefühle aus.)	Seelische Konflikte, Wandlung	Epidemie: Abgrenzungsprobleme; Erkältung: kaltherziger Umgang; Wunde, Narbe: seelische Verletzung	Welche Person ist in Ihrem Traum erkrankt? Für welche Eigenschaften in Ihnen könnte diese stehen. Vernachlässigen Sie diese Seite?
	Ihre Einstellung zu dieser Krankheit	Reale Probleme mit der Erkrankung	Wenn Sie selbst im Traum erkrankt sind, wäre es sinnvoll, sich untersuchen zu lassen.
	Seelische Konflikte wirken sich auf Beziehungen aus.	Innerpsychische Konflikte führen zu Problemen in Beziehungen; Heilserwartung	Wünschen Sie sich in Ihren Beziehungen Unterstützung, um Ihre Probleme mit sich und anderen angehen zu können?
POSITIV (Die Krankheit wird als hilfreich erlebt.)	Seelische Konflikte werden bewusst.	Konflikte werden wahrgenommen, Raum und Zeit sind günstig, sie zu beheben.	Nehmen Sie sich eine Auszeit, und setzen Sie sich vermehrt mit sich und dem, was an innerlichen Aufgaben ansteht, auseinander.
	Physische und psychische Gesundheit	Sich behandeln oder untersuchen lassen	Eine ärztliche Untersuchung ist angeraten.
	Seelische Konflikte nicht verbergen	Konflikte werden bewusst, können angesprochen werden – das verbessert das Beziehungsklima.	Nehmen Sie Ihre eigenen Konflikte wahr, sprechen Sie diese an, auch wie diese sich auf die Beziehung auswirken.
NEGATIV (Die Krankheit wird als negativ und bedrohlich erlebt.)	Bedrohung durch seelische Konflikte	Angst vor grundlegenden Veränderungen, die aber notwendig wären	Welche innerseelischen Konflikte belasten Sie? Haben Sie Angst, vor „radikalen" Veränderungen hinsichtlich Ihrer Persönlichkeit?
	Angst vor Krankheit	Angst vor Hilflosigkeit, Ohnmacht und dem Gefühl des Ausgeliefertseins	Es ist sinnvoll, trotz Ihrer Ängste einen Arzt aufzusuchen, um sich untersuchen zu lassen.
	Seelische Konflikte werden ignoriert.	Konflikte in Beziehungen werden abgewehrt und nicht bearbeitet; Verlustängste	Blenden Sie Konflikte bei sich und anderen aus, um Ihre Beziehungen nicht zu gefährden?

Krieg

- Subjektstufe
- Objektstufe
- Beziehungsstufe

Gefühl		Problemfeld	Themen	Deutungen/ Fragen
NEUTRAL (Der Krieg wird neutral wahrgenommen.)	Subjektstufe	Innere Zerrissenheit, Kampf, Aggression	Auseinandersetzung mit verschiedenen Seiten der Persönlichkeit	Welche inneren Seiten kämpfen miteinander? Ist ein Kompromiss möglich? Verändern Sie die Einstellung zu Ihren Aggressionen.
	Objektstufe	Einstellung zum Krieg	Assoziationen und Fantasien, die mit dem Krieg verbunden sind	Schauen Sie sich zu viele Nachrichten oder Filme von Krieg und Tod an?
	Beziehungsstufe	Innere Zerrissenheit beeinflusst Beziehungen.	Innere Konflikte werden in die Beziehung hineingetragen	Was lehnen Sie an Ihrem Gegenüber ab? Können Sie solche abgelehnten Eigenschaften bei sich selbst wiederfinden?
POSITIV (Der Krieg wird als positives Ereignis wahrgenommen oder erlebt.)	Subjektstufe	Innere Zerrissenheit wird bewusst und kann bearbeitet werden.	Auseinandersetzung mit sich selbst ist notwendig; seinen inneren Frieden suchen	Welche inneren Kämpfe müssen Sie austragen? Lernen Sie, Ihre Aggressionen als einen Teil von sich zu akzeptieren und zu schätzen.
	Objektstufe	Positive Einstellung zum Krieg	Positive Assoziationen, die mit Krieg verbunden sind	Wünschen Sie sich eine Welt, in der nur sogenannte Notwendigkeiten zählen?
	Beziehungsstufe	Anstehende Konflikte in Beziehungen austragen	Innere und äußere Konflikte werden bewusst und schließlich bearbeitet.	Machen Sie sich die Konflikte in Ihnen und in Ihren Beziehungen bewusst, und suchen Sie das Gespräch mit Ihrer/m Partnerin/Partner.
NEGATIV (Der Krieg wird negativ wahrgenommen bzw. als negativ erlebt.)	Subjektstufe	Innere Kämpfe werden als bedrohlich erlebt und abgewehrt.	Angst vor grundlegenden Konflikten in der eigenen Persönlichkeit; falsches Selbstbild	Hindern Sie Ihr (falsches) Selbstbild und die damit zusammenhängenden konservativen Kräfte daran, Ihren progressiven Kräften mehr Raum zu geben?
	Objektstufe	Kriegsangst	Angst vor der Zerstörung der Lebensgrundlagen	Haben Sie Angst, durch einen Krieg alles zu verlieren, was Ihnen wichtig ist?
	Beziehungsstufe	Konflikte in Beziehungen werden abgewehrt.	Innere und äußere Konflikte machen Angst und werden ausgeblendet.	Machen Sie sich die aktuellen Konflikte in sich und Ihren Beziehungen bewusst, und suchen Sie das Gespräch mit Ihrem Gegenüber.

Nacktheit

Gefühl	Problemfeld	Themen	Deutungen/Fragen
NEUTRAL (Sie erleben Ihre Nacktheit oder die anderer Personen ohne bestimmte Gefühle.)	Identität; zu sich selbst stehen; Narzissmus	Sich mit dem eigenen, wahren Sein verbinden; Angst vor der inneren Zensur	Empfehlung: Nehmen Sie sich so wahr, wie Sie wirklich sind, lassen Sie sich von Ihren falschen Selbstbildern nicht einschüchtern.
	Einstellung zur Nacktheit	Wie Sie mit Nacktheit umgehen möchten oder sollten	Vielleicht sollten Sie anders als bisher mit Nacktheit/nackt sein umgehen.
	Sich mit dem wahren Selbst verbunden fühlen; oder: Angst vor Ablehnung	Sie nehmen Ihr inneres wahres Sein mit den entsprechenden Gefühlen wahr und befürchten, damit abgelehnt zu werden.	Empfehlung: Lernen Sie, in Ihren Beziehungen mehr zu sich selbst zu stehen, auch wenn Sie befürchten, abgelehnt zu werden.
POSITIV (Das Sich-nackt-Zeigen wird positiv erlebt; keine Gefühle von Angst/Peinlichkeit)	Sich mit sich selbst verbunden zu fühlen, wird akzeptiert.	Das Erleben des wahren Seins wird positiv erlebt und von der inneren Zensur angenommen.	Empfehlung: Nehmen Sie sich in Ihren ursprünglichen Gefühlen vermehrt wahr; positive Persönlichkeitsentwicklung.
	Positive Einstellung zur Nacktheit	Sich nackt zu zeigen wird lustvoll erlebt.	Stehen Sie mehr zu Ihrem Bedürfnis, sich nackt zu zeigen.
	Sich so zu zeigen, wie man ist, wirkt sich positiv aus.	Sich so zu zeigen, wie man wirklich ist, wird nicht als Bedrohung der Beziehungen erlebt.	Empfehlung: Das Gefühl, Sie selbst zu sein, fordert Sie auf, dieses Selbst in Ihren Beziehungen mutiger zu zeigen.
NEGATIV (Das Nackt-Sein, wird als äußerst peinlich und auch beängstigend erlebt.)	Selbstverbundenheit wird innerlich abgewertet und abgewehrt.	Angst, mit dem wahren Selbst in Kontakt zu kommen; die innere Zensur verhindert den positiven Kontakt mit dem wahren Selbst.	Empfehlung: Versuchen Sie, Ihren ursprünglichen Gefühlen und Bedürfnissen näher zu kommen, auch wenn diese von anderen Anteilen in Ihnen abgelehnt werden.
	Nacktheit wird schamvoll erlebt.	Sich real nackt zu zeigen, wird innerlich abgelehnt.	Wie wurde in Ihrer Kindheit mit Nacktheit und Nacktsein umgegangen?
	Angst, sich so zu zeigen, wie man wirklich ist	Angst vor Ablehnung, wenn man sich mit seinen Gefühlen zeigt	Empfehlung: Versuchen Sie, sich trotz Ihrer Angst vor Ablehnung, Ihnen nahe stehenden Menschen anzuvertrauen.

Schlaf

- Subjektstufe
- Objektstufe
- Beziehungsstufe

Gefühl	Stufe	Problemfeld	Themen	Deutungen/ Fragen
NEUTRAL (Der Schlaf wird neutral wahrgenommen.)	Subjektstufe	Unbewusstheit, Ruhebedürfnis	Ausweichen vor unangenehmen Wahrheiten, oder: Stress	Tendieren Sie dazu, für Sie bedrückende Wahrheiten zu ignorieren? Fühlen Sie sich gestresst?
	Objektstufe	Umgang mit dem Schlaf	Unruhiger Schlaf: sich mehr Schlaf gönnen	Fühlen Sie sich nach dem Schlafen unausgeruht – welche Voraussetzungen für einen gesunden Schlaf sollten Sie schaffen?
	Beziehungsstufe	Beziehungen ermüden Sie; Desinteresse an anderen	Beziehungen aktiver und Ihnen entsprechender gestalten; Ruhebedürfnis in Beziehungen	Sie sollten sich in Beziehungen offener zeigen. Wäre weniger reden und mehr Handeln in Ihren Beziehungen angesagt?
POSITIV (Der Schlaf kommt in positivem Kontext vor, er ist wohltuend.)	Subjektstufe	Ruhebedürfnis sollte ernst genommen werden.	Gestresst-Sein beeinträchtigt das Bewusstsein; mehr Ruhe ins Leben bringen tut gut.	Sie sind zu gestresst und brauchen Erholung, auch wegen Ihres Schlafdefizits; nicht mehr so viel nachdenken
	Objektstufe	Schlafbedürfnis	Sensibilisieren Sie sich für Ihr Schlafbedürfnis; geben Sie ihm, wenn möglich, nach.	Sie sollten Ihr körperliches Schlafdefizit wahrnehmen und sich mehr Schlaf gönnen.
	Beziehungsstufe	Bedürfnis nach Ruhe und Ausgeglichenheit in Beziehungen	Bedürfnis, sich auszuruhen in Beziehungen; lernen, sich dieses Bedürfnis zu gönnen	Drücken Sie deutlich Ihr Bedürfnis nach Ruhe und Harmonie in Ihren Beziehungen aus. Beziehungen sollten stressfrei gestaltet werden.
NEGATIV (Der Schlaf in negativem Kontext; man träumt, unruhig und schlecht zu schlafen.)	Subjektstufe	Regressive Tendenzen, Unbewusstheit	Flucht vor Erkenntnissen, die schmerzhaft sind.	Wovor verschließen Sie die Augen? Bringen Sie mehr Bewusstheit in den Alltag.
	Objektstufe	Müdigkeit im Alltag	Flucht in die Müdigkeit, um sich nicht dem Leben stellen zu müssen.	Versuchen Sie, sich selbst einen Wach-schlaf-Rhythmus zu geben, der Ihnen entspricht und an den Sie sich halten.
	Beziehungsstufe	Müdigkeit in Beziehungen; zu viel Nähe oder Distanz	Eine fehlende gesunde Regulation von Nähe und/oder Distanz führt zur Beziehungsmüdigkeit.	Sollten Sie sich in Ihren Beziehungen emotional mehr zurücknehmen oder versuchen, mehr Nähe zuzulassen?

Sexualität

Gefühl	Problemfeld	Themen	Deutungen/Fragen
NEUTRAL (Sexualität löst keine spezifischen Gefühle aus.)	Vereinigung von männlichen und weiblichen Anteilen	Annäherung zweier gegensätzlicher Seiten – vollständiger werden, Herausbildung des Selbst	Welche unterschiedlichen Anteile in Ihnen nähern sich in Ihrer jetzigen Lebensphase einander an?
	Ihre Einstellung zur Sexualität.	Ungelebte Bedürfnisse in der Sexualität	Real bestehende Defizite im sexuellen Bereich? Wie könnten Sie diese ausgleichen?
	Sehnsucht nach Vollständigkeit in Beziehungen	Sehnsucht nach tieferer Kontaktaufnahme mit dem anderen Geschlecht	Sehnen Sie sich nach einer tieferen Begegnung mit einem gegengeschlechtlichen Partner?
POSITIV (Sexualität wird als angenehm, bereichernd und erfüllend erlebt.)	Sich annehmen in der eigenen Gegensätzlichkeit	Annäherung der gegensätzlichen Seiten fördert die Persönlichkeitsentwicklung.	Versuchen Sie, die Anteile in Ihnen, die Sie bisher eher zu wenig gelebt haben, vermehrt in Ihr Handeln einzubeziehen.
	Sehnsucht nach positiv gelebter Sexualität	Ihre Assoziationen und Fantasien zu dieser Art der Sexualität, die Sie im Traum erlebten	Was machte den Sex im Traum so reizvoll? Könnten Sie dies in Ihrem Realleben versuchen umzusetzen?
	Aufhebung der Gegensätze fördert Beziehungen.	Tiefere Kommunikation in Beziehungen erscheint möglich und fördert diese.	Es besteht jetzt die Möglichkeit, sich auf Beziehungen im Allgemeinen oder in speziellen Beziehungen tiefer gehend einzulassen.
NEGATIV (Sexualität wirkt unangenehm bis bedrohlich und/oder Aggressionen herrschen vor.)	Identifikation mit weiblicher oder männlicher Seite	Falsches Selbstbild verhindert Annäherung unterschiedlicher Anteile.	Mit welcher der gegensätzlichen Seiten sind Sie zu sehr identifiziert? Was an der für Sie bisher fremden Seite würde Sie bedrohen?
	Angst vor Hingabe in der Sexualität	Ausleben aggressiver Anteile in der Sexualität ist blockiert.	Verhalten Sie sich zu passiv in Ihrem Sexualleben oder versuchen Sie andere darin zu dominieren?
	Aufhebung der Gegensätze wird als bedrohlich empfunden.	Tiefere Kommunikation wird durch das Verharren in den Gegensätzen verhindert.	Welche innere Einstellung in Ihnen lässt tiefere Begegnungen mit anderen Menschen nicht zu, da diese Sie bedrohen würden?

Tod

Subjektstufe
Objektstufe
Beziehungsstufe

Gefühl	Problemfeld	Themen	Deutungen/ Fragen
NEUTRAL (Der Tod wird ohne deutliche Gefühle wahrgenommen oder erlebt.)	Abschluss einer Lebensphase, Übergang zu einer neuen	Aufgeben von Einstellungen oder Persönlichkeitsanteilen; den Tod einer Person verarbeiten	Welche Eigenschaften, Persönlichkeitsanteile, Gefühle sollten Sie hinter sich lassen, um sich Neuem öffnen zu können?
	Ihre reale Einstellung zum Tod	Erfahrungen, die Sie mit Tod und Sterben gemacht haben	Was verbinden Sie mit dem Tod? Sollten Sie vermehrt an Ihre Gesundheit denken?
	Grundlegende Veränderungen in Beziehungen oder Abschied	Beziehungen selbst oder Eigenschaften, die in Beziehungen wichtig waren, müssen aufgegeben werden.	In welchen Beziehungen ist grundlegende Veränderung oder auch Trennung notwendig?
POSITIV (Der eigene Tod oder der anderer wird positiv erlebt, man fühlt sich befreit, ruhig etc.)	Der Übergang zum Neuen kann vollzogen werden.	Gewohnte Lebenseinstellungen und Persönlichkeitsanteile können aufgegeben werden.	Wagen Sie nun den Schritt, Altes loszulassen und Neues in Ihr Leben bewusst zu integrieren.
	Positive Einstellung zu Tod und Sterben	Positive Erfahrungen mit Tod und Sterben	Stehen Sie dem Tod auch in der Realität gelassen und positiv gegenüber?
	Veränderungen oder Abschiede fördern die Entwicklung.	Aufgeben von Einstellungen und möglicher Neubeginn in Beziehungen	Es ist an der Zeit, grundlegende Entscheidungen (was Beziehungen angeht) zu fällen und umzusetzen.
NEGATIV (Der Tod löst negative Gefühle aus – Angst, Schrecken, Trauer etc.)	Ängste vor grundlegenden Veränderungen und Tod	Ängste, Altes loszulassen (auch eine geliebte Person)	Was hindert Sie daran, die notwendigen Entwicklungsschritte hin zu einer neuen Lebenseinstellung oder -phase zu vollziehen?
	Negative Einstellung zu Tod und Sterben	Negative Erfahrungen mit Tod und Sterben	Haben Sie Angst vor dem Tod und vor Krankheit und Sterben? Sollten Sie sich damit intensiver auseinandersetzen?
	Ängste und Abwehr be- oder verhindern einen Neuanfang.	Ängste vor Veränderungen verhindern den Neubeginn von Beziehungen.	Was befürchten Sie, wenn Sie die notwendigen Veränderungen und/oder den Neuanfang umsetzen würden?

Unfall

Gefühl	Problemfeld	Themen	Deutungen/ Fragen
NEUTRAL (Der Unfall wird neutral erlebt oder wahrgenommen.)	Probleme in der momentanen Persönlichkeitsentwicklung	Selbstbestrafungstendenzen und unterdrückte oder verdrängte Aggressionen	Was bereitet Ihnen in Ihrer gegenwärtigen Persönlichkeitsentwicklung Probleme, und was macht Ihnen dabei Angst?
	Verarbeitung real erlebter Unfälle	Erfahrungen, die mit Unfällen gemacht wurden	Werden erlebte Unfälle durch das Traumbild wieder inszeniert?
	Angst vor Kontrollverlust in Beziehungen	Entwicklung in Beziehungen wird bedrohlich erlebt; Unaufmerksamkeiten im Umgang	Was macht Ihnen an der momentanen Entwicklung in Ihren Beziehungen Angst? Sollten Sie in Beziehungen wacher werden?
POSITIV (Der Unfall selbst oder der Kontext, in dem er geschieht, wird positiv wahrgenommen.)	Probleme in der Entwicklung werden erkannt.	Bedrohliche Entwicklung erscheint handhabbar und dadurch weniger beängstigend.	Sie werden durch den Unfall im Traum aufgefordert, wacher mit Ihrer Entwicklung umzugehen.
	Positive Verarbeitung real erlebter Unfälle	Konkrete Erfahrungen mit Unfällen erscheinen weniger bedrohlich.	Es gelingt Ihnen, erlebte Unfälle positiv zu verarbeiten.
	Bedrohliche Entwicklung wird erkannt.	Möglichen Problemen in der Entwicklung von Beziehungen kann entgegengewirkt werden.	Sie erkennen, dass Sie in Ihren Beziehungen bestimmte Anteile (verunfallte Person) bewusster wahrnehmen und zeigen müssen.
NEGATIV (Der Unfall selbst oder der Kontext wird als negativ und bedrohlich erlebt.)	Probleme in der Entwicklung werden massiv verdrängt.	Bedrohliche Entwicklung wird abgewehrt, was negative Folgen haben kann.	Sie übersehen in Ihrer momentanen Entwicklung, dass wichtige Anteile von Ihnen Schaden nehmen könnten.
	Probleme mit der Verarbeitung real erlebter Unfälle	Reale Erfahrungen mit Unfällen werden nach wie vor als Bedrohung erlebt.	Was hindert Sie daran, erlebte Unfälle so zu verarbeiten, dass Sie keine Angst mehr haben müssen?
	Bedrohliche Entwicklung wird abgewehrt.	Beziehungsentwicklung führt zur Unterdrückung und Verdrängung von wichtigen Eigenschaften.	Welche wichtigen Anteile werden von der Beziehungsentwicklung in Mitleidenschaft gezogen? Greifen Sie rechtzeitig ein.

Verfolgung

Subjektstufe
Objektstufe
Beziehungsstufe

Gefühl	Stufe	Problemfeld	Themen	Deutungen/Fragen
NEUTRAL (Die Verfolgung wird neutral wahrgenommen oder erlebt.)	Subjektstufe	Abgewehrte aggressive Anteile treten ins Bewusstsein.	Eigene Schattenanteile, die Sie ablehnen, wollen beachtet werden.	Sie lehnen wichtige Anteile von sich ab, die Sie sich aber bewusst machen und in Ihr Leben integrieren sollten.
	Objektstufe	Verfolgungs- und Fluchtgedanken	Verfolgung und Flucht im realen Leben/in der Vergangenheit	Was bedroht Sie, wovor fliehen Sie? Wäre es nicht besser, sich der Situation zu stellen?
	Beziehungsstufe	Abgewehrte aggressive Anteile bedrohen Beziehungen.	Schattenanteile werden durch Beziehungen bewusster und in Beziehungen integriert.	Sind Sie gegenüber anderen Menschen misstrauisch? Beeinflussen abgewehrte aggressive Anteile Ihre Beziehungen?
POSITIV (Die Verfolgung wird beendet, man wendet sich dem Bedrohlichen zu.)	Subjektstufe	Schattenanteile werden bewusst und angenommen.	Man wendet sich den abgewehrten Anteilen zu – Integration in die Persönlichkeit.	Ihre Abwehr aggressiver Anteile lässt nach, Sie können sich diesen zuwenden und sie in Ihre Persönlichkeit integrieren.
	Objektstufe	Verfolgungs- und Fluchtgedanken und -gefühle lassen nach.	Situationen, vor denen man geflohen ist, kann man sich nun selbstbewusster stellen.	Welchen für Sie beängstigenden Situationen fühlen Sie sich nun gewachsen und können Sie sich stellen?
	Beziehungsstufe	Abgewehrte Anteile werden in Beziehungen integriert.	Aggressive Anteile können in Beziehungen eingebracht werden.	Sie wenden sich Ihren bisher abgelehnten aggressiven Anteilen zu und können diese situationsadäquat in Beziehungen einbringen.
NEGATIV (Die Verfolgung wird als höchst bedrohlich erlebt, man versucht, immer weiter zu fliehen.)	Subjektstufe	Schattenanteile werden ausschließlich als bedrohlich erlebt.	Abgelehnte Anteile können nicht wirklich bewusst und damit nicht integriert werden.	Sie sind vor sich selbst und vor wichtigen Persönlichkeitsanteilen auf der Flucht. Haben Sie Angst, Ihr Selbstbild in Frage zu stellen?
	Objektstufe	Fixierung auf Verfolgungs- und Fluchtgedanken	Situationen erscheinen so bedrohlich, dass man glaubt, nur fliehen zu können.	Was bedroht Sie so sehr in Ihrem Leben, dass Sie glauben, nur ausweichen und/oder fliehen zu können?
	Beziehungsstufe	Falsches Selbstbild verhindert Bewusstmachung.	Angst vor Ablehnung durch andere, verhindert Bewusstmachung abgelehnter Anteile.	Haben Sie Angst, dass Sie, wenn Sie Ihre abgewehrten aggressiven Anteile zeigen würden, abgelehnt werden?

Abstrakte Symbole

Zu den abstrakten Symbolen zählen alle mathematischen Symbole aus Arithmetik und Geometrie – also Zahlen und Formen – sowie alle Farben. C. G. Jung ging davon aus, dass abstrakte Symbole archetypischen Charakter haben und meist dann auftreten, wenn eine wichtige Entwicklung gerade vollzogen wird oder unmittelbar bevorsteht.

Zahlen

Seit die Menschen sich mit Mathematik beschäftigen, wurden Zahlen mit bestimmten Bedeutungen in Verbindung gebracht. Und auch heute noch ist uns diese Zahlensymbolik mehr oder weniger vertraut. Das wird besonders an den einstelligen Zahlen von 1 bis 9 deutlich: Es bedarf keines speziellen Wissens und keiner Zauberei, um z. B. die 1 mit der Einheit, die 2 mit der Polarität und die 3 mit der Zeit (im Sinn von Vergangenheit, Gegenwart und Zukunft) in Verbindung zu bringen.

Eine Besonderheit stellt die 0 dar, nicht nur im Zahlensystem, sondern auch in der Welt der Symbole: Sie repräsentiert einerseits das Nichts, ist andererseits aber auch der „Revolutionär“ unter den Zahlen, der bei Brüchen im Nenner auftretend das gesamte mathematische System außer Kraft setzt. Im Tarot ist die Null der Symbolkarte „Der Narr“ zugewiesen.

Doch auch einige mehrstellige Zahlen besitzen ihre feste Bedeutung wie z. B. die 13 als Glücks- oder Unglückszahl und 666 als Zahl des Bösen. Sie geht zurück auf die Apokalypse (Offenbarung des Johannes im Neuen Testament). Wir empfehlen Ihnen das Jungsche Verfahren im Umgang mit mehrstelligen Zahlen: Bilden Sie so lange die Quersumme, bis sich eine einstellige Zahl ergibt (also z. B. bei 666: 6 + 6 + 6 = 18, 1 + 8 = 9), die Sie dann mit Hilfe der entsprechenden Symboltabellen deuten können. Bei Zahlen in Zeitangaben (Datum, Uhrzeit etc.) ist stets wichtig, was zu diesem Zeitpunkt geschah (oder erwartet wird). Erst wenn Ihnen dazu wirklich nichts einfällt, sollten Sie wieder die Quersumme bilden und die einstellige Zahl deuten. Irrationale Zahlen, etwa die Kreiszahl π (Pi), treten selten im Traum auf. Wenn doch, verweisen sie auf die Spannung zwischen Rationalem und Irrationalem in der Seele des Träumers bzw. der Träumerin. Insgesamt lässt sich sagen, dass Zahlen im Traum immer auf irgendeine Weise mit Ihrer inneren Klarheit und Bewusstheit zusammenhängen.

Formen

Die Flächengrundformen Kreis, Quadrat und Dreieck treten im Traum oft versteckt auf, sind aber nach C. G. Jung dennoch äußerst bedeutungsvoll. Häufig finden sich diese Formen an Gebäuden oder als Gebäudeteile und als Muster von Wegen oder Straßenpflastern. Komplexere und unregelmäßige Formen im Traum scheinen wenig bedeutungsvoll zu sein. In der Tradition der Traumdeutung geht man bei solchen Flächenformen zahlensymbolisch vor, indem man die Anzahl der Ecken deutet. Eine Ausnahme bildet das Fünfeck (Pentagramm), das einerseits – wie in der berühmten Zeichnung von Leonardo da Vinci – die Vollkommenheit des Menschen darstellt. Wird es jedoch auf den Kopf gestellt, ist es andererseits ein bekanntes Teufelssymbol.

Von den geometrischen Körpern sind vor allem Kugel, Würfel und Pyramide von Bedeutung. Hier geht man bei der Deutung weitgehend von den zweidimensionalen Formen aus, die diesen Körpern innewohnen: Kreis, Quadrat und Dreieck. Geometrie im Allgemeinen wurde seit dem klassischen Zeitalter mit Selbsterkenntnis verbunden. Wenn Sie sich außer mit Träumen auch mit Meditation beschäftigen, können Sie über die geometrischen Figuren Ihres Traums meditieren, das wird Ihnen zu Klarheit verhelfen.

Farben

Grundsätzlich unterstreichen Farben das Symbol, an dem sie auftreten. Die Grundfarben drücken dabei Urenergien aus wie Liebe und Aggression bei Rot, Kommunikation und Intellekt bei Gelb sowie Ruhe und Entspannung bei Blau. Gemischte Farben verweisen auf Differenzierungen und treten in den Träumen älterer Menschen häufiger auf als bei jungen. Wenn eine Mischfarbe in Ihrem Traum eine Rolle spielt, können sie auch die zugrunde liegenden Primärfarben deuten, also bei Grün die Farben Blau und Gelb.

Die nichtbunten Farben Schwarz und Weiß stehen eher dem Denken als der Sinnlichkeit nahe. Treten Schwarz und Weiß gemeinsam in einem Traum auf, werden Sie – ganz nahe liegend – vor einem platten „Schwarz-Weiß-Denken" gewarnt.

Wenn Sie die Deutung Ihres Traums mit dem Symbol beginnen, das farbig hervorgehoben war, wird sich die Botschaft schnell entschlüsseln.

Da sich im Traum die Weltsicht der Träumerin oder des Träumers widerspiegelt, träumen diejenigen in abstrakten Symbolen, die v. a. an den Mustern ihrer Umwelt interessiert sind. Der oder die „Coole" lebt demnach eher in einer abstrakten Traumwelt als ein gefühliges „Sensibelchen".

Acht (Zahl)

Gefühl	Problemfeld	Themen	Deutungen/Fragen
NEUTRAL (Die Acht löst keine speziellen Gefühle aus.)	Vollständigkeit, Ganzheit; sich in Acht nehmen	Hinweis auf größere Achtsamkeit und höherer Bewusstheit	Sie sind in Ihrer Entwicklung an einem Punkt angelangt, an dem Sie sich als Einheit fühlen. Sie sollten bewusst mit sich umgehen.
	Der Zusammenhang, in dem die 8 auftritt, zeigt das Problem an.	Themen aus der Vergangenheit, in denen die 8 eine Rolle spielte – als Alter, Haus-. Auto- oder Telefonnummer etc.	Was war vor 8 Jahren? Was geschah in Ihrem 8. Lebensjahr? An welche Situationen erinnert Sie die 8?
	Aufmerksamkeit in Bezug auf den Beziehungsalltag	Vernachlässigung der Beziehung; Ungeschicklichkeiten dem Partner gegenüber	Sie sollten sich mehr auf Ihre Beziehung konzentrieren.
POSITIV (Die Acht erscheint positiv oder in positivem Kontext.)	Ihre Achtsamkeit sich selbst gegenüber	Positive, aufmerksame Selbstwahrnehmung	Sie sind, was den Umgang mit sich selbst betrifft, auf dem richtigen Weg.
	Die Zeit vor 8 Jahren oder das Alter von 8 Jahren	Der Zusammenhang, in dem die die 8 auftritt, zeigt das Thema.	Erinnerungen an eine glückliche Zeit. Verhaltensweisen, die Sie damals zeigten, führen zum Erfolg.
	Ihre Beziehung vor 8 Jahren	Der Zusammenhang, in dem die die 8 auftritt, zeigt das Thema.	Was war vor 8 Jahren, das heute für Ihre Beziehung wichtig sein könnte?
NEGATIV (Ungute Gefühle machen sich breit, wenn die Acht auftritt).	Ihre Aufmerksamkeit im Alltagsleben	Konzentrierte, ausgerichtete Wahrnehmung	Bemühen Sie sich, zielgerichteter, aufmerksamer und konzentrierter zu werden.
	Probleme vor 8 Jahren oder im Alter von 8 Jahren	Auflösung von alten Mustern	Wiederholen Sie ständig Verhalten, das Sie als 8-Jährige(r) oder vor 8 Jahren zeigten?
	Problem in der Beziehung vor 8 Jahren	Beziehungsprobleme durch Vernachlässigung der Beziehung	Sie sollten Ihren privaten und geschäftlichen Beziehungen mehr Aufmerksamkeit widmen.

Blau

Subjektstufe
Objektstufe
Beziehungsstufe

Gefühl		Problemfeld	Themen	Deutungen/Fragen
NEUTRAL (Blau löst keine speziellen Gefühle aus.)	Subjektstufe	Entspannung, Gefühlsbereich (Symbolfarbe des Gefühls)	Stress und andere emotionale Anspannungen	Das Loslassen und Auflösen von inneren Spannungen (in dem Bereich, den der blaue Gegenstand symbolisiert)
	Objektstufe	Abhängig vom Gegenstand, der blau erscheint	Anspannung oder depressive Verstimmungen	Sie benötigen ein wirkungsvolles, einfaches Mittel zur Entspannung.
	Beziehungsstufe	Die Tiefe der Gefühle in Ihren Beziehungen	Wie viel Gefühl „investieren" Sie in Ihre Beziehungen?	Verhalten Sie sich zu „cool" in Ihren Beziehungen oder sollten Sie emotionaler auf andere Menschen zugehen?
POSITIV (Man fühlt sich von dem Blau angezogen, es gefällt einem.)	Subjektstufe	Innere Ruhe und Ausgeglichenheit	Die Versöhnung widerstreitender innerer Impulse	Was tun Sie dafür, ein ausgeglichener Mensch zu sein?
	Objektstufe	Hängt davon ab, was im Traum blau ist	Entspannung und Abkühlung (oft einer hitzigen Auseinandersetzung)	Der Traum empfiehlt Ihnen, sich mit viel Blau zu umgeben oder blaue Kleidung zu tragen (was entspannend wirkt).
	Beziehungsstufe	Entspannung in der Beziehung	Die Lässigkeit, mit der Beziehungskonflikte angegangen werden	Prüfen Sie, ob Sie sich bei Beziehungskonflikten emotional klug verhalten.
NEGATIV (Man lehnt dieses Blau ab.)	Subjektstufe	Das Dunkle der Farbe Blau (Symbol der Finsternis nach Goethe)	Der Umgang mit dem eigenen Schatten	Schauen Sie Ihre von Ihnen abgelehnten Seiten an, und akzeptieren Sie diese (Integration des Schattens nach Jung).
	Objektstufe	Ablehnung dunkler Blautöne	Der Umgang mit Dunkelheit, Finsternis und Kälte	Angst vor oder zumindest Ablehnung von Finsternis und Kälte
	Beziehungsstufe	Gefühlskälte in Beziehungen	Blockierung der Herzlichkeit; der Zwang, Distanz zu halten	Emotionale Zuwendung wird als bedrohlich empfunden. Emotionales Einlassen wird (oft aufgrund von Enttäuschungen) abgelehnt.

Chaos

Gefühl		Problemfeld	Themen	Deutungen/ Fragen
NEUTRAL (Das Chaos löst keine speziellen Gefühle aus.)	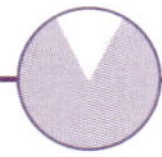	Klare Strukturen im Denken, Handeln und Fühlen	Das Gefühl, die Kontrolle zu haben; sinnvolle Organisation des Alltagslebens; Klarheit bei Zielen und Handeln im Alltag	Chaotische Situationen sollten kreativ zu neuen Einsichten oder Projekten genutzt werden. Oder brauchen Sie Klarheit, weil Chaos Sie hemmt?
	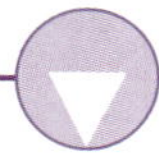	Ordnung und Unordnung	Ausgleich zwischen Unordnung und Ordnung	Erkennen Sie beides, Ordnung und Unordnung, als notwendig an, und finden Sie den Ausgleich, der für Sie passt.
	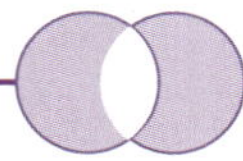	Die Spannung zwischen Liebe und Hass in Beziehungen	Das Unwägbare in Beziehungen, das sich Ihrer Kontrolle entzieht	Können Sie Beziehungschaos positiv als Lebendigkeit sehen? Beziehungschaos als Übergang zu einer neuen Beziehungsqualität
POSITIV (Freude am Chaos und Ungeordneten)	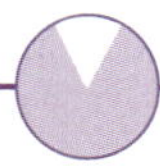	Einengung und Befreiung	Chaos als Befreiung und Weiterentwicklung, als Neuanfang	Keine Angst vor dem Chaos, es markiert den Übergang zu etwas Neuem.
	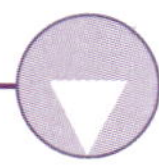	Kreative Unordnung	Das Aushalten von Unklarheit	Chaos steht am Anfang jeder Änderung im Leben. Wenn Sie Chaos ablehnen, töten Sie Ihre Kreativität ab.
	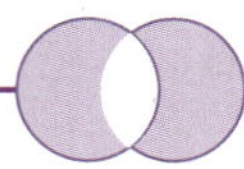	Die Planbarkeit von Beziehungen	Die spontane Reaktion auf das Unvorhersehbare	Erkennen Sie, dass Beziehungen stets eine Eigendynamik entwickeln.
NEGATIV (Angst vor Chaos und Unordnung)		Ordnung und Klarheit bzw. Kreativität	Oft ein Hinweis darauf, dass Ihre Lebensführung, Ihr Denken oder Fühlen zu ungeordnet sind	Entweder Sie brauchen mehr Ordnung in Ihrem Leben oder Sie sind zu strukturiert, was auf Kosten Ihrer Kreativität geht.
		Umgang mit unklaren Situationen	Angst vor unklaren bzw. ungeordneten Zuständen	Lernen Sie, Chaos als eine Chance zu Neuem zu sehen.
	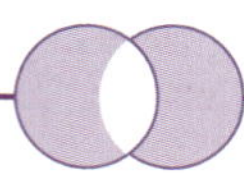	Ablehnung der Eigendynamik von Beziehungen	Die Planbarkeit von persönlichen und geschäftlichen Beziehungen	Die Aufforderung, sein Beziehungsverhalten klar zu gestalten oder umzugestalten

Subjektstufe
Objektstufe
Beziehungsstufe

Drei

Gefühl		Problemfeld	Themen	Deutungen/ Fragen
NEUTRAL (Die Drei löst keine speziellen Gefühle aus.)	Subjektstufe	Symbol der Zeit und damit der Bewegung und Veränderung	Innere Entwicklungen und Veränderungen	Wie beweglich sind Sie innerlich? Können Sie sich an neue Situationen (emotional) gut anpassen?
	Objektstufe	Was vor 3 Jahren oder im Alter von 3 Jahren geschah	Meist sind Themen aus der Vergangenheit angesprochen, an die Sie die 3 erinnert.	Machen Sie sich all jene Situationen klar, in denen die 3 eine Rolle spielte (oder noch spielt).
	Beziehungsstufe	3 steht klassisch für Vater, Mutter und Kind	Oftmals wird die Einstellung zur Familie thematisiert.	Aller „guten Dinge“ sind 3; ein Hinweis auf die Familie; ist ein Kinderwunsch vorhanden?
POSITIV (Man freut sich über das Erscheinen der Drei.)	Subjektstufe	Persönliche Entwicklung	Sehnsucht nach bzw. Bemühung um eine innere Entwicklung	Was tun Sie für Ihre innere Entwicklung und damit für Ihre Lebendigkeit?
	Objektstufe	Alles, wobei die 3 eine positive Rolle spielt oder spielte	3 als „heilige Zahl“ spricht immer auch Vollendung und Perfektion an.	Ihre Einstellung zur persönlichen Vervollkommnung und Weiterentwicklung wird angesprochen und auch die Auflösung von Gegensätzen.
	Beziehungsstufe	Perfektion in der Beziehung	Es braucht ein Drittes, um in einer Beziehung glücklich zu werden.	Hinweis, dass Beziehungen etwas benötigen, das über sie hinausgeht (gemeinsames Interesse, Geschäft, Kind etc.).
NEGATIV (Mit der Drei sind negative Gefühle verbunden.)	Subjektstufe	Perfektion	Zu große Ansprüche an die eigene Entwicklung	Nicht loslassen können von inneren Gegensätzen oder Ehrgeiz in Bezug auf das eigene Seelenleben, der eine Entwicklung erschwert
	Objektstufe	Alles, wobei die 3 eine negative Rolle spielt oder spielte	Vergangene Erlebnisse, die mit der 3 verknüpft sind, behindern die Persönlichkeitsentwicklung.	Die an die 3 gebundenen negativen Gefühle können jetzt in das Bewusstsein gelangen und aufgelöst werden.
	Beziehungsstufe	Familie	Egoismus	Sehnsucht nach Zweisamkeit – ein Drittes wird als störend empfunden.

Dreieck

Gefühl	Problemfeld	Themen	Deutungen/ Fragen
NEUTRAL (Das Dreieck löst keine speziellen Gefühle aus.)	Geistige Klarheit, intellektuelle Schärfe, Abstraktionsvermögen	Geometrische Formen geben geistige Inhalte wieder; nach Jung Ausdruck des höheren Selbst	Aufforderung, Distanz zu sich selbst zu gewinnen und sich aus einer abstrakten, nicht emotionalen Perspektive zu betrachten
	Synthesen erkennen	Unterschiedliche Richtungen verbinden	Aufforderung, Synthesen zu bilden, statt Widersprüche zu sehen
	Geschlechtsrollenidentität	Rollenverhalten in der Beziehung (Männlichkeit und Weiblichkeit)	Dreieck mit Spitze nach oben verweist auf Ihre Männlichkeit, mit der Spitze nach unten steht es für Ihre weibliche Seite.
POSITIV (Das Dreieck wird als schön und angenehm empfunden.)	Die Rolle des Intellekts	Innere Ausgeglichenheit durch geistige Klarheit	Die Aufhebung innerer Spannungen und Widersprüche durch Erkenntnis ist angesprochen.
	Freude an der Verbindung unterschiedlicher Richtungen	Die Fähigkeit, einfache Grundmuster zu erkennen	Das Dreieck betont, dass zwei unterschiedliche Richtungen durch eine dritte in eine harmonische Form gebracht werden können.
	Die Erkenntnis des Gemeinsamen	Die Aufhebung der Widersprüche zwischen den Partnern	Die Spitze des Dreiecks verweist auf das gemeinsame Ziel, das Ihre Partnerschaft gelingen lässt.
NEGATIV (Das Dreieck wirkt bedrohlich, wird daher oder aus anderen Gründen abgelehnt.)	Innere Widersprüche auflösen	Ablehnung eines intellektuellen, abstrakten Standpunkts (aus ideologischen Gründen)	Empfehlung, sich selbst intellektueller und abstrakter zu betrachten, statt einen vagen emotionalen Standpunkt einzunehmen
	Die Schärfe der spitzen Form wird abgelehnt.	Schärfe und Klarheit werden mit Aggression verbunden.	Die spitze Form wird als aggressives Muster diskriminiert und als hässlich abgelehnt. Woran erinnert Sie diese Form?
	Betonung des kritischen Blicks auf den Anderen	Widersprüche zwischen Partnern stehen im Vordergrund, das Verbindende wird nicht gesehen.	Verdrängt Ihre kritische Sicht des Partners den Blick auf das Verbindende zwischen Ihnen beiden und Ihre Gemeinsamkeiten?

Eins (Zahl)

Subjektstufe
Objektstufe
Beziehungsstufe

Gefühl	Stufe	Problemfeld	Themen	Deutungen/Fragen
NEUTRAL (Die Eins löst keine speziellen Gefühle aus.)	Subjektstufe	Individualität und Selbstbewusstsein	Die eigene Einzigartigkeit (Individualismus) und die anderer; der Erste sein wollen	Können Sie die Einzigartigkeit anderer leicht anerkennen und würdigen, ohne sich in Ihrer Einzigartigkeit bedroht zu fühlen?
	Objektstufe	Alle Bereiche, in denen die 1 in Ihrem Leben wichtig war	Die Wichtigkeit, der Erste zu sein; Neuanfänge	Die 1 markiert im Zahlensystem den Anfang. Steht Ihnen ein neuer Anfang bevor?
	Beziehungsstufe	Einzigartigkeit	Die eigene Einzigartigkeit wahren, ebenso die des Partners	Können Sie die Individualität Ihres Partners als Bereicherung würdigen?
POSITIV (Mit der Eins sind positive Gefühle verbunden.)	Subjektstufe	Platz für Neues schaffen	Beginn einer neuen inneren Einstellung zu sich selbst	Sind Sie innerlich zu neuen Erfahrungen bereit?
	Objektstufe	Die 1 als beste Note in der Schule	Freudige Leistungsbereitschaft und Ehrgeiz	Machen Sie sich von einer äußeren Benotung abhängig?
	Beziehungsstufe	Abschluss von Altem, Beginn von etwas Neuem	Beginn von etwas Neuem in der Beziehung	Stehen Sie am Beginn eines neuen Lebensabschnitts hinsichtlich der Gestaltung Ihrer privaten und geschäftlichen Beziehungen?
NEGATIV (Die Eins oder der erste Platz wird abgelehnt.)	Subjektstufe	Innerer Druck, stets der Erste und Beste sein zu müssen	Ihr verinnerlichter Leistungsdruck	Fühlen Sie sich nur dann geliebt, wenn Sie der Beste oder Erste sind? Macht Sie diese Haltung einsam? Wurden Sie von Ihren Eltern mit Zuwendung für Spitzenleistung belohnt?
	Objektstufe	Schulnoten und andere Leistungsbeurteilungen	Der äußere Druck, stets der Beste sein zu müssen	Wurden Sie als Kind von Ihren Eltern bedrängt, möglichst oft eine 1 für Ihre Arbeiten zu bekommen?
	Beziehungsstufe	Einsamkeit	Innere Abgrenzung von anderen; Rückzug in übertriebene Individualität	Fühlen Sie sich derart einzigartig und anderen überlegen, dass Sie zunehmend in die Isolation geraten?

Farben

Gefühl	Problemfeld	Themen	Deutungen/ Fragen
NEUTRAL (Die Farben lösen keine speziellen Gefühle aus.)	Farben verweisen stets auf die Buntheit des eigenen Innenlebens.	Die Themen sind abhängig von der einzelnen Farbe oder den Farbkombinationen.	Grundfarben drücken Grundgefühle aus, Mischfarben sprechen unsere innere Differenziertheit an. Bunte Farben stehen für Lebenslust, unbunte für das Geistige oder den Tod.
	Hängt von der einzelnen Farbe ab	Die Farbe betont den Charakter des Symbols und stellt es als wichtig heraus.	Farbe im Traum ist stets ein Hinweis auf eine besondere Gefühlsintensität.
	Das Gefühl zum Partner	Der emotionale Ausdruck in Ihren Beziehungen	Zeigen Sie Ihrem Partner deutlich Ihre Gefühle oder treten Sie ihm eher neutral gegenüber?
POSITIV (Die Farben gefallen – Lieblingsfarbe oder beliebte Farbkombination.)	Ihre innere Lebendigkeit	Die genaue Sicht des Partners und seines Gefühlsausdrucks	Farbigkeit bedeutet immer eine differenzierte und zugleich emotionale Einstellung sich selbst gegenüber.
	Farbe verschönt	Farbe bedeutet Leben und Ästhetik	Reflektieren Sie die Farben Ihrer Wohnung, Ihrer Kleidung, Ihres Autos, um sich rundum wohlzufühlen?
	Die Wahrnehmung Ihrer Beziehungen	Die Lebendigkeit Ihrer Beziehungen	Die jeweilige Farbe zeigt an, wie und wie intensiv Sie Ihre Beziehungen wahrnehmen.
NEGATIV (Schreiende Farben oder unharmonische Farbkombinationen)	Innere Erstarrung	Farbigkeit wirkt bedrohlich, wenn man sich nicht farbig fühlt.	Die Aufforderung, mehr aus sich selbst zu machen und sich emotional zu zeigen.
	Die Wirkung der jeweiligen Farbe	Die Themen werden durch die jeweilige Farbe angegeben.	Lehnen Sie einzelne Farben oder Farbkombinationen ab, dann sollten Sie sich mit ihnen auseinandersetzen.
	Gefühlsstress	Der emotionale Ausdruck des anderen ist Ihnen zu viel.	Die Lebendigkeit und Intensität Ihrer Beziehung ist Ihnen zu stark oder Sie wünschen sich mehr davon.

Formen

- Subjektstufe
- Objektstufe
- Beziehungsstufe

Gefühl	Problemfeld	Themen	Deutungen/Fragen
NEUTRAL (Die Formen lösen keine speziellen Gefühle aus.)	Das Formale, also das Ästhetische und Abstrakte	Klarheit und innere Schönheit	Abstrakte Formen sprechen Ihre innere Ordnung und Harmonie an. Nach Jung spricht durch solche Formen Ihr höheres Selbst.
	Es kommt darauf an, um welche Form es sich handelt.	Muster in der Welt erkennen	Eckige Formen werden eher als männlich gedeutet, spitze als aggressiv oder zielgerichtet, runde als weiblich.
	Die formale Sicht auf Ihre Beziehung	Der Versuch, seine Beziehungen abstrakt zu erfassen und ihre Muster zu erkennen	Welche abstrakten Muster können Sie in Ihren Beziehungen erkennen? Versuchen Sie, Ihre Beziehung einem geometrischen Grundmuster zuzuordnen.
POSITIV (Die Formen wirken auf den Träumer ansprechend.)	Hinweis auf eine innere Ordnung	Innere Harmonie, Klarheit der Gefühle	In den geometrischen Formen erkennt man seine eigene Ordnung wieder und findet Ausgeglichenheit. Die Formen verdeutlichen Ihren inneren Energiefluss.
	Ihre Einstellung zur Geometrie	Ihr geometrisch-mathematisches Verständnis	Formen verdeutlichen den Weg eines Energieflusses.
	Erkennen von Mustern	Das Verstehen typischer Beziehungsstrukturen	So können Sie sich Ihre Beziehungsmuster verdeutlichen.
NEGATIV (Der Träumer lehnt die Formen ab – oft als zu abstrakt.)	Probleme mit innerer Klarheit	Ablehnung oder zu starke Betonung einer abstrakten (distanzierten) Selbstbetrachtung	Lehnen Sie eine abstrakte oder theoretische Sicht auf sich selbst ab oder sind Sie zu distanziert gegenüber Ihren Emotionen?
	Ablehnung von Geometrie/Mathematik	Nachwirkungen des Schulunterrichts	Warum lehnen Sie Klarheit und Abstraktion ab?
	Reflexion von Beziehungsstrukturen	Kommunikationsmuster in der Beziehung	Lehnen Sie es ab, die Muster in Ihrer Beziehung zu betrachten und diese zu analysieren?

Fünf

Gefühl	Problemfeld	Themen	Deutungen/Fragen
NEUTRAL (Die Fünf löst keine speziellen Gefühle aus.)	Innere Harmonie und Schönheit	Das Erlangen einer Schönheit, die aus dem Inneren kommt; die schöne Ausstrahlung	Die 5 wird der Venus und somit der Harmonie zugeordnet – die Linien im Fünfeck schneiden sich im Goldenen Schnitt.
	Ihre bewusste oder unbewusste Einstellung zur 5	Erinnerungen an Situationen, in denen die 5 eine Rolle spielte	Wo spielte die 5 in Ihrem Leben eine Rolle – z.B. in Haus-, Konto-, Telefonnummern etc.?
	Fehlende Harmonie aushalten	Sehnsucht nach Harmonie in Ihren Beziehungen	Sind Sie harmoniesüchtig und zerstören damit gerade das, wonach Sie sich sehnen?
POSITIV (Positive Einstellung zur Fünf bzw. zu den fünf Elementen im Traum)	Innere Spannung	Sehnsucht nach innerer Harmonie	Eine innere Harmonie kann nun erreicht werden.
	Frühere Situation, in der die 5 eine positive Rolle spielte	Enge Verbindung der Zahl 5 mit positiven Erlebnissen (abergläubisches Verhalten)	Wann und in welchen Situationen spielte die 5 eine positive Rolle in Ihrem Leben? Wollen Sie die damaligen Gefühle wieder erleben?
	Ansprüche an die Beziehung und den Partner	Schönheit und Harmonie	Sie wünschen sich eine harmonische Beziehung mit einem schönen Partner.
NEGATIV (Die Fünf wird abgelehnt, die fünf Elemente werden negativ erlebt.)	Harmonie im Gegensatz zu Disharmonie	Angst vor innerer Disharmonie	Aufgrund herrschender innerer Disharmonie wird die Harmonie verteufelt (das auf dem Kopf stehende Fünfeck ist ein Symbol des Teufels).
	Erinnerungen an eine Situation, in der die 5 eine negative Rolle spielte	Enge Verbindung der 5 mit negativen Erlebnissen (abergläubisches Verhalten)	Wann und in welchen Situationen spielte die 5 eine negative Rolle in Ihrem Leben?
	Harmonie wird als unerreichbar betrachtet.	Ablehnung von Harmonie aus Enttäuschung	Werden Sie von Erfahrungen aus früheren Beziehungen blockiert?

Gelb

Subjektstufe
Objektstufe
Beziehungsstufe

Gefühl	Stufe	Problemfeld	Themen	Deutungen/Fragen
NEUTRAL (Gelb löst keine speziellen Gefühle aus.)	Subjektstufe	Selbstdarstellung	Der produktive Einsatz Ihrer geistigen Fähigkeiten	Da Gelb dem Geist zugeordnet ist, symbolisiert es Ihre Bewusstheit und Kommunikationsfähigkeit, ferner Ihre Ausstrahlung.
	Objektstufe	Gelb springt ins Auge und vergrößert	Die Auseinandersetzung mit dieser auffälligen und heiteren Farbe	Gelb symbolisiert Licht und Sonne, aber auch Neid; auch Farbe der Kommunikation sowie der Ausgestoßenen; strahlt in seine Umgebung aus
	Beziehungsstufe	Wärme und Geist in Beziehungen verbinden	Die Sehnsucht nach einer heiteren Beziehung	Geben Sie Ihrem Partner die Möglichkeit, in Ihrer Beziehung zu strahlen, und gibt Ihnen Ihr Partner auch diese Chance?
POSITIV (Freude an der Farbe Gelb, Lieblingsfarbe)	Subjektstufe	Sehnsucht nach innerer Heiterkeit	Wie erlange ich eine heitere Gelassenheit?	Dunklen Gefühlen wird keine Macht eingeräumt.
	Objektstufe	Gelb als Lieblingsfarbe	Wärme und Ausstrahlung	Sollten Sie sich mehr mit Gelb umgeben oder gelbe Kleidung tragen?
	Beziehungsstufe	Leichtigkeit im Umgang mit anderen	Wie schaffe ich mir unbeschwerte und heitere Beziehungen?	Die Aufgabe besteht darin, sich nicht von anderen Ihre positive Stimmung nehmen zu lassen.
NEGATIV (Man kann zumindest dieses Gelb nicht leiden.)	Subjektstufe	Gelb wird mit Falschheit verbunden.	Rationalisierung und Selbsttäuschung	Machen Sie sich Illusionen über Ihre wahren Motive? Sollten Sie bewusster Ihre Gefühle und Taten reflektieren?
	Objektstufe	Ablehnung von Gelb als zu auffällig	Gelb wirkt leicht schmutzig und aufdringlich	Speziell ein grünstichiges Gelb wird mit Gift oder Unreinheit verbunden. Gelb wird auch mit sauer assoziiert.
	Beziehungsstufe	Raum, den man selbst oder der andere in der Beziehung einnimmt	Die eigene Aufdringlichkeit oder die des Gegenübers	Häufiges Traumsymbol, wenn Ihr Partner Sie überstrahlt und Ihnen keinen Raum lässt, sich zu produzieren; oder Neid auf den Partner

Grau

Gefühl	Problemfeld	Themen	Deutungen/Fragen
NEUTRAL (Grau löst keine speziellen Gefühle aus.)	Die Harmonisierung gegensätzlicher Gefühle	Den inneren Ausgleich finden zwischen Bewusstem und Unbewusstem	Aufforderung, die dunklen und die hellen Seiten zugleich in sich zuzulassen; Frage nach der passenden Mischung
	Ihre Einstellung zur Farbe Grau	Grau besitzt viele Schattierungen; frühere Erfahrungen mit diesem Grauton	Im Grau mischen sich Weiß (Licht) und Schwarz (Finsternis), welcher Grauton gefällt Ihnen?
	Distanzierte Einstellung zu Beziehungen	Intellektuelle Sicht auf soziale Beziehungen	Die Fähigkeit, Positives wie Negatives in sozialen Beziehungen zu akzeptieren. Wie viel Gefühl tut Ihnen in Beziehungen gut?
POSITIV (Positive Einstellung zu dieser Farbe, Lieblingsfarbe)	Ihr Harmoniebedürfnis	Sich selbst in Harmonie halten	Die Anerkennung, dass Harmonie viele Abstufungen besitzt
	Grau als Lieblingsfarbe	Finden des speziellen Grautons, der Sie am meisten anspricht	Sie sollten sich mit diesem Farbton intensiv beschäftigen, ihn selbst mischen und ihn als Kleider- oder Wandfarbe erwägen.
	Langeweile in Beziehungen oder in der Partnerschaft	Die Aufrechterhaltung von Lebendigkeit in sozialen Beziehungen und der Partnerschaft	Wünschen Sie sich eine lebendige Beziehung? Was tun Sie zur Erfüllung Ihres Wunsches?
NEGATIV (Langweiliges Grau, Ablehnung dieser Farbe)	Misstrauen harmonischen Zuständen gegenüber	Spannungen werden einem harmonischen Zustand gegenüber vorgezogen.	Langweilt Sie Harmonie? Verbinden Sie diese mit Tod?
	Ablehnung der Farbe Grau	Man mag Grau nicht, da es als Farbe der Theorie (Goethe) und Biederkeit angesehen wird.	Welche Grautöne finden Sie hässlich? In welchem Zusammenhang lehnen Sie Grau ab und wo gefällt es Ihnen?
	Furcht vor Biederkeit und Langeweile in Beziehungen	Sehnsucht nach mehr Spannung und Aufregung in den sozialen Beziehungen	Langweilen Sie sich häufig in Ihrer Partnerschaft oder in anderen sozialen Kontakten?

Subjektstufe
Objektstufe
Beziehungsstufe

Grün

Gefühl	Problemfeld	Themen	Deutungen/ Fragen
NEUTRAL (Grün löst keine speziellen Gefühle aus.)	Gegensätzliche Gefühle in Harmonie bringen	Das Finden des inneren Ausgleichs	Aufforderung, die dunklen und die hellen Seiten in sich zugleich zuzulassen; die Frage nach der passenden Mischung
	Ihre Einstellung zur Farbe Grün	Es gibt eine breite Palette von Grüntönen, aus der der geeignete gewählt werden kann – Problem der richtigen Mischung.	Im Grün mischen sich Gelb (Licht) und Blau (Finsternis), es ist der Ruhepol des Spektrums (Goethe). Ferner ist es die Farbe der Natur bzw. des Lebens und der Hoffnung.
	Akzeptanz	Die Sehnsucht nach einer ausgeglichenen Beziehung	Die Fähigkeit, Positives wie Negatives als Bestandteil der Beziehung zu akzeptieren
POSITIV (Positive Einstellung zu dieser Farbe, Lieblingsfarbe)	Ihr Harmoniebedürfnis	Sich selbst in Harmonie halten	Die Anerkennung, dass Harmonie viele Abstufungen besitzt
	Grün als Lieblingsfarbe	Den Farbton finden, der einen am meisten anspricht	Sie sollten sich mit diesem Farbton intensiv beschäftigen (ihn selbst mischen, ihn als Kleider- oder Wandfarbe erwägen).
	Die ideale Beziehung	Die Aufrechterhaltung von Lebendigkeit in Beziehungen	Wünschen Sie sich eine lebendige Beziehung? Was tun Sie zur Erfüllung Ihres Wunsches?
NEGATIV („Giftige" Grüntöne, Ablehnung dieser Farbe)	Misstrauen harmonischen Zuständen gegenüber	Spannungen werden einem harmonischen Zustand gegenüber vorgezogen.	Langweilt Sie Harmonie als unechtes Verhalten? Verbinden Sie Harmonie mit Tod?
	Die Ablehnung der Farbe Grün	Ablehnung von Grün als „laue" Farbe zwischen warm und kalt	Welche Grüntöne finden Sie hässlich?
	Sympathie/Antipathie, Konflikt zwischen Gefühl und Ausstrahlung	Ablehnung einer Person in Ihrer Umgebung; Außenwirkung und Gefühl harmonieren nicht in Beziehungen.	Sie sind dem anderen nicht „grün", d. h., Sie können ihn nicht leiden. Können Sie sich diese Haltung erklären?

Kreis

Gefühl	Problemfeld	Themen	Deutungen/ Fragen
NEUTRAL (Der Kreis löst keine speziellen Gefühle aus.)	Innere Ausgeglichenheit	Wie harmonisch ist Ihr Gefühlsleben?	Fühlen Sie sich „rund“ im Sinne von harmonisch oder sehr weiblich? Oder soll Ihre Aufmerksamkeit auf Ihre Kreise (Ihren Umgang) gelenkt werden?
	Rund sein und keine Kanten zeigen	Der Kreis erlaubt viel Inhalt bei relativ kleinem Umfang und spricht somit die innere Fülle an.	Der Kreis drückt Schutz, aber auch Isolation aus, ferner symbolisiert er die Seele und das Weibliche – die Anima nach Jung.
	Die Abgeschlossenheit der Beziehung	Sich in Zweisamkeit von der Außenwelt zu isolieren	Das Symbol tritt oft auf, wenn eine Tendenz zur Harmoniesucht in Beziehungen besteht oder, nach Jung, bei einer wichtigen Veränderung
POSITIV (Der Kreis wird als harmonisch empfunden.)	Die schöne Seele	Die klare Struktur Ihres Innenlebens ist Ihr Ideal	Kein Mensch kann immer rund, also in Harmonie sein. Dies ist ein abstraktes Ideal.
	Die perfekte Form	Die Sehnsucht nach der perfekten Ordnung	Der Kreis als archetypisches Symbol tritt nach Jung dann auf, wenn sich grundlegende Änderungen in Ihrem Leben zeigen.
	Sehnsucht nach einer runden (harmonischen) Beziehung	Eine Beziehung kann nie perfekt sein, das entspricht nicht ihrer Dynamik	In welchen Kreisen suchen Sie sich Ihre Partner? Tendenz zum Perfektionismus im Beziehungsalltag?
NEGATIV (Der Kreis wird als Beengung empfunden.)	Das Perfekte wird als lebensfeindlich erkannt	Überperfektion und/oder verhaftet bleiben in Mustern	Haben Sie das Gefühl, sich im Kreis zu drehen, da Sie zwanghaft stets das gleiche Verhalten zeigen?
	Der Kreis als lebensferne Abstraktion	Das Exakte ist das Unnatürliche	Die harmonische Form halten Sie für langweilig, Sie sehnen sich nach Ecken.
	Das Immergleiche in Ihren Beziehungen	Unselige Wiederholungen oder langweilige Harmonie	Ihnen fehlt die Dynamik in Ihren Beziehungen und das Aufregende.

Licht

- Subjektstufe
- Objektstufe
- Beziehungsstufe

Gefühl		Problemfeld	Themen	Deutungen/ Fragen
NEUTRAL (Das Licht löst keine speziellen Gefühle aus.)	Subjektstufe	Die Offenheit für Erkenntnisse	Die produktive Nutzung des eigenen Bewusstseins	Licht ist ein archetypisches Bild für Bewusstsein und Intellekt, es lässt uns etwas erkennen. Was hell ist, möchte erkannt werden.
	Objektstufe	Licht ermöglicht, dass Dinge zu sehen sind.	Orientierung ist an Licht gebunden, ebenso das Erreichen eines Ziels.	Sollten Sie Ihren Arbeitsplatz oder Bereiche Ihrer Wohnung heller beleuchten?
	Beziehungsstufe	Die bewusste Seite Ihrer Beziehungen	Der Versuch, die Muster seiner Beziehungen zu verstehen	Versuchen Sie, Ihre Beziehungen auch intellektuell zu betrachten und bewusst zu gestalten.
POSITIV (Das angenehme, erheiternde Licht)	Subjektstufe	Ihr Strahlen wird angesprochen	Die bewusste Erkenntnis Ihres inneren Lichts	Sie sollten durch Ihr inneres Licht oder Ihre innere Stärke eine positive Stimmung verbreiten.
	Objektstufe	Klares Erkennen der eigenen Umgebung	Geeignete Lichtquelle für die nötige Orientierung	Hinweis, dass man in dunklen Zeiten Licht benötigt – auch um seine Stimmung aufzuhellen.
	Beziehungsstufe	Der Partner als das Licht, dem man zustrebt	Der Partner als Lichtquelle, die Sie glänzen lässt (der Partner als Sonne)	Sie sollten die positiven Seiten Ihres Partners erkennen und sich an ihnen erfreuen.
NEGATIV (Blendendes oder fehlendes Licht)	Subjektstufe	Zu viel oder zu wenig Bewusstsein	Bewusstsein als Aufgabe oder aber als Hindernis für eine klare Sicht	Dieser Traum scheint Sie zur Selbstreflexion inspirieren zu wollen, oder behindert die Selbstreflexion Ihren Ausdruck?
	Objektstufe	Oft geht es um ein zu helles Licht.	Licht kann die Dinge gnadenlos beleuchten und eine kalte Atmosphäre schaffen.	Wo Licht ist, ist auch Schatten. Oder werden Sie vom Licht geblendet?
	Beziehungsstufe	Rationalisierung, Verlust der Spontaneität	Beziehungen nur intellektuell zu betrachten, lässt sie absterben.	Die Gefahr, wie besessen alles in seiner Beziehung ergründen und erkennen zu wollen

Mischfarben

Gefühl	Problemfeld	Themen	Deutungen/Fragen
NEUTRAL (Die Mischfarbe löst keine speziellen Gefühle aus.)	Mischung und Brechung von Grundkräften	Wie findet man die rechte Mischung seiner inneren Impulse, um zu dem passenden Ton zu gelangen?	Bei den Mischfarben mischen sich Grundelemente zu einem neuen, individuellen Ton. Somit sind sie ein Bild für den subtilen Umgang mit den eigenen Kräften.
	Brechung von zwei Grundfarben	Mischfarben besitzen einen Grauschleier.	Im Gegensatz zu den Grundfarben stehen die Mischfarben für einen differenzierten Ausdruck.
	Die harmonische Mischung der Kräfte in einer Beziehung	Der Austausch mit anderen führt zu neuen Tönen und Qualitäten im Selbst und in der Beziehung.	Jeder muss in einer Beziehung etwas von sich aufgeben, um ein Neues, nämlich die Beziehung, zu schaffen.
POSITIV (Freude an diesen Farben oder ihrer Zusammenstellung)	Differenzierung innerer Kräfte	Wie bilde ich eine harmonische Persönlichkeit?	Die Aufgabe ist, unterschiedliche innere Kräfte in seiner Persönlichkeit zu integrieren.
	Grundfarben haftet Kindliches an, Mischfarben Erwachsenes	Der Einsatz von Grundfarben, um zu einer neuen Qualität zu gelangen	Mischfarben sind vielschillernd und deswegen interessanter als die eindeutigen Grundfarben.
	Aufgeben der Individualität	Aufgabe eigener Charakteristika um der Beziehung willen	Jeder gibt der Beziehung seine Farbe. Beide Farben mischen sich zu einer neuen Qualität.
NEGATIV (Ablehnung dieser Farben oder ihrer Zusammenstellung)	Festhalten an der Reinheit	Innere Klarheit durch Trennung unterschiedlicher innerer Tendenzen	Empfehlung: Halten Sie sich an die klar unterschiedenen Grundkräfte.
	Bevorzugung des direkten Ausdrucks der Grundfarben	Grundfarben drücken kindliche Kraft aus, Mischfarben altersbedingte Schwäche.	Mischfarben werden als gebrochene, uneindeutige Farben abgelehnt, denen die Klarheit fehlt.
	Angst, durch Beziehungen die eigene Identität zu verlieren	Man bestimmt den Ton der Beziehung, ohne etwas vom Partner aufzunehmen.	Wenn die Kräfte der Partner sich nicht mischen, ergibt sich keine Partnerschaft.

Neun

- Subjektstufe
- Objektstufe
- Beziehungsstufe

Gefühl	Stufe	Problemfeld	Themen	Deutungen/ Fragen
NEUTRAL (Die Zahl Neun löst keine deutlichen Gefühle aus.)	Subjektstufe	Ängste, Wünsche, Hoffnungen bezüglich des Neubeginns	Altes geht zu Ende, Neues wird in Angriff genommen.	Was geht in Ihrem Leben zu Ende? Was sollte neu begonnen werden?
	Objektstufe	Abhängig von dem Zusammenhang, in dem die 9 auftritt	Spielte die 9 in der Vergangenheit eine Rolle – als Alter, Haus-, Auto- oder Telefonnummer?	Was war vor 9 Jahren? Was geschah in Ihrem 9. Lebensjahr? Woran erinnert Sie die 9?
	Beziehungsstufe	Alte Beziehungsmuster hinter sich lassen; neue Beziehung	Beziehungen sollten bezüglich neuer Einstellungen und Umgangsweisen betrachtet werden.	Was sollten Sie in Ihren Beziehungen verändern? Oder ist es notwendig eine Beziehung zu beenden?
POSITIV (Die Zahl Neun wird positiv erlebt.)	Subjektstufe	Beim Neubeginn überwiegen positive Gefühle.	Alte Gewohnheiten hinter sich lassen und den Neubeginn wagen	Um Altes hinter sich zu lassen und Neues zu beginnen, scheint nun die richtige Zeit zu sein.
	Objektstufe	Positive Erfahrungen mit der 9	Die positive Zeit vor neun Jahren oder das Alter von neun Jahren	Erinnerungen an eine glückliche Zeit; Verhaltensweisen, die Sie damals zeigten, führen zum Erfolg.
	Beziehungsstufe	Hoffnung bestimmt den Neubeginn im Beziehungsbereich	Neue Beziehungen und Verhaltensweisen in Beziehungen scheinen erfolgreich zu sein.	Wagen Sie einen Neuanfang und verlassen Sie die eingefahrenen Bahnen in Ihren Beziehungen.
NEGATIV (Die Neun wird im Traum als negativ und/oder angstbesetzt erlebt.)	Subjektstufe	Angst vor dem Neuanfang und davor, das Alte loszulassen	Widerstände gegen eine mögliche und notwendige Entwicklung	Was hindert Sie, Altes loszulassen und mit einem möglichen Neubeginn eine für Sie positive Entwicklung einzuleiten?
	Objektstufe	Negative Erfahrungen mit der 9	Problematische Situationen vor neun Jahren oder im Alter von neun Jahren	Wiederholen Sie ständig ein Verhalten, das Sie mit 9 Jahren oder vor 9 Jahren zeigten?
	Beziehungsstufe	Widerstand gegen Neubeginn	Die Angst, Altes loszulassen, behindert Beziehungen.	Haben Sie Verlustängste? Was befürchten Sie bei einem Neubeginn im Beziehungsbereich?

Null

Gefühl	Problemfeld	Themen	Deutungen/Fragen
NEUTRAL (Die Null löst keine deutlichen Gefühle aus.)	Nichtigkeit und Wertlosigkeit	Sie fühlen sich unbedeutend und wertlos. Das Leben erscheint belanglos.	In welchen Lebensbereichen fühlen Sie sich nichtig und wertlos? Was sollten Sie tun, um dieses Gefühl zu verändern?
	Abhängig von dem Zusammenhang, in dem die 0 auftritt	Spielte die 0 in der Vergangenheit eine Rolle – als Alter, Haus-, Auto- oder Telefonnummer?	Die 0, die im Zusammenhang mit anderen Zahlen vorkommt (z. B. 1800), verstärkt die Bedeutung der vorangehenden Zahl.
	Weibliche Sexualität; sich im Nichts auflösen	Sehnsucht nach vollkommener sexueller Hingabe	Sehnen Sie sich nach vollkommener, bedingungsloser Hingabe im Sexualleben? Was hindert Sie daran?
POSITIV (Die Zahl Null wird als angenehm, positiv erlebt.)	Nichtigkeit oder innere Freiheit und Leichtigkeit	Gewinn an innerer Freiheit durch Nichtigkeitsgefühl	Realisieren Sie die Illusionen Ihres Lebens, und Sie werden zu einer nie da gewesenen Freiheit und Leichtigkeit finden.
	Positive Erfahrungen mit der Zahl 0	Positive Situationen, in denen die Zahl 0 eine Rolle spielte	Wann spielte die 0 eine positive Rolle in Ihrem Leben, und gibt es Parallelen zu Ihrer jetzigen Lebenssituation?
	Innere Freiheit führt zur Leichtigkeit in der Sexualität	Sexuelle Hingabe wird ermöglicht durch das Erkennen der inneren Freiheit.	Nehmen Sie sich und Ihre wirklichen sexuellen Bedürfnisse richtig wahr. Lassen Sie Ihre sexuelle Hingabe zu.
NEGATIV (Die Null wird als negativ und/oder angstbesetzt erlebt.)	Angst vor Nichtigkeit und Wertlosigkeit	Angst, eine Null zu sein, nichts zu sagen zu haben und vor dem Gefühl der Wertlosigkeit	Welche Erfahrungen führten zu dem Gefühl der Wertlosigkeit? Was hindert Sie daran, sich als wertvollen Menschen zu erleben?
	Negative Erfahrungen mit der 0	Problematische Situationen in denen die 0 eine Rolle spielte	Wann spielte die 0 eine negative Rolle in Ihrem Leben – Parallelen zu dieser Situation?
	Angst vor sexueller Hingabe	Sexuelle Hingabe wird wegen Ängsten und/oder moralischen Vorstellungen verhindert.	Welche moralischen Vorstellungen hindern Sie, Ihre sexuellen Bedürfnisse nach Hingabe wahrzunehmen und zu leben?

Quadrat

- Subjektstufe
- Objektstufe
- Beziehungsstufe

Gefühl	Stufe	Problemfeld	Themen	Deutungen/ Fragen
NEUTRAL (Das Quadrat und der Kontext werden ohne deutliche Gefühle erlebt.)	Subjektstufe	Ganzheit oder seelische Beschränkung	Enges Verbundensein mit der materiellen Seite des Lebens oder statisches Verharren	Haben Sie das Gefühl, sich auf Ihrem Entwicklungsweg gefunden zu haben, oder verharren Sie in Ihrer starken Erdverbundenheit?
	Objektstufe	Harmonie erkennen lernen	Sicherheit in der vollkommenen Harmonie finden	Wie empfinden Sie das Quadrat? Was verbinden Sie mit dieser Form?
	Beziehungsstufe	Ganzheit der Beziehung; Erleben durch Beziehungen	Suchen und Finden von Ganzheit in Beziehungen oder Starrheit der Beziehungen	Finden Sie durch Beziehungen zu Ihrer Ganzheit? Erfahren Sie Ihre Beziehungen als Ganzheit oder eher als Beschränkung?
POSITIV (Man erlebt das Quadrat oder den Kontext, in dem es erscheint, als bereichernd.)	Subjektstufe	Seelische Ausgewogenheit	Erdung und damit der positive Bezug zur Realität verhilft zur Ganzwerdung.	Ihr Streben nach Erdverbundenheit und Harmonie verhilft Ihnen, sich selbst zu finden und psychisch ausgewogen zu fühlen.
	Objektstufe	Freude an vollkommener Harmonie	Harmonische Muster in Strukturen erkennen	Das Quadrat betont die Gleichheit der vier Linien, die die Grundstruktur bilden.
	Beziehungsstufe	Ganzheit der Beziehung wird positiv erlebt.	Harmonie und Ganzheit wird in Beziehungen gesucht, gefunden und positiv erlebt.	Sie streben erfolgreich nach Ganzwerdung in Beziehungen und durch Beziehungen.
NEGATIV (Man erlebt den Kontext oder das Quadrat selbst als Begrenzung und Einengung.)	Subjektstufe	Harmonie wird als Einengung und Begrenzung erlebt.	Erdverbundenheit und Streben nach Ganzwerdung führen zur statischem Verharren.	Streben Sie zu sehr nach Harmonie, die Ihre Identität und Individualität einschränkt?
	Objektstufe	Harmonie wird als langweilig und begrenzend erfahren.	Harmonische Muster in Strukturen lösen Widerstand aus.	Welche Gefühle lösen quadratische Muster in Ihnen aus? Aus welchen Gründen lehnen Sie diese Formen ab?
	Beziehungsstufe	Harmonie und Erdverbundenheit behindern Beziehungen.	Erlebte Harmonie in Beziehungen und das Gefühl des Ganzseins durch Beziehungen behindern notwendige Entwicklungen.	Können Sie Ihr Harmoniestreben in Beziehungen wahrnehmen? Spüren Sie die Begrenzung, die von Ihrem Bedürfnis nach Ganzheit in Beziehungen ausgeht?

Rot

Gefühl	Problemfeld	Themen	Deutungen/ Fragen
NEUTRAL (Die Farbe Rot und das zugeordnete Symbol werden neutral wahrgenommen.)	Lebensenergie, die sich durch Gefühle bis zur Leidenschaft steigern kann	Erotik, Liebe, Leidenschaft; Aggression, Aufbegehren und Rebellion; möglicherweise ein Gefahrensignal	Fehlt Ihnen der emotionale Bezug zu sich und dem, was Sie tun, oder sind Sie zu leidenschaftlich mit sich selbst und anderem beschäftigt?
	Abhängig davon, welcher Gegenstand rot ist	Rot ist eine auffällige Farbe, die anzieht oder abstößt.	Sollten Sie die rote Farbe mehr in Ihr Leben miteinbeziehen oder eher meiden? In welchen Lebensbereichen sehen Sie zu sehr rot?
	Lebensenergie und Engagement in Beziehungen	Der Umgang mit Lebensenergie, Erotik und Leidenschaft in Beziehungen	Bestimmen Ihre Leidenschaften Ihre Beziehungen zu sehr oder würde mehr emotionales Engagement Ihren Beziehungen gut tun?
POSITIV (Kontext und/oder Farbe werden als positiv empfunden.)	Emotionales Engagement wirkt sich positiv aus.	Positive Lebensenergien (Aggression, Liebe) sollten wahrgenommen und gelebt werden.	Mehr Kontakt zu Ihren positiven Lebensenergien aufnehmen, mehr Engagement und Leidenschaft zeigen, in dem was Sie tun?
	Bevorzugung von Rot	Rot wird vermehrt wahrgenommen, wenn man zu „cool" ist.	Empfehlung: sich mit viel Rot umgeben oder rote Kleidung tragen (wirkt energetisierend).
	Emotionales Engagement, ist positiv für Beziehungen	Mehr Leidenschaft in Beziehungen sollte gelebt werden – wirkt sich positiv aus.	Befriedigendes Zusammensein mit anderen Menschen durch stärkeres emotionales Engagement. Mehr Erotik in Beziehungen?
NEGATIV (Kontext und/oder Farbe werden als negativ, unangenehm empfunden.)	Zu starke Identifikation mit den eigenen Leidenschaften	Gefahrensignal: Man beschäftigt sich zu emotional mit sich selbst, hat keine Distanz zu sich.	Sind Sie zu leidenschaftlich mit sich selbst oder anderem beschäftigt? Wie könnten Sie mehr emotionale Distanz erreichen?
	Ablehnung von Rot und roten Dingen	Sich im Hintergrund halten; nicht auffallen wollen	Wollen Sie, was Ihre Kleidung (und alles was Sie umgibt) angeht, eher unauffällig bleiben?
	Leidenschaft und Emotionalität werden negativ empfunden.	Zu viel oder zu wenig Leidenschaft und emotionales Engagement in Beziehungen	Sollten Sie sich in Ihren Beziehungen emotional zurücknehmen? Was befürchten Sie, wenn Sie sich leidenschaftlicher zeigen würden?

Subjektstufe
Objektstufe
Beziehungsstufe

Schwarz

Gefühl		Problemfeld	Themen	Deutungen/ Fragen
NEUTRAL (Die Farbe Schwarz und das zugeordnete Symbol werden neutral wahrgenommen.)	Subjektstufe	Abschied, Unbewusstheit, Stillstand in der Entwicklung	Alte Einstellungen loslassen, die unbewusst das Verhalten bestimmen	Bei welchen Persönlichkeitsanteilen benötigen Sie mehr Bewusstheit? Was behindert Sie in Ihrer Entwicklung?
	Objektstufe	Abhängig davon, was schwarz ist	Schwarz ruft heute zumeist negative Assoziationen hervor.	Schwarz mehr ins Leben einbeziehen oder eher meiden? Was sehen Sie zu schwarz?
	Beziehungsstufe	Rückzug aus Beziehungen	Negative Haltung und Einstellung gegenüber Ihren Mitmenschen	In welchen Lebensbereichen und bei welchen Menschen tendieren Sie dazu, diese negativ zu bewerten und sich zurückzuziehen?
POSITIV (Kontext und/oder Schwarz lösen positive Empfindungen aus.)	Subjektstufe	Aufforderung zur Auseinandersetzung mit sich selbst	Der Stillstand in der Persönlichkeitsentwicklung kann überwunden werden.	Setzen Sie sich intensiv mit sich selbst auseinander, da ein grundlegender Wandel sinnvoll und notwendig erscheint.
	Objektstufe	Bevorzugung der Farbe Schwarz	Schwarz wird vermehrt wahrgenommen, wenn man traurig ist oder sich mächtig fühlt.	Der Traum empfiehlt Ihnen, sich mit der Farbe Schwarz auseinanderzusetzen.
	Beziehungsstufe	Rückzug aus Beziehungen ist sinnvoll; Neuanfang	Ablehnende Haltung gegenüber bestimmten Menschen erscheint sinnvoll; Neuorientierung	Nutzen Sie Ihren inneren Rückzug dazu, Ihre Beziehungen zu überdenken, um herauszufinden, wie Sie diese umgestalten können.
NEGATIV (Kontext und/oder Schwarz werden als negativ empfunden.)	Subjektstufe	Resignation und Stillstand dominieren den Träumer	Resignation und Stillstand können zu depressiven Symptomen führen.	Was hat zu Ihrer negativen Einstellung sich selbst gegenüber geführt? Was könnte Ihnen helfen, Ihre Resignation zu beenden?
	Objektstufe	Angst und Bedrohungsgefühle durch die Farbe Schwarz	Ausdruck von Trauer und Resignation – man sieht nur noch schwarz.	Umgeben Sie sich zu viel mit der Farbe Schwarz und allem, was Sie mit dieser Farbe verbinden?
	Beziehungsstufe	Rückzug aus Beziehungen führt zu Depressionen.	Ablehnende Haltung anderen gegenüber, resultierend aus Enttäuschung und Resignation	Überdenken Sie Ihre negativen Einstellungen und Haltungen anderen Menschen gegenüber. Gehen Sie bewusst auf andere Menschen zu.

Sechs

Gefühl		Problemfeld	Themen	Deutungen/Fragen
NEUTRAL (Die Zahl Sechs löst keine deutlichen Gefühle aus.)	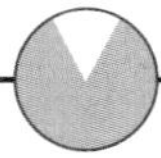	Harmonie zwischen männlichen und weiblichen Anteilen	Zu viel oder zu wenig Harmonie bei innerpsychischen Konflikten	Sie sollten versuchen, Ihre konflikthaften unterschiedlichen Anteile einander anzunähern.
	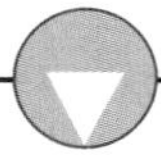	Abhängig vom Zusammenhang, in dem die 6 auftritt	Themen aus der Vergangenheit, in denen die 6 eine Rolle spielte (Haus-, Telefonnummer etc.)	Was war vor 6 Jahren? Was geschah in Ihrem 6. Lebensjahr? Woran erinnert Sie die Zahl 6?
	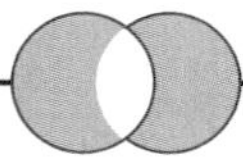	Bedürfnis nach Harmonie in Ihren Beziehungen	Ausgeglichenheit in Beziehungen auch bei Konflikten	Sie sehnen sich nach mehr Harmonie in Beziehungen oder leben zu harmonisch. Wie steht es mit der Sexualität?
POSITIV (Die Sechs und/oder der Kontext, indem sie erscheint, sind positiv.)	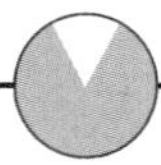	Harmonie und Ausgeglichenheit fördern Entwicklung.	Annäherung unterschiedlicher Persönlichkeitsanteile	Konträre Persönlichkeitsanteile, die bisher im Widerstreit miteinander standen, sollten zusammengeführt werden.
	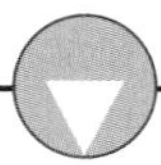	Positive Erfahrungen mit der Zahl 6	Positive Situationen/Gefühle vor 6 Jahren, im Alter von 6 Jahren	Verhaltensweisen von damals führen zum Erfolg. Hoffnung auf den großen Wurf?
	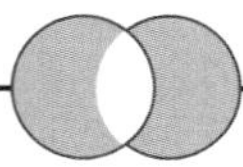	Harmonie fördert Ihre Beziehungen.	Suche nach Harmonie und Ausgeglichenheit in Beziehungen	Welche Konflikte sollten Sie in Ihren Beziehungen vermeiden, um mehr Harmonie darin zu erreichen?
NEGATIV (Zahl und/oder Kontext werden als negativ, angstbesetzt erlebt.)	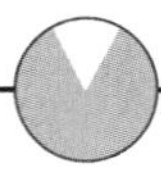	Tendenz zu Harmonie überdeckt Konflikte.	Angst vor Konflikten; Harmonietendenzen verhindern die Auseinandersetzung.	Welche innerpsychischen Konflikte versuchen Sie, mithilfe Ihrer Harmonietendenzen zu verleugnen?
	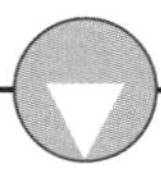	Negative Erfahrungen mit der Zahl 6	Problematische Situationen vor 6 Jahren, im Alter von 6 Jahren	Wiederholen Sie ständig Verhaltensweisen, die Sie mit 6 oder vor 6 Jahren zeigten?
	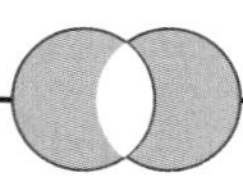	Zu viel Harmonie in Beziehungen verhindert notwendige Auseinandersetzung.	Harmonie in Beziehungen ist bedrohlich für die Beziehung oder wird als bedrohlich erlebt.	In welchen Beziehungen überdeckt die Harmonie anstehende Konflikte? Bedroht Sie zu viel Harmonie in Beziehungen?

Sieben

Subjektstufe
Objektstufe
Beziehungsstufe

Gefühl	Stufe	Problemfeld	Themen	Deutungen/ Fragen
NEUTRAL (Die Zahl Sieben löst keine deutlichen Gefühle aus.)	Subjektstufe	Vollständigkeit und Fülle – Veränderung und Wechsel	Zeitaspekt wird betont; etwas ist vollständig geworden und darauf kann Veränderung folgen.	Was in Ihnen hat sich zu einer für Sie stimmigen Vollständigkeit zusammengefügt? Welcher könnte nun der nächste, notwendige Schritt in Ihrer Entwicklung sein?
	Objektstufe	Der Zusammenhang, in dem die 7 auftritt, zeigt das Problem.	Themen aus der Vergangenheit, in denen die 7 eine Rolle spielte (Haus-, Telefonnummer etc.)	Was war vor 7 Jahren? Was geschah in Ihrem 7. Lebensjahr? Woran erinnert Sie die 7? Die Sieben ist eine Glückszahl!
	Beziehungsstufe	Beziehungen werden als vollständig erfahren.	Vor allem Zweierbeziehungen fühlen sich vollständig an oder Veränderungen stehen bevor.	In welchen Beziehungen erfahren Sie Fülle? Welche Veränderungen sollten stattfinden, damit diese sich weiterentwickeln?
POSITIV (Die Sieben und/oder der Kontext, in dem sie erscheint, werden als positiv erlebt.)	Subjektstufe	Etwas ist abgeschlossen, Neues kann beginnen.	Eine Entwicklung ist vollendet, Neues bringt die Persönlichkeitsentwicklung voran.	Sie werden ermutigt, sich Ihren neuen Ideen und Fantasien zuzuwenden und diese umzusetzen.
	Objektstufe	Positive Erfahrungen mit der Zahl 7	Positive Situationen/Gefühle vor 7 Jahren, im Alter von 7 Jahren	Erinnerungen an eine glückliche Zeit; Verhaltensweisen von damals führen zum Erfolg.
	Beziehungsstufe	Neues in Beziehungen dient deren Entwicklung.	Zeit des positiven Umbruchs in Beziehungen	Es ist an der Zeit zu überlegen, wie Sie zusammen mit den Partnern/-innen Ihre Beziehungen weiter gestalten könnten.
NEGATIV (Zahl und/ oder Kontext werden als negativ, angstbesetzt erlebt.)	Subjektstufe	Angst vor notwendigen Veränderungen	Das, was man glaubt zu besitzen, lässt man nicht los; Angst vor dem Neuen	Was befürchten Sie, wenn Sie Ihren momentanen psychischen Zustand verlassen müssten, um Neues an sich zu entdecken?
	Objektstufe	Negative Erfahrungen mit der Zahl 7	Problematische Situationen vor 7 Jahren oder im Alter von 7	Wiederholen Sie ständig Verhaltensweisen, die Sie mit 7 oder vor 7 Jahren zeigten?
	Beziehungsstufe	Angst vor Neuem verhindert Entwicklung in Beziehungen.	Umbruch und/oder Neuanfang in Beziehungen ist notwendig, wird aber durch Ängste behindert.	Was befürchten Sie, wenn Sie Ihrem Drang nach Neuem in Ihren Beziehungen nachgeben würden?

Vier

Gefühl	Problemfeld	Themen	Deutungen/Fragen
NEUTRAL (Die Vier wird neutral wahrgenommen, löst keine speziellen Gefühle aus.)	Ganzwerdung, Stabilität und Ausgeglichenheit	Suche nach Sicherheit und Stabilität scheint erfolgreich zu sein.	Sie sind dabei, eine Ordnung in sich zu finden, die für Sie stimmig ist und Ihnen die notwendige Sicherheit vermittelt.
	Der Zusammenhang, in dem die 4 auftritt, zeigt das Problem.	Themen aus der Vergangenheit, in denen die 4 eine Rolle spielte – Alter, Haus-, Autonummer etc.	Was war vor 4 Jahren? Was geschah in Ihrem 4. Lebensjahr? Woran erinnert Sie die 4?
	Ganzwerdung in und durch Beziehungen	Erfüllung und Stimmigkeit bestimmen die Beziehungen.	Ihre Beziehungen vermitteln Ihnen Sicherheit und Stabilität. Sie empfinden Stimmigkeit in Ihren Beziehungen.
POSITIV (Die Vier und/oder der Kontext, in dem sie auftritt, werden als positiv erlebt.)	Ordnende Kräfte des Selbst, positive Ordnung im Alltag	Positive Persönlichkeitsentwicklung; man kommt seinem Selbst näher.	Nutzen Sie Ihre momentane Lebensphase, um auf Ihrem Weg zur Individuation voranzuschreiten.
	Positive Erfahrungen mit der Zahl 4	Positive Situationen/Gefühle vor 4 Jahren, im Alter von 4 Jahren	Erinnerungen an eine glückliche Zeit; Verhaltensweisen von damals führen zum Erfolg.
	Guter Kontakt mit sich selbst – positive Entwicklung	Durch die ordnenden Kräfte des Selbst entwickeln sich Beziehungen positiv.	Stabilität und Ausgeglichenheit vermitteln in Ihren Beziehungen.
NEGATIV (Zahl und/oder Kontext werden negativ erlebt, die Vier engt ein.)	Ordnende Kräfte widersprechen dem Selbstbild.	Abwehr gegen die ordnenden Kräfte oder Starrheit und Eingrenzung	Was bedroht Sie an Ihrer momentanen positiven Persönlichkeitsentwicklung? Fühlen Sie sich zu sehr festgelegt?
	Negative Erfahrungen mit der Zahl 4	Problematische Situationen vor 4 Jahren oder im Alter von 4	Wiederholen Sie Verhaltensweisen, Einstellungen oder Situationen, die Sie von damals mitbringen?
	Starrheit und Eingrenzung in Beziehungen	Man erlebt sich in Beziehungen als starr und eingegrenzt durch sich selbst oder andere.	Fühlen Sie sich in Beziehungen eingeengt und zu festgelegt? Wehren Sie sich gegen eine neue Entwicklung in Ihren Beziehungen?

Weiß

Subjektstufe
Objektstufe
Beziehungsstufe

Gefühl	Problemfeld	Themen	Deutungen/Fragen
NEUTRAL (Die Farbe Weiß löst keine besonderen Gefühle aus.)	Bedürfnis nach Neuanfang, um Altes hinter sich zu lassen	Neuanfang, Unschuld, Reinheit, Autorität, Klarheit	Womit sollten Sie beginnen, um Vergangenes hinter sich lassen zu können?
	Abhängig davon, was weiß ist	Weiß ist eine Farbe, die schnell schmutzig wird.	Sollten Sie die Farbe Weiß stärker in Ihr Leben einbeziehen oder eher meiden?
	Unschuld und Verführung in Beziehungen	Man fühlt sich in Beziehungen ausgeliefert und unschuldig oder dominiert die Beziehungen.	Haben Sie Probleme, sich in Beziehungen hinzugeben, oder würden Sie lieber die Beziehung selbst gestalten?
POSITIV (Die Farbe Weiß wird positiv wahrgenommen.)	Altes hinter sich lassen, Neuanfang gelingt.	Wahrnehmung dessen, was vergangen ist; Möglichkeit, Neues zu beginnen	Sie befinden sich einer Lebensphase, in der Ihnen ein wirklicher Neuanfang gelingen kann.
	Bevorzugung von Weiß	Weiß wird vermehrt wahrgenommen, wenn Reinheit ein wesentliches Thema ist.	Umgeben Sie sich vermehrt mit der Farbe Weiß (Kleidung, Wohnung etc.).
	Akzeptanz des Gegensatzes Unschuld – Verführung	Gefühle des Ausgeliefertsein und der Unschuld und/oder der Dominanz werden akzeptiert.	Hingabe und aktive Gestaltung der Beziehungen sind bei Ihnen im Lot.
NEGATIV (Die Farbe Weiß wird abgelehnt, ist schmutzig etc.)	Fixierung auf Altes; Neues wird abgelehnt.	Angst vor Neuem, weil das Bekannte als Sicherheit empfunden wird.	Was lässt Sie an Altem festhalten? Lehnen Sie Neues ab, da Sie befürchten, dieses könnte Ihnen nicht entsprechen?
	Ablehnung der Farbe Weiß und all dessen, was weiß ist	Weiß wird abgelehnt, weil es zu schnell schmutzig wird.	Was lehnen Sie an der Farbe Weiß ab? Haben Sie negative Erfahrungen damit gemacht?
	Gegensatz Unschuld – Verführung führt zu Konflikten.	Ausgeliefertsein und Dominanz befinden sich im Ungleichgewicht	Sollten Sie in Beziehungen dominanter werden oder sich mehr hingeben?

Zehn

Gefühl	Problemfeld	Themen	Deutungen/ Fragen
NEUTRAL (Zehn löst keine speziellen Gefühle aus.)	Vollständigkeit oder Neuanfang auf neuer Ebene	Ganzheit kann eine Basis für Neubeginn bilden.	In welchen Persönlichkeitsbereichen fühlen Sie sich vollständig? Sie haben die Möglichkeit, in diesen Neues zu entdecken.
	Alle Bereiche, in denen die 10 in Ihrem Leben wichtig war	Themen aus der Vergangenheit, in denen die 10 eine Rolle spielte: Nummern, Alter etc.	Die 10 markiert im Zahlensystem den Neuanfang. Steht ein solcher bei Ihnen an?
	Vollständigkeit und neue Ebenen	Harmonisches Miteinander als Grundlage für Veränderungen	Was könnten Sie sich als nächsten Entwicklungsschritt in Ihren Beziehungen vorstellen?
POSITIV (Mit der Zehn sind positive Gefühle verbunden.)	Fülle und Vollständigkeit der Persönlichkeit	Das Gefühl von Ganzheit ermöglicht einen Neubeginn auf höherer Ebene.	Nutzen Sie nun Ihr positives Lebensgefühl bezüglich Ihrer Persönlichkeitsentwicklung.
	Positive Erfahrungen mit der Zahl 10	Positive Situationen/Gefühle vor 10 Jahren oder im Alter von 10 Jahren	Erinnerungen an eine glückliche Zeit; Verhaltensweisen von damals führen zum Erfolg.
	Die Fülle in Beziehungen fordert Neues heraus.	Auf der Basis eines glücklichen und harmonischen Miteinanders kann Neues verwirklicht werden.	Sie erleben Ihre Beziehungen als vollständig und harmonisch und entwickeln eine neue Ebene Ihrer Beziehungen.
NEGATIV (Zahl und/ oder Kontext werden als negativ empfunden.)	Neuanfänge werden durch Angst blockiert.	Die Angst vor Neuem schafft innere Unsicherheit und schränkt innere Beweglichkeit ein.	Was befürchten Sie, würde geschehen, wenn Sie etwas Neues ausprobieren würden? Woran halten Sie fest?
	Negative Erfahrungen mit der Zahl 10	Problematische Situationen vor 10 Jahren oder im Alter von 10 Jahren	Wiederholen Sie destruktives Verhalten, das Sie mit 10 oder vor 10 Jahren zeigten?
	Ganzheit wird nicht erlebt, was einen Neuanfang erschwert.	Gefangensein in überlebten Beziehungskonflikten; Neuanfang wird als bedrohlich erlebt.	Woran in Ihren Beziehungen halten Sie fest, das Sie daran hindert, diese unter positiven Gesichtspunkten zu sehen?

Zwei

- Subjektstufe
- Objektstufe
- Beziehungsstufe

Gefühl		Problemfeld	Themen	Deutungen/Fragen
NEUTRAL (Die Zwei und/oder der ganze Traum werden neutral wahrgenommen.)	Subjektstufe	Grundlegende Konflikte	Zweifel, innerer Zwist, Umgang mit Gegensätzen	Welche grundlegenden Konflikte plagen Sie? Welche unterschiedlichen Seiten können Sie in sich nur schwer vereinen?
	Objektstufe	Bereiche, in denen die 2 in Ihrem Leben wichtig war und ist.	Themen aus der Vergangenheit, in denen die 2 eine Rolle spielte (Alter, Nummern etc.)	Die 2 markiert im Zahlensystem die Dualität. Sollten Sie Entscheidungen treffen?
	Beziehungsstufe	Zwiespältigkeit in Beziehungen	Eigene Zweifel, Zwistigkeiten werden in die Beziehung projiziert.	Tendieren Sie dazu, eigene Konflikte auf andere zu übertragen, wodurch es zu Beziehungsproblemen kommt?
POSITIV (Die Zwei und/oder der Kontext werden als positiv erlebt.)	Subjektstufe	Vielfältigkeit; Akzeptanz von Konflikten	Akzeptanz der eigenen unterschiedlichen Anteile	Die Zeit ist günstig, gegensätzliche Anteile von sich wahrzunehmen, um sich so weiterzuentwickeln.
	Objektstufe	Positive Erfahrungen mit der Zahl 2	Positive Situationen/Gefühle vor 2 Jahren oder mit 20 Jahren	Erinnerungen an glückliche Zeiten; Verhaltensweisen von damals führen zum Erfolg.
	Beziehungsstufe	Gegensätze in Beziehungen werden als belebend erlebt.	Durch konträre Eigenschaften des Gegenübers lernt man, solche an sich zu akzeptieren.	Welche Persönlichkeitsanteile Ihres Partners/Ihrer Partnerin können Sie auch bei sich wahrnehmen?
NEGATIV (Die Zwei und/oder der Kontext werden als negativ erlebt.)	Subjektstufe	Angst vor inneren Konflikten	Innere Spannungen werden als Bedrohung erlebt und abgewehrt.	Entdecken Sie an sich gerade etwas Neues, das im Gegensatz zu Ihrer bisherigen Selbstwahrnehmung steht?
	Objektstufe	Negative Erfahrungen mit der Zahl 2	Problematische Situationen vor 2 Jahren oder im Alter von 20 Jahren	Wiederholen Sie destruktives Verhalten, das Sie mit 20 oder vor 2 Jahren zeigten?
	Beziehungsstufe	Konflikte werden abgewehrt.	Gegensätze in Beziehungen werden als bedrohlich erlebt.	Machen Sie sich bewusst, dass der Partner anders ist als Sie und deswegen für Sie eine Entwicklungschance darstellt.

3. Zusätzliche Deutungshilfen

Mit den Tabellen in diesem Kapitel können Sie die Deutung Ihrer Träume noch erweitern und vertiefen: Sie finden hier nicht nur Eigenschaften von Symbolen, die bei der Traumdeutung wichtig sein können, sondern auch weitere Traumsymbole, die das vorangegangene Kapitel ergänzen. Darüber hinaus sind alle Symbole aus Kapitel 2 mit erläuternden Symbolen und weiteren Hinweisen verknüpft.

→ In der Tabelle **Eigenschaften von Symbolen** wird die Bedeutung von bestimmten Eigenschaften behandelt. Diese können nämlich die Bedeutung von Traumsymbolen beeinflussen. Wie die Symbole selbst, können auch die Eigenschaften mit bestimmten Gefühlslagen verknüpft sein – neutral, positiv, negativ – und sowohl auf der Subjekt- und Objektstufe als auch auf der Beziehungsstufe gedeutet werden.

→ In der Tabelle **Kurzbedeutungen** sind zahlreiche Symbole aufgelistet, die in Kapitel 2 nicht behandelt wurden, die aber mithilfe der Deutungen in der 2. Spalte der Tabelle sehr schnell zu entschlüsseln sind. So finden Sie bei „Aristokrat" die Kurzbedeutung „Minderwertigkeitsgefühl". Die 3. Spalte enthält Verweise auf übergeordnete Symbole im zweiten Kapitel. Diese Symbole können Sie zusätzlich zur Deutung heranziehen, bei Aristokrat also die Bedeutung des Symbols „berühmte Person". Die Symbole in dieser Tabelle sind nach denselben Themenbereichen geordnet wie die Symbole in Kapitel 2.

→ In der Tabelle **Erläuternde Symbole** erhalten Sie zu allen Symbolen aus Kapitel 2 wichtige Hinweise zur vertiefenden Deutung: Symbole, die das gesuchte Symbol erläutern können (Spalte 2), Eigenschaften, die bei der Deutung zu beachten sind (Spalte 3) sowie zusätzlich beachtenswerte Tipps und Fragen (Spalte 4). Wenn Ihr Traumsymbol z. B. „Zug" ist, können Sie zusätzlich bei Auto und Fahrrad nachlesen. Achten Sie darüber hinaus ggf. auf Größe, Lautstärke und Geschwindigkeit und darauf, ob Abfahrt bzw. Ankunft eine Rolle spielen.

In diesem Kapitel

Links

Gefühl	Problemfeld	Themen	Deutungen/Fragen
NEUTRAL (Die Wahrnehmung des Symbols im Traum löst keine speziellen Gefühle aus.)	Unsere weibliche Seite (*Anima* nach Jung) – Intuition und Gefühl	Passivität, Fähigkeit zur Hingabe; Tendenz, sich selbst und andere emotional und irrational zu betrachten	In welchen Lebensbereichen spielt Ihre weiblich-emotionale Seite eine wichtige Rolle? Wo vertrauen Sie Ihrer Intuition? Links verweist auf Ihre Kreativität.
	Betonung der linken Seite	Missempfindungen auf der linken Körperseite (Schlafposition)	Macht Sie das Traumbild auf körperliche Probleme Ihrer linken Seite aufmerksam?
	Gefühl und Intuition in der Beziehung	Einfluss von Gefühlen und Kreativität auf die Beziehungen; Ausgeglichenheit von Nehmen und Hingabe	In Beziehungen sollten die weibliche und die männliche Seite ausgeglichen sein. Die linke Seite wird traditionell mit Erotik und Sexualität verbunden.
POSITIV (Der Kontext, in dem links erscheint, wird positiv wahrgenommen.)	Die Kraft des weiblichen Ausdrucks und speziell der Gefühle	Vorherrschend gefühlsmäßiger Umgang mit sich, den man positiv bewertet	Wann verhalten Sie sich selbst vorwiegend emotional? Was gewinnen Sie dadurch?
	Bevorzugung der linken Seite	Der linken Seite mehr Beachtung schenken (z. B. links schreiben)	Sollten Sie Ihre linke Seite mehr beachten, oder überbetonen Sie diese?
	Sehnsucht nach mehr Weiblichkeit oder intensivem Gefühlsleben	Gefahr der Idealisierung weiblicher Eigenschaften; weibliche Werte werden in positiver Weise gelebt.	Zu viel Emotion und Intuition lässt Beziehungen chaotisch werden, das rechte Maß macht sie dagegen himmlisch.
NEGATIV (Links wird als falsche Seite oder Richtung betrachtet.)	Vorherrschen der Gefühle	Gefühle erzeugen Instabilität und Unsicherheiten	Lehnen Sie Ihre sachlich geprägten Anteile ab, oder orientieren Sie sich zu sehr an Ihrer intellektuellen Sichtweise?
	Probleme mit dem Hintanstehen	Man möchte selbst den Vorrang genießen	Der Neid auf alle Eigenschaften, die mit der rechten Seite verbunden werden.
	Machtprobleme in der Beziehung	Unfähigkeit zur Hingabe; vor dem Partner zurückzutreten	Oft liegt ein schwaches Selbstbewusstsein vor, oder sind Sie zu abhängig von Gefühlen?

Rechts

- Subjektstufe
- Objektstufe
- Beziehungsstufe

Gefühl		Problemfeld	Themen	Deutungen/Fragen
NEUTRAL (Rechts und das zugeordnete Symbol werden neutral wahrgenommen.)	Subjektstufe	Verstandesmäßige Seite ist stark oder zu wenig ausgeprägt.	Tendenz, sich selbst und andere unter sachlichen und vernunftbasierten Aspekten zu betrachten	In welchen Lebensbereichen spielt Ihre strukturierte und handlungsorientierte Seite eine wichtige Rolle (männliche Sichtweise)?
	Objektstufe	Betonung der rechten Seite	Missempfindungen auf der rechten Körperseite (Schlafposition)	Will Sie das Traumbild auf körperliche Probleme Ihrer rechten Seite aufmerksam machen?
	Beziehungsstufe	Vernunftbasierte Aspekte dominieren Beziehungen.	Geistige Interessen und Aktivitäten beeinflussen die Beziehungen.	Sich mit sachlichen und verstandesmäßigen Argumenten in Beziehungen verständigen; geistige Interessen sind Ihnen wichtig?
POSITIV (Der Kontext, in dem rechts oder die rechte Seite vorkommt, wird als positiv empfunden.)	Subjektstufe	Verstandesmäßige Seite wird bejaht, gehört zu einem.	Vorherrschend rationales Denken im Umgang mit sich, das positiv bewertet wird	Betrachten Sie sich selbst vorwiegend unter Ihrer rationalen Sichtweise? Was gewinnen Sie dadurch?
	Objektstufe	Bevorzugung der rechten Seite	Alles rechts zu machen ist für Rechtshänder „normal".	Aus welchen Gründen bevorzugen Sie Ihre rechte Seite – Gewohnheiten? Was tut Ihnen daran gut?
	Beziehungsstufe	Männliche Sichtweise prägt die Beziehungen positiv.	Rational geprägte Sichtweisen werden in Beziehungen gelebt und wirken sich positiv aus.	Erfolgreiches Handeln im Zusammensein mit anderen aufgrund der strukturierten und handlungsorientierten Seite
NEGATIV (Rechts wird als falsch oder negativ empfunden, erweist sich als falsche Richtung.)	Subjektstufe	Dominanz der verstandesmäßigen Seite	Betrachtung der eigenen Persönlichkeit unter sachlichen und pragmatischen Aspekten	Lässt Ihre männlich-strukturierte Seite keine anderen Sichtweisen zu? Lehnen Sie Ihre emotionalen Anteile ab?
	Objektstufe	Rechte Seite wird überbetont.	Die linke Seite mehr ins Bewusstsein rücken	Versuchen Sie, einfache Tätigkeiten auch mal mit der linken Hand auszuführen.
	Beziehungsstufe	Männliche Sichtweisen behindern Beziehungen.	Pragmatische Sichtweisen engen den Blick auf Beziehungen ein.	Sind Ihre sachlich-pragmatischen Anteile zu stark, belasten diese Ihre Beziehungen? Angst vor Ihren Emotionen in der Partnerschaft?

Dick – dünn

Gefühl	Problemfeld	Themen	Deutungen/Fragen
NEUTRAL (Dick bzw. dünn wird neutral wahrgenommen.)	Dick: Gier, Erdung; dünn: Askese, Vergeistigung	Dick verstärkt das Symbol, dünn behindert die Wahrnehmung des Symbols.	Dick und dünn zeigen, dass die Bedeutung eines Symbols abgewehrt wird.
	Körperwahrnehmung	Erfahrungen und Bewertungen hinsichtlich Körper und Besitz	Sind Sie mit Ihrer Figur zufrieden?
	Abwehr von Erkenntnis	Wahrnehmung der Konflikte in Beziehungen	Was möchten Sie in Ihren Beziehungen nicht sehen, das aber für deren Entwicklung notwendig wäre?
POSITIV (Dick bzw. dünn tritt in positivem Kontext auf.)	Dick: Reichtum, Fülle; dünn: Unabhängigkeit	Reichtum und Unabhängigkeit können das Gefühl von Sicherheit vermitteln.	Was vermittelt Ihnen Sicherheit: eher Reichtum und Fülle oder eher Unabhängigkeit?
	Positive Einstellung zum Symbol bzw. zum Körper	Angestrebter oder bereits erreichter Zustand	Sie akzeptieren Ihre Lebensumstände oder streben einen bestimmten Zustand an.
	Bindung und Freiheit sind ausgewogen.	Zuwendung und Eigenständigkeit in sozialen Beziehungen werden positiv wahrgenommen.	Seien Sie mit dem, was Sie in Ihren Beziehungen erhalten, zufrieden.
NEGATIV (Dick bzw. dünn tritt in negativem Kontext auf.)	Dick und dünn verweisen auf massive Abwehr.	Dick und dünn verbildlichen den Widerstand, die Bedeutung des Symbols zu erkennen.	Versuchen Sie, Erkenntnisse dadurch abzuwehren, dass Sie die Probleme unnötig aufblasen oder sie bagatellisieren?
	Negative Einstellung zum Symbol bzw. zum Körper	Ängste und Ekelgefühle werden verstärkt.	Wehren Sie sich gegen Fülle oder hadern Sie mit ihr?
	Bindung und Freiheit sind unausgewogen.	Diskrepanz zwischen erwünschter und erreichter Bedürfnisbefriedigung	Haben Sie das Gefühl, in Ihren Beziehungen zu wenig zu bekommen, oder sehnen Sie sich nach größerer Freiheit und Unabhängigkeit?

Groß – klein

Subjektstufe
Objektstufe
Beziehungsstufe

Gefühl	Stufe	Problemfeld	Themen	Deutungen/Fragen
NEUTRAL (Groß bzw. klein wird neutral wahrgenommen.)	Subjektstufe	Intensivierung bzw. Verniedlichung des Symbols	Groß/klein entspricht Macht/Ohnmacht, oder Eltern-Kind-Beziehung	Fühlen Sie sich in Ihrem Leben groß oder klein, mächtig oder ohnmächtig?
	Objektstufe	Eigene Körpergröße, Wahrnehmung anderer	Messen und Bewerten von Objekten	Nehmen Sie sich bezüglich Ihrer Körpergröße als zu klein oder zu groß wahr?
	Beziehungsstufe	Selbstbehauptung in Beziehungen	Unterlegenheits- und Überlegenheitsgefühl in Beziehungen	Fühlen Sie sich in Ihren Beziehungen gleichberechtigt?
POSITIV (Groß bzw. klein tritt in positiven Kontext auf.)	Subjektstufe	Akzeptanz der eigenen Person	Die eigene Größe wird positiv bewertet.	Die Größe des Traumsymbols, dem groß oder klein zugeordnet ist, empfinden Sie als stimmig.
	Objektstufe	Akzeptanz der eigenen Körpergröße	Die Größe dessen, was im Traum klein oder groß erschien, wird positiv empfunden.	Die Größe dessen, was im Traum groß oder klein dargestellt wird, wird im Realleben als stimmig angesehen.
	Beziehungsstufe	Durchsetzungsfähigkeit	Sich auf stimmige Art und Weise in Beziehungen durchsetzen	Sie haben die Fähigkeit, sich in Beziehungen durchzusetzen, ohne die Freiheiten anderer zu sehr einzuschränken.
NEGATIV (Groß bzw. klein tritt in negativem Kontext auf.)	Subjektstufe	Probleme im Selbstwertbereich	Man fühlt sich selbst als zu klein oder sehr dominierend.	Was führte in Ihrem Leben dazu, dass Sie sich als minderwertig betrachten oder Unterlegenheit nicht ertragen können.
	Objektstufe	Probleme mit der eigenen Körpergröße	Die Größe dessen, was im Traum klein bzw. groß erschien, wird negativ empfunden.	Wie klein oder groß sollte das Traumsymbol sein, damit Sie es als stimmig empfinden würden?
	Beziehungsstufe	Probleme mit der Selbstbehauptung in Beziehungen	Man fühlt sich in Beziehungen unterdrückt oder dominiert in diesen zu sehr.	Ihre Minderwertigkeitsgefühle führen zu Unterordnung oder zu massiver Durchsetzung in Ihren Beziehungen.

Laut – leise

Gefühl	Problemfeld	Themen	Deutungen/Fragen
NEUTRAL (Laut bzw. leise wird neutral wahrgenommen.)	Auf die innere Stimme hören	Aufmerksamkeit auf die eigenen unbewussten Anteile richten	Was will von Ihnen gehört werden, was überhören Sie?
	Akustische Aufmerksamkeit	Geräuschsensibilität – Schwerhörigkeit	Welcher akustische Reiz störte Sie beim Schlafen? Sind Sie durch Geräusche leicht irritierbar oder hören Sie öfter schlecht?
	Vermögen, sich in sich und andere einzufühlen	Die Bedürfnisse des Partners und die eigenen wahrnehmen	Hören Sie nicht auf Ihren Partner? Hören Sie zu wenig auf Ihre innere Stimme in Ihren Beziehungen?
POSITIV (Laut bzw. leise tritt in positivem Kontext auf.)	Hören auf die innere Stimme	Wahrnehmung und Nutzung wichtiger Persönlichkeitsanteile	Sie wehren wichtige Eigenschaften nicht mehr ab und Sie können sie ins Leben integrieren.
	Akustische Sensibilität	Töne und Geräusche stimulieren positiv.	Nehmen Sie Töne und Geräusche genau wahr und erfreuen Sie sich daran.
	Eigenschaften von sich und anderen wahrnehmen	Auf die innere Stimme hören und zugleich die Bedürfnisse anderer wahrnehmen	Es gelingt Ihnen, wichtige Dinge in Beziehungen zu hören und sich mit Ihren Bedürfnissen Gehör zu verschaffen.
NEGATIV (Laut bzw. leise tritt in negativem Kontext auf.)	Missachtung der eigenen inneren Impulse	Wichtige Persönlichkeitsanteile werden nicht beachtet.	Werden Sie sensibler für wichtige, bisher unbeachtete Anteile Ihrer Persönlichkeit. Das Symbol zeigt, um welche Anteile es sich handelt.
	Verfälschte Wahrnehmung von laut und leise	Negative Erlebnisse mit lauten Geräuschen oder Stille	Sind Sie besonders lärmempfindlich oder können Sie Ruhe schlecht aushalten?
	Unsensibel in Beziehungen sein	Eigene Eigenschaften und Bedürfnisse sowie die anderer eingeschränkt wahrnehmen	Bemühen Sie sich, mit sich selbst und mit anderen in Kontakt zu bleiben.

Subjektstufe
Objektstufe
Beziehungsstufe

Schnell – langsam

Gefühl	Stufe	Problemfeld	Themen	Deutungen/ Fragen
NEUTRAL (Schnell bzw. langsam wird neutral wahrgenommen.)	Subjektstufe	Schnelligkeit: Kontrollverlust, Ablenkung; Langsamkeit: Deutlichkeit, Genauigkeit	Schnelligkeit: Flucht, emotionale Anspannung, notwendige Erkenntnis; Langsamkeit: Unausweichliches wird bewusst.	Schnelligkeit des Symbols: Angst vor dessen Bedeutung; selbst schnell sein: Angst vor Kontrollverlust; Langsamkeit: symbolische Bedeutung deutlich wahrnehmen
	Objektstufe	Ihre Einstellung zu Geschwindigkeit	Erfahrungen und Assoziationen hinsichtlich Geschwindigkeit	Sind Sie ein Mensch, der eher langsam oder eher schnell ist?
	Beziehungsstufe	Flüchtigkeit oder Bedächtigkeit in Beziehungen	Sich hinter der eigenen Hektik verstecken bzw. zu viel Besonnenheit in Beziehungen	Lassen Sie sich zu wenig Zeit für Ihre und in Ihren Beziehungen? Sollten Sie in Beziehungen entschlussfreudiger werden?
POSITIV (Schnell bzw. langsam tritt in positivem Kontext auf.)	Subjektstufe	Geringe Abwehr der Geschwindigkeit	Offenheit für Selbsterkenntnis	Sie können wichtige Erkenntnisse über Ihre Persönlichkeitsentwicklung erlangen.
	Objektstufe	Geschwindigkeit wird lustvoll erlebt.	Stimmige Anpassung an äußere Gegebenheiten	Sie bewegen sich in einer Ihnen angemessenen Geschwindigkeit.
	Beziehungsstufe	Rhythmus der Beziehungsentwicklung ist stimmig	Geringe Widerstände gegen notwendige Erkenntnisse hinsichtlich der Beziehungen	Sie haben jetzt die Chance, Ihre Beziehungen harmonisch zu erleben.
NEGATIV (Schnell langsam tritt in negativem Kontext auf.)	Subjektstufe	Schnelligkeit/Langsamkeit symbolisieren Abwehr.	Selbsterkenntnis wird durch unstimmigen inneren Rhythmus gestört.	Was treibt Sie innerlich an oder was lähmt Sie?
	Objektstufe	Unpassende Geschwindigkeit	Diskrepanz zwischen Erwartung und Realität	Ist es für Sie schwierig, eine für Sie angenehme Geschwindigkeit in allen Lebensbereichen zu finden?
	Beziehungsstufe	Unterschiedliche Lebensrhythmen verhindern Verständnis.	Abwehr gegen notwendige Erkenntnisse in Beziehungen	Fällt es Ihnen schwer, sich an den „Drive“ des Gegenübers anzupassen?

Kurzbedeutung von Symbolen

GESTALTEN & KÖRPERTEILE

Symbol	Kurzbedeutung	übergeordnetes Symbol
Aristokrat	Minderwertigkeitsgefühl	berühmte Person
Bart	männliche Potenz	Haar
Blindheit	Unbewusstheit	Auge
Brille	Einsicht, Weitsicht	Auge
Bruder	männliche Seite	Verwandte
Brustwarze	Oralität, Sexualität	Brust
Buckel	Belastung, Unterwürfigkeit	Rücken
Daumen	Tatkraft	Hand
Erektion	Tatkraft, Triebstau	Penis
Faust	Aggression	Hand
Ferse	wunder Punkt	Fuß
Finger	zupacken, festhalten	Hand
Gesäß	Entwertung	Rücken
Großmutter	wie Mutter	Mutter
Großvater	wie Vater	Vater
Knöchel	Beweglichkeit	Fuß
Lärm, Krach	Beachtung	Ohr
Mord	ungenutzte Fähigkeiten	Mörder
Mund	Kommunikation	Kopf
Musiker	Harmonie	berühmte Person
Nase	Neugier, Intuition	Kopf
Politiker	Macht	berühmte Person
Schamhaar	Potenz	Haar
Schauspieler	Ausdruck	berühmte Person
Schwester	Hilfsbedürftigkeit	Verwandte
Sonnenbrille	Schutz	Auge, Kleidung
Sportler	Körperlichkeit	berühmte Person
Star	Selbstwert	berühmte Person
Tante	weibliche Seite	Verwandte
Tätowierung	Abgrenzungsprobleme	Haut
Wirbelsäule	Identität	Rücken
Wunde	seelische Verletzung	Haut, Krankheit
Zahnausfall	Energieverlust	Zahn
Zahnersatz	Energiegewinn	Zahn
Zeh	Vorwärtskommen	Fuß
Zeigefinger	Aufmerksamkeit	Hand

GEBÄUDE & RÄUME

Symbol	Kurzbedeutung	übergeordnetes Symbol
Abfall	Loslassen	Dreck
Altar	Opfer, Verwandlung	Tisch
Armbanduhr	Stress	Uhr
Aufzug, Lift	Bewusstheit	Treppe
Badewanne	Regression	Bad
Bahnhofsuhr	Pünktlichkeit	Uhr, Zug
Ball	Leichtigkeit	Spielzeug
Bank	Innehalten	Sitzmöbel
Besteck	Kultur	Küche
Bücherschrank	Intellekt	Schrank, Buch
Dachboden	Intelligenz	Haus
Drehtür	sich im Kreis drehen	Tür
Dusche	Aktivierung	Bad
Esstisch	Kommunikation	Tisch
Exkremente	Ekel	Toilette

Fensterbank, Fensterbrett	Innen-außen-Bezug	Fenster
Fensterscheibe	Durchblick, Hindernis	Fenster
Feuerleiter	Gefahr	Treppe
Flasche	Sexualität	Gefäß
Fleck	Makel	Dreck
Fußball	Fairness	Spielzeug
Gabel	Aggression	Küche
Garage	Stillstand	Auto
Gaststätte, Restaurant	Geselligkeit	Nahrungsmittel
Geländer	Sicherheit	Treppe
Glastür	Durchschaubarkeit	Tür
Handtuch	Reinigung	Bad
Hochhaus	Überblick	Haus
Hocker	Unsicherheit	Sitzmöbel
Hotel, Herberge, Pension	Zwischenstation	Haus, Reise
Kachel, Fliesen	Sauberkeit, Geheimnis	Bad
Kachelofen	Gefühlswärme	Ofen
Kamin	Gemütlichkeit	Ofen
Kartoffelkeller	Energie	Keller
Kaufhaus	Geben, Nehmen	Haus
Kirchenuhr	Todessymbol	Uhr
Kleiderschrank	Möglichkeiten	Schrank
Kohlenkeller	Wärme	Keller
Korken	Geselligkeit, Sex	Gefäß
Kot	Reinigung	Toilette
Krug	Gefühl	Gefäß
Küchengegenstände	Wandlung	Küche
Kühlschrank	Coolness	Küche
Leiter	Aufstieg, Abstieg	Treppe

Löffel	Kindlichkeit	Küche
Messer	Aggression oder Intellekt	Küche
Müll	Unverwertbares	Dreck
Pfanne	Häuslichkeit	Küche
Rathaus	Autorität	Haus
Rolltreppe	Bequemlichkeit	Treppe
Roulette	Leichtfertigkeit	Spielzeug
Sanduhr	Langsamkeit	Uhr
Schale, Schüssel	weibliche Aufnahmefähigkeit	Küche
Schlafzimmer	Intimität	Haus
Schloss, Verriegelung	Verschlossenheit	Tür
Schlüssel	sich verschließen, sich öffnen	Tür
Schreibtisch	Arbeit	Tisch
Schreibtischuhr	Zeitorganisation	Uhr
Seife	Reinigung	Bad
Sessel	Freizeit	Sitzmöbel
Sieb	Unterscheidung	Küche
Sofa, Couch, Kanapee	Entspannung	Sitzmöbel
Stiege	Gefahr	Treppe
Stoppuhr	Stress	Uhr
Stufe	Aufstieg, Abstieg	Treppe
Stuhl	Reflexion, Ruhe	Sitzmöbel
Taschenuhr	Antiquiertheit	Uhr
Topf	Häuslichkeit	Küche
Tor	Öffnung	Tür
Truhe	Geheimnis	Schrank
Turmuhr	oft Todessymbol	Uhr
Urin	Loslassen	Toilette
Vase	Sexualität	Gefäß
Vorhang, Gardine	Schutz, Isolation	Fenster
Waschbecken	Reinigung	Bad

Weinkeller	Geistiges	Keller, Wein
Wendeltreppe	Entwicklung	Treppe
Wohnzimmer	Kommunikation	Haus
Zahnbürste	klare Kommunikation	Bad
Zeiger	Aufmerksamkeit	Uhr

ORTE & ORTSWECHSEL

Symbol	Kurzbedeutung	übergeordnetes Symbol
Autobahn	Vorankommen	Auto, Straße
Boot	Gefühle	Schiff
Brandung	Aggression	Meer
Bus	Gemeinsamkeit	Auto
Damm	Triebstau	Ufer
Dorf	Enge	Stadt
Dürre	emotionales Leiden	Wüste
Flut	Gewinn	Meer
Gepäck	Belastung	Reise
Herberge	Zwischenstation	Reise
Koffer	Belastung	Reise
Kreuzung	Entscheidung	Straße
Kurve	Richtungsänderung	Straße
Küste	Erdung	Meer, Ufer
Landkarte	Orientierung	Reise
Motorboot	kraftvolle Bewegung	Schiff
Pfad	mühsamer Lebensweg	Straße
Rucksack	Last	Reise
Sand	Vergänglichkeit	Wüste
Segelboot	Freiheit	Schiff
Skifahren	Loslassen	Schnee
Souvenirs	Erinnerung	Reise
Stausee	Gefühlsstauung	See
Strand	Urlaub	Ufer
Teich	tiefe Gefühle	See
Trockenheit	fehlende Gefühle	Wüste
Umzug	grundlegende Veränderung	Reise
Weg	Individuationsweg	Straße

NATUR & UMWELT

Symbol	Kurzbedeutung	übergeordnetes Symbol
Ameise	Disziplin	Insekten
Bach	ursprüngliches Gefühl	Fluss
Bär	Stärke	Raubtiere
Ebbe	Verlust	Meer
Eisbär	Gefahr	Raubtiere
Esel	Eigensinn	Tiere
Eule	Weisheit	Vögel
Fels	Starrheit	Stein
Fliege	Irritierbarkeit	Insekten
Flut	Gewinn	Meer
Frosch	Verwandlung	Amphibien
globale Erwärmung	Verantwortungslosigkeit	Umwelt-verschmutzung
Himmel	Geist	Luft
Hitze	Leidenschaft	Temperatur

Höhle, Grotte	Geborgenheit	Haus
Hornisse	Sexualsymbol	Insekten
Huhn	Hilflosigkeit	Tiere
Käfer	Minderwertigkeit	Insekten
Kälte	Gefühlskälte	Temperatur
Kamel	Ausdauer	Tiere
Kamille	Heilung	Garten
Kanal	Gefühlskontrolle	Fluss
Klippe	Hindernis	Stein
Knospe	Potenz	Blumen, Garten
Kriechtiere	Erdung	Reptilien
Krokodil, Alligator	Vereinnahmung	Amphibien
Kröte	Eitelkeit	Amphibien
Kuh	Mütterlichkeit	Tiere
Laubbaum	Entwicklung	Baum
Laus	nervliche Überreizung	Insekten
Mittag	Kraft	Licht
Mohn	Bewusstsein	Blumen, Garten
Morgen	Neubeginn	Licht
Mücke	Nervosität	Insekten
Nacht	Geheimnis	Dunkelheit
Nord	Klarheit	Himmelsrichtung
Orchidee	Exotik	Blumen, Garten
Ost	Beginn	Himmelsrichtung
Rabe	Kreativität	Vögel
Radioaktivität	negative Kräfte	Umwelt-verschmutzung
Ratte	nagende Gedanken	Nagetiere, Maus
Raubvögel	Sex, Aggression	Vögel
Rauch	Warnung	Feuer
Reiten	Kontrolle	Pferd

Rose	Gefühl	Blumen, Garten
Schaf	Dummheit	Tiere
Schildkröte	Weisheit	Amphibien
Schmetterling	Verwandlung	Insekten
Schnecke	Rückzug	Tiere
Schwalbe	Fernweh	Vögel
Schwein	Faulheit	Tiere
Smog	Vernebelung	Umwelt-verschmutzung
Spinnennetz, Spinnweben	Struktur	Spinne
Strömung	Gefühlsfluss	Fluss
Süd	Gefühlsintensität	Himmelsrichtung
Taube	Frieden	Vögel
Tiger	tödliche Eleganz	Raubtiere
Überschwemmung	Gefühlsüberschwemmung	Fluss, Wasser
Urwald	unbewusste Triebe	Wald
Vögel, domestiziert	Angst vor Freiheit	Vögel
Wärme	Gefühlswärme	Temperatur
Wespe	Sexualsymbol	Insekten
West	Aussöhnung	Himmelsrichtung
Wiese, Gras	Erdung	Garten
Wind	geistige Bewegung	Luft
Wolf	Aggression	Raubtiere
Wolke	getrübter Geist	Luft
Wurm	Schuldgefühle	Tiere
Wurzel	Grundlagen	Baum
Zecke	Energieverlust	Insekten
Ziege	Eigensinn	Tiere

Kurzbedeutung von Symbolen

BERUFE & ARBEITSLEBEN

Symbol	Kurzbedeutung	übergeordnetes Symbol
Acker	Fruchtbarkeit	Bauer
Aktie, Wertpapier	Fixierung auf Materielles	Geld
Anwalt, Verteidiger	Gewissen	Jurist
Armut	großes geistiges Glück	Geld
Arznei, Medizin	Hilfe	Apotheker, Arzt
Augenarzt	Objektivität	Arzt
Autor	Unabhängigkeit	Buch
Bäcker	Leben	Handwerker
Beinbruch	Entwicklungshemmung	Bewegungs-behinderung
Bildschirm	Mangel an Ideen	Computer
Blasinstrument	Entspannung	Musik
Chirurg	Beendigung	Arzt
Fehler	Lernen	Prüfung
Feile	Harmonie	Werkzeug
Feld	Aktivität	Bauer
Festplatte	Gedächtnis	Computer
Fleischer, Metzger	Sex	Handwerker
Frisör	Eitelkeit	Handwerker
Gärtner	Naturverbundenheit	Handwerker
Geschütz	Aggression	Soldat
Gewehr	Potenzfantasien	Schusswaffen
Hammer	konstruktives Verhalten	Werkzeug
Heilpraktiker	sanfte Hilfe	Arzt
Kaminkehrer	Glück	Handwerker
Kapitän	Autorität	Schiff
Kleingeld	Energie	Geld
Koch	Wandlung	Handwerker
Konkurs, Bankrott, Pleite	Energieverlust	Geld
Korn	seelische Nahrung	Bauer
Krankenschwester, Pfleger	Hilfe	Arzt
Kredit	Energie von außen	Geld
Krücke	Hilfsmittel	Bewegungs-behinderung
Lähmung	Stillstand	Bewegungs-behinderung
Matrose	Abenteuer, Unreife	Schiff
Musikinstrument	Einstellung zu Gefühlen	Musik
Notebook	Kontrolle mit Intellekt	Computer
Notiz	Aufmerksamkeit	Papier, Buch
Orthopäde	Bewegung	Arzt
Pfeil	Bezugspunkt	Schusswaffen
Pflug	Auflockerung	Bauer
Pistole	männliche Aggression	Schusswaffen
Prothese	Ersatz	Bewegungs-behinderung
Prozess	Recht, Unrecht	Jurist
Psychiater	Selbstheilung	Arzt
Rechnung	Lebensbilanz	Geld
Reichtum	Sehnsucht nach mehr Energie	Geld
Richter	Über-Ich	Jurist
Rollstuhl	Behinderung	Bewegungs-behinderung
Säge	Wille	Werkzeug
Saiteninstrument	weibliche Erotik	Musik
Salbe	Hilfe durch Zuwendung	Apotheker

Samen	Fruchtbarkeit	Bauer
Scheck	Energieverlust	Geld
Schere	Zwiespältigkeit	Handwerker
Schießen	zielgerichtet	Schusswaffen
Schlaginstrument	Aggression	Musik
Schmied	Wille	Handwerker
Schneider	List, Eitelkeit	Handwerker
Schraubenzieher	Sex	Werkzeug
Schreiner	Geschicklichkeit	Handwerker
Schüler	Lernen	Schule
Schuster	Erdung	Handwerker
Seemann	Fernweh	Schiff
Sense	Aggression, Tod	Bauer
Steuermann	Richtung	Schiff
Strafe	schlechtes Gewissen	Jurist
Tablette, Pille	schnelle Hilfe	Apotheker, Arzt
Zahnarzt	Vitalität	Zahn
Zange	Druck	Werkzeug

KLEIDUNG & SPEISEN

Symbol	Kurzbedeutung	übergeordnetes Symbol
Apfelsine	Erotik	Obst
Banane	Penissymbol	Obst
Barfußgehen	Erdung	Schuhe
Beere	Sexualität	Obst
Bier	Geselligkeit	alkoholische Getränke
Cocktail	Erotik	alkoholische Getränke
Durst	Mangel	Getränke
Gurke	Penissymbol	Gemüse
Hausschuhe, Pantoffel	Bequemlichkeit	Schuhe
Hemd	Persona, Maske	Kleidung
Hose	Selbstdarstellung	Kleidung
Hut	Persönlichkeit	Kleidung
Käse	Wohlstand	Milch
Kirsche	Liebe	Obst
Kohl	Einfachheit	Gemüse
Möhre, Karotte	Sexualsymbol	Gemüse
Nachtisch	Ende	Nahrungsmittel
Pfeffer	Schärfe	Nahrungsmittel
Pfirsich	Erotik	Obst
Pflaume	weibliches Geschlecht	Obst
Rock	Weiblichkeit	Kleidung
Salat	Beginn	Gemüse
Salz	geistige Würze	Nahrungsmittel
Schnaps	Sucht	alkoholische Getränke
Spargel	Penissymbol	Gemüse
Spinat	Gesundheit	Gemüse
Traube	Fülle	Obst
Unterwäsche	Sexualität	Kleidung
Vorspeise	Anfang	Nahrungsmittel
Zitrone	Überforderung	Obst
Zucker	Verwicklung	Nahrungsmittel
Zwiebel	Persönlichkeit	Gemüse

Kurzbedeutung von Symbolen

ZUSTÄNDE & EREIGNISSE

Symbol	Kurzbedeutung	übergeordnetes Symbol
Bahnunfall	Konvention entgleist	Unfall, Zug
Ertrinken	zu viel Gefühl	Tod
Fallschirm	spielerischer Intellekt	Fall
Flugzeugabsturz	Desillusionierung	Unfall, Flugzeug
Friedhof	Lebensüberdruss	Tod
Geschlechtsverkehr	Ganzheit	Sexualität
Grab	Resignation	Tod
Grabstein	Name ist von Bedeutung	Tod
Haushaltsunfall	Unachtsamkeit	Unfall
Hinrichtung	Neuorientierung	Tod
Homosexualität	männliche Anteile	Sexualität
Junge	Unerfahrenheit	Jugend
Kapitulation	Loslassen	Krieg
Leichenwagen	Wille	Tod
Mädchen	Unerfahrenheit	Jugend
Mumie	alter Ballast	Tod
Orgasmus	Loslassen	Sexualität
Pubertät	Loslassen	Jugend
Schiffsunglück	Gefühlsproblem	Unfall, Schiff
Sieg	Durchsetzungsvermögen	Krieg

ABSTRAKTE SYMBOLE

Symbol	Kurzbedeutung	übergeordnetes Symbol
braun	Erdung, Mutter	Mischfarben
eckig	männlich	Formen
Gold (Farbe)	weiblich	Farben, Gelb
Kreuz	Entscheidung	Formen
Orange	Neuanfang, Aufmerksamkeit	Mischfarben
Quader, Würfel	Symbol des Selbst	Formen
rund	weiblich	Formen
Silber (Farbe)	weiblich	Farben
Spirale	Lebensweg	Formen
Violett	Transzendenz	Mischfarben
Zahlen	innere Ordnung	Null bis Neun

Symbol	erläuternde Symbole	Eigenschaften	Beachte
Acht	alle Zahlen von Null bis Zehn		In welchem Zusammenhang kommt die Zahl vor?
Afrika	Schwarz		Umfeld
Alkoholische Getränke	Wein, Wasser, Getränke		Farbe, Qualität, Stärke, gemischt oder rein
Amerika	Afrika, Asien		Was geschieht dort?
Amphibien	Reptilien, Tiere, Wasser, Erde	groß-klein	Farben und andere Eigenschaften
Apotheker	Arzt, Krankenschwester	groß-klein	Was verkauft er Ihnen?
Arm	Hand	dick-dünn	Stärke
Arzt/Ärztin	Apotheker, Krankenschwester	groß-klein, dick-dünn	Warum treffen Sie ihn/sie?
Auge	Farbe, Licht	groß-klein	Farbe, Ausdruck/Blick, wessen Auge?
Ausland	Afrika, Amerika,	groß-klein (Gebiet)	Sind Sie allein oder mit anderen dort?
Auto	Straße	laut-leise, groß-klein	Farbe, Zustand
Bad	Wasser	groß-klein	Was machen Sie dort?
Bahnhof	Zug, Reise	groß-klein, laut-leise	Verreist man selbst oder holt man jemanden ab?
Bauer	Erde, Lebensmittel	groß-klein, dick-dünn	Was baut er an?
Baum	Garten, Nadelbäume, Wald	groß-klein, dick-dünn	Art des Baums
berühmte Person	Herrscher	laut-leise, dick-dünn, groß-klein	In welcher Hinsicht besteht Berühmtheit?
Bewegungsbehinderung	Krankheit, Fuß	groß-klein	Wovon hält Sie die Behinderung ab?
Biene	Tiere, Insekten	dick-dünn	Was tut die Biene?
Blau	Rot, Gelb, Farben		An welchem Gegenstand tritt Blau auf?
Blumen	Garten, Wiese	groß-klein	Schnittblume, Gartenblume, Topfpflanze?
Brust	Mann, Frau	groß-klein, dick-dünn	Gefühl
Buch	Papier	dick-dünn	Thema/Titel
Burg	Haus	groß-klein	Sind Sie drinnen oder draußen?
Chaos	Formen	groß-klein	Was ist chaotisch?
Chef/Chefin	Herrscher	groß-klein, laut-leise, schnell-langsam	Welcher Firma stehen Chef oder Chefin vor?
Computer	Werkzeug	laut-leise, groß-klein,	Was erscheint auf dem Bildschirm?
Dach	Haus	groß-klein	Dachneigung, Höhe, Art/Funktion des Hauses
Dieb	Polizist	laut-leise, schnell-langsam	Was wird gestohlen?
Dose	Gefäß	groß-klein	Inhalt

Erläuternde Symbole

Symbol	erläuternde Symbole	Eigenschaften	Beachte
Dreck		groß-klein	Was ist verdreckt?
Drei	alle Zahlen von Null bis Zehn		Zusammenhang
Dreieck	Formen	groß-klein	Zusammenhang
Dunkelheit	Licht, Nacht		natürlich/unnatürlich
Ei	Vögel	groß-klein	Art des Eis
Eins	Zwei, alle Zahlen		Zusammenhang
Engel	Teufel		Zusammenhang
Erde	Wasser		Wo befindet sich diese Erde?
Ernte	Bauer	groß-klein	Was wird geerntet?
Ex-Freund/in	Sexualität		Wie ist die heutige Verbindung?
Fahrrad	Auto, Fall (fallen), Reise, Straße, Unfall	schnell-langsam, groß-klein,	Typ des Fahrrads, z. B. Rennrad, ist zu deuten
Fall/Fallen	Unfall, Fliegen	groß-klein	Wer fällt?
Farben	Rot, Blau, Gelb, Mischfarben		Wo treten sie auf?
Fenster	Haus, Tür	groß-klein	Wie klar sind die Scheiben? Ausblick
Fernsehapparat/Fernsehen		laut-leise, groß-klein	Programm
Feuer	Wasser	groß-klein	Was verbrennt? Hitze?
Fleisch	Nahrungsmittel	groß-klein	appetitlich oder nicht
Fliegen	Fall	schnell-langsam	Wer fliegt?
Flucht	Dieb	schnell-langsam	Wovor flüchtet man?
Fluss	Wasser, Ufer, Brücke	groß-klein, schnell-langsam	Gefahren
Formen	Dreieck, Kreis, Quadrat	groß-klein	In welchen Zusammenhang taucht die Form auf?
Frau	Mann, Hochzeit	groß-klein, dick-dünn	Bekannt oder unbekannt?
Freund/Freundin	Verwandte	groß-klein, dick-dünn,	Nähe
Frühling	Sommer, Herbst, Winter		Gefühl
Fünf	alle Zahlen von null bis zehn		Zusammenhang
Fuß	Bewegungsbehinderung	groß-klein	Wessen Fuß?
Garten	Erde, Baum, Blumen	groß-klein	Zustand/Pflege
Gefäß	Dose	groß-klein	Inhalt
Gegner	Mann, Frau	groß-klein, schnell-langsam	Art des Kampfes
Gelb	Rot, Blau, Farben		Wo tritt es auf?

Symbol	erläuternde Symbole	Eigenschaften	Beachte
Geld	Ernte	groß-klein	Wird das Geld ausgegeben? Wenn ja, wofür?
Gemüse	Fleisch, Nahrung, Grün	groß-klein, dick-dünn	Reif oder unreif? Form?
Gesicht	Mann, Frau, Sexualität, Spiegel		Person
Gespenst	Engel		Was tut es?
Getränke	alkoholische Getränke, Wein, Wasser, Milch	groß-klein	Art des Getränks; Situation und Umfeld
Grau	Grün, Farben, Schwarz, Weiß		Wo tritt das Grau auf?
Grün	Mischfarben, Farben		Wo tritt das Grün auf?
Haar	Kopf	dick-dünn	Schönheit
Hand	Arm	groß-klein	Wessen Hand?
Handwerker		schnell-langsam	Fachgebiet
Handy	Computer	groß-klein	Kontakt mit wem?
Haus	Burg, Dach, Tür, Fenster	groß-klein	Besitzer
Haut	Krankheit, Arzt, Kopf, Gesicht	links-rechts (Körperseite)	Beschaffenheit der Haut
Heizung	Temperatur		angenehm/unangenehm
Held/Heldin	Mann, Frau	groß-klein	Spezialität
Herbst	Winter, Frühling, Sommer		Wetterlage
Herrscher/Herrscherin	Held/in, Chef/in	groß-klein	Worüber herrscht er?
Hexe	Frau		Gefühl
Himmelsrichtung	Norden, Süden, Westen, Osten		Zusammenhang
Hochzeit	Mann, Frau, Sexualität	groß-klein	Ort, Art und Weise der Hochzeit
Hund	Tiere	groß-klein, schnell-langsam, laut-leise	Gefühl
Hure	Frau	laut-leise	Wer ist die Hure?
Insekten	Biene, Spinne, Tiere	groß-klein	Was tut das Insekt?
Jugend	Kinder		Was geschah in Ihrer Jugend?
Jungfrau	Frau		Gefühl
Jurist			Was oder wen vertritt er?
Käfig		groß-klein	Wo sind Sie (drinnen oder draußen)?
Kartoffel	Gemüse, Nahrungsmittel	groß-klein	Zustand, Geschmack; Zutat für welches Gericht?

Erläuternde Symbole

Symbol	erläuternde Symbole	Eigenschaften	Beachte
Katze	Tiere	groß-klein, laut-leise, schnell-langsam	Was tut sie?
Keller	Haus	groß-klein	Was finden Sie dort?
Kind	Jugend	groß-klein, laut-leise	bekannt oder unbekannt
Kleidung	Mann, Frau, Nacktheit		Person, passend/unpassend gekleidet, Unterschiede zur Realität?
Kopf	Auge, Gesicht, Haar, Ohr, Zahn	groß-klein, dick-dünn	Wessen Kopf?
Krankenhaus	Haus, Arzt	groß-klein	Bekannt/unbekannt? Involvierte Person/en
Krankheit	Arzt, Apotheker, Krankenhaus		Person, die krank ist; Schwere der Erkrankung
Kreis	Formen, Quadrat, Dreieck	groß-klein	Zusammenhang
Krieg	Waffe, Soldat	groß-klein	Ort, Personen, aggressive Handlungen?
Küche	Haus	groß-klein	Was geschieht dort?
Lampe	Licht	groß-klein	Ort und was beleuchtet wird
Leiche	Tod, Mann, Frau	dick-dünn	Wer ist es?
Licht	Lampe	groß-klein	Was wird beleuchtet?
Luft	Feuer, Erde, Wasser		Ort, Qualität
Mann	Vater, Frau, Hochzeit	groß-klein	Umfeld, Eigenschaften; wer ist er?
Mantel	Kleidung, Regen, Schnee	groß-klein	Farbe, Form, passend oder unpassend
Maus	Grau, Katze, Nagetiere	groß-klein, schnell-langsam	Ort
Meer	Wasser, Blau, Fisch, Welle		Bekannter Ort?
Milch	Weiß, Mutter		Person, die Milch trinkt; Ort
Mischfarben	Rot, Gelb, Blau		Wo kommen sie vor?
Mond	Sonne, Nacht, Frau	groß-klein	Vollmond, Halbmond
Monster	Raubtier, Flucht, Verfolgung	groß-klein, schnell-langsam	Art des Monsters
Mörder	Tod, Leiche		Person des Mörders und des Opfers
Musik	Ohr	laut-leise	Ort; wer macht Musik?
Mutter	Frau, Hexe, Erde		
Nacht	Licht, Dunkelheit, Mond		Ort
Nacktheit	Kleidung, Schuhe		Ort, Gefühle; wer ist nackt?
Nadelbäume	Baum, Wald	groß-klein	Anzahl

Symbol	erläuternde Symbole	Eigenschaften	Beachte
Nagel	Handwerker	groß-klein, dick-dünn	Wo wird er eingeschlagen, was verbindet er?
Nagetiere	Maus	groß-klein, dick-dünn, schnell-langsam	Ort, Anzahl
Nahrungsmittel	Tisch, Fleisch, Gemüse		Ort, Anzahl beteiligter Personen
Neun	Drei, Zehn		Wo tritt die Neun auf?
Null	Wüste		Wo tritt die Null auf?
Obst	Sexualität, Brust, Vagina	dick-dünn	Farbe und Form
Ofen	Feuer, Mutter, Temperatur	groß-klein	Ort, Form
Ohr	Musik	groß-klein, laut-leise	zugehörige Person
Papier	Buch	groß-klein	Farbe; was darauf steht
Penis	Vagina, Mann, Sexualität, Hochzeit, Nacktheit	groß-klein, dick-dünn	Person, Ort, Kleidung
Pferd	Käfig	groß-klein, schnell-langsam	Person, die das Pferd reitet; Ort
Polizist	Tiere, Dieb, Flucht, Verfolgung		Anzahl, Ort; wer ist es?
Prüfung	Lehrer, Schule		Ort, Person des Prüfers, mündlich/schriftlich
Quadrat	Form, Vier	groß-klein	Ort
Raubtiere	Käfig, Wald	groß-klein, schnell-langsam	Ort, Farbe
Regen	Wasser, Sonne		Ort, Stärke
Reise	Zug, Auto, Fahrrad, Schiff	groß-klein	Reiseziel; alleine oder in Begleitung
Reptilien	Erde, Schlange	groß-klein, schnell-langsam	Ort
Rot	Feuer, Sonne, Blume		Ort; was ist rot?
Rücken	Flucht, Verfolgung	groß-klein	Person, Ort
Schiff	Wasser, Meer, See, Reise, Mutter,	groß-klein, schnell-langsam, laut-leise	Ort; alleine oder in Begleitung unterwegs?
Schlaf	Nacht, Dunkelheit		Ort; schläft man alleine?
Schlange	Reptil, Erde, Sexualität	groß-klein, dick-dünn, schnell-langsam	Ort
Schlüssel	Türe, Haus	groß-klein, rechts, links	Ort; Person mit Schlüssel?
Schnee	Winter, Temperatur, Weiß		Ort
Schrank	Haus, Tür, Keller	groß-klein, dick-dünn	Ort, offen/verschlossen

Erläuternde Symbole

Symbol	erläuternde Symbole	Eigenschaften	Beachte
Schuhe	Kleidung, Nacktheit, Fuß	groß-klein	Person, Art der Schuhe
Schule	Lehrer, Prüfung	groß-klein	Art der Schule
Schusswaffen	Waffen	groß-klein	Person, Ort
Schwarz	Weiß, Grau		Was ist schwarz?
Schwimmen	Wasser, Schiff, See, Meer, Temperatur		Ort, Tiefe, Qualität und Strömung des Wassers
Sechs	Drei		In welchem Zusammenhang tritt die Sechs auf?
See	Wasser	groß-klein	Bekannter Ort?
Sexualität	Mann, Frau, Hochzeit, Fleisch, Gemüse, Tiere		Personen, Ort
Sieben	Drei, Vier		In welchem Zusammenhang tritt die Sieben auf?
Sitzmöbel	Haus	groß-klein	Person die sitzt, Farbe, Form
Soldat	Waffen	groß-klein	Ort, Handlung, bekannt/unbekannt
Sommer	Sonne, Himmelsrichtungen, Temperatur		Situation (Reise?)
Sonne	Sommer, Temperatur, Feuer, Licht, Meer		Reise?
Spiegel	Kleidung, Haar, Zahn, Gesicht	groß-klein	Person im Spiegel, Ort, Unterschiede zur Realität
Spielzeug	Kind	groß-klein	Person, die spielt; Ort
Spinne	Mutter, Vampir	groß-klein, dick-dünn	Farbe, Form, Situation
Stadt	Mutter, Wand	groß-klein, rechts, links	genauer Ort, Personen
Stein	Berg	groß-klein	Art des Steins, Person, die ihn sieht oder besitzt
Straße	Reise, Auto, Fahrrad	groß-klein, rechts, links	Art der Straße, Gesamtsituation
Temperatur	Jahreszeiten; Sonne, Feuer, Heizung		Wie wird die Temperatur empfunden?
Teufel	Feuer, Engel	groß-klein	Ort, involvierte Personen
Tier	Raubtiere, Käfig	groß-klein, dick-dünn	Farbe, Gesamtsituation
Tisch	Haus, Nahrungsmittel, Getränke, Papier	groß-klein	Personen, Ort
Tod	Leiche, Mörder		Person, die stirbt oder tot ist
Toilette	Bad, Haus		Wo befindet sie sich? Wer benutzt sie?
Treppe	Haus	groß-klein	genauer Ort, involvierte Personen

Symbol	erläuternde Symbole	Eigenschaften	Beachte
Tür	Haus	groß-klein	Wo befindet sie sich? Wer geht durch die Tür?
Ufer	Fluss, Meer, See, Wasser		Ort
Uhr	Zahlen, Nacht		Person, Ort, Gebäude
Umweltverschmutzung	Wasser, Luft	groß-klein	Gesamtsituation
Unfall	Fahrrad, Auto, Zug	groß-klein, schnell-langsam, laut-leise	Ort, involvierte Personen
Vagina	Kleidung, Frau, Sexualität, Penis	groß-klein	Person, Ort
Vampir	Gespenst	groß-klein	Ort, Personen
Vater	Mann, Penis		Situation, Ort
Verfolgung	Flucht, Mörder, Monster, Polizist	rechts, links	Personen, Situation
Verwandte	Vater, Mutter		Verwandtschaftsgrad, Diskrepanz Realität/Traum
Vier	Zwei, Quadrat		In welchem Zusammenhang tritt die Vier auf?
Vögel	Tiere, Käfig, Luft, Fliegen	groß-klein, schnell-langsam	Situation, Farbe
Waffen	Messer, Schusswaffe	groß-klein	Personen, Situation
Wald	Baum, Nadelbäume, Dunkelheit, Licht	groß-klein, rechts, links	Bekannter/unbekannter Ort?
Wand	Türe, Haus, Stadt, Straße	groß-klein, dick-dünn, rechts, links	Ort, Situation; Sackgasse?
Wasser	Meer, See, Fluss	groß-klein, schnell-langsam	Qualität des Wassers, Ort
Wein	Wasser, alkoholische Getränke, Rot, Weiß		Geschmack; Person, die den Wein trinkt
Weise/r	Vater, Mutter		Umfeld, Erscheinungsbild
Weiß	Schwarz, Helligkeit, Licht, Schnee		Gegenstand, der weiß ist
Welle	Wasser, Meer, Fluss, See	groß-klein, schnell-langsam	Ort; wer oder was wird von der Welle erfasst?
Werkzeug	Mann, Hand	groß-klein	Was wird bearbeitet?
Winter	Weiß, Schnee, Sommer		Wetterlage, Strenge des Winters
Wüste	Temperatur, Feuer	groß-klein	Situation
Zahn	Gesicht, Weiß	groß-klein	Person, Zustand der Zähne
Zehn	Eins, Null		In welchen Zusammenhang kommt die Zehn vor?
Zug	Auto, Fahrrad	groß-klein, laut-leise, schnell-langsam	Abfahrt? Ankunft?
Zwei	Eins		In welchen Zusammenhang kommt die Zwei vor?

Glossar

Abwehr Der Begriff stammt aus der Psychoanalyse S. Freuds. Danach wehrt sich das Ich – meist unbewusst – gegen unerwünschte Triebregungen. Im Schlaf jedoch ist das Ich schwach, deswegen können die Triebansprüche nicht mehr abgewehrt werden. Sie drücken sich im → Traum aus. Die Abwehr von Triebansprüchen ist nach Freud notwendig, um eine Kultur zu schaffen und aufrechtzuerhalten.

Aggression Unter Aggression versteht man die Impulse in uns Menschen, die darauf abzielen, in realen oder fantasierten Verhaltensweisen andere zu schädigen, zu demütigen oder zu vernichten. Aggression ist gleichzeitig ein lebenswichtiges Gefühl. So sieht man es heutzutage nicht mehr nur entsprechend der oben definierten Sichtweise an, sondern als eine wichtige Ausdrucksmöglichkeit von uns selbst. Freud hat darüber hinaus in seinem Buch „Drei Abhandlungen zur Sexualtheorie“ auf die Bedeutung der Aggression in der Sexualität hingewiesen. Auch Wilhelm Reich (1897–1957), ein Freud-Schüler, beschreibt in seinem Buch „Die Funktion des Orgasmus“ die positive Bedeutung der Aggression für die Sexualität, insbesondere auf körperlicher Ebene.

Albtraum Ein Albtraum ist ein stark beängstigender → Traum. Er stellt die verzweifelte Bemühung des Unbewussten dar, sich nach vielen vergeblichen Versuchen mit aller Macht mitzuteilen. Aus einem Albtraum wacht man immer auf, so ist sichergestellt, dass wir ihn behalten. Freuds These „Der Traum ist der Hüter des Schlafes“ trifft im Fall des Albtraums also nicht zu.
Albtraum-Phasen bei Kindern sind normal und zu deren psychischer Entwicklung notwendig. Sehen Sie zum Thema Albtraum auch die Seiten 15–17.

anale Phase Sigmund Freud geht bei der kindlichen Entwicklung von drei Phasen aus, die er oral, anal und genital nennt. Diese Phasen bestimmen die Welt des Kindes. In der analen Phase beschäftigt sich das Kind mit seinen Körperausscheidungen: Es ist stolz auf sein eigenes Produkt. Falls Eltern mit übertriebenen Sauberkeitsansprüchen reagieren, kommt es in dieser Phase zu einer Störung, die u. a. bewirkt, dass spätere Träume vom Problem Ordnung und Sauberkeit geprägt sind. Entsprechende Traumsymbole finden Sie im Abschnitt „Gebäude & Räume“.

Analfixierung Mit Analfixierung wird aus psychoanalytischer Sicht (→ Psychoanalyse) eine Störung bezeichnet, die in der → analen Phase aufgetreten ist und die sich durch übertriebene Fixierung auf Sauberkeit und Ordnung auszeichnet.

analytische Psychologie
Die analytische Psychologie versteht sich als eigenständige Schule neben der → Psychoanalyse Freuds sowie der Individualpsychologie Alfred Adlers (1870–1937) und wendet sich in besonderer Weise der Betrachtung der Träume und der Symbole zu. Als C. G. Jung 1913 mit der psychoanalytischen Gesellschaft brach, führte er den Begriff „analytische Psychologie“ ein, um seine psychologische Wissenschaft von der Psychoanalyse abzugrenzen.
Zu dieser Schule gehören neben C. G. Jung u. a. Emma Jung, Erich Neumann und Ernst Aeppli.

Während sich die Psychoanalyse von der Betrachtung der nächtlichen Träume fortentwickelte und sich Methoden annäherte, die der Tagtraumtechnik mittels Visualisierung ähneln, blieb die analytische Psychologie bei der Betrachtung der nächtlichen Träume.

Anima Das Wort Anima (Latein) bedeutet Seele. In der → analytischen Psychologie C. G. Jungs wird als Anima die weibliche Seite im Mann bezeichnet. In der modernen Tiefenpsychologie versteht man unter der Anima die weibliche Seite sowohl im Mann als auch in der Frau.
Jede weibliche Figur im → Traum kann als Verkörperung der Anima des Träumers angesehen werden. Klassische Anima-Bilder, wie sie speziell im → archetypischen Traum häufig vorkommen, sind die Verführerinnen, die Hexen, die weiblichen Engel, die weisen Frauen, die guten und bösen Feen und allgemein alle besonders faszinierenden Frauen. Diese Aufzählung zeigt, dass die Anima in positiver und negativer Form auftritt. Die positive Anima geht auf die Vorstellung der fruchtbaren Mutter zurück, die negative Anima auf die der furchtbaren Mutter (Erich Neumann). So wird die positive Anima als lichte und helle Gestalt gesehen, die negative Anima als dunkle und schwarze weibliche Person. Unsere Erfahrungen mit unserer Mutter haben unser Anima-Bild entscheidend geprägt.
Bei der Anima handelt es sich um einen → Archetyp, der auf weibliche Personen projiziert wird. Besonders die Eigenschaften der Fürsorge und Kreativität bzw. der Fruchtbarkeit werden durch sie ausgedrückt.
Heutzutage nutzt man Anima- (und Animus-) Figuren im Traum, um geschlechtsspezifische Zuordnungen als Projektionen zu erkennen, die man zurücknehmen oder sich zumindest bewusst machen sollte. Das Typisch-Weibliche (die Anima) existiert wie das Typisch-Männliche (der Animus) nur in den äußeren Formen. In unserem Inneren leben beide Formen in enger Verbindung. Ein Übergewicht an weiblichen Personen im Traum zeigt, dass die weibliche Seite entweder zu einseitig betont oder vernachlässigt wird.

Animus Das Wort Animus (Latein) kann nur unzureichend mit Geist übersetzt werden. In der → analytischen Psychologie C. G. Jungs wird Animus die männliche Seite in der Frau genannt. In der modernen Tiefenpsychologie versteht man unter dem Animus die männliche Seite in Mann und Frau. Wie die → Anima dem mütterlichen Eros entspricht, so entspricht der Animus dem väterlichen Logos. Jung gebrauchte Eros und Logos als begriffliche Hilfsmittel, um die Tatsache zu beschreiben, dass das Bewusstsein der Frau mehr durch das Verbindende des Eros als durch das Unterscheidende des Logos charakterisiert ist.
„Bei Männern ist der Eros, die Beziehungsfunktion, in der Regel weniger entwickelt als der Logos. Bei der Frau dagegen bildet der Eros einen Ausdruck ihrer wahren Natur." (C. G. Jung, Gesammelte Werke, Bd. 9/II, § 29)
In den Schriften von C. G. Jung spielt der Animus im Vergleich zur Anima eine untergeordnete Rolle – der Begriff taucht nur selten auf. Es lässt Rückschlüsse auf Jungs Psyche zu, wenn er darüber hinaus die Anima weitgehend wohlwollend betrachtet, den Animus dagegen durchweg als negativ beschreibt. Er sieht ihn als die Seite der Frau an, vor

der Männer gewöhnlich Angst haben.
Ein ausgeglichenes Bild der Darstellung von Animus und Anima findet man bei Emma Jung.
Jede männliche Figur im → Traum kann als eine Verkörperung des Animus des Träumers angesehen werden. Der positive Animus ist eine lichte und helle männliche Person, beschützend, klar, willensstark und zielgerichtet. Der negative Animus wird als aggressive, bedrohliche, dunkle und schwarze männliche Person erlebt. Klassische Animus-Bilder sind unter anderem der Magier, der Krieger und der Narr (und in patriarchalisch geprägten Religionen immer auch der Gott).
Ein Übergewicht an männlichen Personen im Traum zeigt, dass die männliche Seite entweder zu einseitig betont oder zu wenig zum Ausdruck gebracht wird. Animus-Figuren können im Traum meistens auf Vaterprojektionen zurückgeführt werden, da der Vater als erster männlicher Kontakt entscheidend unser Animus-Bild prägte. Bei Autoritätskonflikten treten im Traum gehäuft Animusfiguren als Autoritätspersonen wie beispielsweise Richter, Lehrer oder Polizisten auf. Im Gegensatz zur Anima zeigt sich der Animus häufig in der Mehrzahl (siehe Symbole bei Gestalten & Körperteile).

Archetyp Der Begriff stammt ursprünglich von Plato (427–348 vor unserer Zeitrechnung) und Plotin (um 205–270) und bezeichnet eine überpersönliche (transpersonale) und allgemein gültige Grundidee.
Jung und seine Schule führten den Begriff in die Psychologie ein. Archetypen werden als allen Bildern zugrunde liegende abstrakte Muster verstanden, die kultur- und zeitunabhängige, angeborene Wahrnehmungseinstellungen sind. Sie drücken die gemeinsamen menschlichen Bedürfnisse, Potenziale und Instinkte aus und steuern, ob wir z. B. etwas als weiblich, männlich oder als bedrohlich ansehen.
Der Archetyp ist kein fassbares Bild, sondern ein Strukturprinzip oder eine Wahrnehmungseinstellung, die uns bestimmte Bilder sehen lässt.

Archetypen (archetypisches Bild) Wir können folgende grundlegenden Archetypen unterscheiden, auf die alle anderen archetypischen Bilder zurückführbar sind:
→ Schatten – das, was wir meiden
→ Anima – das Weibliche
→ Animus – das Männliche
→ Höheres Selbst – das Überpersönliche

Folgende archetypischen Bilder kommen häufig im → Traum vor:
→ Abkömmlinge des Schattens – das Böse (Mörder, Räuber, Vergewaltiger), das Hässliche (Gnom, Kröte), der Tod
→ Abkömmlinge der Anima – Elfen und Feen, Hexe, Hure (Verführerin), Jungfrau, Königin, Liebende, Mutter (Göttin), Priesterin
→ Abkömmlinge des Animus – Einsiedler (Mönch), König (Herrscher), Krieger, Liebhaber, Narr, Priester, Teufel
→ Abkömmlinge des höheren Selbst – alle Götterfiguren, weise Personen (oft Ahnen)

Archetypen kann man in Sagen, Märchen und Legenden studieren. Diese Literatur ist ein archetypisches Archiv der Menschheit. Da in jedem Traum die Archetypen wirken, treffen wir in Träumen häufig auf märchenhafte Situationen. Jung empfahl den Schülern der Traumdeutung, intensiv Märchen, Sagen und Legenden zu lesen und aus dieser Quelle zu schöpfen.

Assoziation Die Assoziationstechnik stellt die Haupttechnik der Traumdeutung dar. Kein → Traum kann ohne Assoziationen gedeutet werden. Diese Deutungstechnik beruht auf Freuds Beobachtung, dass spontane Einfälle zu einem → Symbol stets mit jenem Bereich der → Psyche verbunden sind, in dem Probleme auftreten. Spontane Einfälle folgen der Leitvorstellung, dass Probleme aufgelöst werden wollen.
Die Technik wurde von Freud um 1900 in die Traumdeutung eingeführt. Der Träumer oder die Träumerin sammeln alle spontanen Einfälle zu einem Symbol bzw. zum gesamten Traum. Diese Einfälle führen sie automatisch zu Problemgebieten. Assoziationen müssen zügig durchgeführt werden (ohne längere Pausen) und die Einfälle dürfen auf keinen Fall zensiert werden.
Freud wandte in seiner Traumdeutung nur die freie Assoziation an, bei welcher der Träumer dem Strom seiner Einfälle folgt, wohin sie ihn auch immer bringen mögen. Jung kritisierte an der freien Assoziation, dass man sich auf diese Weise zunehmend von der Bearbeitung des speziellen Traums entferne. Er zog die gebundene Assoziation vor, bei der die Einfälle zu einem Traumsymbol stets schnell auf den konkreten Traum zurückbezogen werden.
Bei längeren Träumen mit vielen unterschiedlichen Symbolen ist die Assoziationstechnik relativ aufwendig, sie bietet sich eher an bei kurzen Träumen mit wenigen Symbolen oder bei Träumen mit wenigen wesentlichen Symbolen.

Bewusstsein Das Bewusstsein stellt den Inhalt des → Ichs dar. In ihm ist abgespeichert, was wir sehen, hören, fühlen, riechen und schmecken und alles, woran wir uns erinnern und was wir uns für unsere Zukunft vorstellen. Was dem Ich nicht zur Verfügung steht, das bezeichnet man seit Freud als unbewusst.
Oft machen wir uns Illusionen über die Reichweite und Stärke unseres Bewusstseins. Unsere Träume zeigen uns deutlich, wie groß der Bereich unseres → Unbewussten ist. Jung verglich das Unbewusste mit einem großen Ozean. Das Bewusstsein stellen in diesem Bild kleine Inseln dar, die weit voneinander entfernt in den Weiten dieses Ozeans liegen.
Das Bewusstsein wird in unterschiedliche → Bewusstseinszustände eingeteilt, von denen der → Traum einer der wichtigsten ist. Die vorherrschende Bewusstseinsstufe ist jedoch der Wachzustand. Häufig überschätzen wir jedoch unsere Bewusstheit während des Wachzustands. Die Beschäftigung mit unseren Träumen stärkt unser Bewusstsein, da sie uns hilft, Unbewusstes bewusst zu machen. Indem wir die Traumsymbole verstehen und uns von ihnen berühren lassen, wird unser Bewusstsein gestärkt. Das drückte S. Freud mit seinem berühmten Ausspruch: „Wo Es war, soll Ich werden“ aus. Dem Unbewussten (Traum) soll das Bewusste folgen (Verständnis des Traums). Allerdings versucht unser Bewusstsein häufig, die Beschäftigung mit unseren Träumen zu hintertreiben. Es steht dem Unbewussten feindlich gegenüber.
Darüber hinaus ist zu betonen, dass das Traumverständnis keineswegs allein eine Angelegenheit des Bewusstseins ist. Beim Verständnis unserer Träume wirkt beispielsweise die → Intuition mit, die Wahrnehmungen auf unbewusstem Weg vermittelt.
Überdurchschnittlich bewusste Menschen träumen auch bewusst (siehe dazu auch die Seiten 17–18).

Bewusstseinszustände Grundsätzlich gibt es vier Bewusstseinszustände (auch Bewusstseinsstufen genannt): 1. Wachheit, 2. → Traum, 3. traumloser Schlaf, 4. Gipfelerlebnisse (Befreiung).

Beziehungsstufe Der → Traum als Ganzes, aber auch seine einzelnen → Symbole beinhalten immer auch eine Aussage über die Beziehungsfähigkeit bzw. die Beziehungskonflikte des Träumers oder der Träumerin. In diesem Quickfinder wurde dies erstmals konsequent in die Symbolbedeutung mit einbezogen.

Bild Bilder im → Traum sind Produkte der eigenen Fantasietätigkeit. Das Bild ist auf die psychische Gesamtsituation des Träumers zu beziehen, die es hervorgebracht hat. Das ist sein Wirklichkeitsbezug. Normalerweise gibt ein Bild im Traum den unbewussten wie den bewussten Anteilen Ausdruck. Es schafft eine Wechselbeziehung zwischen Bewusstem und → Unbewusstem.
→ Archaische Bilder, von denen die heutigen Bilder abstammen, werden als archetypische Bilder bezeichnet.
Das Bild drückt einen Inhalt des persönlichen Unbewussten des Träumers aus. Ein Bild hat sowohl etwas Persönliches als auch etwas Überindividuelles.

Elektra-Komplex Von C. G. Jung eingeführte Parallele zum → Ödipus-Komplex des Jungen. Der Elektra-Komplex des Mädchens drückt sich im Begehren, das auf den Vater gerichtet ist, aus – meist in der Vorstellung, von ihm ein Kind haben zu wollen. Wie der Ödipus-Komplex ist der Elektra-Komplex nicht pathologisch, sondern Teil einer gesunden Entwicklung.

Emotion (Gefühl) Wissenschaftlich wird Unterschiedliches unter dem Begriff Emotion verstanden. Nach C. G. Jung beispielsweise ist die Emotion „ein Gefühlszustand, der durch merkbare Körperinnervation gekennzeichnet ist." (C. G. Jung: Gesammelte Werke 6, S. 448, § 750) Für Eugen Bleuler (1857–1939), den berühmten schweizerischen Vater der Psychiatrie, ist die Emotion nicht mehr und nicht weniger als ein Gefühl. Dabei ist nicht zu übersehen, dass jedes Gefühl auch körperliche Reize hervorruft (Körperinnervationen nach Jung). Dieser Umstand wird in der Traumdeutung genutzt, wenn man bei einem Traumsymbol darauf achtet, wo man etwas und was man körperlich spürt. Durch die bewusste Körperwahrnehmung bei der Symbolbetrachtung werden Emotionen freigesetzt, die tief verdrängt waren.
Einige Psychologen betrachteten die Emotionen als Ableitung von den Körperempfindungen. Nach dem Schema: Man ist lustig, weil man lacht, traurig, weil man weint. Wieder andere, etwa Daniel Goleman (Erfinder des EQ) bezeichnen als Emotion einen mentalen Zustand, der stark vom Gefühl geprägt und an Gedanken gebunden ist.
Die Funktion der Emotion besteht darin, zu einer gefühlsmäßigen Bewertung von Erlebnissen zu gelangen.

Erdung Unter Erdung wird die praktische Auseinandersetzung und Durchführung von Alltäglichkeiten verstanden, dazu gehört die Arbeit, das Essen, Rechnungen bezahlen und das Haus zu putzen.

Falltraum Ein Falltraum wird inhaltlich definiert als ein → Traum, in dem das → Traum-Ich zu Fall kommt. Dieses

Fallen kann häufig mit Angst und Panik wie im Albtraum verbunden sein. Fieberträume sind häufig Fallträume. Aber auch das genüssliche Fallen (erotische Metapher) im Traum ist möglich, wobei dieses Fallen bisweilen dem Fliegen im → Flugtraum ähneln kann.
Fallträume treten häufig bei jungen Erwachsenen und bei älteren Menschen auf. Sie können Abstieg und Niedergang bedeuten oder Befreiung und fordern dazu auf, loszulassen und sich fallen zu lassen. In seltenen Fällen sind sie Ausdruck sexueller Sehnsüchte.

Fantasie Einbildungskraft. Der nächtliche → Traum ist ein Produkt unserer Fantasie, die sich Gegenstände, Personen, Situationen im Geist vorstellt. Die Fantasie ist vom zuvor Erlebten geprägt, das sie verändert. Sie ist an allen menschlichen Wahrnehmungen, Handlungen und Plänen beteiligt und bildet die Grundlage der Träume und der menschlichen Kreativität.
Die Fantasie tritt spontan auf, geht schöpferisch vor und hat unbewusst am symbolischen Denken Anteil. → Symbole und archetypische Bilder beeinflussen sowohl unsere Träume als auch unsere Fantasien. Wir können unsere Fantasie aber bewusst lenken. Fantasien besitzen oft eine ausgleichende Funktion. Sie können eine Flucht aus der Realität bedeuten oder zu kreativen Lösungen eines Problems inspirieren. Es ist sinnvoll, eine Fantasie wie einen Traum zu deuten.

Farben Die Wissenschaft geht heutzutage davon aus, dass wir stets farbig träumen. Wir erinnern jedoch unsere Träume oft wie einen Schwarz-Weiß-Film in Grautönen.
Frauen erinnern sich häufiger an Farben im → Traum als Männer, da im weiblichen Leben Farbe eine wesentlichere Rolle spielt als in der Männerwelt.
Wird der gesamte Traum farbig erinnert oder einzelne Traumsymbole, ist dies ein Hinweis darauf, dass dieser Traum besonders bedeutungsvoll ist bzw. dass ein bestimmtes → Symbol besonders hervorgehoben wird, weil es für die Aussage des Traums prägend ist. Die Symbolik des entsprechenden Gegenstands wird durch seine Farbe meistens verstärkt.
Primärfarben:
→ Rot verweist auf Lebendigkeit und Körperlichkeit, auf Aktivität und eventuell auf Aggression.
→ Blau deutet auf Verinnerlichung und unsere Seele hin. Es mag auch Treue bedeuten.
→ Gelb symbolisiert den Geist und die Kommunikation. In der volkstümlichen Symbolik wird es mit dem Neid verbunden.
Sekundärfarben:
→ Grün verdeutlicht die Verbindung der Gegensätze (Gelb und Blau). Es symbolisiert Natürlichkeit.
→ Orange wird als wärmste Farbe des Spektrums (Goethe) dem Mitgefühl zugeschrieben.
→ Violett verdeutlicht die Kommunikation mit dem Höheren (Farbe der Geistlichkeit).
→ Brauntöne können entweder Erdverbundenheit oder eine reaktionäre Haltung ausdrücken.
Unbunte Farben:
→ Schwarz verweist auf den → Schatten und das Geheimnis. Es ist die heilige Farbe der Frauen.
→ Weiß gilt als autoritäre und männliche Farbe. Es steht auch für Unschuld.
Weitere Informationen zur Deutung von Farben finden Sie im Kapitel Abstrakte

Symbole und in der Tabelle Kurzbedeutungen.

Flugtraum Im Flugtraum überwindet das → Traum-Ich die Erdenschwere und fliegt aus eigenen Kräften. Das kann lange oder kurz währen, flach über der Erde oder hoch in den Lüften stattfinden. Fliegen kann eine Flucht bedeuten, unrealistische Hoffnungen aufzeigen oder die Sehnsucht nach Leichtigkeit ausdrücken. Es kann ferner auf fehlende Erdung, Überwindung der Trägheit und Körperlichkeit (besonders bei kranken und alten Menschen) verweisen, oder es entspringt dem Wunsch, mehr Übersicht zu bekommen.

Freud vermutete hinter dem Fliegen im → Traum sexuelle Bedürfnisse und in der modernen US-amerikanischen Traumdeutung wird das Fliegen im Traum als Spontanaufstieg der Lebensenergien gedeutet (z. B. Patricia Garfield). Evolutionsbiologen meinen, dass wir mit dem Fliegen im Traum an alte biologische Zustände anknüpfen, die auch in der Fötusentwicklung durchlaufen werden – der Mensch kommt bei dieser Traumerfahrung mit alten Relikten seines Vogelhirns in Kontakt. Flugträume treten zwar nicht sehr häufig auf, aber jeder Mensch in unserer Kultur hat mindestens einmal einen Flugtraum erfahren.

Frauenträume Grundsätzlich träumen Frauen nicht anders als Männer. Wissenschaftliche psychologische Untersuchungen ergaben, dass Frauenträume untereinander größere Unterschiede aufweisen als Frauen- und Männerträume. Dennoch gibt es im Detail tendenzielle Unterschiede zwischen Männer- und Frauenträumen.

Weibliche Träume gelten als handlungsreicher und sie werden öfter farbig erinnert. Frauen sehen in ihren Träumen Menschen jeden Alters und Geschlechts, wohingegen Männer häufig nur Männer im → Traum sehen. Auch Warnträume suchen Frauen häufiger auf als Männer. Es gibt gewisse Symbole, die hauptsächlich in den Träumen des einen Geschlechts auftreten. Kühe kommen z. B. fast niemals im Männertraum vor, dafür träumen Männer mindestens zehnmal so oft von Autos wie Frauen. Frauen, die zum ersten Mal gebären, träumen häufig von Säuglingen, die leicht und schmerzlos aus ihrem Körper herausgleiten; Männer träumen fast nie von einer Geburt.

Frauen können ihre Träume im Durchschnitt besser erinnern als Männer. Da die Fähigkeit der Frauen, sich an ihre Träume zu erinnern, mit dem Monatszyklus zusammenhängt, scheint es nahezuliegen, dass eine Beziehung zwischen Hormonproduktion (Östrogenspiegel) und Traumerinnerung besteht.

Einen deutlichen Unterschied zwischen den Geschlechtern kann man nur beobachten bei Frauen gegen Ende einer Schwangerschaft. In dieser Zeit häufen sich Kinder-, Baby- aber auch → sexuelle Träume. Befürchtungen und Zukunftsängste scheinen in dieser Zeit ebenfalls vermehrt durch den nächtlichen Traum bearbeitet zu werden. Das liegt unter anderem daran, dass sich auch die → Tagträume der Hochschwangeren vermehrt der Zukunft zuwenden.

Es sind darüber hinaus viele Baby-Träume von Frauen überliefert, die ohne ihr Wissen schwanger waren. Einige Frauen behaupten ferner, dass ihre Träume ihnen zeigen würden, ob sie fruchtbar seien oder nicht. In der fruchtbaren Zeit des Zyklus sollen sich sexuelle Traumsymbole häufen. In der Zeit der Menstruation dagegen erscheine öfter als sonst Blut in den Träumen.

höheres Selbst Das höhere Selbst verkörpert die höhere Weisheit, die aus jedem → Traum zu dem Träumer oder der Träumerin spricht. Es ist das Wissen, das über das persönliche Bewusstsein des Träumenden hinausgeht. Nach C. G. Jung drückt sich das höhere Selbst abstrakt in geometrischen Figuren aus und spricht unsere spirituelle Seite an (siehe „Abstrakte Symbole"). Symbole des höheren Selbst treten nach Jung nur dann auf, wenn der Träumer oder die Träumerin sich vor oder in einer wichtigen Veränderungsphase befinden.

hypnagoger Zustand Zustand zwischen Wachen und Schlafen in der Phase tiefer Entspannung kurz vor dem Einschlafen und kurz vor dem völligen Erwachen. In diesem Zustand werden wir häufig von schnellen Bilderfolgen heimgesucht, die wie ein normaler → Traum zu deuten sind.

Ich Das Ich stellt das Zentrum des → Bewusstseins eines Menschen dar. Es wird als eine kontinuierliche Eigenschaft wahrgenommen, die alles ordnet, was uns bewusst ist. Im Wachbewusstsein überlassen wir dem Ich weitgehend die Kontrolle über unser Leben. Im → Traum wird diese Ich-Kontrolle stark vermindert. Wenn das Ich schwach ist, kann das Unbewusste, wie im Traum, an die Bewusstseinsoberfläche gelangen. Ein starkes Ich wehrt Traumbilder ab, da es sich nicht von seinem Gegenspieler – dem → Unbewussten – entmachten lässt.

Individuation Der Begriff Individuation stammt aus der → analytischen Psychologie C. G. Jungs. Er beschreibt den Prozess der Selbstwerdung. Individuation ist ein Lernprozess, der die Entwicklung einer individuellen Persönlichkeit anstrebt. Das Ideal der Individuation stellt das vollständig entwickelte Individuum dar.
Das Ziel der Traumdeutung und jeglicher Therapie besteht darin, den Prozess der Individuation zu fördern. Die regelmäßige Traumbetrachtung beschleunigt den Individuationsprozess.

Integration Man integriert einen Impuls von außen, indem man ihn in seine Persönlichkeitsstruktur einbaut. Bei der therapeutischen Beschäftigung mit den Träumen steht die Integration des → Schattens an erster Stelle. Das heißt, dass die Träumerin oder der Träumer die eigenen negativen Seiten wahr- und annehmen kann. Der → Traum hilft grundsätzlich, Abgespaltenes zu integrieren. Die Integration einer vormals abgespaltenen Persönlichkeitsseite ist eine der wichtigsten Funktionen des Traums neben der Mustererkennung.

Intuition Die Intuition ist eine der vier psychischen Orientierungsfunktionen oder Persönlichkeitsfaktoren nach Jung (neben Empfinden, Denken und Fühlen). Sie ist von ganzheitlicher Wahrnehmung gekennzeichnet. Intuition ist eine Art der Wahrnehmung auf unbewusstem Weg. Da die Wahrnehmung unbewusst geschieht, kann man sie nicht erklären. Der Intuition wohnt etwas Instinktives inne. Der niederländische Philosoph Baruch de Spinoza (1632–1677) hielt die Intuition wie sein jüngerer französischer Kollege Henri Bergson (1859–1941) für die höchste Form der Erkenntnis. Das trifft sicherlich auf jeden therapeutischen Zusammenhang zu. In der Traumdeutung ist oft ein

Großteil der Deutung von der Intuition des Deutenden geprägt.
„Die Intuition ist diejenige psychologische Funktion, welche Wahrnehmung auf unbewusstem Wege vermittelt. [...] Das Eigentümliche der Intuition ist, dass sie weder Sinnesempfindung noch Gefühl noch intellektueller Schluss ist, obschon sie auch in dieser Form auftreten kann. Bei der Intuition präsentiert sich irgendein Inhalt als fertiges Ganzes, ohne dass wir zunächst fähig wären, anzugeben oder herauszufinden, auf welche Weise dieser Inhalt zustande gekommen ist.“ (C. G. Jung, Gesammelte Werke, Bd. 6, § 834)

kollektives Unbewusstes

Der Begriff wurde von C. G. Jung in die Psychologie eingeführt. Er bezeichnet die unter dem persönlichen → Unbewussten liegende Schicht unseres → Bewusstseins. Sie wird nach Jung als überpersönlich erlebt und ist ererbt (sie ist also nicht von der Sozialisation des betreffenden Menschen abhängig). Aus dem kollektiven Unbewussten stammen die → Archetypen.
In der persönlichen Traumdeutung sollte der → Traum zuerst auf der Ebene des persönlichen Unbewussten gedeutet werden. Die Ebene des kollektiven Unbewussten wird erst danach betrachtet, um die persönliche Aussage des Traums in einen überpersönlichen Zusammenhang zu stellen. Beginnt man die Deutung eines Traums mit der Betrachtung der Archetypen des kollektiven Unbewussten, lernt man zwar einiges über die Symbol- und Kulturgeschichte, aber nur wenig über die Problematik des Träumers.
Das kollektive Unbewusste prägt außer den Bildern des Traums auch die Kunst und die Märchen, Sagen und Legenden der Völker.

Komplementärfunktion

C. G. Jung ging davon aus, dass jeder → Traum dem Träumer und der Träumerin das präsentiert, was diese im Alltagsleben nicht sehen und nicht leben. Das bedeutet, dass der Traum das Gegenbild zum Verhalten des Träumers oder der Träumerin im Wachbewusstsein bietet. Jung nannte dies die komplementäre oder kompensatorische Funktion eines Traums.
Träume dieser Art kommen zwar häufig vor, sind jedoch nicht die Regel. Allerdings sollte die komplementäre Deutung eines Traums immer in Betracht gezogen werden. Beispielsweise kann ein Traum voller Aggressivität zeigen, dass der Träumer im Alltagsleben aggressionsgehemmt ist.

Kriegstraum Man zählt zwei unterschiedliche Traumarten zu den Kriegsträumen. Zur ersten Art gehören Träume von Kriegsteilnehmern, welche die Erfahrungen grausamen Kriegsgeschehens verarbeiten. C. G. Jung spricht unter anderem vom Granatentraum, der in diese Kategorie gehört.
Zur zweiten Art der Kriegsträume gehören alle jene Träume, die Krieg an sich zum Thema haben und nicht von realen Kriegserfahrungen herstammen. Sie lassen Ängste, Hemmungen, Verwirrungen, die im Träumer oder der Träumerin verdrängt waren, an die Oberfläche treten. Diese Kriegsträume ohne reale Kriegserfahrung der Träumer sollten zunächst konsequent auf der → Subjektstufe gedeutet werden. Sie bilden Konflikte in unserer → Psyche ab und spiegeln oft Interessenkonflikte oder anstehende schwierige Entscheidungen wider.

Männerträume Träume von Männern unterscheiden sich stärker voneinander als Männer- und → Frauenträume. Dennoch gibt es tendenzielle Unterschiede zwischen den Träumen von Männern und Frauen: Männer sind im → Traum eher allein, Männerträume ähneln häufig einem Actionfilm, Männer träumen häufig von Autos, aber selten von Kühen.

Masochismus Gemäß psychoanalytischer Sicht besitzt jeder stabile Mensch einen masochistischen und einen sadistischen Anteil. Bei beiden Anteilen ist Lust mit physischem und/oder psychischem Schmerz verbunden. Der Masochist entspricht der Rolle des leidenden Opfers, der Sadist der Rolle des verletzenden Täters.

Neurose Nach Freud ist die Neurose der Zwang zur Wiederholung, der uns unglücklich macht. Neurosen zeigen sich im → Traum als Strukturmuster, die sich relativ monoton wiederholen.

Objektstufe Die Objektstufe wird auch objektive Funktion genannt. Es handelt sich um einen Begriff aus der → analytischen Psychologie. Im Gegensatz zur → Subjektstufe werden im → Traum auftretende Personen, Dinge und Tiere bei der Deutung auf die entsprechenden realen Personen, Dinge oder Tiere im Wachleben zurückgeführt. Jedes Traumsymbol charakterisiert die Einstellung oder Beziehung des Träumers zu diesem Gegenstand, Tier oder dieser Person im Alltagsleben des Träumers. Es interessiert das Verhältnis des Träumers oder der Träumerin zu diesem Objekt. Das Kind im Traum verweist bei der objektstufigen Deutung auf das Verhältnis des Träumers zu seinen Kindern, bei der subjektstufigen Deutung dagegen würde man sich bei diesem Traumsymbol dem „inneren Kind“ des Träumers zuwenden. Freud pflegte Traumpersonen meistens objektstufig aufzufassen, der Gestaltpsychologe Fritz Perls (1894–1970) dagegen wandte nur die subjektstufige Deutung an.

Ödipus-Komplex Damit ist die Konkurrenz des zwei- bis fünfjährigen Jungen zum Vater hinsichtlich des auf die Mutter gerichteten Begehrens gemeint. Der klassischen → Psychoanalyse folgend, legt sie die Grundlagen für spätere Verwicklungen und Probleme, die sich im → Traum abbilden. Der Ödipus-Komplex ist der Grundpfeiler der Psychoanalyse. Die Deutung der Psychoanalyse führt fast jeden Konflikt auf den Ödipuskomplex zurück.

Peinlicher Traum Solche Träume zeichnen sich dadurch aus, dass das → Traum-Ich etwas tut, was es im Alltagsleben nie tun würde. Es ist ihm im → Traum (und oft auch nach dem Aufwachen) peinlich, so gehandelt zu haben. Peinliches Verhalten im Traum verweist auf ein starkes → Über-Ich, gegen das sich der Träumer oder die Träumerin auflehnt, bzw. auf eine Protesthaltung, die meist verdrängt ist.

Persona Der ursprünglich aus der Dramaturgie stammende Begriff wurde von der → analytischen Psychologie übernommen. Die Persona ist die mehr oder weniger bewusst nach außen dargestellte Seite eines Menschen. Sie ist eine Maske, die man der Außenwelt präsentiert. Im klassischen Griechenland handelte es sich bei der Persona um die Maske, die der Schauspieler trug. Somit ist die Persona eine künstliche und nicht die wahre Persönlichkeit. Sie wird zum Schutz angenommen, da man sich mit ihr besser durch das Leben bewegen kann. Sie ist das Verhalten, das zu der bestimmten Rolle, dem Amt oder dem Titel des betreffenden Menschen passt. Stellt die Persona einerseits eine sinnvolle Anpassung an die gesellschaftliche Realität dar, so entspricht sie andererseits nicht unseren unbewussten Regungen, die sich im → Traum abbilden. Umso stärker ausgeprägt die Persona eines Menschen ist, desto unangepasster erscheinen häufig seine Träume – Heilige werden den Legenden zufolge von den wildesten Verführungsträumen heimgesucht.

Personifizierung Der → Traum personifiziert Eigenschaften des Träumers oder der Träumerin, um diese eindrücklicher und berührender zu gestalten. Es gehört zu den wunderbaren Eigenschaften des Menschen, alle inneren Impulse zu beseelen und als Personen darstellen zu können.

Projektion Fachbegriff der → Psychoanalyse. Bei der Projektion werden eigene Seeleninhalte in andere Personen hineingesehen, da sie mit dem eigenen Selbstbild nicht übereinstimmen. Ein aggressiver Mensch, der sich selbst für sanft hält, sieht seine unterdrückten → Aggressionen ständig in seinen Mitmenschen. Unsere Träume stellen unsere Projektionen szenisch dar. So können wir diese erkennen und zurücknehmen. Das ist eines der wesentlichen Ziele der Traumdeutung: die Projektionen zurückzuziehen und als eigene Anteile zu verstehen und zu integrieren.

Psyche Unter Psyche wird die Gesamtheit aller inneren Vorgänge verstanden, sowohl die bewussten als auch die unbewussten.

Psychoanalyse Die Psychoanalyse wurde 1900 von S. Freud mit dem Erscheinen seines Buchs „Die Traumdeutung" begründet. Auf dieses Buch beziehen sich direkt oder indirekt alle Schulen und Richtungen der Traumdeutung vom 20. Jahrhundert bis heute.
Die Psychoanalyse sieht den → Traum als eine List unseres → Unbewussten an, unseren inneren Zensor zu umgehen. Der innere Zensor lässt sich im Traum überlisten, da im Traum das → Bewusstsein geschwächt ist. Dabei arbeitet der Traum mit Entstellung, Verschiebung, Verdichtung, Verzerrung, Pars pro toto (ein Teil steht für das Ganze) oder Ersetzung durch das Gegenteil.
Die Psychoanalyse betrachtet den Traum als „Hüter des Schlafes" (Ausnahme: → Albtraum). Er ist der „Königsweg zum Unbewussten". Sie geht davon aus, dass der Traum die Erfüllung eines versagten Wunsches ins Bild setzt und frühkindliche Schädigungen abbildet. Durch seine Deutung wird das Unbewusste bewusst gemacht, was ein Ziel der Psychoanalyse ist.

Rationalisierung Dieser Begriff wurde von S. Freud in die Traumdeutung eingeführt. Er beschreibt die → Abwehr der emotionalen Qualität unbewusster Inhalte durch ihre Intellektualisierung. Stimmungen, Gefühle und Ereignisse werden auf vernünftige Gründe zurückgeführt. Die Rationalisierung ist ein Abwehrmechanismus, bei dem uneingestandene Motive und Gefühle durch Scheinbegründungen (des → Über-Ichs) ersetzt werden.
In der Traumdeutung zeigt sich die Rationalisierung hauptsächlich darin,

dass die eigenen Träume rein intellektuell betrachtet werden, wodurch ihre emotionale Qualität verdrängt wird. Der Gehalt der Symbole kann so aber nicht vollständig erfasst werden, da diese stets auch eine emotionale Qualität aufweisen.

Regression Fachbegriff der → Psychoanalyse für einen Rückfall in kindliches Verhalten. Freud betrachtete sie als eine Form der → Abwehr. Regressive Tendenzen zeigen sich im → Traum in einer kindlichen Perspektive und einer kindlich geprägten Traumwelt.
Der Traum selbst besitzt einen regressiven Charakter, da sich die Traumgedanken nicht unter der Kontrolle des → Ichs bilden. Das Ich ist im Traum außerstande, innere und äußere Wirklichkeit zu unterscheiden (wie in der magischen Phase der Bewusstseinsentwicklung des Kindes nach Jean Piaget und Bärbel Inhelder). Diese regressive Tendenz des Traums bringt jedoch auch eine heilsame Wirkung mit sich. Die → Psyche kehrt zurück zur Ganzheit.

Schatten Der Schatten ist jener Teil des Menschen, den er nicht lebt und bei sich selbst ablehnt, weswegen er ihn auf andere Personen projiziert (→ Projektion). Man kann seinen Schatten selbst nicht wahrnehmen, er entspricht dem „blinden Fleck" in unserem Bewusstsein. Wir erleben ihn an anderen oder an den Traumpersonen, die uns auf diese Wahrnehmungslücke hinweisen. Meist erscheint der Schatten negativ und drückt aus, was wir nicht leiden können oder sogar hassen, wovor wir Ekel empfinden, wovor wir Angst haben, was wir fanatisch ablehnen oder was wir verachten. So stellt sich der Schatten im → Traum häufig als ekelhafte, bedrohliche und böse Figur dar. Schattensymbole sind meist dunkel, schwarz oder unsichtbar. Sie besitzen häufig keine Individualität, sind gesichtslos, fremd und nur durch ihre Funktion gekennzeichnet (die Hexe, der Teufel, der Krieger etc.).
Es gibt aber auch den positiven Schatten, zu dem alles gehört, was wir idealisieren, was uns fasziniert, was uns anzieht oder was wir irrational befürworten. Unser positiver Schatten drängt sich weitaus seltener ins Traumbild als der negative. Den positiven Schatten erleben wir ebenfalls im Anderen. Er zeigt uns unsere nicht wahrgenommenen Potenziale auf. Besonders in Phasen der Verliebtheit wird uns oft unser positiver Schatten bewusst.
Die analytische Psychologie unterscheidet drei Arten des Schattens: 1. archetypischer Schatten, 2. persönlicher Schatten, 3. therapeutischer Schatten. Im archetypischen Schatten drückt sich die grundsätzliche Möglichkeit des Bösen aus. Er ist für dämonische Träume verantwortlich. Der persönliche Schatten steht im Gegensatz zum Ich-Bewusstsein und zur → Persona. Alles, was in der Persona nicht gezeigt werden darf, wird zum persönlichen Schatten. Der therapeutische Schatten wurde früher auch als Helfersyndrom bezeichnet. Er ist vom selbstlosen Einsatz für andere Menschen geprägt. Dabei geht die eigene spontane Beziehungsfähigkeit und Authentizität verloren.
Der Schatten birgt unser schlummerndes Potenzial: Wenn wir ihn uns bewusst machen, erweitert sich unser Horizont und wir sehen mehr und behindern uns selbst weniger. Die Auseinandersetzung mit dem Schatten sollte stets zu Beginn einer jeden Traumdeutung stehen. Dabei ist zu bedenken, dass die Spannung, welche die Akzeptanz des Schattens mit sich

bringt, notwendig ist, um kulturelle Güter zu schaffen. Schon in der klassischen Traumdeutung der Griechen sah man den Schatten im Traum als den Dämon an – als einen zwielichtigen Geist, der sowohl böse erscheint, als auch inspiriert.

Selbst Der Begriff Selbst wurde von C. G. Jung eingeführt, um den dynamischen Persönlichkeitskern einer Person zu bezeichnen. Das Selbst ist für den Prozess der → Individuation verantwortlich. Es drückt die Einheit und die Ganzheit der Persönlichkeit aus. Im → Traum erscheint es meistens durch symbolische Personen wie Held, Priesterin, Herrscher oder andere Personen höherer Entwicklungsstufe. Auch geometrische Symbole und besonders Mandala-artige Formen (symmetrische Meditationsbilder) sind als → Symbole des Selbst zu deuten.

sexueller Traum Ein sexueller → Traum ist inhaltlich definiert: Sexuelle Bilder und Erlebnisse stehen im Vordergrund. Freud deutete solche Träume als Erfüllung eines verdrängten Wunsches, wohingegen die → analytische Psychologie in diesen Träumen die Sehnsucht nach einer Verbindung von männlicher und weiblicher Seite der Träumer sieht. Sexualität kann auch als der Wunsch gesehen werden, sich neuen Erfahrungen zu öffnen (Kommunikation), oder als Sehnsucht nach einer tiefen Verbindung mit einer anderen Person (Nähe, innere Harmonie). Sexualität im Traum muss also nicht auf ein unbefriedigtes sexuelles Bedürfnis zurückzuführen sein, sondern sollte (auch) im weiteren Sinn gesehen werden.

Subjektstufe Fachbegriff der → analytischen Psychologie. Die Subjektstufe wird auch subjektive Funktion oder Subjektebene genannt. Im Gegensatz zur → Objektstufe werden im → Traum auftretende Personen, Tiere und Dinge auf die inneren Vorgänge des Träumers oder der Träumerin bezogen, d. h. jedes Traumsymbol charakterisiert einen Persönlichkeitsanteil des Träumers oder der Träumerin. So führt die Deutung auf der Subjektstufe ins Innere der Träumenden und macht stärker betroffen als die objektstufige Deutung. Sie spricht direkter die Gefühle an.
Die subjektstufige Deutung eines Traums schließt eine objektstufige Deutung keineswegs aus. In der Praxis der Traumdeutung ergänzen sich beide Deutungsmethoden. Allerdings sollte man seine eigenen Träume stets zuerst auf der Subjektstufe deuten, um eine innere Berührtheit zu erreichen.

Symbol Ein Symbol ist ein ursprüngliches → Bild, das eine abstrakte Idee mit dem Fühlen verbindet. Es richtet die Energie des Menschen aus und wird als Transformator des psychischen Geschehens angesehen. Bei einem Symbol werden unterschiedliche Aussagen in einem einzigen Bild verdichtet. Es verweist stets auf etwas Geistiges und Jenseitiges. Die Ursymbole (Ideen nach Platon), auf die sich alle Symbole reduzieren lassen, werden → Archetyp genannt. Der → Traum spricht in der Sprache der Symbole zu uns und richtet damit unsere Aufmerksamkeit aus. Zur eigenen Entwicklung hilft es, dieser Aufmerksamkeitsausrichtung zu folgen. Da das Symbol eine Seite hat, die der Vernunft zugewandt ist, und eine Seite, die der Vernunft unzugänglich ist, kann es nur durch eine Verbindung von Denken und Fühlen erfasst werden. Im Gegensatz zum Begriff erzeugt das Symbol also Ergriffenheit.

Ein Symbol stellt einen Ausdruck für etwas relativ Unbekanntes dar. Für S. Freud verweist ein Symbol auf unbewusste Hintergründe, während C. G. Jung betont, dass ein Symbol die bestmögliche Bezeichnung oder Formel für das darstellt, was es ausdrückt. Der Bruch zwischen Jung und Freud entzündet sich unter anderem an der Streitfrage, was ein Symbol ist.
Das Symbol ist ein Mittler zwischen unserer Gefühlswelt und unserem Intellekt. Aus diesem Grunde kommt es bei jeder Traumdeutung darauf an, dass wir uns unserer Gefühle während des Traums und nach dem Traum bewusst werden. Wie ein Symbol konkret zu verstehen ist, zeigt uns erst unser Gefühl. In unserem → Unbewussten sind gegensätzliche Bedeutungen der Bilder und Symbole eng, wenn nicht gar unterschiedslos miteinander verbunden. Träumen wir beispielsweise von einem aggressiven Tier, mag dies bedeuten, dass wir unsere aggressive tierische Seite stärker ausleben müssen. Es kann aber auch sein, dass der Traum uns darauf hinweist, dass wir zu einseitig unseren aggressiven und tierischen Impulsen folgen. Nur unser Gefühl kann hier weiterhelfen und uns sagen, was in unserem Falle konkret zutrifft.
Ein Traumsymbol besteht aus zwei Ebenen: 1. einer allgemein gültigen Bedeutung, die für jeden zutrifft (überpersönliche Bedeutung) und 2. einer persönlichen Bedeutung, welche die allgemeine Bedeutung individuell einfärbt.
Jedes Symbol besitzt darüber hinaus vier Stufen: 1. eine emotionale Stufe, die unsere Gefühle anspricht und manipuliert, 2. eine intellektuelle (funktionale) Stufe, die sich logisch oder analogisch aus dem Bild ergibt, 3. eine historische Stufe, die aufgrund der Erfahrung mit diesem Symbol entstanden ist, und schließlich 4. eine ideologisch-politische Stufe, die von der Ideologie der herrschenden Gesellschaft geprägt ist.
Bei der Deutung eines Traums sollten alle vier Stufen betrachtet werden. Einen Traum grundsätzlich nur auf einer dieser Stufen zu deuten, erzeugt Deutungsmonotonie.

Tagtraum Der Tagtraum ist ein am Tag geträumter → Traum. Er gleicht einer Fantasie, da er in einem Zustand geträumt wird, in dem man sich relativ bewusst ist. Er wird in der Regel mit offenen Augen geträumt. Tagträume können wie nächtliche Träume gedeutet werden. In ihnen ist die → komplementäre Funktion des Traums aber deutlicher als beim nächtlichen Traum, außerdem ist der Bewusstseinsanteil im Tagtraum größer.
Der gewöhnliche Tagtraum tritt in unbewusster und bewusster Form auf. Eine besondere Art des Tagtraums ist die Verliebtheit.
Bewusste Tagträume erinnern wir. Sie können einige Minuten andauern und treten auf, wenn wir nicht konzentriert sind oder wenn wir eine Demütigung oder Niederlage erfahren haben. Diese Tagträume ähneln den nächtlichen Träumen, obwohl sie mehr Bewusstseinsanteile enthalten und meist weniger irrational aufgebaut sind. Wie die nächtlichen Träume entspringen diese Tagträume unserer kompensatorischen → Fantasie, besonders in „Looser"-Situationen wird das Traum-Ich meistens der Held und „Winner". Es stellt sich in einem überspitzten, idealen Selbstbild dar.
Unsere Tagträume beeinflussen in starkem Maße unsere nächtlichen Träume. Beschäftigen wir uns in Tagträumen mit

einem Problem, können wir erwarten, dass es in unseren nächtlichen Träumen bearbeitet wird. Aus diesem Grund kann man über die bewusste Steuerung seiner Tagträume seine nächtlichen Träume beeinflussen.

Tierträume

1. Träume bei Tieren
Es scheint eine Eigenschaft der Säugetiere wie auch der Vögel zu sein, dass sie träumen können. Der → Traum hat die Funktion, Verhaltensstrategien auszuformen und zu verfestigen, die den Erfahrungen des Tiers entsprechen. Das ist für das Tier überlebensnotwendig. Wie beim Fötus und Säugling werden auch die Tiere im Traum auf ihr Überleben hin trainiert. Im Traum werden diejenigen Muster ausgebildet, die das Tier dann sein Leben lang durchführen wird.

2. Tiere im menschlichen Traum
Neben Personen beleben häufig Tiere unsere Träume, die auf das Tierische, also das Triebhafte in uns verweisen. Wie Personen können auch Tiere Eigenschaften des Träumers verkörpern, aber diese Eigenschaften sind ihm etwas bewusstseinsferner (das Tier steht dem Menschen ferner als der Mitmensch). Um diese Eigenschaften zu leben, benötigt man mehr Energie als für jene, die sich in menschlicher Gestalt zeigen. Raubtiere oder wilde Tiere drücken das Wilde und gefährlich Aggressive aus. Sie zeigen häufig eine gute Durchsetzungsfähigkeit und eine aktive Lebensweise an, die entweder bereits gelebt wird oder die gelebt werden sollte.
Haustiere stehen für unsere domestizierte Seite und unsere Hemmungen. Im Sinne S. Freuds wird das Symbol des Haustiers von unserem → Über-Ich beherrscht. Besonders zahme oder gar eingesperrte Tiere deuten im Traum auf Hemmungen hin, die jetzt aufgelöst werden können. Nagetiere verkörpern häufig nagende Sorgen. Vögel stehen in der Regel für Leichtigkeit und Überblick, können aber auch als bedrohlich erlebt werden. Auch volkstümliche Vorstellungen und der Aberglaube, der mit dem jeweiligen Tier verbunden ist, können in die Bedeutung des Traumes einfließen. In der schamanischen Traumdeutung wird im Tier oft das Krafttier des Träumers gesehen.

Todestraum

In Träumen vom Tod treten Verstorbene auf (was häufig vorkommt), sterben Traumpersonen oder das → Traum-Ich gerät in Todesgefahr und meint, sterben zu müssen. Schon Homer sah eine Nähe zwischen → Traum und Tod, die er dadurch ausdrückte, dass er das Land der Träume in jenen westlichen Teil des Okeanos legt, wo auch das Land der Toten zu finden ist.
Verstorbene Personen, die im Traum auftreten, verkörpern Weisheit. Außerdem stehen sie für die Eigenschaften dieser Person, die der Träumer oder die Träumerin sich aneignen sollte oder zu einseitig auslebt. Auch die Beziehung zu dem Verstorbenen sollte in der Deutung berücksichtigt werden.
Der eigene Tod im Traum spricht keineswegs den Tod des Träumers oder der Träumerin an, sondern es wird ein Hinweis gegeben, welche Verhaltensweisen oder Denkmuster abgelegt werden sollten, da sie uns im Alltagsleben behindern. So steht der Tod für Beendigung von Altem, Neuanfang, das Aufgeben alter Verhaltensweisen, Beenden einer Beziehung oder einer Arbeitssituation beziehungsweise eines Projekts und ganz allgemein für die Veränderung des Lebensstils. Er kann auch Sehnsucht nach Entspannung ausdrücken.

Traum Als Traum bezeichnen wir Bewusstseinszustände, in denen das → Unbewusste größeren Einfluss als das Bewusste besitzt. Ein Traum wird zwar während des Träumens als real empfunden, er spielt sich aber in einer virtuellen Wirklichkeit ab. Das Individuum erträumt sich eine eigene Welt, die nach anderen Gesetzen funktioniert als diejenige des Wachbewusstseins.
Der Traum ist ein temporäres Phänomen. Er kommt, bleibt ein wenig und vergeht schnell wieder, wenn er nicht dokumentiert wird. Er dient der Entwicklung der Perspektive, der Selbstgestaltung, unserer Beweglichkeit (da er immer wieder neue Bilder hervorbringt), dem Lernen und der Anpassung an sich verändernde Umwelt- und Innenweltbedingungen.
Tiefenpsychologische Schulen schließen sich der Ansicht S. Freuds an, dass der Traum den Königsweg zur Seele darstelle. Er äußert sich in → Symbolen, die Problemfelder der Persönlichkeitsstruktur der Träumer abbilden.
Im Traumzustand gibt es im Gegensatz zum Wachzustand kein festes Zeitempfinden, außerdem ist das Körpergefühl vom schlafend liegenden Körper des Träumers unabhängig. Es folgt dem Körper des → Traum-Ichs. Der Traum ist oft komplex wegen seiner Kürze, in der Vielschichtiges wiedergegeben werden soll. Veränderungen der „Realität" im Traum, die anzeigen, dass es sich um einen Traum handelt:
→ Gegenstände, Landschaften, Personen erscheinen am falschen Ort oder zur falschen Zeit – der Kontext der Dinge und Situationen im Traum stimmt nicht.
→ Traumpersonen unternehmen unmögliche Handlungen wie im → Flugtraum – die Aktionen sind unwahrscheinlich bis unmöglich.
→ Personen und Gegenstände erscheinen anders als in der Alltagsrealität oder sie verwandeln sich – eine Abweichung von der erwarteten Form liegt vor oder eine unmögliche Formveränderung.
→ Naturgesetze sind außer Kraft gesetzt.
→ Ungewöhnliche Gefühle treten auf, wie auch unerklärliche Warnungen, unerklärliches Wissen oder starke Ahnungen.

Traumerinnerung Die Traumerinnerung wird von verschiedenen Faktoren beeinflusst. Übermüdung und Stresssituationen behindern die Traumerinnerung, klare Bewusstheit tagsüber sowie Entspannung vor dem Einschlafen und nach dem Aufwachen fördert unsere Traumerinnerung. Bei aktuellen psychischen Problemen werden Träume oft leichter erinnert, doch zu starker psychischer Druck behindert unsere Traumerinnerung wiederum. Wichtig für die Traumerinnerung ist unsere Erfahrung im Umgang mit Träumen. Je mehr wir uns mit dem Traum beschäftigen und je ernster wir die Träume nehmen, desto leichter fällt uns die Traumerinnerung. Lehnen wir Träume „als Schäume" ab und bemühen uns nicht um ihre Erinnerung, → vergessen wir sie auch leicht. Auch unsere Gesundheit spielt eine Rolle. Akute Krankheiten beispielsweise bringen besondere Träume wie zum Beispiel Fieberträume hervor. Freud vertrat die Ansicht, dass eine mangelnde Traumerinnerung auf eine → Abwehr bzw. → Verdrängung zurückzuführen ist: Der Träumer möchte nicht mit seinem → Unbewussten konfrontiert werden, da er sich vor dessen unkontrollierbaren Inhalten fürchtet.
Die Traumerinnerung kann durch aktives Bemühen wie das Führen eines → Traumtagebuchs oder die Teilnahme an

Traumgruppen gefördert werden (sehen Sie dazu auch die Seiten 12–13).

Traum-Ich Als Traum-Ich wird diejenige Person im → Traum bezeichnet, zu welcher ein Träumender „ich" sagt, mit der er oder sie sich identifiziert. Nach C. G. Jung ist das → Ich nicht völlig im Traum versunken, sondern es schafft eine Verbindung zwischen der unbewusst träumenden Seele und dem → Bewusstsein – sonst könnten wir keinen Traum erinnern.
Die Verhaltensweisen des Traum-Ichs lassen Rückschlüsse auf die Verhaltensweisen des Träumers im Alltagsleben zu. Ein passives Traum-Ich weist oftmals auf einen niedrigeren Bewusstseinszustand hin als ein aktives Traum-Ich. Der Prozess der → Individuation wird oft dadurch angezeigt, dass das Traum-Ich der betreffenden Person zunehmend aktiver in den Träumen handelt.
Es gibt auch Träume, in denen kein Traum-Ich auftritt, dies ist vornehmlich im → archetypischen Traum der Fall.

Traumrhythmus Wir träumen jede Nacht in einem biologisch vorgegebenen Rhythmus. Je nachdem, wie lange wir schlafen, träumen wir vier- bis sechsmal pro Nacht. Der Mensch unserer Kultur schläft üblicherweise etwa sieben bis acht Stunden nächtlich. Damit wird er etwa fünf Träume pro Nacht haben, von denen er jedoch meistens nur den letzten → Traum erinnert. Bei einer durchschnittlichen Lebenserwartung von etwa 75 Jahren kommen wir auf etwa 150.000 Träume.
Es hat gewisse Vorteile, wenn man alle Träume einer Nacht erinnert, da sich Träume in inhaltlich gleichen Serien zu verbinden pflegen. Diese Traumserien bieten eine Art Variation auf ein bestimmtes, für die Träumer wichtiges Thema. Jeder Traum nimmt das Problem aus einem anderen Blickwinkel auf, um den Träumern viele Zugänge zum Traumverständnis zu bieten. Solange wir uns in einer bestimmten Lebensphase befinden, variieren unsere Träume das Thema dieser Lebensphase. Die Beendigung dieser Lebensphase kündigt sich durch ein neues Thema an.
Wenn wir allerdings beispielsweise fünf Träume pro Nacht erinnern, dann wird die Arbeit mit diesen Träumen schnell tagfüllend und die Traumarbeit schafft Stress, statt diesen zu verringern.

Traumtagebuch Wer sich erfolgreich mit seinen Träumen auseinandersetzen möchte, der sollte seine Träume dokumentieren. Ein Nachteil der Dokumentation liegt darin, dass sie zeitaufwendig ist. Das kann man jedoch mildern, indem man seine Träume in Stichworten niederschreibt.
Die einfachste und gebräuchlichste Form der Traumdokumentation ist das Niederschreiben der Träume in ein Traumtagebuch. Dabei ist Folgendes zu beachten: In einem Traumtagebuch sollten nur Träume und deren Deutung niedergeschrieben werden, jeder Traum sollte versehen werden mit einer Überschrift und einem Datum (Datum des Morgens nach dem Traum). Die Dokumentation des Traums und seine Deutung sollten klar auseinandergehalten werden, der Traum sollte in der Ich-Form und in der Gegenwart aufgeschrieben werden.

Über-Ich Fachbegriff der → Psychoanalyse für die verinnerlichte Elternautorität und für die verinnerlichten Normen der Gesellschaft, die als Zensurinstanz in jeder Person existieren.
Im → Traum wird das Über-Ich häufig

durch Autoritätspersonen wie beispielsweise Polizisten oder Richter symbolisiert.

Unbewusste Das Unbewusste ist der „Ort", an dem alle psychischen Erfahrungen und Inhalte gespeichert werden, die dem Bewusstsein unzugänglich sind. Dazu gehören unter anderem die ursprünglichen Triebe, der → Schatten, unerfüllte Wünsche und all das, was wir verleugneten und verdrängten.
Das Unbewusste unterteilt sich in 1. das persönliche Unbewusste, in dem alle persönlichen Erfahrungen und Inhalte leben, und 2. das → kollektive Unbewusste, in dem die Erfahrungen und Inhalte der Menschheit bewahrt werden. Im Traum steigen Inhalte und Erfahrungen sowohl des persönlichen als auch des kollektiven Unbewussten auf und können so bewusst gemacht werden.
Vor den Inhalten des Unbewussten fürchten sich viele Menschen, weswegen einige Personen die Traumdeutung mit dem Argument ablehnen, was unbewusst ist, soll besser unbewusst bleiben. Die Traumdeutung zeigt jedoch, dass das Bewusstmachen des Unbewussten Träumer und Träumerin nicht nur bei ihrer → Individuation, sondern auch bei der Bewältigung des Alltagslebens unterstützt. Eine Beschäftigung mit dem Unbewussten ist schon allein deswegen anzuraten, weil sie die kreativen Kräfte des Menschen freisetzt. → Bilder des Unbewussten sind häufig unterirdische Räume oder schwer zugängliche oder versteckte Lokalitäten.

Verdrängung Begriff, der ursprünglich aus der klassischen → Psychoanalyse stammt, heute jedoch auch in der Umgangssprache benutzt wird. Unter Verdrängung versteht man das motivierte → Vergessen oder Nichtbeachten eines Sachverhalts. Man vergisst, was man ablehnt, oder nimmt es erst gar nicht wahr. Das Verdrängte setzt sich jedoch mit dem → Traum ins → Bild. Es möchte beachtet und somit integriert werden, da Verdrängtes verdrängt zu halten, große Energien kostet. Jede Verdrängung schafft ein Energieloch. Das Verdrängte tritt im Traum auf und kann so bewusst gemacht werden.
Zur Zeit Freuds vertraten Psychologen die Ansicht, dass mangelnde Traumerinnerung auf eine verdrängte → Abwehr zurückzuführen sei: Der Träumer möchte nicht mit seinem Unbewussten konfrontiert werden, da er sich vor dessen unkontrollierbaren Inhalten fürchtet. Heute allerdings führen wir eine mangelnde Traumerinnerung zunächst auf eine fehlende Kultur des Einschlafens und Aufwachens zurück.

Verfolgungstraum Der Verfolgungstraum ist inhaltlich definiert. In ihm wird das → Traum-Ich verfolgt, was meist große Ängste hervorruft. Verfolgungsträume gehören zu der häufigsten Traumart. Meist endet die Verfolgungssituation ausweglos, worauf die Träumer erwachen (siehe auch → Albtraum).
Bei der Verfolgung handelt es sich um eine → archetypische Traumsituation. Was uns verfolgt, das möchte wahrgenommen, verstanden, angenommen und geliebt werden.
Das Verfolgende symbolisiert einen Anteil des Träumers oder der Träumerin. Ist das Verfolgende unbestimmt und gesichtslos, dann ist das, was sich bemerkbar macht, noch bewusstseinsfremd. Man sollte sich mit diesem „Etwas" auseinandersetzen (z. B. es malen oder es im Zustand der Entspannung ansprechen und befragen).

Vergessen Vergessen ist notwendig für die Funktionstüchtigkeit des menschlichen Gehirns. Beim Vergessen wird Entbehrliches aussortiert. Ob etwas schneller oder langsamer vergessen wird, entscheiden die ersten beiden Sekunden während der Informationsaufnahme. Je weniger Verknüpfungen die neue Information zu dem bereits bestehenden Informationsgeflecht aufweist, desto schneller wird sie vergessen. Behalten bedeutet, eine Spur im Langzeitgedächtnis zu bilden. Wird diese nicht gebildet, vergessen wir die Information sogleich, z. B. einen → Traum, den wir uns nicht aufgeschrieben haben. Wenn wir morgens nach dem Aufwachen gleich physisch, intellektuell oder emotional aktiv sind, kann der Traum keine Spur im Langzeitgedächtnis bilden und gerät schnell in Vergessenheit.
Was dem Vergessen entgegenwirkt, sind → Emotionen: Wird die Information wie im Traum mit starken Emotionen verbunden, behalten wir sie weitaus besser, als wenn das nicht der Fall ist. Aus diesen Gründen behalten wir Albträume leichter als eher neutrale Träume.

vorausweisender Traum
(Wahrtraum) Ein vorausweisender oder antizipierender → Traum nimmt eine Situation, eine Tätigkeit oder ein Ereignis vorweg, das in dieser Weise nach dem Traum im Alltagsleben eintritt. Ob ein Traum vorausweisend ist, kann erst entschieden werden, wenn dieses Ereignis eingetreten ist. In den meisten Fällen sagen antizipierende Träume nur dann etwas Wichtiges für den Träumer voraus, wenn er zuvor eine Frage an seine Träume gestellt hat.
Die Antizipation eines Ereignisses im Traum ist von der modernen Physik erklärt worden: Durch das veränderte Gehirnwellenmuster während des Träumens schwingen sich Träumer auf ein anderes Universum ein; wir treten mit einer Ebene in Kontakt, in der die Zeit rückwärts läuft (Relativität der Zeit in Paralleluniversen nach John Wheeler).
Dass ein Traum auf unsere Zukunft verweist, bedeutet keineswegs, dass er nicht zugleich auch andere Funktionen erfüllt, wie uns zum Beispiel auf unterdrückte Gefühle aufmerksam zu machen. In diesem Sinne eröffnen fast alle Träume einen Blick auf unsere Zukunft.

wiederkehrender Traum
Ein wiederkehrender → Traum ist ein Traum, der häufig in der gleichen oder ähnlichen Weise immer wieder erscheint – weil Träumerin oder Träumer mit dem gleichen Problem zumindest innerlich beschäftigt sind.
Wiederkehrende Träume sind häufig. Das liegt daran, dass wir uns wesentlich langsamer ändern, als wir glauben. Solange ein Traum wiederkehrt, macht er uns darauf aufmerksam, dass wir uns in diesem Zeitraum wenig oder gar nicht änderten. Er kann somit auf eine erstarrte Wahrnehmung hinweisen.
Bei regelmäßig wiederkehrenden Träumen ist das angesprochene Problem derart einschränkend – oder es entwickelt sich unweigerlich zu einer Einschränkung hin – dass es verstanden und möglichst sofort gelöst werden muss. Eine neue Art, sich selbst und seine Umwelt zu betrachten, ist erforderlich!
Unregelmäßig wiederkehrende Träume sind die Norm. Sie werden häufig gar nicht als wiederkehrende Träume erkannt. Im Gegensatz zu den regelmäßig wiederkehrenden Träumen ist die notwendige Veränderung nicht derart drängend.

Bücher, die weiterhelfen

→ Adam, Klaus U.: **Therapeutisches Arbeiten mit Träumen.** Springer Verlag, Berlin

→ Angerstein, Joachim H./Haaga, Eva Maria: **Entspannen durch Autogenes Training.** Knaur Verlag, München

→ Bernstein, Douglas A./Borkovec, Thomas D.: **Entspannungstraining, Handbuch der progressiven Muskelentspannung.** Klett-Cotta Verlag, Stuttgart

→ Gelb, Michael: Körperdynamik. **Eine Einführung in die Alexandertechnik.** Runde Ecken Verlag, Frankfurt a. M.

→ Hainbuch, Friedrich: **Progressive Muskelentspannung.** Gräfe und Unzer Verlag, München

→ Kast, Verena: **Träume – Die geheimnisvolle Sprache des Unbewussten.** Walter Verlag, Düsseldorf/Zürich

→ LaBerge, Stephen: **Hellwach im Traum.** Junfermann, Paderborn

→ Lindemann, Hannes: **Autogenes Training. Der bewährte Weg zur Entspannung.** Goldmann Verlag, München

→ Tholey, Paul/Utecht, Kaleb: **Schöpferisch träumen. Wie Sie im Schlaf Ihr Leben meistern. Der Klartraum als Lebenshilfe.** Klotz Verlag, Eschborn

→ Vollmar, Klausbernd/Lenz, Konrad: **Traumdeutung.** Gräfe und Unzer Verlag, München

→ Vollmar, Klausbernd: **Besser schlafen – besser träumen.** Königsfurt-Urania, Krummwisch

→ Zurfluh, Werner: **Märchen als Schlüssel zu den Quellen der Nacht.** Wolkentor Verlag, Geesthacht

→ Zwiebel, Ralf/Leuzinger-Bohleber Marianne (Hrsg.): **Träume. Spielräume I und II.** Vandenhoek & Ruprecht Verlag, Göttingen

Adressen, die weiterhelfen

Therapeuten:

→ Baden-Württemberg: **Konrad Lenz,** Dipl.-Psych., psych. Psychotherapeut; Sautierstr. 50, 79104 Freiburg, 0761/5035722

→ Bayern: **Solange Eigl,** Heilpraktikerin; Altstadt 93, 84028 Landshut, 0171/5118480

→ Berlin & Brandenburg: **Christine Ackermann,** Heilpraktikerin; Erich-Weinert-Allee 6, 15890 Eisenhüttenstadt, 03364/415826

→ Rhein-Main-Gebiet: **Marianne und Mike Masters,** Dipl.-Sozialpäd.; Steinkleestr. 46, 60435 Frankfurt, 069/95208708

→ Norddeutschland: **Rainer Poppe,** Dipl.-Päd., Heilpraktiker; Blumenstr. 18, 26121 Oldenburg, 0441/9555815

→ Beratung per E-Mail & Telefon: **Klausbernd Vollmar,** Dipl.-Psych., mail@kbvollmar.de, 0044/1263/740304

Internetadressen:

www.traumonline.eu
www.traumpraxis.de
www.traumkladde.twoday.net
www.kbvollmar.de

Die Autoren

Konrad Lenz wurde 1951 in einer kleinen Ortschaft im Schwarzwald geboren. Er ist Diplom-Psychologe und arbeitet seit 30 Jahren als psychologischer Psychotherapeut in verschiedenen Einrichtungen. Seit 1991 ist er in eigener psychotherapeutischer Praxis tätig. Er absolvierte verschiedene therapeutische Weiterbildungen, u. a. Seminare am C. G. Jung Institut und Analyse bei Frau Ursula Wirtz, und er ist Mitbegründer der Internetfirma TraumOnline (www.traumonline.eu). Er lebt und praktiziert in Waldshut, direkt an der Grenze zur Schweiz. Unter www.fotopraxis.eu. sellt er seine Fotografien von Traumbildern aus.
Häufig ist er im Radio zu hören, und in Printmedien veröffentlicht er Artikel zum Thema Traum und Traumdeutung. Zusammen mit Klausbernd Vollmar hat er mehrere Bücher geschrieben.

Klausbernd Vollmar, Diplom-Psychologe und Autor, wurde 1946 in der Nähe Kölns geboren. Er studierte Germanistik, Linguistik, Philosophie und Geowissenschaften, jeweils mit Abschluss, war Lektor des Goethe-Instituts in Finnland, Forschungsstipendiat des Canada Council und hatte einen Lehrauftrag an der McGill University/Montreal. Nach dem Zweitstudium der Psychologie war er Leiter eines Therapiezentrums in Amsterdam. Darüber hinaus war er Schüler von Freifrau Dr. Olga von Ungern-Sternberg und dem Schamanen Black Horse Chavers. Er ist langjähriges Mitglied einer englischen Gurdjieff-Gruppe und Mitbegründer der Internetfirma TraumOnline (www.traumonline.eu), die umfangreich über die Themen Traum & Symbolik informiert sowie Beratungen und Seminare in diesem Bereich anbietet.

Klausbernd Vollmar lebt heute in England und hält seit Jahren Seminare und Vorträge, insbesondere ist er bekannt für seine Vorträge über Schlaf und Traum. Er führt auch Einzelberatungen durch, leitet Gruppen und gibt sich gelegentlich als Hausherr eines Salons. Seine Bücher wurden in über fünfzehn Sprachen übersetzt. Immer wieder ist er im Radio zu hören und im Fernsehen zu sehen, und er veröffentlichte zahlreiche Bücher zum Thema Traum.

Index – Traumsymbole A–Z

Impressum

Programmleitung: Ulrich Ehrlenspiel
Redaktion: Ilona Daiker
Lektorat: Ulrike Auras
Bildredaktion: Henrike Schechter
Layout und Umschlaggestaltung: independent Medien-Design GmbH, Claudia Hautkappe
Satz: Cordula Schaaf und Mano Wittmann, München
Repro: Longo AG, Bozen
Druck und Bindung: Druckhaus Kaufmann, Lahr

Bildnachweis:
Illustrationen: Frauke Ditting, Hamburg
Corbis: Cover vorne links; Digital Vision: Seite 5; IFA-Bilderteam: Cover vorne rechts; Mauritius: Seite 239

ISBN 978-3-8338-0759-6
1. Auflage 2008

Wichtiger Hinweis

Die Gedanken, Methoden und Anregungen in diesem Buch stellen die Meinung bzw. die Erfahrung der Verfasser dar. Sie wurden von den Autoren nach bestem Wissen erstellt und mit größtmöglicher Sorgfalt geprüft. Sie bieten jedoch keinen Ersatz für kompetenten psychologischen Rat. Jede Leserin, jeder Leser ist für das eigene Tun und Lassen selbst verantwortlich und sollte in länger andauernden Krisensituationen einen Psychotherapeuten oder Arzt aufsuchen. Weder der Autor noch der Verlag können für eventuelle Nachteile oder Schäden, die aus den im Buch gegebenen praktischen Hinweisen resultieren, eine Haftung übernehmen.

Umwelthinweis

Dieses Buch wurde auf chlorfrei gebleichtem Papier gedruckt. Um Rohstoffe zu sparen, haben wir auf Folienverpackung verzichtet.

GRÄFE UND UNZER

Ein Unternehmen der
GANSKE VERLAGSGRUPPE